안녕들 하십니까?

안녕들 하십니까?

안녕하지 못한 사람들 지음

오월의봄

대학별 대자보 파노라마

고려대

건국대

서강대

서울대

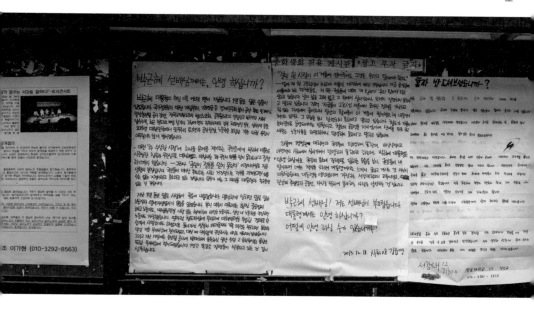

서울대

연세대

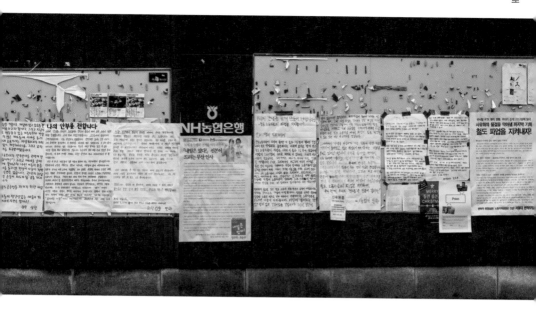

이화여대

한양대

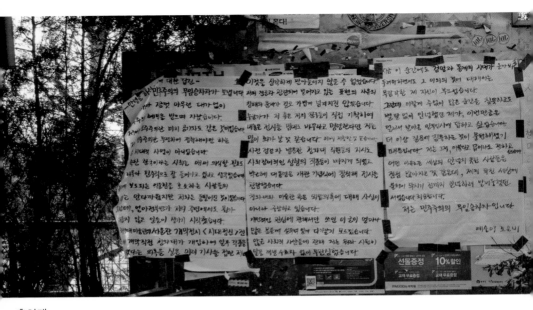

홍익대

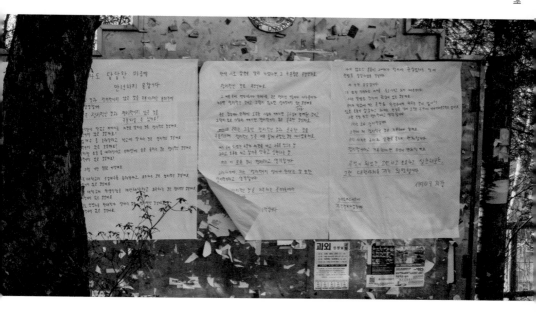

<그들의 외침을 100만원으로 막을 수는 없을 것입니다.>

120만원-100만원=?

오늘 아침 등굣길에 "대자보 쓰면 100만원?" 대신 내겠다"라는 제목의 한 신문기사를 보았습니다. 댓글 중 이런 글이 있었습니다 "저런 대학에서 배우면 사회에 나가 무엇을 할까 배운대로 똑같이 하지 않을까" 청소노동자를 지지하는 '나와 당신'의 구성원 중 한 명으로서, 또 중앙대학교의 학생으로서 얼굴을 들 수 없었습니다. 또 한편으로는 추운 날씨에도 포기하지 않고 파업을 진행하고 계신 청소노동자 어머님들께 죄송한 마음을 감출 수 없었습니다.

분명 청소노동자분들도 또한 중앙대학교의 일원이고 구성원이 아닌가요? 그들의 말할 수 있는 권리를 배앗아가고 그들을 억압하여 외면하는 중앙대학교는 누구를 위한 것이며

누구를 위해 초대한 것일까요. 모두가 안녕할 수 있는 중앙대학교를 위해 외쳐봅니다. 목소리를 냅니다.

이것은 100만원짜리
자보입니다

100만 원으로도 막을 수 없는 진심이 있습니다

몇 주 전 한 학생이 대자보를 붙였습니다. 그 대자보를 시작으로 얼마 되잖아 많은 이들의 "안녕 못함"이 많은 마음 구석에서 세상 밖으로 외쳐졌습니다 스마트폰에, 인터넷에, SNS에, 카카오톡에. 순식간에 쓰고 지키고, 확신할 수 있는 많은 도구들, 속에서 우리는 자보라는 도구를 선택했습니다. 세상의 강요 앞에 무력해지기 쉽게 되었던 나의 마음을 고작 몇 토막이 씌어가는 자보 속에

100 만 원으로도 막을 수 없는 진심이
있다는 걸 보여주고 싶습니다.

13 상

부끄러운 100 만 원 짜리 자보

2014년 새해가 밝았습니다 모두들 새해 복 많이 받으세요

중앙대

12 윤정

여기 백만원짜리 자보가 있습니다

신방12 김한나

정치국제 13 재정
2014. 1. 4

이 자보에 값을 매겨...

여기에도 백만 원짜리 자보가 있습니다.

긍정적인 시 - ₩1,000,000
의료융합 이상혁

시집 한 권에 삼천 원이면
두 끼에 비해 헐값이 싸다 가도
국밥이 한 그릇인데
내 시집에 국밥 한 그릇만큼
사람을 가슴을 따뜻하게 대취할 수 있을까

대자보 한 장 구호 한 번에 빌금 백만원

비매품 가격 백만...

의현 중앙글패 한대운

탕아의 피고

겨울은 따뜻할 것이다
매 번, 1월을 대신하는 다짐일에도
오늘 일에 온기가 서렸다

남을 위해 노래하는 벼짚에서 될 수 없어 다행이다
깨어서 제 배만 불료온 걸, 모른다
쉬어 곯아 죽은 옹개는 없지만서도
탕아는 남을 위해 깨닫을 옷 껴안겠다고 웃는다

이 노래를 거리에 붙이면 겨울은 고뿍 콧소리
세우곤 그얿을 더 노래를 따뜻하게 나눠라 믿으며
일하는 법도, 유도하는 법도, 연명할 줄도 모르는 옹개도
오늘은 그게 노래를 불빈다

겨내 녹지도 않는 눈 글이 어대던 긑은 옹개들이
따뜻하기를

11/5, 의혈중앙 중앙글터 문화운동 극국옥운 김남영

백만원 벌금에 감사

국어국문 백정호

시로 울 수 있는가 하면
영영 소리내어 울 순 없어도
어머니의 비명소리에 갈라진 목청 하나야

찢어지는 가슴이라고
피 한 방울 값에 대신할 수 있다면
까짓 벽만원 우습지도 않겠지

청소하시는 어머님들의 정당한 권리도
내가 낸 등록금의 행방도 알 수 없다면
지켜져야 할 약속도 의혈의 어둠도 잊혀지리

이 시로 막아낸 말 내뱉은 그 입의
어금니을 의혈게 훑빈 피로 내 목소리로 털 수 있다면
깻값 백만원 영광으로
기꺼이

이 자보에 값을 매긴다면.

추운 겨울 우리의 안쁠을 묻던 외침은 겨울 칼바람 앞에서도 수많은 이들을 모이게 했습니다. 안녕하지 못해 청입고 싶면 마음들이 터져나온 '가짜 안녕'을 거부하고, '진짜 안녕'을 위해 몸을 내는 겨울입니다.

그리고 여기, 중앙에 청소 노동 문제가 있습니다. 중앙대에 다닌 초년 청소 노동자에게 교내에서 자보를 붙여야하 권료을 외칠 때마다 1회에 1인당 백만 원의 배상하라는 가처분 신청을 냈다는 소식을 접했습니다.

모든 제앙/생일이 쉽입 료고 바른 사키에 중앙의 곮에 제 한소 노동자들의 외침을 1료합니다. 사람이란까 깨끗하게 치워지 못하게 이전러라, 사라 있판는 마타 아줌마의 친자분은 우리들의 가슴을 울려주고, 어이 젊으하곤 운동하는 학생들도 압았습니다.

이제 청안대는 청소 노동자들이 당연한 권리를 주장할 권리도, 학생들에게 건네는 인사 아니도 막으려 하고 있습니다. 중앙대는 청소 노동자들과의 대화를 거부한 것도 모자라 그들이 알 릴 권리고로 빼앗고 있습니다.

'한국의 중앙에서 세계의 중앙으로' 나아가는 중앙대가 학생들에게 거두료는 것은 돈과 권력으로 약자의 권료를 짓밟는 권료 아닌까? 대화라 소통을 차단한 처 일방적으로 문제를 숨기는 방법인까요?

자본 한 장에 백만 원, 구호 한 번에 백만 원. 백만 원에 배당될 외침이 아닙니다. 백만 원에 판가될 권료가 아닙니다. 돈으로 환산할 수 없는 그들의 외침을 응원합니다. 그래서 그들의 자보에, 그들의 외침에 값을 매긴다면 1료 백만원으로는 철불하지 않을 것입니다.

중앙대 료분은 학내 청소 노동자들의 대화에 성실히 나서서, 문제해결을 위해 적극 료력하십시오. 의혈의 이름을 가슴에 묻은 학생들에게 진정으로 가르치 줘야 하는 것은 거창한 것이 아닙니다. 존재하지만 존재하지 않아하면 중앙대 청소노동자들을 중앙의 구성원으로 인정하고, 하루 빨리 그들이 일터로 돌아갈 수 있도록 해야 할 것입니다.

중앙대 청소 노동자들의 타엽을 지지합니다.
응원합니다 ! 😊

민족 중냥, 정치디교학과
10 박오연

저는 아직도
부끄러운 대학생입니다

저는 여학번입니다. 2009년, 별별 일이 다 있었던 해입니다. 어찌
다 대학생이라는 실감으로 입학했던 가라면 그때, 용산에서 왔었던 대형참사,
경찰한 분위 상황을 덮었습니다. 평의 상징이며 목격했던 정의가 많은 년 점셨습니다.
하나같이 평상 대학생이 된 저는 왜 심정을 겪도 없이 선 적이 었었다라며 분에 내가는
선배들의 말을 냈다기는 평시도 않았습니다.

2009년 정보의 끝자 편, 편찮아서, 평가녀녀 열이에 내렸던 노동자들의 공장을 찾아
가고 따일을 몬철았습니다. 함께하는 것이었습니다. 그러나 저는 도 다시 평장 집을 찾아
서지 못었습니다: '옥장을 동일분의 몫분가 내면 것이라는 판단이 가머럽게 저신을
정리당했습니다.

그러나 던 대학생이 첫 번째 몬셨습니다 도돈 벽면이 기본이 안환은 견리에서 마라 정말 백에
소평한 일들을 쓸어냈습니다. 몬셨는 던 점까지를 정당된지, 인생까지 정적이 평겨 행세라
한다. 교리면과년년의 동다 범것을 비면으는 몬설 없게되었습니다: '나는 던 대학생들과
달리 함께하기 편치 않아, 그게이 자책였습니다.

제가 싫어된 말들과 글들, 여우것도 속을 여는 데에게 관이 편지더라면: 겁은속 저기번
여러 분간 몬이 위안을 하면 일순 테리야지인, 나뇜 위원 역시도도 여우것까지, 여우를 말할 수 었었습니다.
저는 여우것도 하지 않은 먼저 , 여러고지 저를 정당화는데다. 급하면 것입니다.
말을 많는 거 맞지만, 적 만드는 벼벗는 평의다. 저는 부꾸럼을 모르던에 얼른 겁니다.
부꾸러움을 어찌 말해 굴대로 도망쳤습니다.

울어 곳이며 관찰하고 방향했습니다. 일산에서 학교를 통화에 가는 대학들을 가라고
또 본산을 정었어나. 며면 걸려 고 쯤 자신권에 나 부참하던 과거를 무어냈습니다.
부꾸러움을 관심으로 부꾸러움 갖기 위해 올 때면 분석해봅니다: 누가 재충을 부채질이
아니기에 이 부채를 다 갚을 수 었겠는지 모르겠습니다.

어 글을 읽는 여러분 중 여권의 과 바른된 분들이 많지 말지 생각합니다며 무거웠습니다.
겠을 했었어서 정결이었어 평혀 새간된 것이 분리기도. 옳힌 말을 하면서 올바르게 있겠고.
하지만 행동하지 않는 부꾸럼과 부채믿음 주체할 수 없어 쌓아쓴 글 같습니다.

일요일부터 정비의 했다 청도노동자들 파업이며 동임니다 옳만 치며의 교섭을 울심됨
다로도 매번 결결이며 편함여고요. 지 지역의 동임이며 별별 별곳 대책이 없었었기에 있어하기
어려웠습니다: 당선들의 노동으로, 어를 벌 같은 옳심들이 울을 환겨하며 군복할 수
있다는 사실에 자연스러웠어던 분들이 여지 박쇠을 나려줍니다: 두려웠던
학교를 보면서 저도 모르게 쓰레기를 치우고 옳은 분들입니다: 일상이 없는 것을
옳리며 행동이 할 분들입니다.

의령 학우 여러분! 언제까지고 스스로를 정향할수 없는 노인입니다.
청도노동자들과 함께 싸웠어든 졸업합니다: '자금-여기 에서 시작하며 부꾸럼들
함께 갖았으면 좋겠습니다: 운동과 자치의 말을 견내는 것도 옳습니다.
그러나 함께 하고 있었는 무언 의 곁지어 노동자들에게는 더 정실하지 옳습니다.

여러분,
함께 싸웁시다.
2013년 12월 13일
정외09 남규

저는 현실을 외면하...
안녕할...

...습니다

수천 명의 청도노동자들, 어느 가정의 가장들이 파업이며
힘들어합니다고. 직국폐해제를 당합니다. 그래도 우리는 '안녕' 합니다
학교의 청도노후과 여행분들고 이 세해이지 학교이, 게좋합니다
그래도 우리는 '연녕' 합니다. 우리의 안녕은 이런입니다.

이런입니다. 살기 들든 세상이라고 펄 빠빠 보고. 알나나 하나
막막합니다. 생각을 하기라는 너무나도 바쁩니다. 공부되고,
'스펙'만 쌓아가기고. AI인도 보가옵니다. 革命, 가족을 거득임과
어줌으로, 씨좋거기게에 우리는 어렵게임 살어버이 있었니다. 그래서
우리는 '연녕' 합니다. 영쟁된 '안녕을 우리고 기거이 받어옜렸습니다
그게 저도 하여금 좋함을 촛게 만들었음. 나라를 의심된 것이
아니라 도심되고. 병 걸리 말들을 새롬이 하자고 '혁역' 같과 아버리라면
옳은 '안녕', 자문은 '안녕'이라든 단녀의 퓌루이 필요한 시점입니다.

저는 안녕합니다. 그리고. 저의 안녕을 부꾸럽습니다.
많은 자본들의 부름 아이 저 갈분 종괴을니다.

"하 우랑한 시절에 안녕들 하십니까!"

— 10. Democracy 올림

〈대한민국을 파괴하겠습니다.〉

선교조가 `노조라는` 을 인고를 받는지 말든지 내 알바가
아닙니다.
금요일 저녁이면 집에가서 〈추적자 1994〉를 봐야지.

삼성 항자의 소모품으로 살다가 생을 마감친 어느
노동자의 죽음보다
오 만델라의 누드 사진 특종에 저는 더 슬퍼하고 차라갑니다.

교내 청소노동자의 부당한 처우를 개선하고자 많은 이들이
애기싸움 하고 있습니다.
저는 빵을 사고 있면 비닐 봉거를 강의실 서랍 속에
두고 나갑니다.

철도 노동자들이 민영화에 맞서, 국가 전면에 맞서
힘겨운 투쟁을 하고 있습니다.
그나저나 거두어 막혔는데, 제 추잡한 입은 오히
재 에도 말이 몰린답니다.

취업이라는 바늘 구멍에 몸을 우겨넣기 위해
현실추구자라는 이명에 부합하기 위해
도덕과 정의감을 거세시킨
저는 , 평범한 대학생 입니다.

저는 사회를 위해 저의 편안을 희생할 만큼
대단한 사람이 아니기에
영어 공부나 한 자 더 하려고 합니다.

"The world will not be
destroyed by those who do evil,
but those who watch them
without doing anything."
— Albert Einstein

영어영문 09 김인석

중앙대 공
안녕들

의에 죽고 함께 상다
지나가던 2009년 겨울
제가 아직된 이 운동장
뜨겁게 갓씨거씨 추었습니
더 이상 때 깊인은 안녕하

여러분 가슴속 가만쯤는
어딜내 쌓여버린 눈물고
치워지지 않았는데, 차고
언제 입었는는 듯 깨끗려
피우고 웃음에 먼저플은
치워져 있는도
우리는 그간 당연한 것

무급으로 팩해진 면
걷지 않을 수 있음을
수업시간을 10분 넘기고
푸른 추의 요함들에게 진정
그 분들이 있기에 깨끗한
그 표정들을 멀리 멀덩한

안녕하십니까?

저는 안녕하지 못합니다. 얼마
전 까지만 해도 시험공부에 한창이
었던 저는 철도 노조파업 소식을 듣고 몇
마디 말로 돕조합습니다. 그 말은 너무 가
벼워 튀돌아더니 흩어져버렸습니다. `그들의`
이야기로 남은 그 몇마디 말로 전 정말. 로.
안녕한 줄으만 알앞습니다.

철도 노조분들은 철도 민영화에 반대하는
총법 파업을 했다는 이유로 직위해제를 당했습니다.
민주주의를 표방하는 나라에서 마음 풀고 발언
할 권리조차 보장받지 못하고 있습니다.
민영화가 되지도 모른다는 불안함과 불확
신 속에서 그저 지켜만 보면서 기다리는문
쉽지 않나요. 파업 노동자를 불법적으로 직위
해제 시킬 수 있는 나라의 법이란 침묵뿐인

가요? 우리 사회의 민주주의는 정말 안녕
하신 가요?

비단, 철도 파업에 국한되는 얘기가 아닙니다.
우리가 발 밟고 서는 이 사회에서 정치적, 사회적
목소리를 내는 건 점점 더 어려워지고 그를 바
라보는 세상의 호흡들을 따갑기만 합니다.
그리고 우리는 침묵한 채, 앞을 향해 달려가고
있습니다. 아니, 그렇게 내몰리고 있는 건지도 모
겠습니다. 앞을 살피기에, 현실을 파팍하고
마음은 지저립습니다 그들의 이야기로 낭
겨들나면, 내 안녕만을 쫓는다면 조금 숨
쉴 주명을 늘 마련되겠지요. 그런데, 훗날...
우리와 우리의 다음 세대가 숨 쉴 구멍은 남
아있을 까요?

저는 이제 안녕하지 못한 현실 속에서
안녕하지 않으려 합니다.

이형12 眞

현재 내 스펙에서

익숙함에 속으면
소중함을 잃게 된

저가 고등학생이였을 때, 급우들 사탄가 있었고
소리를 냈습니다 대학에 입학한 뒤 변변갔은 데약진
목욕부담이었고 그래서 똑딱씩 소리갔습니다 노조같은
묵묵한 곳을 때도, 누군가 크게만 취어서서 수많은 많은
이웃한 학과가 쓰녹을 사라져갔데도 저는 없을 때
소리쳐야 한다는 것입니다 그러나 저는 경점 알고
따르고 일느했지만 스스로 얼이갑니다 나는도
계속 취나가기 "그런 일은 저절 일어나고 나
저는 바랬습니다 "정치난 다 그렇게, 어차
하는 방식을 경영에만 때도 있었지만 저가는 그게
없었다 모른니다 눌는는는 것이 저렸다고, 그
함께 앉은 것에 속해졌습니다 그러나 안녕들
물에게 함께 얼우 수 없었답니다 연영을 수 없도
익숙하고 귀화스러운 안녕들에 있었기거든요 저도
많은 사람입니다 뭉지하면 면멍거릴 하면서, 익숙
하니까 소중함 것을 쉬지 못보고 있습니다 저는

무료함 연명에 안녕을 걸어 소중한 것들을 지키고

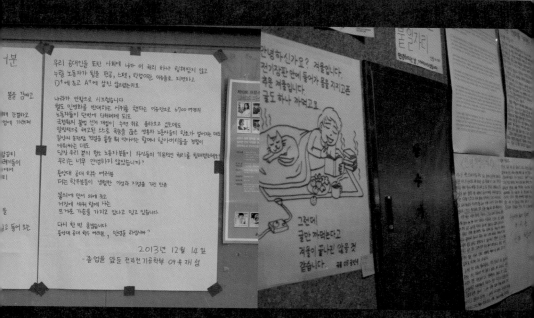

프롤로그   안녕하지 못함에 안녕을 고하며

대자보가 말을 걸었습니다

"안녕들 하십니까?"라는 상투적인 인사로 시작한 한 편의 대자보. 철도 민영화에 반대한다는 이유로 수천 명이 직위해제되고, 마을 한복판에 들어서는 초고압 송전탑에 주민이 음독자살을 하는 이런 "하 수상한 시절에 어찌 모두들 안녕하신지 모르겠습니다!"란 물음에 대해 한 달간 천여 장의 대자보들이 전국 곳곳, 심지어 외국에까지 붙게 됐습니다.

　사람들은 사회의 문제가 자신과 동떨어져 있지 않고, 사회가 불안 하기 때문에 자신도 안녕할 수 없다는 고백을 이어갔습니다. 누군가는 자신도 철도를 이용하는 한 사람이라면서 철도노조의 파업을 응원했습 니다. 또 다른 누군가는 대량의 직위해제와 밀양 주민의 음독자살에 나 역시 이런 사회에서 어떤 방식으로든 배제될 수 있다는 마음으로 대자 보를 썼습니다. 그리고 점차 시간이 지나면서 처음에 나오지 못한 '자신 의 이유' 역시 새롭게 터져 나왔습니다.

　그렇습니다. 첫 대자보는 모두가 알다시피 도무지 안녕할 수 없는 이 세상에서 우리가 과연 안녕할 수 있는지를 물었습니다. 그리고 뒤이 어 이 시대 청년과 모두를 향한 뜨거운 외침이 있었습니다. 만약 본인 이 '안녕치 못하다'고 생각한다면, 또 그렇게 느낀다면 무슨 내용이든지 '외치지 않을 수 없다'고 말입니다. 그 말에는 '강제'도 '계몽'도 없었습 니다. 그저 물음만이 있었을 뿐입니다. 그리고 그곳에는 글과 함께 '사 람'이 모였습니다.

　'안녕들 하십니까?' 열풍에는 대자보를 쓴 본인들이 광장으로 나와 자신의 대자보를 소리 내어 읽는 등의 '실천'이 또 다른 기폭제로 작용했습니다. 말 그대로 대자보 앞에 사람이 있었기 때문입니다. 이전까지 확인하지 못했던 그러나 함께하고 있었던 공동체의 구성원이 나와 비슷한 물음을 던지며 "안녕치 못하다"라고 말하는 현실에서 이미 불은 번져나가는 중이었습니다. 한편으로는 뜨겁게, 그리고 동시에 젖은 장작을 말리듯이 서서히 말입니다.

2013년 12월 14일 토요일. 고려대 정경대학 후문을 350여 명의 사람들이 가득 메웠습니다. 그 사람들은 청소년, 고시생, 성소수자, 청년, 문학도, 노년의 주민 등이었습니다. 마치 물이 99도까지 끓어오른 상태에선 1도만 높아져도 기체가 되듯이 '안녕들 하십니까?'라는 대자보가 턱밑까지 차오른 대중의 분노, 답답함을 한데 모여 소용돌이치게 만들었습니다. 그것이 바로 지금의 현실입니다.

그렇게 안녕하지 못한 사람들은 모였습니다. 우리는 이전에 없던 성토대회를 했고, 서울역으로 나들이를 갔습니다. 그것은 사실 '집회'였습니다. 속어로 '데모'라는 거지요. 하지만 즐거웠습니다. 동서고금을 막론하고 안녕하지 못했던 사람들은 함께 모여서 자신들의 생각을 공유했고 자신이 혼자가 아님을 확인해왔습니다. 그렇게 사람이 모이는 것이 바로 헌법에서 보장하는 집회이고 결사의 자유였습니다. 그리고 '안녕하지 못한 사람들'이 함께 모인 그날, 많은 사람들은 이 현상을 주목했습니다.

연꽃도 진흙에 뿌리를 내리고 삽니다

상황은 급박하게 돌아갔습니다. 언론의 주목 속에서 철도노조는 역사상 최장기 파업을 강력한 단결과 각오하에 이어갔습니다. 기득권과 보수언론, 정치인들은 첫 대자보를 쓴 이를 겨냥해 '정치적'이란 굴레를 씌우고, '비순수'의 족쇄를 채워 '안녕들 하십니까?'를 차단하려 했습니다. 하지만 '달을 보라' 했더니 '손가락의 때'를 탓하는 이들을 비웃기라도 하듯 대자보는 점점 더 확산되었고 전 지역과 계층으로 퍼져나갔습니다.

물론 지금까지 대중들의 자기 정치를 막아왔던 정치와 비정치, 순수와 비순수의 프레임이 깨진 것은 아닙니다. 그러나 정치적이지 않겠다는 자세 역시 결국 상황을 묵인하겠다는 '정치적'인 판단이었음을 알게 모르게 확인하는 것이 '안녕하지 못하다'는 외침이었기에, 순수하게 사는 것처럼 보였지만 사실 '순진'하게 산 것이었다는 합당한 분노가 터져 나온 것이 대자보 열풍이었기에, '안녕들 하십니까?' 페이스북 페이지는 개설 일주일 만에 무려 25만 명의 독자를 확보하게 됐습니다.

하지만 갑작스럽게 25만 명의 집중을 받게 된 만큼 게시물의 댓글들은 난상 토론과 상호 비방의 장이 될 수밖에 없었습니다. 그리고 대자보를 쓸 '자격'과 대자보의 '내용'에 대한 문제 역시 불거졌습니다. 사실 '안녕들 하십니까?'란 물음은 스스로 안녕하지 못하다고 생각한다면 어떤 이유와 문제가 되었든 대답할 수 있었던 물음이었습니다. 그렇기에 누구는 "난 안녕한데 당신들이 자꾸 안녕하냐고 물어서 안녕치 못하다"고 하거나 대자보를 훼손하고 대자보를 쓴 사람의 신상정보를 털기도 했습니다. 이뿐만 아니라 밥숟가락을 얹는다는 식의 표현을 쓰며 '젊은 대학생'들이 '순수'한 의기로 시작한 물음에 색을 씌우거나 자기 문제를 은근슬쩍 걸지 말라는 목소리도 있었습니다.

하지만 연꽃도 진흙에 뿌리를 내리고 삽니다. 연꽃이 뿌리내리고 있는 진흙처럼 우리가 뿌리내리고 있는, 혼탁해 보이는 나의 현실에서 조금 더 나은 방향을 찾아보는 노력이야말로 '자기 정치'일 것입니다. 그렇기 때문에 민주사회에서 정치란 직업 정치인의 전유물이 될 수 없고, 누가 완전히 대신해줄 수도 없습니다. 사람이 건강하기 위해서는 운동을 해야 하듯이 건강한 민주사회를 위해서는 자신의 목소리를 내는 운동을 해야 합니다.

그래서 '안녕들 하십니까?'는 있는 그대로의 현실을 바라보되 처음 세웠던 원칙이자 첫 대자보의 핵심이었던 '말하는 건 결코 허락받고 하는 것이 아니다'라는 것과 '안녕치 못함을 스스로 외치는 자기 정치'란 초심을 굽히지 않았습니다. 그건 지금도 마찬가지입니다.

한겨울에 나만 안녕하려면, 전기장판 틀고 자면 됩니다

하지만 우리는 안녕치 못한 사회, 내가 그곳에 서 있는 세상을 봤습니다.

짧은 시간 동안이었지만 지역과 수도권의 이분법을 넘고 자신의 안녕치 못함과 타인의 안녕치 못함이 공명(共鳴)하는 과정이 '안녕들 하십니까?'를 통해 이루어졌습니다. 물론 대학의 방학이 찾아오고 '안녕하지 못함'에 대한 수없이 많은 이유가 서로 뒤엉키며 대자보 열풍은 확실하게 꺾였습니다. 혹자는 이렇게 말합니다. "한국인의 냄비근성이 이렇지 뭐"라고.

하지만 이 책, 《안녕들 하십니까?》를 준비하고 천여 장의 대자보를 모으기 위해 노력하고 함께한 이들 모두는 이런 생각을 하고 있었습니다. 대자보 열풍은 대학교라는 공간에서 시작됨으로써 전 대학사회로 퍼져나갈 수 있는 통로를 확보한 동시에 대학생만의 열풍으로 전락할 가능성 역시 처음부터 가지고 있었다는 점. 그렇기에 '안녕들 하십니까?'라는 물음은 대학생만의 것도 아니고, 특정 의제의 것만으로도 국한되지 않아야 한다는 점 말입니다. 그리고 우리는 이런 생각을 가지고 앞으로의 길잡이가 될 안녕치 못한 이들의 대자보를 모으기로 했습니다.

한겨울에 나만 안녕하려면 전기장판 틀고 자면 됩니다. 하지만 '안녕들 하십니까?'는 사람들로 하여금 '안녕하지 못하다'고 느끼는 이들이 이토록 많이 있고 그들 모두의 안녕치 못함이 서로 '사회적'으로 연결되어 있음을 어렴풋하게 고민토록 한 뜨거운 바람이었습니다. 물론 시절이 매서웠던 만큼 사람들의 마음속, 아니 사람들 사이의 두꺼운 얼음을 녹이고 자리를 박차게 만드는 데에는 힘이 부족했던 것이 사실입니다.

그러나 이 열풍이 얼음을 녹이는 대신 젖어 있는 장작을 말리는 역할이었다고 생각한다면 아직 상황은 현재진행형입니다. 즉 '안녕하지 못한 현실'이 존재하는 한 '안녕들 하십니까?'란 '문제적' 물음은 사라질 수 없습니다. 그중에 안녕하지 못한 이유를 혼자서 해결할 수 없다고 느낀 이들이 늘어난다면 함께 모여 고민하고 나름의 결론을 얻으려 노력할 겁니다. 그렇게 마른 장작들이 모인다면 한겨울을 거뜬히 이겨내는 것은 당연한 일일 테지요.

사슬은 그것의 가장 약한 고리만큼만 강할 뿐입니다

'안녕하지 못한 사람들'이 바라 마지않았던 것은 한 사람의 영웅도, 문제를 해결할 다른 누군가도 아닌, '안녕하지 못함'에 분노하는 수없이 많은 사람들이었습니다. 또한 글과 말은 사람을 울리고 공감하게 만들고 힘을 얻게 하지만 한계도 분명합니다. 왜냐하면, 결국 글과 말은 박제된 것이기 때문입니다. '안녕들 하십니까?'라는 물음이 지난 두 달 동안 주목을 받았던 것은 그 물음이 전국을 뛰어다니며 살아 숨 쉬고 서로 만났기 때문이었습니다.

'안녕하지 못한 사람들'은 서로를 만나고 다양한 시도를 해보았습니다. 나들이와 성토대회가 열렸고, 사회에서 안녕하지 못한 이유들을 들어보았습니다. 영화와 연극을 보기 위해 만나기도 했고, 새롭게 생긴 '안녕들 하십니까?' 페이지들을 연결하는 네트워크를 만들기도 했습니다. 그리고 바로 이 책을 만들기 위해 대자보를 쓰신 분들을 찾아다녔습니다. 그 와중에 여러 어려운 문제에 부닥치기도 했습니다. 다양한 사람들이 모이니 서로 다른 여가를 맞춰야 했고, 일을 하는 와중에는 누군가에게 너무 많은 짐을 지우기도 했습니다. 하지만 그렇게 사람들이 모이면서 우리 사회가 안녕하기 위해 할 수 있는 일을 함께 찾아볼 수 있다는 것은 매우 값진 경험이었습니다.

아기 코끼리 우화를 아십니까? 아주 어린 새끼 코끼리의 발목을 사슬로 묶어두면 처음에는 나가려 발버둥을 치지만 결국 힘이 없어 자포자기하다 커서도 그 사슬에서 벗어나지 못한다는 이야기 말입니다. 어쩌면 우리에게도 이런 사슬이 있는지 모르겠습니다. 생각의 사슬, 행동에 대한 망설임의 사슬 말입니다. 하지만 끝끝내 봄이 오고 꽃이 피듯이, 자기 고백으로부터 자기 서사를 풀어내고 스스로의 실천을 고민하는 과정에서 사슬에 금이 가는 소리가 들리는 듯합니다.

이 책, 《안녕들 하십니까?》에 실려 있는 수백 장의 대자보는 단지 수백 명의 생각이 아니라 수천, 수만의 안녕치 못한 이들의 고백이며 각각의 자신들로부터 출발한 살아 있는 이야기들입니다. 사슬은 그것의 가장 약한 고리만큼만 강할 뿐입니다. 그리고 우리를 둘러싼 사슬의 가장 약한 고리는 우리가 느끼는 안녕치 못함이 나로부터 출발하여 사회와 공명한다는 것. 결코 우리는 혼자가 아니라는 믿음과 희망이라고 생각합니다.

그래서 다시 한 번 여쭙겠습니다. 모두 안녕들 하십니까?

그리고 이제는 외쳐야겠습니다. 우리 모두 안녕해지도록 함께 고민하고 걸어갑시다.

책을 엮은 안녕들 하십니까 일동

〈12/10~12/13일 대자보 현황〉

강원대학교

성균관대학교

고려대학교

서울대학교

'안녕들 하십니까' 페이스북 페이지에 올라온 대자보 기준

1.

12월 10일 고려대 정경대 후문에 주현우 씨가 붙인 대자보를 시작으로, 13일까지
성균관대학교, 서울대학교, 그리고 강원대학교에 대자보가 차례로 붙었다.

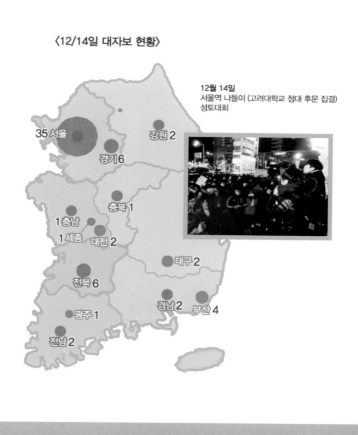

〈12/14일 대자보 현황〉

12월 14일
서울역 나들이 (고려대학교 정대 후문 집결)
성토대회

35 서울

강원 2

경기 6

충북 1

1 충남
1 세종
대전 2

대구 2

전북 6

경남 2   부산 4

광주 1

전남 2

2.

12월 14일 고려대 정경대 후문에서 성토대회와 서울역 나들이를 시작하면서 전국
각지에 하나둘 대자보가 붙기 시작했다.

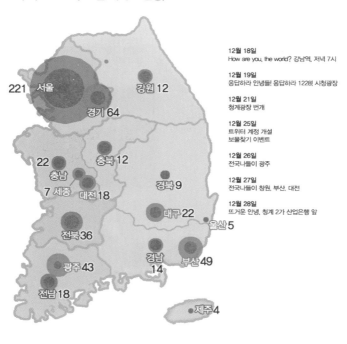

〈12/15 – 12/28일 대자보 현황〉

221 서울

강원 12

경기 64

22 충남

충북 12

7 세종   대전 18

경북 9

대구 22

울산 5

전북 36

광주 43

경남 14   부산 49

전남 18

제주 4

12월 18일
How are you, the world? 강남역, 저녁 7시

12월 19일
응답하라 안녕들! 응답하라 1228! 시청광장

12월 21일
청계광장 번개

12월 25일
트위터 계정 개설
보물찾기 이벤트

12월 26일
전국나들이 광주

12월 27일
전국나들이 창원, 부산, 대전

12월 28일
뜨거운 안녕, 청계 2가 산업은행 앞

3.

12월 15일에서 12월 28일 총파업과 '뜨거운 안녕' 행사를 거치며 전국 각지로
대자보가 확산되었다. 대자보 열풍은 대학교를 벗어나 고등학교와 공장, 버스
정류장, 거리 등 모든 곳에서 이어졌다.

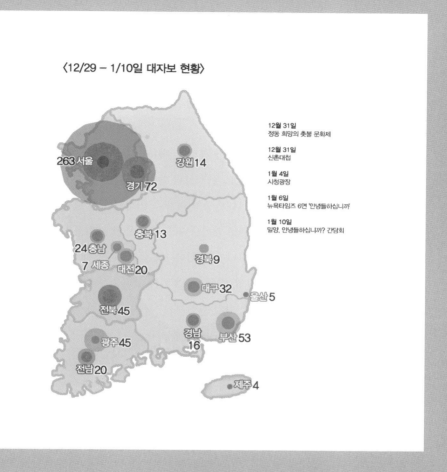

〈12/29 – 1/10일 대자보 현황〉

263 서울

경기 72

강원 14

12월 31일
정동 희망의 촛불 문화제

12월 31일
신촌대첩

1월 4일
시청광장

1월 6일
뉴욕타임즈 6면 '안녕들하십니까'

1월 10일
밀양. 안녕들하십니까? 간담회

24 충남

7 세종

충북 13

대전 20

경북 9

전북 45

대구 32

울산 5

광주 45

경남
16

부산 53

전남 20

제주 4

4.

12월 29일부터 1월 10일까지도 꾸준히 대자보가 붙으며 대자보 열풍을 마무리했고,
그동안 안녕들도 다양한 활동과 연대하며 대자보 이후의 움직임을 준비했다.

안녕들 하십니까?/아니요, 안녕 못합니다/'불법'이란 무엇인가요?/안녕하지 못합니다. 불안합니다/누군가 내게 안녕하냐고 묻는다면/즐거운 日記/아무것도 바뀌지 않을까봐 너무나 두렵습니다/이제 좀 '미련'해지렵니다/밤새 안녕들 하셨습니까?/송구스럽지만, 우리는 안녕합니다/회색인이 되지는 말아야겠습니다/안녕할 수 없고, 안녕하면 안 될 세상입니다/안녕치 못한 사람들의 외침을 바라보며 저도 한마디 거들어봅니다/안녕할 리가… 없잖습니까/저도 제가 안녕한 줄 알았습니다/모두들, 안녕하세요!/정대 후문을 지나다니던 한 평범한 대학생의 글/모두가 안녕한 세상은 있을 수 없는 걸까요?/안녕들 하십니까/안녕하냐고 물어봐주어서 고맙습니다/이제야 진짜 안녕할 것 같다/안녕들 하십니까?/12월 19일, 조건 없는 안녕을 위하여/이봐요, 우리는 안녕한가요?/연세대학교 학우 여러분, 안녕들 하십니까?/나는 부끄럽습니다/안녕, 합시다!/다들 안녕들 하십니까/안녕들 하십니까?/누군가는 마지막으로 처음처럼/우리가 편치 못한 세상에 살고 있다는 증거/동악을 거니는… 그대들은 안녕하신지요?/수상한 시절에 안녕들 하십니까?/미친 금붕어가 되고자 합니다/안녕들 하십니까? 외국인 대학생입니다/날씨 너무 덥네요/당신만이 할 수 있는 일/더 나은 대한민국을 위해/아주대 학우 여러분! 안녕들 하십니까?/우리 전남대는 안녕한가요?/나, 안녕이 무엇인지 모르겠으니/안암에서 고요한 외침에 춘천에서 기별합니다. 저 또한 안녕치 못하다구요/여러분 정말 안녕들 하십니까?/정녕, 안녕들 하십니까?/기억하십니까?/안녕하지 못합니다!/경성 학우 여러분, 안녕들 하십니까?/인제대 학우 여러분, 안부를 묻습니다/계명대 학우 여러분, 안녕하십니까?/여러분의 목소리를 들려주십시오/안녕들 하십니까?/여러분 정말 안녕하십니까?/개신 학우 여러분, 안녕들 하십니까?/여러분의 생각은 어떻습니까/학우 여러분, 저는 안녕하지 못합니다/공주대 학우 여러분, 안녕들 하십니까?

안녕들 하시냐기에/건대 학우 여러분, 안녕들 하십니까?/버스노선이 끊겨 안녕 못합니다/수원대는 언제 안녕들 합니까?/여러분들은 안녕하세요?/아니요. 안녕하지 못합니다/성균관 학우 여러분은 안녕들 하십니까?/성균관대 학우 여러분! 저는, 우리는 안녕하고 싶습니다!!/꽁꽁 얼어붙은 학생자치, 학우 여러분들 안녕들 하십니까?/저는 저의 불편함을 말하고 싶습니다/성균관 학우 여러분 모두 안녕들 하십니까/모든 사람들이 안녕하기를 바랍니다/우리도 자유롭게 말하고 싶다!/학교의 주인은 학생입니다/'성균관대학교'는 안녕하십니까/아! 나도 말해도 되는군요. 저는 안녕하지 못합니다/"아니요, 결코 안녕할 수 없습니다."/경쟁을 강요하는 사회/안녕하고 싶습니다. 안녕해야겠습니다!/안녕하지 못한 우리들이 맞이할, 2014년/안녕들 하십니까, 에필로그/안녕하냐는 물음에 부끄러움을 내놓습니다/시험공부가 하기 싫어서 안녕하질 못합니다/나는 '안녕하기'를 거부한다/불편해질 권리를 요구합니다/하나도 안 괜찮아요/여러분의 학점은… 안녕들 하십니까/신방과 학생, 여기 안녕 못합니다!/어떻게 안녕할 수 있겠습니까/안녕하지 못한데, 안녕한 척 지냈습니다. 가슴이 쿵쿵대는데, 모른 척 지냈습니다/모두 병들었는데 아무도 아프지 않았다/이후를 묻는다/학우 여러분, 안녕들 하십니까?/과학은 산업역군이 아닙니다/무지랭이양의 작은 소망/더 이상 부끄러워지지 않으려 합니다/당신의, 우리의, 나의 안녕을 빌며/우리들의 '목소리'는 안녕한가요?/안녕들 하십니까/안녕하세요?/이 겨울, 안녕하지 못한 우리에게/어떤 이름으로 불려도 안녕하지 못합니다/정말로 진심으로 묻겠습니다/하 수상한 이 계절, 여러분은 안녕들 하십니까?/성공한 삶이란 무엇인가요/저는 안녕하지 못합니다. 제 자신을 속이지 않겠습니다/'안녕들 하십니까'가 사회 속에 끊임없이 '안녕하게' 남기를 바라며/우리의 패러다임은 취업/'안녕들 하십니까?'에 대한 좀 더 구체적인 답/안녕들 하십니까?/저는 안녕하지 못합니다/안녕이라는 말 대신: 이화를 떠나며 남기는 편지/저 궤변가들에 대하여/우리가 보았던 것은 역사적 사건이었습니다/너무나도 답답한 마음에 안녕하지 못합니다/'사회' 없는 시대의 '정치'

3. 우리도 안녕하지 못합니다 — 289

안녕들 하십니까?/철도를 사랑하는 국민 여러분 안녕하십니까?/안녕들 하십니까?/기꺼이 그 길을 가겠습니다/Without international solidarity we can't be okay!/원주의과대학 학우분들은 안녕하십니까/의대생 여러분, 안녕들 하십니까/안녕들 하십니까, 모두, 건강들 하십니까/안녕들 하십니까? 삼성제품을 사용해주시는 소비자 여러분/출판 노동자 여러분, 안녕들 하십니까?/출판 노동자 여러분, 안녕들 하십니까?/내가 조금만 덜 안녕했다면 우리는 어디쯤 달리고 있었을까/안녕들 하십니까?/"진정 안녕들 하십니까?"/안녕하세요, 학과 사무실입니다/안녕들 하십니까?/안녕들 하십니까/여러분의 텐트는 안녕들 하십니까?/인사를 받았으니 답을 해야지요!/안녕하십니까? 이 말이 새삼 강하게 와 닿는 이유는/안녕들 하십니까?/안녕들 하십니까?/안녕들 하십니까/당신의 '등급'은 안녕하십니까?/부끄러운 언론인 선배여서 안녕하지 못합니다/안녕들 하셨습니까/22기 동기 노무사님들, 안녕들 하십니까?/저는 아직도 부끄러운 대학생입니다/우리는 중앙대 청소 아줌마들입니다/청소 노동자분들, 불편해도 괜찮아요!/중앙대가 책임 있습니다/안녕하세요/백만 원을 바라보는 서로 다른 해석/이것은 백만 원짜리 자보입니다/이것은 백만 원짜리 자보입니다/여기 백만 원짜리 자보가 있습니다/표현의 자유를 허하라!/고려대에서 보내는 100만 원짜리 대자보/학교를 위한 대자보/To. 청소 노동자분들/안녕들 하십니까/저는 성노동자를 지지합니다/나는 창녀, 매춘부, 윤락녀가 아니라 성노동자다/누구든 안녕을 말할 수 있어야 합니다. 또, 누구든 안녕할 수 있어야 합니다/여러분, 부디 안녕합시다/안녕들 하십니까

4. 안녕하지 못하다 말할 수조차 없었습니다 — 383

성소수자, 안녕들 하십니까?/이러나저러나 넌 내 친구/약자를 괴롭히는 이 사회 때문에 안녕하지 못합니다/쉽지 않은 삶/낡은 시계처럼/뜻밖의 반응/사랑에 허락이 필요한가요?/저는 바이로맨틱 에이섹슈얼 여성입니다/"저는 성소수자입니다" 하고 말하기엔 불편한 것이 많습니다/1월 7일, 조건 없는 안녕을 위하여/트랜스젠더, 양성애자의 이름을 가진 나의 딸에게/댁의 김치는 안녕들 하십니까/'김치녀'로 호명되는 당신, 정말로 안녕들 하십니까?/개념녀가 되기 위해 너무 많은 것들을 포기해야만 해서 안녕하지 못합니다/멋진 여자이며 김치녀이고 꼴페미가 쓰는 개념 없는 글/왜 화장을 해야 하나요?/김치녀가 될 수밖에 없어서 안녕하지 못합니다/정대 후문이 '김

치'의 성지가 될 조짐을 보며/당신의 몸매는 안녕들 하십니까?/김치녀라는 허상에 침을 뱉는 사람들/김치 공포증에 걸린 여러분들의 안녕이 걱정됩니다/김장글/나는 온전한 '나'이고 싶습니다/노동자와 어머니 사이에서/저는 전업주부입니다/우리 엄마는 전업주부입니다/'군대' 문제 해결은 요원하기만 합니다/당신은 왜 여성주의에 반대하시나요?/김치여! 김장독을 탈출하라!/나의 여자 친구들에게/그 많던 청소년의 대자보는 다 어디로 갔을까?/개포고 학생 여러분, 안녕들 하십니까?/아니요, 안녕하지 못합니다/대한민국의 고3, 안녕들 하십니까?/친애하는 살레시안 여러분, 안녕들 하십니까? 불행하게도 저는 그렇지 못합니다/쓸쓸한 찬바람만이 지나가고 있는 지금/우리는 그 길을 걸어갈 수 없습니다/안녕들 하십니까?/안녕들 하십니까?/모든 언론을 접하는 모두 안녕들 하십니까?/"이제는 내려놓을 때입니다"/학생 여러분들, 안녕들 하십니까?/날 좌절에서 구한 "안녕들 하십니까?"/안녕들 하십니까?/학생자치와 교육/ㅅㅁ인 여러분, 안녕들 하십니까?/안녕들 하냐는 그 질문은, 정말로 괜찮은 것일까요?/안녕들 하냐고 묻는 옆의 삐딱선에서

에필로그   안녕하지 못한 사람들의 못 다한 이야기 ― 494

일러두기

1. 이 책에 실린 모든 글은 글쓴이의 허락을 받은 것입니다.
2. 편집 과정에서 글 일부를 생략하기도 했습니다.
3. 원문을 훼손하지 않는다는 원칙 아래 편집을 진행했으며, 일부 오탈자, 띄어쓰기, 비문을
    교정했습니다.
4. 제목이 없는 대자보는 편집부에서 제목을 따로 붙였습니다.

1.

1. < 안녕들 하십니까? >

어제 불과 하루 만의 파업으로 수 천 명의 노동자가 일자리를 잃었습니다. 다른 이유도 아닌 철도 민영화에 반대한 이유만으로 4,213명이 직위해제된 것입니다. 박근혜 대통령 본인이 사리사적 합의 없는 추진하지 않겠다던 그 민영화에 반대했다는 구실로 장계라니? 긴 끝 전태일이란 청년이 스스로 몸에 불을 놓아 지켜왔던 '노동법'에도 하연진 이 떠여질지!! 모르겠습니다. 정부와 자본에 저항한 파업은 모두 불법이라 주장되니까요! 수 차례 들은 부정선거의혹, 국가기관의 선거개입이란 초유의 사태에도, 대통령의 탄핵 오주전을 가진 자리니 국회의원이 사퇴하라 말 한마디 한 최로 제명이 운현되는 지금이라면 21세기가 맞는지 의문입니다. 그런 와중에는 2만 송전탑이 들어서 주인이 음독자살을 하고, 자본과 경영진의 "억퇴" 저항한 최로 해고노동자에게 손해의 결과로 징역이 떨어지고, 안전된 일자리를 달라하니 불특신하기 적이 없는 비현실적인 벌문을 하는 수상한 시절에

이찌 오두들 안녕하신지 모르겠습니다!!!

2. 88만원 세대라 일컬어지는 우리들은 두고 세상은 가난도 모르고 자란 풍족한 세대, 정치도 경제도 세상돌림을 모르는 세대라고들 합니다. 하지만 97~98년 IMF 이후 청문도 문도 체 맞벌이로 빈 집은 지키고, 매 수능을 전후하여 자살하는 작같은 학생들에 대해 친숙하리, 부란싦으면 강요받은 것이 우리 세대 아니었나요? 우리도 정치와 경제에 무관심한 것으로 모르는 것은 아닙니다. 단지 단 한 번이라도 그것들에 대해 스로 고민하고 목소리내길 강요받지도 거락받지도 못했기에요 그것게 삿아온 벌락값이라 믿는 것 뿐입니다. 그런데 이제는 그건 우리가 없게 됐습니다. 알려 말한 그 세상의 센가 사는 들이마 때문입니다. 저는 다만 묻고 싶습니다. 안녕하시냐고요 벽탁 없이 살고 계시냐고, 안의 인이라 대면한도 문제없으십가? 즉 정치적 무란싦이란 자기합리화 자로 둔가나 계산 건 아닌지 여쭉 본인다. 만인 안녕하지 못하다면 오리쳐 무지지않을 수 없는 겁니다. 그것은 우은 버롯이든지 않입니다.

그래서 마지막으로 묻고 싶습니다!

오후 안녕들 하십니까!

정영08
현우

※12/13 홀 직진점계 취했습니다!

안녕들 하십니까?

1. 어제 불과 하루만의 파업으로 수천 명의 노동자가 일자리를 잃었습니다. 다른 요구도 아닌 철도민영화에 반대한 이유만으로 4,213명이 직위해제된 것입니다.

박근혜 대통령 본인이 사회적 합의 없이는 추진하지 않겠다던 그 민영화에 반대했다는 구실로 징계라니. 과거 전태일 청년이 스스로 몸에 불을 놓아 치켜들었던 '노동법'에도 '파업권'이 없어질지 모르겠습니다. 정부와 자본에 저항한 파업은 모두 불법이라 규정되니까요. 수차례 불거진 부정선거 의혹, 국가 기관의 선거 개입이란 초유의 사태에도, 대통령의 탄핵소추권을 가진 국회의 국회의원이 '사퇴하라'고 말 한마디한 죄로 제명이 운운되는 지금이 과연 21세기가 맞는지 의문입니다. 시골 마을에는 고압 송전탑이 들어서 주민이 음독자살을 하고, 자본과 경영진의 '먹튀'에 저항한 죄로 해고 노동자에게 수십억의 벌금과 징역이 떨어지고, 안정된 일자리를 달라 하니 불확실하기 짝이 없는 비정규직을 내놓은 하 수상한 시절에 어찌 모두들 안녕하신지 모르겠습니다!

2. 88만 원 세대라 일컬어지는 우리들을 두고 세상은 가난도 모르고 자란 풍족한 세대, 정치도 경제도 세상물정도 모르는 세대라고들 합니다. 하지만 1997~98년도 IMF 이후 영문도 모른 채 맞벌이로 빈 집을 지키고, 매 수능을 전후하여 자살하는 적잖은 학생들에 대해 침묵하길, 무관심하길 강요받은 것이 우리 세대 아니었나요?

우리는 정치와 경제에 무관심한 것도, 모르는 것도 아닙니다. 단지 단한 번이라도 그것들에 대해 스스로 고민하고 목소리 내길 종용받지도 허락받지도 않았기에, 그렇게 살아도 별 탈 없으리라 믿어온 것뿐입니다.

그런데 이제는 그럴 수조차 없게 됐습니다. 앞서 말한 그 세상이 내가 사는 곳이기 때문입니다.

저는 다만 묻고 싶습니다. 안녕하시냐고요. 별 탈 없이 살고 계시냐고요. 남의 일이라 외면해도 문제없으신가, 혹시 '정치적 무관심'이란 자기합리화 뒤로 물러나 계신 건 아닌지 여쭐 뿐입니다.

만일 안녕하지 못하다면 소리쳐 외치지 않을 수 없을 겁니다. 그것이 무슨 내용이든지 말입니다.

그래서 마지막으로 묻고 싶습니다. 모두 안녕들 하십니까!

경영 08 현우

아니요, 안녕 못합니다

"이 미친 세상에 너만은 행복해야 해"라는 가사처럼 미쳐 돌아가는 세상입니다.

시베리아의 찬바람이 부는 연말에는 "행복하세요", "건강하세요"라는 인사 대신 "부자 되세요"가 최고의 인사가 되어버린 지 오래인 세상입니다.

자신에 대한 착취를 넘어서서 시민, 국민, 인민 전체에 대한 착취를 행하려는 국가와 자본에 대해 저항하는 이들에게는 탄압의 칼바람이 몰아닥치는 세상입니다.

그제에 이어 어제도 천 명이 넘는 사람이 직위해제를 당했습니다. 직위해제, 절대로 해고는 아니라고 합니다. 하지만 파업하고 있는 철도 노동자들께 이를 전해드린다면 기뻐할까요. "나 안 짤리는 거지?" 하면서 기쁘게 파업을 이어나갈 수 있을까요. 하루하루 힘들게들 모두 살아가는 이 세상 속에서요?

고작 하루 만에 4,000명을 직위해제시키고, 파업 이틀 만에 천 명을 더 직위해제시키고 주동자들에 대한 체포영장 발부 엄포를 놓고 있는 세상입니다. 이 글을 읽고 계신 분들은 어떠실지 모르시지만 저한테는 "파업하는 놈들은 싹 다 목을 날려버리겠다"라는 말처럼 들립니다.

결국 세상은 누군가의 노동으로 돌아갑니다. 하지만 노동자들에게 권리가 보장되면 파업이나 한다고 안 된다는 사람이 집권당 국회의원인 나라입니다. 근로기준법, 그 기초적인 권리밖에 담기지 않은 근로기준법 준수를 외치며 전태일 열사가 분신한 지 어언 40년이 넘는 세월이 흘렀습니다.

하지만 아직도 쌍용차, 콜트콜텍, 현대차 비정규직…… 수없이 많은 노동자들은 그 기본적 권리도, 헌법에 규정되어 있는 기본권들마저도 인정받지 못하고 차디찬 곳에서 여전히 싸우고 있습니다. 이 미친 세상에 여러분은 안녕하신지요? 행복하신지요?

바보들의 세상에서는 정신 차리고 있는 사람이 바보가 됩니다. 이 땅에 살기 위해서, 인간답게 살기 위해서, 투쟁하는 사람들이 소수가 되어버리는 세상은 결국 극히 일부, 극소수를 제외하고 모두가 억압받는 세상이 되고 말 것입니다.

이 미친 세상에서, 전 결코 안녕하지 않습니다, 아니 못합니다.

정치외교 09 춘희

'불법'이란 무엇인가요?

학교에 이렇게 대자보가 많이 붙은 모습은 참 오랜만입니다.

그리고 이 대자보들이 교내에서 벌어진 사건이 아니라 더 심각하고 큰 문제를 이야기하고 있기에 씁쓸하고도 놀랐습니다. 이들은 현재 우리가 살고 있는 2013년 대한민국에 내지르는 목소리들입니다.

학우 여러분, 이번 코레일 총파업에서 첫째 날 4,213명, 둘째 날 1,585명이 직위해제를 당했습니다. 이틀 만에 6,000명에 가까운 노동자들이 직업을 잃은 위기에 처한 것입니다. 이렇게 강력한 탄압은 이제껏 없었습니다. 우리가 귀에 익숙한 쌍용차, 한진중공업 등의 노조 투쟁은 사기업의 문제였기에 이번 사건과는 또 성격이 조금 다릅니다. 코레일 사태는 공기업과 그 노동자들과의 관계에서 발생한 사건이기에 더욱 눈여겨보아야 합니다. 즉, 노동자들에 대한 현 정부의 태도가 드러나고 있는 것입니다. 이번 총파업은 '근로조건의 결정에 관한 (노사 간) 주장의 불일치로 인하여 발생한 분쟁'에 관해서만 파업을 인정한다는 법을 어겼다고 해서 '불법파업'이 되었습니다. '민영화 반대'는 노동자들이 제기해서는 안 될 문제입니까?

우리는 이 부분에 대해서 생각해보아야 합니다.

첫째, 민영화는 결국 코레일 노동자들의 노동조건에 큰 영향을 미치게 될 것입니다. 코레일의 적자를 메우기 위해 민영화를 하면, 회사는 고용을 줄일 것입니다. 고용을 줄이려는 회사의 압력 그리고 줄어든 인원 탓에 남은 노동자들은 과중한 업무 부담을 짊어져야 할 것입니다. 코레일 노동자들은 자신들의 열악한 근무조건이 더욱 악화되지 않도록 투쟁하고 있는 것입니다.

둘째, 경영자와 노동자의 역할이 다르다고 해서 회사의 문제를 향해 목소리를 낼 권리까지 다르진 않습니다. 민영화는 결코 경영자들의 손끝에서만 슥삭 해치워질 문제가 아닙니다. "노동자들은 노동조건만 챙겨라, 경영자들은 수익계산만 하겠다"는 이분법적인 생각은 오류입니다. 노동자들도 엄연히 회사의 주인입니다. 그들이 주체적으로 노동을 하는 상황에서야 기업도 존재할 수 있는 것입니다.

여러분, 우리는 이번 사건의 핵심인 세 번째 문제를 생각해야 합니다. 현재 코레일 사측과 코레일 노조의 관계는 곧 미래의 대한민국 정부와 대한민국 국민의 관계를 보여주는 지표입니다. 권리를 위해, 잘못된 것의 오류를 지적하기 위해 항거하는 국민의 목소리가 국가 상층부의 가시적인 '이익'과 연결되지 않는다고 하여 '불법'이라 규정되고 있습니다. 국민의 소리가 불법이 되고 탄압의 대상이 되는 이 시기에, 여러분은 어떻게 반응하시겠습니까? ("안녕하십니까?")
노동자가 파업할 수 있는 권리를 얻어낸 지 불과 30년이 채 되지 않았습니다. 대통령을 국민의 손으로 뽑을 수 있는 권리를 얻어낸 지 불과 30년도 되지 않았습니다. 이 권리들은 노동자도, 국민도 엄연히 기업이나 국가의 주인이라는 증거이며, 뜻을 관철시키려는 움직임입니다. 우리는 지금 보고 있습니다. 내가 주인인 직장에서 그리고 내가 사는 나라에서 감히, 함부로 목소리조차 낼 수 없는 상황을, 아무것도 요구할 수도 비판할 수도 없는 상황을 지금 당장은 먼 곳에서 벌어지는 일이라 생각했었는지도 모릅니다. 하지만 '모르쇠'로 '알고 싶지 않다'고 뒤돌아 있을 때, 언제 이 시절이 우리를 덮쳐올지 모르는 것입니다.

한국사 09 이순영

안녕하지 못합니다. 불안합니다!

현우를 만나고 많은 이야기를 나눴습니다. 돌아보니 저는 이 시대를 믿고 있었습니다.

우리는 종종 이런 말을 합니다. 시대가 어떤 시대인데!

대운하사업? 내부 양심선언이 나오고 전문가들이 반대할 때 그칠 줄 알았습니다. 쌍용자동차 정리해고? 사람이 24명이나 죽었으니 국정조사는 할 줄 알았습니다. 원자력? 일본에서 원전이 터지고 우리나라 부실원전은 전면 재검토할 줄 알았습니다. 시간강사? 학교에 텐트농성 2년이면 강사 임금 올려줄 거라고 믿었습니다.

그리고 정말로 솔직히 제가 대학 다닐 때 대선에서 부정선거를 목도할 줄은 상상도 못했습니다. 지금 이 시대에, 이 21세기에! 대정부 투쟁, 정말 어디로 튈지 모르는 싸움, 이런 건 옛날에 다 끝난 줄 알았습니다. 그래도 우린 민주주의 시대에 살고 있었으니까요. 하지만 현실은 시궁창입니다. 환상은 철저히 깨졌습니다.

100만 명이 넘는 지지서명을 받은 KTX 민영화 반대 파업. 3만 명도 안 되는 회사에서에 3일 동안 6,748명을 직위해제했습니다. 저는 이렇게 들립니다. "더 이상 개기면 사회에서 묻어버린다." 그들마저 사라지면, 우리에게 정녕 희망은 있을까요? 이후의 폭주를 막을 수 있을까요?

지금 이 시대를 믿을 수 있게 해주었던 사람들이 이젠 거의 다 쓰러져 가고 있습니다. 그래서 저는 안녕하지 못합니다. 이 불안이 쉽게 가시지는 않을 것입니다. 하지만 확실한 것은 불안한 사람들, 안녕하지 못한 사람들이 뭉쳐 서로를 지켜주어야 안녕을 도모할 수 있다는 것입니다.

이에 함께하기로 했습니다. 안녕하지 못한 1인으로서, 토요일 오후 3시 이곳에서(정대 후문), 서울역으로 함께 가기로 말입니다. 여러분도 안녕 하시겠습니까?

철학 07 태경

누군가 내게 안녕하냐고 묻는다면

시국이 위기에 빠진 것을 알면서도, 세상과 나의 삶을 분리시킨 채 언제나 침묵했던 어제까지의 내 모습이 참으로 안타깝습니다. 그래도 당장 내일까지는 살 만할 것 같다고 자위하며, 오늘의 낭만에 빠져 살았던 내 모습이 참으로 안타깝습니다. 이것이 나의 잘못이라고 지적하지는 않겠습니다. 어쨌든 우리는 그렇게 살라고 배웠으니까요. 그래서 꾹 참고 시키는 대로 했을 뿐이니까요.

이렇게 '나는 아직 안녕하다'며 자기최면을 거는 동안에, 나는 목소리를 낼 기운조차 잃은 것 같습니다. 국정원의 선거 개입에도, 원전 비리에도, 4대강 사업의 뒤통수에도, 언제나 나의 삶을 이런 문제들로부터 격리시켜온 것 같습니다. 그저 사회가 나에게 요구하는 역할에만 목매온 것 같습니다. 정신 차려보니 결국, 파업에 참가하는 6,748명의 노동자가 직위해제당하는 작금의 지경까지 이르렀습니다. 자본과 권력의 이해에 따라 불법/합법이 결정되는, 이에 대한 어떠한 저항도 불법으로 규정되는 지경까지 이르렀습니다.

이 지경까지 밀려난 상황에서 누군가 내게 안녕하냐고 묻는다면, 안녕하지 못하다고 말하렵니다. 더 이상 나의 분노를 유예하지 않으렵니다. 이제 더는 물러날 곳도 없으니까요. 내가 살아가고 있는 이 세상이, 권력의 횡포로 점철된 '저 세상'과 결국엔 하나라는 것을 몸으로 느끼고 있으니까요.

"모든 권력은 국민으로부터 나온다"는 헌법 조항이 사실상 거짓이란 것을 알게 된 이상, 고착화된 사회의 메커니즘 안에서 사태를 판단하고 순응한다면 저절로 자본과 국가권력을 옹호하는 데 그칠 수밖에 없다는 것을 알게 된 이상, '공공의 이익'이라는 위선 아래에서 횡포를 일삼는 자본과 국가권력에 나도 함께 저항하려 합니다.

따라서 저도 안녕하지 않은 사람들의 움직임에 동참하려고 합니다. 입대를 앞둔 시점이지만 조금이라도 나의 목소리를 보태고자 합니다. 현실의 끈이 썩은 동아줄이라 할지라도, 누군가 내게 진정으로 안녕하냐고 묻는다면, 아직까지 희망의 끈은 살아 있다고 생각합니다. 우리 함께 현실에 맞서 "노(No)"를 외쳤으면 좋겠습니다.

군 입대를 앞둔 어느 사범대 11학번 학생

즐거운 日記

나는 이 글을 쓰는 것이 즐겁습니다. 바로 어제 코레일 직원 807명이 직위해제되어 일자리를 잃은 직원이 7,000명이 넘어섰지만, 나는 이 글을 쓰는 것이 즐겁습니다. 국정원에서 121만 건의 트위터 글을 써서 선거 개입을 했다는 사실이 드러났지만, 나는 이 글을 쓰는 것이 즐겁습니다. 왜냐하면 나는 어제 내가 안녕하지 못하다는 사실을 알았기 때문입니다.

어제 침대에 누워 페이스북을 뒤적이다가 친구가 공유한 어떤 선배님의 글을 보았습니다. 스마트폰의 번쩍이는 화면은 저에게 물었습니다. 너 지금 안녕하냐고, 정말 별 탈이 없느냐고. 잠을 이룰 수 없었습니다. 다음 주가 시험 기간이지만, 그래서 어서 잠들어야 했지만 도저히 잠들 수 없었습니다. 결국 뜬눈으로 밤을 새웠습니다.

나는 안녕했던 사람입니다. 내가 입학하던 해 용산에서 여섯 명이 불에 타서 죽었습니다. 교수님은 선배들은 그리고 친구들은 아무도 그 이야기를 하지 않았습니다. 다 이렇게 사는가보다 생각했습니다. 나도 안녕했습니다. 그해 5월에 전직 대통령이 바위에서 떨어져 죽었습니다. 나는 그날 괜히 술을 많이 마셨습니다. 그리고 다시 안녕했습니다. 내가 훈련소에 있을 때 제주도의 강정마을이라는 곳에 해군기지가 들어섰습니다. 울면서 끌려가는 할아버지, 할머니는 불쌍했지만 어쩔 수 없는 게 아닌가 생각했습니다. 그래서 안녕했습니다. 진보적이라는 시사주간지를 구독하고, 선거에서 야당을 찍고, 친구들과 낄낄대면서 대통령이 멍청하다고 욕하면서 나는 그래도 '개념 대학생'이라고 생각했습니다.

내가 세상에 나가서 좀 더 나은 세상을 만들면 된다고 생각했습니다. '다 그렇게 사는 거야'라고 말하는 사람은 있었어도, 지금까지 나에게 아무도 '너는 안녕하냐'고 묻는 사람은 없었습니다. 나는 내가 진짜 안녕한가에 대해 한 번도 생각해본 적이 없었습니다.

그런데 오늘의 나는 안녕하지 않습니다. 열심히 시험을 치고, 영어를 공부해도 내가 사는 세상은 나아질 것 같지 않습니다. 내가 사는 세상이 곧 내가 살 세상이 될 것입니다. 내가 사는 세상이 지금 분명 안녕하지 않은 것 같습니다.

그래서 나는 오늘 안녕하지 않습니다. 술은 왜 먹을수록 무력해지고, 학년이 높아질수록 더 답답해져만 갔는지. 이제 좀 알 것 같습니다. 안녕하지 않았기 때문입니다. 안녕한 척해왔기 때문입니다. 부끄럽지만 나는 조그만 용기를 내어 고백하려 합니다. 나는 안녕하지 못합니다. 그래서 나는 이 글을 쓰는 것이 즐겁습니다.

2013.12.12.

우리 학교 09 강훈구

아무것도 바뀌지 않을까봐 너무나 두렵습니다

무슨 말을 하고 싶은지 의도는 알겠으나 왜인지 읽기 싫고 오글거리는 느낌. "안녕들 하십니까"라는 말로 시작하는 대자보를 본 저의 첫 느낌이었습니다.

한두 장의 대자보를 읽다가 우연히 발견한 '즐거운 日記'라는 대자보. 얼마 전에도 만나서 술 먹고 영화 보고 낄낄거리던 제 조카가 쓴 '안녕들 하십니까'였습니다. 오글거리던 느낌은 이내 저의 오만함에 대한 소름끼침으로 변했습니다.

조카에게도 안녕하냐고는 물은 적이 없었고 곪아 있는 속이야기는 하지 못하고 가십거리 이야기로 웃기나 하며 진짜 안녕 따위는 관심이 없었습니다. 한 살 한 살 나이가 들어가며 느끼는 막막함과 이유 모를 열패감을 조카도 같이 느끼는 줄 몰랐습니다.

그리고 이어졌던 대자보 물결.

명문대, 좋은 학과 가면 잘 지내는 줄 알았습니다. 좋은 곳 취업하고 시집 장가 잘 가면 잘 지내는 줄 알았습니다. 누군가는 크레인에 올라가고, 누군가는 파업을 하다 해고당해도, 길거리 유흥가 돌아다니면 사람들이 웃고 떠들고 술 잘 먹길래 우리나라 사람들이 어느 정도는 모두 안녕한 줄 알았습니다. 하지만 그 많은 대자보들을 보고 나니 내 주변 각계각층 사람들이 생각만큼 그렇게 안녕하진 않더군요.

영화 공부 한답시고 내 주변의 사람들의 안녕보다 영화를 더 중요하게 생각하며 살았습니다. 사회 현안에 눈 부릅뜨고 직접 맞서는 것보다 내 앞에 주어진 일만을 하는 것이 나를 더 책임지는 삶을 사는 것이라고 뭔가 착각했습니다. 사실 그건 현실을 피하는 것뿐이었는데 말이죠.

"안녕들 하십니까"라는 일곱 글자의 안부에 실로 엄청난 수의 사람들이 지금 현재 안녕하지 않다고 응답하고 있습니다.
그런데 이렇게 모두가 안녕하지 않다고 울부짖어도 아무것도 바뀌지 않을까봐 너무나 두렵습니다.
이렇게 모두가 안녕하지 않다고 말해도 또 서로에게 안녕하냐고 묻지 않을까봐 무섭습니다.
이렇게 잠시 타버리고 말까봐 겁이 납니다.

그래서 며칠 동안 눈팅만 하다가 용기 내어 말합니다.
안녕들 하십니까? 저는 안녕하지 못합니다.

2013년 12월 17일
동양대학교 연극영화과 04
한국영화아카데미 28
강지현

이제 좀 '미련'해지렵니다

우리도 알고 있습니다. 파업에 참가했다는 이유로 7,608명을 직위해제하는 이 세상이, 정권에 반대하면 모두 종북 딱지를 붙이는 이 세상이, 국가 기관이 대선에 개입하는 이 세상이 안녕치 못하다는 걸 알고 있습니다.

하지만 이것도 알고 있습니다. 안녕치 못한 세상을 바꾸기보다 적응하는 것이 더 '지혜'롭다는 것을요. 대입-취업-결혼으로 이어지는 인생 레일에서 한 번 삐끗하면 저 밑으로 떨어지는 가혹한 세상이기 때문입니다. 그래서 토익 점수를 1점이라도 높여서 대기업 정규직으로 사는 게, 좋은 학점을 받고 안정적인 공기업에 취업하는 게, 고시에 통과해 정년을 보장받는 공무원으로 사는 게 세상을 바꾸는 것보다 훨씬 더 '현실'적이고 '지혜'롭다는 것을 모두 알고 있습니다.

그런데 이제 안녕치 못한 세상에 적응하기가 점점 힘에 부칩니다. 청년 실업은 갈수록 증가하고 기업이 요구하는 스펙은 더 높아집니다. CPA, CFO, 토익, 토익 스피킹, 한자 등등 따야 하는 자격증만 여러 개입니다. 여자라는 이유만으로 취업 시장에서 불이익을 받기도 합니다. 어떻게 어떻게 취업을 해도 여전히 불안합니다. 야근은 기본이고, 월급으로 집세 내기도 빠듯합니다. 또 하루아침에 7,608명을 직위해제하는 세상에서 더 이상 안정적인 직장은 없습니다. 대기업은 더 유연화되고, 공기업은 민영화되고, 청년실업은 더 늘어만 갑니다. 많이 우울하고 힘든 세상입니다.

저는 더 이상 못 견디겠습니다. 그래서 선택했습니다. 세상에 적응하기보다 세상을 바꾸기로요. 제 작은 실천이 세상을 바꾸지 못할지도 모릅니다. 그러나, 그러나 좀 더 많은 사람이 함께 한다면 달라지리라 생각합니다. 남들에게 세상을 맡길 수 없습니다. 우리 손으로 바꿔야 합니다. 이제 좀 '미련'해지렵니다. 마지막으로 제가 좋아하는 어느 경제학자의 글귀를 소개하며 말을 마치려고 합니다.

"200년 전 노예해방을 외치면 미친 사람 취급을
받았습니다.
100년 전 여자에게 투표권을 달라고 하면 감옥에
집어넣었습니다. 50년 전 식민지에서 독립운동을 하면
테러리스트로 수배당했습니다. 단기적으로 보면 불가능해
보여도 장기적으로 보면 사회는 계속 발전합니다. 그러니
지금 당장 이루어지지 않을 것처럼 보여도 대안이 무엇인가
찾고 이야기해야 합니다."
– 장하준, 경제학 교수

08 정훈

밤새 안녕들 하셨습니까?

08학번 현우 학우의 대자보를 읽었습니다. '안녕하지 못한' 많은 학우들이 자발적으로 자보를 게시하고, 피켓을 들고 이 추운 날씨에 정경대 후문에 섰습니다. 저 역시도 안녕하지 못합니다. 그래서 이 자리에 섰습니다.

철도의 공공성을 지키겠다는 철도노동자 7,611명이 해고나 다름없는 직위해제 통보를 받았습니다.

요즘 지하철 타실 때, 기차 타실 때 많이 안녕하지 못하시죠? 저 역시 그렇습니다. 방학하고 집에 어떻게 내려갈지 걱정이 됩니다. 하지만 국민의 철도를 지키겠다며 해고당할 각오를 하고 파업에 참가한 철도 노조원들도 이 상황에서 결코 안녕한 사람들은 아닐 것입니다. 100만 명이 넘는 국민들이 철도민영화에 반대를 한다는 서명을 했고, 박근혜 씨도 대통령 후보 시절 국민과의 합의 없는 민영화는 추진하지 않겠다고 했는데, 경쟁체제 도입이니, 자회사 설립이니 말을 돌리며 하고 있는 것이 민영화와 무엇이 다른지 모르겠습니다.

밀양에서는 지을 이유도, 명분도 없는 송전탑 공사에 반대하는 할아버지 한 분이 음독자살을 하셨습니다. '송전탑이 들어서는 걸 보느니 차라리 죽는 게 낫다'고 하셨다고 합니다. 신고리 원전의 가동 연기로 보낼 전기도 없어진 송전탑을 짓겠다고 힘없고 늙으신 할머니, 할아버지들을 괴롭히는 이유를 알 수가 없습니다. 돌아가신 분의 넋이라도 기리겠다고 분향소를 설치하려 했지만 그마저도 경찰을 동원해서 막았다고 합니다.

밀양의 눈물을 짓밟고 건설된 송전탑이 보낸 전기를 쓴다면 제 마음이 안녕하지 못할 것 같습니다. 그리고 밀양의 그분들은 도대체 무슨 잘못을 했기에 이리도 안녕하지 못해야 하는지 모르겠습니다.

그런데, 아무것도 바뀌지 않았습니다.
코레일은 철도 노조원들을 매일 수백 명씩 추가 해고하고 있습니다. 오늘 또 몇 명이 더 해고될지 모르겠습니다. 밀양에서는 사람이 죽어도 공사를 강행하겠다는 한전 지침하에 계속 송전탑이 들어서고 있다고 합니다.
철도노조와 밀양뿐만이 아닙니다. 스물네 명이 자살했지만 5년째 복직하지 못하고 있는 쌍용차 정리해고자들, 2008년에 대법원 판결이 났지만 여전히 비정규직으로 일하고 있는 현대기아차 비정규직 노동자들, 헌법에 명시되어 있는 마땅한 권리조차 행사하지 못하는 삼성전자 서비스 노동자들 역시 안녕하지 못할 것입니다. '그들'뿐만이 아니라 우리 대학생들, 여러분들도 안녕하신지 모르겠습니다. 여러분들은 이 안녕하지 못한 세상에서 안녕들 하십니까?

안녕하지 못한 사람들끼리 모여서 이야기라도 했으면 합니다.
12월 14일 토요일 오후 3시에 이곳에서 모여서 우리는 서로 안녕한지, 안녕하지 못하다면 왜 그런지 이야기라도 해보았으면 합니다. 토요일 오후 3시에 뵙겠습니다.

문대 12 준하

송구스럽지만, 우리는 안녕합니다

안녕하냐는 물음에 답해봅니다. 우리는 꽤나 안녕합니다. 이렇게 말하는 것이 눈치가 보이는 게 사실이지만 그래도 대답하건대 우리는 안녕합니다.

연일 벌어지는 여러 가지 이슈들로 정신 차리기 어렵고, 시험 때문에 골머리를 썩지만 친구와 밥을 먹으며, 술 한 잔 나누며 오가는 잘 지내냐는 인사에 답합니다. "별일 없지 뭐."

국정원이 불법으로 선거에 개입했지만 우리는 안녕합니다. 페이스북의 '좋아요'로 트위터의 '리트윗'으로 우리의 관심을 표명하며 마음의 짐을 덜었으니까요.

선서도 하지 않은 증인들을 심문하는 대신 용기 있는 고발자에게 '광주의 경찰'이라 불러도, 우리는 안녕합니다. 솔직히 방학 때 할 일이 너무 많았어요. 그런 일이 있었나 싶습니다.

민주주의 사회의 근간은 사상의 자유라고 생각하지만, 이석기 의원이 내란음모죄로 구속돼도 우리는 안녕합니다. 자유도 좋지만 종북은 아니지 않습니까? 아닌 건 아니라는 생각으로 관심을 거두고 얼마 남지 않은 방학을 즐길 수 있었으니 실로 안녕했지요.

소신껏 수사지휘 중인 검찰총장이 낙마해도 우리는 안녕합니다. 수사와 무슨 상관이 있는지는 모르겠지만 공직자의 품위는 중요한 것이니까요. 그럴 만하다는 생각이 들었습니다.

밀양에 송전탑이 들어서고, 주민들이 죽어나갔어도 우리는 안녕합니다. 원전에 반대하고, 공권력에 시민들이 탄압당하고 있지만, 우리는 밀양에 살지 않으니까요.

광주의 진실을 밝히다 테러를 당해 한쪽 다리를 저는 신부에게 전두환의 사위였던 국회의원이 종북이라 욕하지만 우리는 안녕합니다. "또 종북몰이야?" 싶었습니다. 한동안 저러다 말겠지 했어요.

행정부를 견제하라고 한 표 행사해 뽑은 우리 지역구 국회의원을 노동3권을 부정하는 국회의원이, 자신의 생각과 다른 의견을 가진 국민을 용납하지 않겠다던 국회의원이 제명하겠다고 동의안을 제출해도 우리는 안녕합니다. 며칠을 시달렸던 과제를 오늘 막 끝마쳤으니까요.
철도민영화에 반대한다는 이유로 수천 명의 사람들이 직위해제를 당해도 우리는 안녕합니다. 놀고 싶은 마음을 누르고 책상 앞에 앉아 있었습니다. 그래도 오늘은 공부 좀 했네. 뿌듯합니다. 안녕하지요.

요컨대, 안녕합니다. 시끌벅적한 와중에도 안녕할 줄 알게 되었습니다. 세상의, 체제의, 정권의 부조리를 논하면서도 '변화'보다는 '적응'을 생각할 수 있게 되었습니다. 그 적응을 위한 노력의 성과를 얻을 때마다 위안을 얻었습니다. 그래서 안녕합니다.

하지만, 요즘은 너무나도 불편합니다. 시험 기간을 맞이하는 것도, 하기 싫은 공부를 손에 붙잡고 있는 것도 처음이 아님에도 불편합니다.
다른 사람들도 안녕할 것 같았는데, 우리보다 더 안녕할 것 같았는데 아닌가봅니다. 다들 안녕하지 못하다 하시며, 안녕할 수 없는 길을 걸으시려는 걸 보니 불편합니다. 지켜보는 우리는 안녕해서 불편합니다.
우리도 실제로는 안녕하지 못한 처지가 아닐까 싶어 불편합니다.
이 부족한 글이 여기 붙게 된 것도 우리의 불편함 때문입니다. 다른 사람들의 안녕하지 못하다는 목소리 옆에 함께할 자격이 있나 싶어 염려

되지만, 우리는 불편하기에 함께하고 싶습니다. 안녕하지 못한 사람들
의 안녕할 수 없는 이유를 듣고자 함께하고 싶습니다.

어제도 안녕했고, 오늘도 안녕하지만,
불편한 요즘에 문득 내일도 안녕할지 몰라서 함께하고자 합니다.

문과대 09학번 이종훈, 홍석호

회색인이 되지는 말아야겠습니다

이 글을 쓰기까지 3년이 걸렸습니다. 입학할 때는 대학생이라면 으레 사회문제에 목소리를 낼 줄로만 알았습니다. 그러나 세상은 소설 속이나 역사책에서처럼 명백한 적을 두고 선악으로 양분되지 않는 곳이었습니다. 나는 스스로를 확신할 수 없었고, 그래서 내 목소리를 유보했습니다. 세상을 바로 비추는 저널리스트를 꿈꾸면서도 눈앞의 세상에 대해서는 모른 척 넘겼습니다. 나는 아직 학생이니까, 좀 더 배워야 한다고 생각했습니다. '몸 성히 공부 잘해서 훌륭한 사람이 되'고야 자기주장을 하려 했습니다.

지난 2013년 내내 나는 안녕하지 못했습니다. 내 친구는 '내일로' 대신 희망버스를 탔습니다. 다른 친구는 '시위대 무섭다는데' 걱정하며 시위현장에 파견되었습니다. 어떤 친구는 초콜릿을 들고 밀양으로 향했고, 다른 친구는 밀양에서 시위대와 대치하며 '꾼'들을 욕했습니다. 그 사이 길에 서서 나는 갈피를 잡기 어려웠습니다. 그래서 잠시 미뤄두었습니다.

나는, 아니 우리는 안녕하지 못했습니다. 취업의 문은 좁아져 가는데 학점이 낮아서 안녕하지 못했습니다. 스펙 한 줄 따기 어려워서 안녕하지 못했습니다. 영어 점수가 낮아서 안녕하지 못했습니다. 그러나 어딘가 불편했습니다.

우리는 분노하는 법을 잊었습니다. '불법 선거라며', '파업 큰일 났네', '미친 거 아냐?' 한마디씩 했지만 아무도 분노하지 않았습니다. 촛불을 들고 광장에 모였지만 변화는 눈에 보이지 않았고, 내 목소리 하나 보태봤자 소용이 없다는 것을 이미 알았던 탓입니다. 대신 말해주는 사람들의 등 뒤에 숨어 안심했습니다. 그러나 어딘가 불편했습니다.

가끔 페이스북에 정치 얘기를 포스팅하며 '좋아요' 개수를 세어보고 스스로 만족했습니다. 개념 있는 대학생, 깨어 있는 대학생이라 자위했습니다. 그러나 어딘가 불편했습니다. '잘못된 것'과 '내가 나서서 고쳐야 하는 것' 사이에는 좁고 깊은 강이 놓여 있었습니다.

우리는 반값등록금에, 교육투쟁과 자치공간 이야기에는 잘 모르겠다는 이유로 침묵했지만 F학점 이야기에는 분노할 수 있었습니다. 내 취업에 안녕하지 못했기 때문입니다. 그렇게 미래에 투자한다는 핑계로 현실을 미뤄두는 동안 나는 내내 불편했습니다.

마침내 안녕하시냐는 질문에 나는 왜 안녕하지 못하는지를 되새깁니다. 무엇이 나를 안녕하지 못하게 하는지, 정녕 그것들만 해결되면 나는 안녕한지.

나는 안녕하지 못합니다. 아직 자신 있게 무엇이 옳은지, 어째서 옳은지 설명하지는 못하겠지만 다만 이것이 나를 불편하게 하는 것을 압니다. 그리고 어딘가 잘못되어가고 있다고 느끼면서도 아무것도 하지 않는 내 자신이 나를 불편하게 합니다. 그래서 나는 안녕하지 못합니다. 무엇을 해야 할지 모르겠지만, 용기가 없어 안녕하지 못하다는 말조차 꿀꺽 삼킨다면 그 침묵에 내가 삼켜질 것을 압니다.

아직 잘 모르겠는 것이 많지만, 나는 더 이상 유보하지 말아야겠습니다. 이 자보를 쓰는 것은 다만 더 이상 회색인이 되지 말아야겠다는 자기다짐입니다. 모르겠다, 불확실하다는 이유만으로 잠자코 있기엔 너무 많은 것이 안녕하지 못합니다. 모르겠다면 지금부터라도 함께 우리의 안녕함에 대해 고민해볼 노릇입니다. 이것이 우리의 안녕함을 향한 작은 변화라는 것을 나는 믿습니다.

다들 안녕하지 못함을 외치는 이때, 조심스레 그 목소리들을 빌려 함께 말합니다. 예, 안녕하지 못합니다. 나는 안녕하지 못합니다.

미디어 11 단원

안녕할 수 없고, 안녕하면 안 될 세상입니다

하지만 저는 안녕하고 싶었습니다. 제가 사회의 기득권이 아니라는 것을, 생각보다 잘난 사람이 아니라는 것을 스스로가 알았기 때문에 내 안녕을 챙기는 데만 급급했습니다. 그리고 저는 제가 안녕하다고 자위하며 왠지 모르게 느껴지는 불편함을 마음 한구석 저쪽으로 밀어버렸습니다. 스스로가 안녕한 척 꾸미고 있으니 자신이 안녕하지 못함을 온몸으로 말하는 사람들이 대단했습니다. 하지만 그뿐이었습니다. 그 안녕하지 못함에 적극적으로 응답하게 되면, 나 자신도 사회의 낙오자가 될까봐, 나를 믿어주는 부모님에게 심려를 끼쳐드릴까봐 한 번 눈길을 주고는 다시 걸음을 재촉했습니다. 그런 것에 하나하나 신경 쓰기에는 당장의 눈앞의 할 일들이 너무나 커보였기 때문입니다.

그러나 누군가의 안녕하냐는 그 한마디가 여태까지 스스로를 안녕하다고 믿고 싶었던 저의 마음가짐에 돌 하나를 던졌습니다. 과연 나는 지금 안녕한가? 아니요, 안녕하지 않습니다. 돈이 없어서 안녕하지 못하고 능력도 없어서 안녕하지 못합니다. 물론 저만이 그런 것은 아닐 겁니다.

저 역시 소리 내는 것을 두려워하지만, 두렵다고 가만히 있는다면 과연 누가 우리를 알아줄까요? 물론 당장의 시험 준비에 급급해 직접 행동으로 나서고 있지는 못하지만, 여기서 소리 하나라도 보태지 않는다면 더욱 안녕하지 못할 것 같습니다. 기득권의 생각과 조금이라도 다르다면, 기득권의 이익에 조금이라도 반하는 의견이라면 종북이라고 낙인찍혀지는 이 사회가 과연 올바른 사회인지 의문이 듭니다. 민주적인 정당정

치가 아니라 기득권 싸움처럼 느껴지는 지금 이 현실이 제대로 된 것
인지 의문이 듭니다. 물론 스스로의 식견 부족으로 이 문제들의 원인이
무엇인지 해결책이 무엇인지는 제시할 수 없지만 그래도 문제라는 것
을 알겠기에 하나의 목소리를 더 보태고자 합니다. 이제야 속 시원하게
인정할 수 있을 것 같습니다. 저 역시 안녕하지 못합니다.

미디어 12 장이슬

안녕치 못한 사람들의 외침을 바라보며
저도 한마디 거들어봅니다

지난 MB정부의 4대강 사업을 기억하십니까?

제가 사는 곳은 경상도 칠곡이라는 시골 촌구석입니다. 그곳에는 4대강 사업의 랜드마크인 보가 설치되어 있습니다. 몇 년 전 4대강 사업을 할 적에 저는 "너무 위험하다. 낙동강이 죽을 것이다"라고 생각했습니다. 하지만 언론도 정부도 하나같이 이렇게 얘기하더군요. "일단 한 번 믿어달라. 믿고 지켜봐달라."

저는 결국 자의 반 타의 반 4대강 사업을 지켜볼 수밖에 없었습니다. 그러나 지금 그곳에 남은 건 무엇일까요. 정부와 언론에서 말하던 것은 아무것도 없었습니다. 해마다 낙동강을 찾던 철새들도 사라졌습니다. 강바닥에서 파낸 골재들이 흉물스럽게 쌓여 있습니다. 엄청난 위용을 자랑하는 보에는 벽에 금이 가 물이 줄줄 새고 있습니다. 낙동강은 흐르지 못해 소위 '녹조라떼'를 무한정 생산하더군요. 이것이 제가, 아니 우리가 그들을 믿었던 결과입니다.

이명박 정부의 4대강 사업과 박근혜 정부의 코레일 자회사 설립

요즘 박근혜 정부는 코레일 자회사 설립에 연일 박차를 가하고 있습니다. 또다시 정부와 언론에서는 "자회사 설립은 민영화가 아니다. 한번 믿어달라"고 이야기합니다. 그러면서 민영화(자회사 설립)에 반대하는 파업에 직위해제라는 극단적인 초강수를 두며 대응하고 있습니다. 어쩌면 이리도 똑같을까요. 다시 4대강 사업을 생각해보면, 국민들의 마실 물을 담보로 한 사업이 바로 4대강 사업입니다. 하지만 결과를 보십시오. 이제 저들은 우리의 발목을 부여잡고, "발목을 내놔라"라고 말합니다.

가만히 있어서야 되겠습니까. 이제는 우리 스스로의 인간다운 삶을 위해서 목소리 높일 때입니다. 또 저번처럼 당하고 있을 수만은 없습니다.

노조 파업은 자기들 잇속 챙기기?

언론과 정부는 연일 불법파업이라는 자극적인 단어로 반대 의견에 대응하고 있습니다. 마치 자신들의 정의(定義)가 정의(正義)인 마냥 떠들어대고 있습니다. 저들은 파업의 조건과 요구사항으로 근로조건 개선만이 정당하다며 이야기합니다. 그러면서도 그 근로조건 개선 목소리에는 노조원들의 잇속 챙기기라며 비난을 쏟아냅니다. 참 어쩌라는 건지. 모국회의원님 말씀을 빌리자면 우리들은 그저 '기어오르는 것'들쯤 되나봅니다. 그러나 우리는 기어오를 권리가 있습니다.

다시 안녕치 못한 사람들의 외침으로 돌아가서: 대자보 물결을 바라보며

"안녕하십니까"라는 그 질문에 저도 말하려 자보를 씁니다. 네, 저도 안녕하지 못해서 숟가락 한번 얹어봅니다. 한마디 거들어보려 합니다. 앞에서도 얘기했지만 두 번 당할 수는 없습니다. 그리고 이 외침을 잊지 말아주세요. 단지 코레일 민영화뿐 아니라 안녕치 못한 사람들, 안녕치 못한 곳이 너무나도 많습니다. 삼성 노동자의 이야기에, 밀양의 이야기에, 이외에도 안녕치 못한 사람들과 곳의 이야기에도 귀를 기울여주세요. 지금 붙어 있는 자보들이 단지 '코레일 민영화'만을 반대하기 위해서 붙어 있는 것은 아니라고 믿고 있습니다. 안녕치 못한 이 외침을, 그리고 안녕치 못한 느낌을 기억해주세요.

한국사 12 장지훈

안녕할 리가… 없잖습니까

경영 08 현우 학우에게 드리는 글

현우 학우! 학우께서 이 글을 볼 수 있으리라 장담할 수 없지만, 무슨 이유인지 모르게 현우 학우의 물음에 답해야 할 것 같습니다. 학우께서는 물었습니다. "안녕들 하십니까?"라고. 어찌 알면서 물으십니까. 안녕할 리가 없지 않습니까. 안녕할 수가 없습니다. 안녕하지 않습니다. 안녕 못합니다.

또한 우리는 어려운 환경에 처해 있습니다. 우리는 청년을, 대학생을 극한의 경쟁으로 몰아넣는 사회, 주위를 둘러볼 여유를 주지 않는 사회에 살고 있습니다. 이런 사회일수록 목소리가 필요하지만, 이런 사회일수록 목소리를 내기는 어렵습니다. 선동이라는 냉소, 무지의 소산이라는 경멸, 소수의 목소리에 불과하다는 편견, 대표성이라는 족쇄 등 수많은 기제들이 우리를 자기검열에 빠트리고 우리의 목소리를 잦아들게 합니다.

정당도, 언론도, 시민사회도 제 역할을 하지 못하는 이때에 학생사회역시 제 기능을 다하지 못하고 있습니다. 학생회는 침묵하고, 자치 단위들의 목소리는 누구의 주목도 받지 못하며, 누군가의 단말마는 허공에서 비산됩니다.

주변 학우들이 우리의 목소리들에 경멸·냉소·무관심으로 일관할 때, 우리가 그들에게 똑같이 경멸과 냉소와 선민의식으로 대해서는 안 될 것입니다. 우리는 이 학우들과 어떻게 소통하고, 어떻게 서로의 고민을 나눌지를 고민해야 합니다. 우리는 무관심에는 더 깊은 관심으로, 불관용에는 더 넓은 관용으로, 방관에는 더 많은 참여로 대응해야만 하기 때문입니다.

그렇게, 그대의 작은 외침이 이렇게 커졌으니, 여기서 이렇게 헛되이 묻히게 하지 않겠습니다. 더 다양한, 더 많은, 더 큰 목소리를 모아 더 고민하고, 더 성찰하고, 더 행동해 이 사회를 다함께 조금 더 나은 방향으로 바꿔봅시다. 그것이 우리에게, 대학생에게 이 시대가 준 과제일지 모르겠습니다. 과제는 제때에 제출해야지요.

선배들이 물려준 '침묵을 가르는 해방의 함성'이라는 구호에 부끄럽고 싶지 않아 매일 몸부림치며, 실수하는 고려대 미디어 08 우신

저도 제가 안녕한 줄 알았습니다

어제의 물음이 있기까지 저는 제가 안녕한 줄 알았습니다. 부모님이 보내주시는 등록금과 생활비, 불편할 것 없는 서울살이, 취업에 대한 걱정은 미뤄도 좋을 2년차 신분까지, 저는 줄곧 제가 안녕한 줄로만 알고 살았습니다.

오늘까지도 '안녕들 하십니까'라는 단순한 물음이 던진 반향의 열기가 식을 줄 모릅니다. 언론은 관련 기사를 쏟아내고 있고, '고대 대자보'가 한 포털사이트의 실시간 검색어 1위를 차지했습니다. 물음에 응답하는 많은 사람이 있어 마음이 따뜻한 겨울입니다.
그러나 여전히 안심할 수가 없습니다. 대자보를 "비약만 있고 팩트는 부실"하다고 몰아세우는 국내 최대 부수의 신문사가 있고, 실시간 검색어는 물론 관련 기사 한 꼭지도 메인에 띄워주지 않는 국내 최대 포털사이트가 눈에 밟힙니다.

여전히 불안하지만 그래도 저는 희망을 보려 합니다. 물음에 응답한 대자보가 정경대 후문을 넘치도록 메웠고, 여기저기 대자보에 대해 말하는 목소리들이 들려옵니다. 용기를 내어 저도 선배님의 물음에 응답합니다. 저도 제가 안녕한 줄 알았습니다. 아니었습니다. 물음을 던져주셔서 감사합니다.

미디어 12 해영

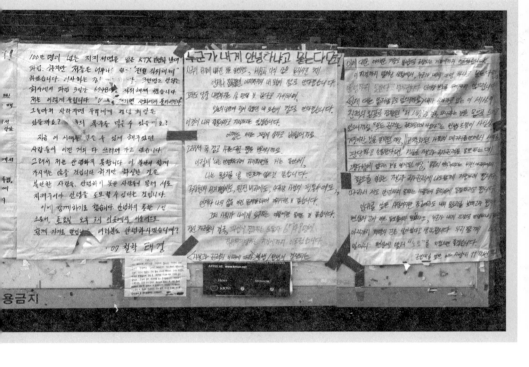

모두들, 안녕하세요!

오늘도 우리들은 바쁩니다. 당장 다음 주가 시험인데 과제는 산더미같이 쌓여 있고, 책은 펴볼 엄두조차 나지 않습니다. 내년부터는 대외용 성적표에 F학점도 표기가 된다고 하는데 벌써부터 마음이 초조해집니다. 우리들은 스펙도 쌓아야 합니다. 취업하기 위해선 영어 공부도 해야 하고, 여러 가지 대외 활동도 알아봐야 합니다.

바쁜 와중에 연일 사회는 시끄럽습니다. 국가 기관은 대선에 개입했다고 하고, 밀양에는 송전탑이 들어선다고 하는데, 사실 크게 와 닿지는 않습니다. 우선 기말고사 끝나고 천천히 알아봐야지 했습니다. 그러던 어느 날, 경영대의 한 학우가 우리에게 질문을 던졌습니다. 모두들 안녕하시냐고. 부끄럽게도, 그 질문에 쉽게 답하지 못했습니다.

하지만 이제는 의문이 듭니다. 과연 우리는 언제까지 안녕할 수 있는지, 이렇게 별 탈 없이 졸업한다면 우리의 안녕은 끝까지 보장이 되는 것인지, 불안합니다. 그래서 이렇게 자보를 쓰고 있습니다. 지금 목숨을 잃어가고 직장을 잃어가는 사람들의 이야기가 남의 이야기가 아니라고 생각합니다. 언제 돌아올지 모르는 우리의 차례를 기다리며 불안해해야 하는 무기력함을 극복하고 싶습니다.

이제는 부끄럽지 않게 말씀드릴 수 있습니다. 저는 그동안 안녕했습니다. 그리고 앞으로도 안녕하고 싶습니다. 앞으로도 안녕하고 싶은 모든 학우들께 외치고 싶습니다.

모두들 안녕하세요!

수학 11 이샛별

정대 후문을 지나다니던 한 평범한 대학생의 글

지금은 시험 기간입니다. 어디에 가도 모든 열람실을 가득 채우고 있는 사람들을 볼 수 있습니다. 각자의 삶을 열심히 살아가고 있습니다. 저 역시 다음 주에 이어지는 시험들이 기다리고 있는 평범한 대학생입니다. 하지만 이상하리만큼 공부가 손에 잡히지 않는 것은 왜일까요.

저는 평범한 소시민입니다. 국정원의 정치 개입과 민영화와 같은 중대한 사안에 대해서도 단지 불만만 가졌을 뿐, 아무런 행동하지 않았던 소시민입니다. 사필귀정이겠거니, 누군가 바른길로 이끌겠거니 생각했습니다. 나와는 상관없는 이야기라고 생각했습니다. 다른 사람은 안녕하지 못해도 나만 안녕하면 된다고 생각했습니다. 변명이겠지만 대한민국이라는 국가적인 문제를 해결하기 위해 목소리를 내기에는 이미 국가와 비교했을 때 정말 작은 사회에서부터 이미 무기력해져 있었습니다.

안녕하지 못했습니다. 국가와 비교하면 정말 작은 대학교라는 곳에서마저 학생들은 권리를 억압받았습니다. 학교는 학생들은 안중에도 없는 학사 행정을 진행하였습니다. 학교는 학생들과 소통하려 하지 않았습니다. 많은 학우들이 이에 순응해버렸습니다. 눈과 귀를 막고 문제를 인식하는 것 자체를 거부했습니다. 심지어는 학생사회 내부에서도 일부의 학우들에게 봉사라는 이름으로 포장된 희생의 강요마저 존재했습니다. 일 년간 열심히 뛰면 달라질 줄 알았습니다. 하지만 크게 달라진 것은 없었습니다. 무기력했습니다.

하지만, 이제는 다시 학우들이 남긴 자보를 읽으면서 제 안에서 끓어오르는 알 수 없는 감정을 느끼고 있습니다. 그것이 소시민이 느끼는 우매한 대중심리일수도 있고, 잠깐 끓었다가 식어버리는 냄비근성일수도 있습니다. 하지만 저는 그것이 희망이라고 믿고 싶습니다. 경영대 학우분의 첫 외침과 그에 이어진 많은 학우분의 외침은 무기력했던 저에게 자극제가 되었습니다. 저는 이제 다시 부조리에 대해서 목소리를 낼 수 있을 것 같습니다. 이로 인해 안녕하지 않았던 제가 안녕해질 수 있을 것 같습니다.

안녕하지 않은 모든 여러분, 안녕하세요!

의예 12 이수교

모두가 안녕한 세상은 있을 수 없는 걸까요?

학교에 다닌 지 2년밖에 되지 않은 많이 부족한 사람이지만 연이은 대자보 행렬에 가슴이 뛰어 공부도 손에 잡히지 않는 밤, 몇 자 적어봅니다.

우리 사회 '안녕'하지 못한 사람들은 항상 존재해왔던 것 같습니다. 대법원 판결까지 받았지만 요구를 들어주지 않는 사측과 싸우는 현대 노동자들, 자신의 집 앞에 들어오는 송전탑을 보니 죽는 것이 낫다며 음독하신 밀양 할아버지, 그리고 파업을 이유로 해고당한 8,608명의 철도 노조원들.

나는 '안녕'할 수 있을지도 모릅니다. 안녕하지 못한 세상을 외면하면 그만이니까요. 외면하지 않아도 됩니다. 사회 전반에 대한 약간의 관심이 있다면 지성인이라는 자부심까지도 얻을 수 있습니다. 하지만 정작 '안녕'하지 못한 그 '사람'들을 돌아보았으면 합니다.

"그래도 경쟁사회가 효율적인 걸? 다수의 효율을 위해서 생기는 부작용은, 소수의 희생은 어쩔 수 없잖아"라고 얘기할 수도 있습니다. 하지만 약자이기에 '안녕'을 빼앗기고 있는 사람들을 돌아보았으면 좋겠습니다. '투쟁, 노동자, 시위, 집회'라는 이름에 막연한 거부감을 갖게 하는 여러분이 끼고 있는 색안경을 빼고 돌아보았으면 좋겠습니다.

사회는 너무 커 보이고, 그 안의 나는 너무 작아 보입니다. 하지만 그 큰 사회는 작은 '나'들이 모여서 만드는 것 아닐까요. 우리의 사회는 우리가 만드는 것 아닐까요. 모두가 '안녕'한 사회, 우리가 만들 수 있지 않을까요.

철학 12 혜진

안녕들 하십니까

저는 공대생입니다. 어쩌면 공대생으로서 이런 글을 쓴다는 것이 조금은 발밑이 불안하고 조금은 어색합니다. 공대생이라 하여 정치적 사회적 사안들에 무심해도 된다는 것은 우스운 일입니다. 허나 알게 모르게 공대생은 그러한 사안들과는 서서히 유리되어왔습니다. 새로 나온 신작 게임에 열광하고 피시방에 틀어박혀 모니터만을 쳐다보는 것이 공대생에 대한 세상의 시선이었던 것 같습니다. 그리고 저는 그 시선들에 안녕하지 못합니다.

밥그릇 챙기기라는 말을 종종 봅니다. 가장 중요한 이념이 '먹고사니즘'이란 말이 있듯 밥그릇 챙기기는 어쩌면 당연한 일인지도 모르겠습니다. 하지만 중요한 것은 밥그릇의 크기만은 아닐 것입니다. 밥그릇을 어디에 놓고 먹을지 어떤 사람들과 함께 먹는지가 더 중요할 것입니다. 우리 과 학생들이라면 누구나 선호한다는 기업 삼성전자, 지난 10월 31일 삼성전자 서비스센터의 직원 최종범 씨가 노동탄압에 시달려 자살할 때에도 우리는 침묵했습니다. 지난 12월 2일에는 밀양 송전탑 건설에 반대하던 주민 유한숙 씨가 농약을 마시고 스스로 목숨을 끊는 일이 있었습니다. 저희 과에선 죽음으로 그분을 몰고 간 한국전력에 취업한다면 모두의 축하를 받을지도 모르겠습니다.

국정원과 군 사이버사령부가 대규모 댓글 조작으로 부정선거를 주도했습니다. 당선 전 예능에 출연하여 "가장 나쁜 정치는 약속을 지키지 않는 정치"라고 말하던 박근혜 대통령은 연일 공약을 철회하고 있습니다. 애초에 '국민대통합'이라는 허울 좋은 구호는 자신의 뜻과 다르면 국론

분열 세력, 소위 종북 세력이라는 딱지를 붙이고 있습니다. 대통령, 한 나라를 대표하는 어른으로서 모두를 품어내지는 못할망정, 적으로 규정하고 탄압하는 것이 이 나라의 현주소입니다.

철도민영화 파업사태는 벌써 8,000명이 넘는 노동자들을 직위해제시켰습니다. 철도 공사의 사장 최연혜 씨는 모정을 운운하며 노조에게 회초리를 들겠다고 말하며 대규모 징계를 예정한 상황입니다. 고용주는 노동자에게 어떠한 친권도 가지고 있지 않습니다. 자신은 모정을 위시한 어머니이자 밖에서 추위를 이겨내며 목소리를 내는 노동자들을 그저 미숙한 아이들로 취급하는 수사에 역겨움마저 납니다.

이 모든 사실에 저는 안녕하지 못합니다. 공대생이기 전에 한 사람의 대학생으로서 한 사람의 시민으로서 저는 결코 안녕하지 못합니다.

마틴 루서 킹은 이렇게 말했습니다. "사회적 전환기에서 최대 비극은 악한 사람들의 거친 아우성이 아니라, 선한 사람들의 소름끼치는 침묵이었다." 감히 제 짧은 의견과 목소리가 선하다고 말하지 않겠습니다. 하지만 침묵이라는 우스꽝스러운 바보놀음을 더 이상 하고 싶지도 않습니다. 저 또한 묻겠습니다. 안녕들 하십니까?

전기전자전파공학부 12 명석

안녕하냐고 물어봐주어서 고맙습니다

안녕하고 싶습니다.
용기를 내어서 있는 힘껏,
행복해지고 싶습니다.

서울대 미대 2013 졸업김생 Y

안녕하냐고 물어봐 주어서
고맙습니다.

그대들의 목소리가 위안이 되고
그대들의 생각에 판단을 하고
그대들의 행동에 용기가 생깁니다.

서울대 미대 2013 졸업김생 Y

이제야 진짜 안녕할 것 같다

2013년 12월 13일, 정대를 휘날리는 하얀 대자보의 물결은 내 머리를 후려쳤다. '너도 이제 진짜 안녕하게 살아'라고 말하는 수많은 대자보에서 난 내가 얼마나 오만하고 비겁했는지를 알 수 있었다. 아직 사람들은 반대 의견을 말할 용기가 있었다. 아직 우리나라엔 이런저런 다양한 의견이 벽면을 가득 채울 수 있었다. 겁먹은 건 나뿐이었다. 나는 그동안 얼마나 안녕하지 않게 살아왔는가. 정대 후문의, 고대의, 전국 대학교의 대자보들은 진짜 안녕이 무엇인지 다시 한 번 되새기게 해준다.

이 '안녕'의 대열이 세상을 어떻게 바꿀지는 아무도 모른다. 2008년 겪었던 낙담을 또 경험하게 될 수도 있고, 정말 세상을 안녕하게 바꿔버릴 수도 있다. 중요한 건 아직 '안녕들 하시냐'고 물어보는 학우들이 남아 있다는 것이다. 이런 대자보의 행렬이 살아 있는 한 우리는 아직 안녕하다.

민영화에 반대해서 파업을 하면

(정말이지 이렇게나 빨리)

직위해제가 되어버리는 세상에서

미디어 08 고석용

안녕들 하십니까?
– 관악에 부치는 안부의 편지

"민중 해방의 불꽃/길들여지지 않는 시대의 눈동자/멈출 수 없는 변혁의 심장"

이상 나열한 어구들은 모두 서울대 캠퍼스 내 자치단위들과 연관된 것들입니다. 오늘날, 저 무거운 말들 앞에서 저는 고민해봅니다. 지금의 관악은, 지금의 관악 구성원들은 과연 저 말들의 무게 앞에 어떤 모습으로 살아가고 있는 걸까요?

학생들의 삶은 나날이 팍팍해져가고 있습니다. 내 삶의 무게 앞에 옆지기들의 삶을 들여다보는 것은 그저 시간낭비가 되었습니다. 자수성가의 신화는 이제 대기업 오너의 자서전에서나 볼 수 있는 화석이 되었는데 "네 삶의 주인의 너"라는 자기경영의 주문만이 여기저기서 울려 퍼지고 있습니다. 끊임없는 자기계발의 명령 속에서, 여러분은 안녕하신가요?

삶이 고단해질수록 고민의 넓이는 협소해지고, 내 고민이 협소해질수록 변화의 가능성은 더욱 희박해지는 것 같습니다. 그래서 나의 삶은 더욱더 고단해집니다. 이 악순환의 구조 속에서는 무언가 잘못됐다는 자각을 할 여유조차도 허락되지 않습니다.

그런데 정말, 아무것도 잘못된 것이 없을까요?

최근의 일들을 되돌아봅니다. 26년간 곤충을 돌보던 서울대공원의 한 계약직 노동자는 어느 날 호랑이 사육사로 배치되었습니다. 이후 그는 시설노후에 대한 문제제기를 했지만 묵살되었고, 결국 사육장 밖으로 나온 호랑이에 물려 죽었습니다. 무노조 경영으로 빛난다는 삼성의 서비스 노동자는 단지 노동조합을 만들었다는 이유만으로 표적탄압을 당하다 유서를 쓰고 자결했습니다. 자본의 '먹튀'와 정리해고에 맞선 쌍용자동차의 노동자들은 공장 점거를 이유로 47억 원을 배상하라는 판결을 받았습니다. 밀양에 살았던 70대 어르신은 송전탑을 보고 사느니 죽는 게 낫겠다며 며칠 전 음독자살하셨습니다. 철도노동자들은 철도민영화 저지를 목표로 파업에 돌입했고, 7,000명이 넘게 직위해제되었습니다(12월 12일 기준). 이 수는 오늘도 늘어나고 있습니다.

나열하기조차 벅찬 현실들 앞에서 저는 안녕하지 못합니다. 고백컨대, 그동안 저는 저의 삶을 생각하는 것만으로도 버거웠기에 주변에 산재한 비극들을 쉽게 외면해왔습니다. 어른들이 욕하는 그 "정치에 무관심한 20대"가 저일지도 모르겠습니다. 하지만 저는 정치에 대한 관심을 기준으로 개념이 있고 없음을 판단하는 프레임을 거부하고자 합니다. 그리고 지금의 20대가 정치적으로 행동할 수 있는 가능성조차 박탈해버린 대한민국의 많은 제도들에 시야를 돌려보려 합니다. 경쟁과 효율이라는 지상 최대의 가치 속에서 우리는 끊임없이 개인화되기를, 그리고 남의 비극에 무감각해지기를 요구받아왔습니다.

오늘 고려대 교정으로부터의 안부 인사를 관악에 전합니다. 그리고 매서운 날씨보다 더 매서운 현실에 맞서고자 나선 이들의 손을 잡아볼까 합니다. 나를 둘러싼 현실이 나날이 척박해지는 것을 두고 볼 수만은 없습니다. 관악의 화답을 기대하며, 맞잡은 손들이 파도가 될 날을 기대하며 편지를 마칩니다.

선언합시다! 철도공공성을 지키기 위한 파업은 정당하다고!
제안합니다! 그들의 정당한 싸움이 외로워지도록 그냥 바라보지만은 말자고!

07 상진

12월 19일, 조건 없는 안녕을 위하여

괜찮지 않아도 괜찮아. 그 말이 더욱 필요한 때라는 생각이 듭니다. 우리는 부단히 안녕할 것을 강요받았지만 안녕하지 못합니다. '틀린 것'을 제기하면 힘에 짓눌렸고, '다른 것'을 주장하면 외면당했습니다. 틀린 것과 다른 것이 구분되지 않는 사회라서 우리는 안녕하지 못했고, 다수가 안녕하지 못해 나 역시도 '괜찮다'고 여겼던 것입니다. 하지만 오늘 우리는 괜찮지 않습니다.

우리가 안녕하지 못한 이유는 다양합니다. '누구라도' 그것(무엇이라도)에 대해 말할 수 있고, 표현의 자유와 권리가 개인에게 있습니다. 우리는 정말로 스스로가 괜찮은지 묻고 답하고 있습니다. "나(혹은 사회)는 안녕하지 못하다!"라고 외칠 수도 있고, 그러면서도 안녕하지 못함을 설명하지 못할 수도 있습니다. 꼭 안녕해야만 하는 것도 아닌데, 내가 안녕하지 못함을 '설득'해야 하나요. 그래야'만' 안녕하지 못하다고 말할 수 있나요? 저는 "괜찮지 않아!"라고 외칠 수도 있어야 한다고 생각합니다.

오늘만큼 우리가 '내 이야기'를 한 적이 없었단 생각에 저는 뭉클한 나날을 보내고 있습니다. 그런데 어제, 안타까운 일이 있더군요. '성매매 노동자'라고 자신을 밝힌 사람이 자보를 올렸습니다. 그의 안녕하지 못하다는 발언에 차가운 시선이 많았습니다. "감히 성매매 노동자가 어딜? 너는 안녕하지 못해야지" 하는 반응도 적지 않았습니다. 저는 이 글에서 성매매에 대해 논하려는 것이 아닙니다(이후로 쓰게 될지도 모르겠습니다). 그러나 우리는 지금껏 외쳐왔습니다. 안녕하지 못한 오늘! 그 누구라도 안녕하지 못하다 말할 수 있는 권리가 있음을요. 과연 발언의 자격이 따로 있다 생각하는지 여러분에게 묻고 싶습니다. 저는 감히 답하겠습니다. 직업, 나이, 성별, 종교, 그 무엇과도 상관없이! 그 누구라도 안녕하지 못할 때! 괜찮지 않다고 말할 수 있어야 합니다.

오늘이면 제18대 대통령 선거일로부터 꼭 1년 되는 날입니다. 윤봉길 의사의 서거일이기도 합니다. 매서운 겨울날, 지금 이 순간에도 국회에서, 서울역에서, 밀양에서, 우리의 눈이 닿지 않는 곳곳에서 불의와 맞서 잘못된 것을 바로 잡으려는 이들이 있습니다. 여전히 안녕하지 못하는 현실이지만, 오늘 우리가 안녕하지 못함을 깨달았다면 내일은 안녕해야겠지요. 저 역시도 틀린 것은 틀렸다고 말하면서 스스로 부끄럽지 않게 침묵을 깨려 합니다.

언제라도 나의 이야기를 할 수 있고, 다른 이들의 목소리를 들을 수 있고, 우리가 중요하다 여기는 가치를 스스로 결정하고 책임지면서 살아갈 권리가 우리 모두에게 있습니다. 안녕하지 못함을 외치는 것에 그칠 것이 아니라, 우리가 안녕할 수 있도록 더 많은 목소리와 양심의 행동이 모여야 한다고 생각합니다. 자본보다 사람이 바로 서는 사회! '사람주의' 세상을 맞이해야 하지 않겠습니까?

우리의 목소리가 살아 숨 쉬는 날이 오길 바라며
13년 12월 19일 성공회대 느티나무 근처에서
사회학도 조은혜

이봐요, 우리는 안녕한가요?

I. 세월이 하 수상하다는 표현이 입 밖으로 자주 새어나옵니다. 다들 각자 자포자기한 듯 열심히만 살면 괜찮을 거라는 '믿음'이 가득한 와중에 어째선지 저는, 정말이지 숨이 턱턱 막혀오네요. 이러한 숨 막힘을 느끼는 건 저뿐만은 아닌 것 같습니다. 그나마 남의 일로만 알았던 것들이, 우리 시대의 일은 아니라고만 알았던 것들이 정신을 차려보니 어느새 나의 일이고 바로 이 시점의 이야기가 되어 다가옵니다.

이화에는 부당함에 분노할 수 있는 가슴들이 있었습니다. 많았습니다. 그 가슴의 주인들이 한날한시에 갑자기 사라지진 않았을 것입니다. 하지만 팍팍한 삶 속에서 언제부턴가 부당함에 대한 분노는 잠시 넣어두는 일이 많아진 것 같습니다. 분노는 잠시 넣어두는 것이 어른이 되는 것 같고 철이 드는 과정인 것만 같습니다.

비정규직이 어디서는 50%가 넘었다고 하고 어디서는 70%라고 합니다. 건물은 재개발이니 뭐니 하며 계속 지어 올라가는데, 내 집은 요원합니다. 대학에만 가면, 이라는 말을 들으며 미래에 인생을 보류해왔는데 또다시 취직이나 고시, 전문대학원을 위해 다시금 인생을 보류합니다. 하지만 어째선지 여간 녹록치 않습니다. 그리고 어째서인지 합격하고 나서도 역시 녹록치 않은 모양입니다.

II. 오늘자(12.13)로 철도민영화 반대 파업에 참여했다는 연유로 직위해제된 인원이 7,608명입니다. 7,608명! 처음엔 3,000명, 그러더니 4,000명. 오늘 확인해보니 7,608명입니다. 파업이 개시되자마자 나온 속보였습니다. 박근혜 대통령이 대선공약으로도 하지 않겠다며 단언했던 철도민영화를 반대하는 파업이었습니다. 100만 명의 국민이 지지

서명을 모아준 파업이었습니다. 국가의 망산업을 사영화하는 것에 반대하는 파업이었습니다. 허탈함에 화가 나도, 화를 낼 수가 없었습니다. (혼자서는 어디에 어떻게 화를 내야 하는지도 막막합니다.)

이런 허탈함은 주위에도 참 많습니다. 시국이 혼탁한 것은 두말할 것도 없습니다. 당장 우리 학교에서도 안타까운 소식이 들려옵니다. 식당 노동자분들이 환풍기가 고장 나 일산화탄소에 중독되어도 퇴근하지 못하고, 박한 임금과 과도한 업무에 견디다 못해 인력 충원을 요구하십니다. 다른 정규직 교직원이 받는 '3배가 넘는 임금'이나 직장으로부터 받는 혜택은 누려보지도 못했는데 정년만큼은 정규직 교직원의 정년인 59세를 적용합니다.

최근에 나온 어느 세대를 분석하겠다는 책에서는 20대를 두고 괴물 같은 사회에 순응하여 결국 괴물이 된 세대라고 합니다. 극심한 불안으로 인해, 아무리 노력해도 안정적인 삶을 기대할 수 없게 된 현실에서 피해자였던 20대가 적극적인 가해자가 되었다는 것입니다. 분명 개인에게만 손가락질을 하고 남 이야기인 양 타자화하는 모습이 낯설지만은 않은 것이 사실입니다. (물론 이것이 20대만의 문제인지, 저는 잘 모르겠습니다.) 하지만 분명한 것은 사회 전반적으로 하 수상한 분위기를 맞이하였고, '우리만은 다를 거야'가 아니라, 우리부터라도 달라야하지 않나, 하는 생각이 듭니다.

지금은 두 가지 선택이 있는 것 같습니다.
쥐 죽은 듯이 살다가 쥐 죽듯 죽어 바스라질 것이냐, 아니면 달라질 가능성을 꿈꾸고 고민하는 것, 그리고 적극적으로 구상하고 조금씩이나마 바꿔나갈 것이냐.
그런 의미에서 묻습니다.
지금 여기, 우리는, 어떤가요. 안녕한가요?

* 주석이라 쓰고 귀여운 뱀다리라 읽는다

한편으로는 사(민)영화를 반대한다는 파업에서 왜 임금
인상이 요구조건으로 들어 있느냐는 물음이 들려옵니다.
대학에서 배웠답시고 법서를 뒤적여봅니다. 파업이
적법하려면 "근로조건의 개선"을 위한 것이어야만 한다고
합니다.
이러한 대표적인 것이 임금협상입니다. 이것이
요구사항으로 들어있지 않으면 정치파업이며 불법파업이
된다고 합니다.
사실 임금협상을 위한 파업이면 좀 어떤가 싶습니다.
시위나 파업이 불편하다고도 합니다. 저도 사실은
그랬습니다. 하지만 파업이 불편하다면, 그 파업은 본래의
목적을 달성한 파업입니다.
단체로 목소리를 내는 게 일견 비겁해 보일 수 있습니다.
헌데 사용자와 노동자는 1:1이 동등하게 단순 1:1이 아닌
관계이지요. 그래서 만들어진 게 노동법과 노동3권이고요.
혹자는 불편하지만 파업을 지지한다, 가 아니라 불편하니까
파업을 지지한다, 라는 사회이어야 비로소 파업이 유효할 수
있다고 합니다.
우리 사회는 이미 파업이 유효하지 못한 사회가 아닐까 하는
우려도 듭니다.

연세대학교 학우 여러분, 안녕들 하십니까?

지난 몇 년간 저는 전혀 안녕치 못하였습니다. 반값등록금으로 말장난하고, FTA 비준안을 날치기 통과시키고, 최저임금 인상을 막는 등의 소통 없는 정치를 규탄하였습니다. 시청 앞 광장에서도, 청계 광장에서도, 광화문, 대한문 앞에서도 저는 그 자리를 지켰습니다.

그러나 대선 이후 저는 안녕하려고 노력하였습니다. 나 자신의 안녕함을 위해 눈을 감고 귀를 막았습니다. 시사 뉴스는 잠깐도 보지 않았고, 매일같이 광화문 앞에서 흔들어대는 피켓과 촛불도 외면하였습니다. 모든 의혹이 단지 의혹일 뿐이기를 바랐습니다. 그렇게 아무 문제도 없을 거라고 낙담하며 지내던 제게 고려대학교 주현우 학생이 물었습니다. "그래서 안녕하십니까?" 그렇다고 고개를 끄덕일 수가 없었습니다. 저는 아직도 안녕치 못했습니다.

저는 안녕치 않으렵니다. 아직 안녕할 수가 없습니다. 눈앞의 진실을 외면하고 잠깐의 안녕을 위해 더 나은 세상을 바라는 것을 포기할 수는 없기 때문입니다.

건축 11 예성

나는 부끄럽습니다

12월 14일 오후.

밤새 놀다가 화장도 못 지운 몰골로 잠에서 깨어나 노트북 모니터를 쳐다봅니다. 안녕들 하십니까, 라고 묻는 그의 글을 보며 울렁거리는 속을 부여잡았습니다. 머리로는 어제 퍼마신 술 때문이라고 생각했지만 가슴으로는 그것 때문이 아니라는 사실을 잘 알고 있습니다.

기름기와 자괴감으로 번들거리는 얼굴을 씻으며 나는 웃음도 울음도 아닌 소리를 냅니다.

나는 부끄럽습니다.

정치적 사안이나 사회 현상에 일부러 무관심한 척해왔던 1人이었기에.

술자리에서 그에 대해 진지한 척 떠들어낸 적은 있지만, 송전탑과 철도 민영화 등의 이야기는 나에게 있어 술맛을 돋우는 가벼운 안주거리에 불과했습니다. 행동으로 옮겨지지 못한 이야기는 테이블 위를 맴도는 담배 연기와 함께 흔적도 없이 사라집니다. 아, 정말이지 나는 비겁한 사람이었습니다.

나는 부끄럽습니다.

대학생이라는 신분과 학벌만을 믿고 학점과 스펙 관리에만 목숨을 걸었던 1人이었기에.

거만하게 아카라카를 외쳐대며 트랙의 경쟁에서 1등을 하는 것만이 오직 최고라고 생각했습니다. 문독(문과대 독서실) 구석 자리를 차지하고 앉아 벌게진 눈으로 지성보다는 학점과 스펙을 쌓았습니다. 꿈은 잘 때나 꾸는 거라며, 꿈을 좇는 것은 현실을 모르는 철모르는 소리라며 무시해왔습니다. 아, 정말이지 나는 오만한 사람이었습니다.

그리고 나는 두렵습니다.
이런 나의 비겁함과 오만함이 나를 안녕하지 못한 청년 1人으로 만들었을지도 모른다는 생각에, 그리고 우리가 살아가고 있는 현재의 안녕하지 못한 사회가, 이런 나의 태도 때문에 더욱 안녕하지 못하게 될지도 모른다는 생각에 말입니다.

그래서 나는 결심합니다.
더 이상 부끄러움과 자괴감에만 휩싸여 있지 말고, 그럴 시간에 내가 할 수 있는 것을 찾아내 행동하는 1人이 되기로. 비록 내 자신이 운동권은 아니지만, 매번 시위에 참가를 할 수 없을지라도, 나는 내가 지금 서 있는 위치에서 안녕한 사회를 위해 내가 할 수 있는 최선의 노력을 하는 1人이 되겠다고 말입니다. 그리고 이 글이 그 노력의 첫걸음이 되었으면 좋겠습니다.

교육 07 이상아

안녕, 합시다!

대학가에 하나의 유령이 떠돌고 있습니다. '안녕들 하십니까'라는 유령이. 새누리당과 국정원, 박근혜 대통령과 보수언론, 일간베스트저장소는 이 유령을 퇴치하기 위해 신성동맹을 맺었지만 유령은 계속하여 다양한 형태로 출몰하고 있습니다. 그동안 사회문제에 무관심했던 자신을 반성하거나, 관심이 있었더라도 표명하지 못했던 자신을 반성하는 등 그야말로 재 위에 앉아 옷을 찢는 회개의 행렬이 이어지는 실정입니다. 이와 더불어 최근 7,000명에 달하는 대규모 인원을 직위해제한 코레일에 대한 규탄과 권위주의적 행태를 보이는 정부에 대한 불같은 분노 역시 꼬리를 물고 있습니다. 그동안 안녕하지 못했던, 누구도 대표해주지 않았던 얼굴 없는 시민들의 목소리가 수면 위로 부상하고 있습니다.

'안녕하십니까?'라는 질문은 현재 우리가 좋지 못한 상황에 놓여 있다는 점을 확인시켜주는 의미가 있는 자극제입니다. 그렇지만 이것이 단순히 집단적 고해성사와 박근혜 정부에 대한 미학적인 거부감을 표출하는 정념 발산에 그친다면 이는 힐링 열풍의 좌파적 버전에 불과하게 될 것입니다. 우리가 왜 안녕하지 못한지, 어떻게 해야 안녕해질 수 있는지 질문을 확장시켜 나가야 합니다. 서로의 안녕을 물으며, 안녕하지 못한 현실과, 그 현실을 만든 대표자로 지목된 개인이나 집단에게 분노를 표출하는 일은 쉽고 통쾌합니다. 반면 우리가 원하는 것은 은쟁반에 여왕의 목을 담아오는 것이 아니라, 최대한 많은 사람들이 안녕할 수 있는 것입니다. 영국 시민들을 안녕하게 만든 것은 찰스 1세의 목이 아니라, 전후 복지국가의 초석을 놓은 베버리지 리포트였습니다. 원수에게 도끼를 내려치는 통쾌한 일과 통계와 씨름하며 보고서를 작성하는 재미없고 골치 아픈 일 중 어떤 일을 할지는 우리의 결정에 달려 있습니다.

현재 벌어지고 있는 움직임들은 분명 고무적입니다. 하지만 섣부른 낙관주의 역시 경계할 필요가 있습니다. 확실한 구심점이 없는 거리의 정치는 그 유효기간이 짧습니다. 대의민주주의 정치체제하에서 안정적으로 정치적인 힘을 발휘할 수 있는 것은 조직된 목소리에 한정됩니다. 현재진행형 상태인 '대자보 운동'이 어떠한 경로로 귀결될지 지금으로서는 예측할 수 있는 바가 없습니다. 하지만 현실적으로 이 운동이 당장에 조직된 정치세력으로 결속되어 자신들의 요구를 관철시키기에는 여러 제약 요인이 따를 것임이 분명합니다. '우리 모두의 안녕하지 못함'에 공감을 표했던 수많은 청년들 역시 저마다 다른 정치적 이상을 지향하고 있을 것이기에 더욱 그렇습니다. 때문에 우리 사회가 그들의 호소에 부응해줄 수 있는 최선은 아마도 보다 넓고 관용적이고 자유로운 정치적 공간을 마련해주는 것 그 자체가 아닐까 싶습니다. 당장에 유의미한 변화를 이끌어내는 것보다는 우선 청년들에게 정치적 삶을 되찾아주는 것이 우리 모두의 일차적인 책임일 것이기 때문입니다.

불의에 대해 여러 대학생들이 자발적으로 자신의 의견을 표출하는 모습을 보면 우리에게는 아직 희망이 있다고 볼 수 있습니다. 이런 움직임이 모여 하나의 새로운 운동으로 조직될 수 있다면 말입니다. 이번 '안녕들 하십니까' 자보는 그러한 조직화의 시작이 되었으면 좋겠습니다. 현재 정국은 결코 안녕하냐고 물어보는 사람들에게 호의적이지 않습니다. 그러나 오히려 그렇기 때문에 베버가 정치에 대해 이야기하면서 강조한 '그럼에도 불구하고'라는 표현은 더 가슴에 와 닿습니다. 지금 우리들의 눈앞에 펼쳐진 풍경이 '그럼에도 불구하고' 우리에게 희망을 품을 수 있게 하기 때문입니다. 지금 우리는 안녕하지 못합니다. 그러나 앞으로는 안녕해야 합니다. 우리 모두 안녕합시다. '그럼에도 불구하고' 우리 모두 안녕할 수 있는 길로 나아갑시다. 그러므로 저희도 역시 다시 한 번 강조하려고 합니다. "그럼에도 불구하고!"

연세대학교 인문·사회과학회 목하회

다들 안녕들 하십니까

저는 제 질문에 대해서 안녕했다고 대답할 수밖에 없었습니다. 몸 하나 상한 곳 없이 군대에서 전역하고 조용히 학업을 닦고 있었고 아무런 걱정 없이 지냈기 때문입니다. 하지만 저를 둘러싸고 있는 사회가 안녕하지 않았습니다. 고압의 전기가 바로 머리 위에서 지나가는 송전탑을 막기 위해 할아버지, 할머니들께서 논밭에서 나오셔서 시위를 하셨고 심지어 제 몸 바쳐서까지 저항을 했습니다. 그분들께서는 과연 '안녕들 하시겠습니까'.

그리고 일본의 대한제국 강제합병을 옹호하는 역사관이 실린 역사교과서가 채택되었습니다. 수많은 독립운동가분들과 우리나라를 사랑했던 민중들 덕분에 되찾을 수 있었던 대한민국에서, 그분들의 정신을 이어받은 헌법 이념을 짓밟는 역사관이 담겨 있는 역사교과서로 배운 후손들을 바라보는 선조들께서는 '안녕들 하시겠습니까'.

지금 저에게 무엇이 문제냐고 묻는다면 민영화도 문제고, 송전탑도 문제고, 역사교과서도 문제이지만 가장 중요한 문제는 '민주주의에서 과정과 절차가 무시되고 있다는 점'입니다. 현안 자체가 많은 문제를 지니고도 있지만 그 전에 가장 근본적인 것이 제대로 되지 않고 있기에 이 글을 쓰고 있습니다.

저는 너무 두렵습니다. 이젠 더는 안녕하다고 할 수 없습니다. 지금이라도 행동하지 않으면 우리들의 후손들이 '어르신들이 몸을 바쳐서까지 반대했던' 송전탑의 전기를 쓰고, 일제강점기 때 일제로부터 이 나라를 구하고자 제몸 아끼시지 않았던 수많은 독립운동가분들을 '모욕'하는 역사관을 배우면서 클 것이라고 생각하니 말입니다.

지금 이 대한민국을 지키고 사랑해주셨던 조상님들께 여쭤보고 싶습니다.

조상님들께서 지키고자 하셨던 대한민국이 과연 이런 나라였습니까?

그리고 여러분들께서 후손들에게 물려주고 싶은 대한민국이 과연 과연

이런 나라입니까?

국사 11 조현래

안녕들 하십니까?

안녕하지 못합니다.

망친 기말고사 때문에, 제자리걸음인 토익 성적 때문에, 알바로 보내버
릴 크리스마스 때문에.

나만 힘든 것도 아닌데…… 핸드폰을 꺼내 친구들 소식을 확인해봅니다.

모두들 안녕한 일상 속에 안녕하지 못한 소식이 눈에 들어옵니다.

시청 앞 광장을 뒤덮은 촛불들이 보이고

철도민영화 반대를 외치다 직위해제당한 7,900여 명의 철도노동자들
이 보이고

온종일 폐지 주운 노인의 만 원 남짓한 일당에 손을 대는 세금 정책도
보입니다.

좋지 못한 현실에 '좋아요'를 누릅니다. 느낀 점도 몇 줄 적어봅니다.

잠잠한 주위 반응에 괜히 나선 건가 싶습니다.

내가 아니라도 이 일을 해결하려는 사람들은 아주 많을 겁니다.

모난 돌이 정 맞고, 가만히 있으면 중간은 가는 세상에 적당히 안녕하
며 지내고 싶습니다.

'모두 삭제'합니다.

멀리 안암골에서 물었습니다.

수상한 시절에 당신들 정말 안녕들 하시냐고.

대학 교정 곳곳에 대자보가 붙습니다. 안녕하지 못한 친구들이 모입니다.

왠지 모르게 교내 가득 향내가 퍼지고 대자보가 빼곡히 붙은 명지대의
4월이 생각났습니다.

다시 한 번 대답합니다.

침묵하는 언론 때문에, 역사를 왜곡하는 교과서 때문에, 불의를 보면

참고 외면하며 나의 안녕만을 바라는 '내'가 있기 때문에 안녕하지 못
한 대한민주주의공화국에 사는 저는 안녕하지 못합니다.

2013년의 겨울, 대한민국에 사는 당신에게 묻습니다.
명지인 여러분 당신 정말 안녕하신가요?
방학이 되면 곧 다시 안녕해지실 건가요?

法 08 명지 학우 올림

누군가는 마지막으로 처음처럼

누군가는
마지막으로 처음처럼
안녕을 묻고,

또 누군가는
처음으로 마지막처럼
안녕을 묻습니다.

지금 당신은 그 사이에서
방관의 삽으로 외면의 땅을 파서 그 속에다
당신의 안녕을 '묻고' 있지는 않습니까?

> 죽는 날까지 하늘을 우러러
> 한 점 부끄럼이 없기를,
> 잎새에 이는 바람에도
> 나는 괴로워했다.
> ─ 윤동주, 〈서시〉 중에서

윤동주 시인은 왜 이런 시를 남겼던가요?
당신의 생각이 어떻든, 그냥 묻지만 마십시오.
안녕, 하십니까?

한양대학교 광고 09 강기택

우리가 편치 못한 세상에 살고 있다는 증거

안녕하냐고 묻지 마라, 시험 때문에 겁나 짜증나니까.

이깟 시험 때문에도 스트레스를 받는데, 요즘 벌어지는 일들은 또 어떠냐는 말은 꺼내지도 마라.

할 줄 아는 게 글 쓰고 나서 술 먹기, 그리고 술 먹고 나서 글쓰기, 이두 가지밖에 없는데 이마저도 하지 않으면 인간스럽지 않을까봐 그런것도 있다.

얼마 전, 이른바 대자보 사건은 지난 10일 고대에 재학 중인 주현우라는 학생이 철도민영화에 반대한다는 이유만으로 4,213명이 직위해제된 내용을 담은 대자보를 붙이면서 시작되었다.

이후 중앙대, 부산대, 한양대. 연세대. 서울대, 성균관대, 이화여대 등을비롯한 전국 대학교 게시판에 사회문제에 대한 관심과 참여를 촉구하는 글들이 오르게 되었다.

그리고 일주일이 지난 지금, 대자보를 찢는 사람과 그것을 막는 학교,그리고 비난하는 언론에 섞여 난장판이 된 모습만 부각되어 나타나고있다.

그리고 남은 것은 '어떤 것을 이야기했으며, 이야기하고 있나'의 문제가 아니라, 무엇이 위법하며 무엇을 위법하다 할 수 있냐는 식의 담론만 남았다. 학생이 어떠한 의견을 내는 것이 법에 저촉되는 듯한 혼란과 정치적 발언을 삼가는 게 미덕인 듯한 착각만 남긴 채로 말이다.

학생이 개인적 의견을 표출하는 글에 대해 정치·사회적 이슈가 들어있다는 이유로 경찰이 나서서 떼어버리고 총학이 개입하는 상황은 솔

직히 겁나게 유치하다고밖에 할 수 없다. 자보에 욕설이나 비하발언이
있었나?

웃기는 이야기지만 전국의 대학교에 붙어 있는 대자보를 보고 종이 낭
비를 꼬집어 비판하며 산림 파괴와 환경오염 문제를 부각시켰어도, 그
것에 끄덕이며 대자보를 마치 '악의 축'으로 규정했을 거 같아서 웃기
면서도 무섭다.

'지금이 바로 이렇다'라는 시국에 대한 선언을 보는 것이 불편하다는
것은 우리가 편치 못한 세상에 살고 있다는 증거일 뿐이다.

논점을 보자.

전국에 퍼졌던 대자보의 원인이 단순히 민영화 때문이었는지 아니면
그것을 포함한 우리 현 사회의 전반적인 부조리함에 대한 공감 때문이
었는지 말이다.

여전히 안녕하다면,

안녕치 못하는 것은 지금까지가 아니라 지금부터다.

2013년 12월 18일 수요일

한국외국어대학교 철학과 10학번 강연수

동악을 거니는… 그대들은 안녕하신지요?

현실의 고통을 잠시 덮어두고 끝없이 쳇바퀴를 굴리는 것이 미덕이란 가르침은 기성세대의 과오입니다. 그러나 동시에 우리는 우리의 지성과 상식을 잠재우며 살지 않았나, 어떤 삶을 살아가야 할 것인가에 대한 고민을 했었는가 차분히 되짚어봅니다. 되짚음이 끝난 순간 그대는 더 이상 홀로 고통받는 불행한 존재가 아닙니다. 침묵이 금일지는 몰라도 침묵을 깨는 순간의 가치는 금과는 비교조차 안 될 것입니다.

끝없는 경쟁에서 잠시 숨을 고르고 주위를 둘러보길 권합니다. 우리가 세상에 무감각해지는 사이 전교조는 불법화의 위협을 받고 있고, 정리해고로 노동자들은 계속 죽어가고 있습니다. 우리가 세상에 무감각해진 사이 무노조 경영이 마치 자랑인 것처럼 여겨지고, '위안부'가 일본군을 자발적으로 따라다녔다고 가르치는 교과서가 이상하게 느껴지지 않습니다. 양극화가 심해지고 사회적 약자와 소수자가 설 자리는 점점 좁아지고 있습니다. 우리가 세상에 무감각해져 보지 못하는 것은 이뿐만이 아닐 것입니다.

그동안 우리는 사회로부터 안녕하기를 강요받았습니다. 어느 순간 우리가 안녕하지 못하다는 걸 깨달았고, 안녕하지 못하다고 말하는 순간 우리 앞엔 강한 철퇴가 내려집니다. 그래도 저는 다시 한 번 묻고자 합니다. 2013년의 끝자락에, 동악을 거니는 그대들은 진정 안녕하신지요?

경행 09 盛仁

수상한 시절에 안녕들 하십니까?

저는 안녕하지 못합니다!

올해 참 여러 일들이 있었습니다. 윗동네와 다를 것 없이 불법 관권선거가 행해졌고 의견이 다른 사람들은 종북몰이로 '숙청'당하고 있습니다. 밀양에서는 송전탑 반대를 외치면서 분신자살을 하신 분과 음독자살을 하신 분이 있었습니다. 노동3권조차 보장하지 않는 삼성 자본의 폭력을 견디지 못해 자살하신 비정규직 노동자가 있었습니다. 얼마나 더 많은 국민들이 죽어나가야 하는 걸까요? 민주주의 후퇴와 신자유주의화는 바로 이 시간에도 진행되고 있습니다. 국민들을 위해야 할 공공시설들을 이윤을 추구해야 한다며 사유화한다고 합니다. 이런 이윤에 눈이 먼 철도 사유화에 반대하는 파업을 벌인 철도 노동자들을 '찢어지는 어머니의 마음'으로 직위해제했다는 말을 듣고 경악을 금할 수 없었습니다. 옳은 일이지만 자신에게 거슬리는 행동을 했다고 해서 호적에서 자식 이름을 파버리는 어머니가 어디에 있단 말입니까? 여러분들은 그런 '어머니'를 원하시는 겁니까?

마지막으로 여러분 안녕들 하십니까?

역사 13 김태원

미친 금붕어가 되고자 합니다

저, 금붕어는 이제야 미친 듯합니다. 날치처럼 어항에서
뛰어올라 지느러미를 세우고 하늘을 날 준비를 합니다.
낚시 바늘에 걸려 팔딱거리는 저 붕어들처럼 그물을 찢고
강으로 나아가는 힘센 금붕어가 되고자 합니다.
어제는 나에게 밥을 주던 이의 손가락을 이빨로 물었습니다.
어항을 깨고 용처럼 승천하고자 하는 내 마음을 알는지
모르겠습니다. 금붕어들의 비상을 위해, 문을 열어주세요.

안녕들 하십니까? 위의 전문은 이어령 '미친 금붕어'의 화답 시 '미친
금붕어가 되고자 합니다'입니다. 저는 아주 소심하고 조용한 학생입니
다. 이 펜을 드는 데에는 많은 고민의 시간이 걸렸습니다.
지난 주말 고대생의 첫 번째 자보를 읽고 지난날의 나를 되돌아봤습니
다. 여러 장면이 떠오릅니다. 수능 날 신 새벽의 찬 공기. 좋은 대학에
가고자 시작한 재수 생활 속에 가장 인상 깊었던 새벽 거리의 수많은
하수구 뚜껑들. 또다시 수능 날, 옷깃을 여며주시는 부모님의 모습.
그런데 4년이 흐른 지금, 난 또 취업이란 울타리에 갇혔습니다. 잘 넘을
수 있을 듯한데, 무엇이 문제인지 자꾸만 발이 걸립니다. 내 옆의 친구
도 나와 같은 모양새입니다. 웃으며 "잘 지내지?" "별일 없지!"를 외치
지만, 나는 내심 초조해집니다.
안녕들 하냐구요? 어항 속의 난 안녕했는지 모릅니다. 하지만 왜 초조
한 걸까요? 진짜 안녕을 찾기 위해 어항을 깨야겠습니다.

안녕들 하십니까? 외국인 대학생입니다

저는 의견과 꿈을 정말 중요하게 생각하는 사람입니다. 그런데 제가 한국 사회를 보면 의견과 꿈이 있는 사람이 많이 없나 봅니다. 다른 사람들 다 대학교에 다니니까 자기도 꼭 대학교에 다니고, 사람들 다 영어를 공부하니까 자기도 꼭 토익 학원에 다니고, 사람들 다 삼십대 초반 때 결혼하니까 자기도 급하게 꼭 결혼하고, 다른 사람들 다 아이에게 공부를 시키니까 자기도 아이를 영어 학원, 피아노 학원 미술 학원, 태권도 학원에 보냅니다. 아이의 여유와 즐거움보다 경쟁이 중요합니다.

하지만 그런 아이들이 나중에 어떤 사람이 됩니까? 한문보다 영어를 더 잘하는 한국 사람, 직장인보다 늦게 자고 일찍 일어나는 고등학생들. 계속 공부만 하는 아이들. 여유가 없는 아이들. 취미생활 할 시간이 없는 아이들. 그런 아이들이 갑자기 쉬는 날이 생기면 무엇을 합니까? 너무 힘들어서 아무것도 안 하고 그냥 쉽니다. 여유라는 경험이 없어서 스스로 무엇을 할 생각이 없습니다. 계속 시키는 것만 하니까 자기가 무엇을 좋아하는지 모릅니다. 그런 사람이 나중에 무엇을 하고 싶은지 어떻게 알 수 있습니까? 인생의 목적과 꿈을 어떻게 만들 수 있습니까? 계속 시키는 것만 하면 자기의 의견을 어떻게 만들 수 있습니까? 학교에서도 토론을 안 하고 선생님의 말씀을 따라하고 교재에서 나오는 것들을 그냥 그대로 외우면 어떻게 자기의 의견을 만들 수 있습니까? 그러면 대학 전공을 어떻게 선택합니까? 선거 때 누구를 뽑는지 어떻게 결정합니까?

제가 지난 대통령 선거를 봤을 때 사람들이 다 현대 정치보다 과거를 더 중요하게 생각했나 봅니다. 박정희를 좋아하는 사람은 박근혜, 박정희를 싫어하는 사람은 문재인, 경상도는 박근혜, 전라도는 문재인. 그런데 티비에서 토론을 보니까 둘 다 자세한 내용이 없었습니다. 박근혜가 국민들에게 보냈던 문자들도 마찬가지 "국민의 삶을 챙기는 민생 대통령", "국민의 꿈이 이루어지는 나라", "책임 있는 변화", "새로운 대한민국"…… 저는 외국인이라서 이해가 잘 안 된 것일 수도 있지만 저에게 한번 설명을 해주세요. 그런 것들은 무슨 의미입니까? 정치적인 내용이 무엇입니까? 그리고 젊은 아이들이 여유가 없어서 자기의 꿈을 알 수 없는 사회에서 국민의 꿈을 이루어지는 나라가 어떤 나라입니까?

박근혜 대통령: 의견을 만들고 표현하는 것을 배우지 못한 사람을 통치하는 것이 쉽죠? 안녕하시죠?

수원대학교 12학번
덕국인 양호용

날씨 너무 덥네요

저는 지금 호주에서 열심히 일하는 학생입니다. 영어도 잘 못하는데 말이죠. 한국이 싫어서 도망친 게 아니에요. 호주는 행복지수가 세계에서 1~2위 하는 나라예요. "왜 한국은 그렇게 될 수 없을까?" 고민하다가 두 눈으로 직접 확인하기 위해서 이렇게 왔답니다. 그리고 지금은 그 이유를 알 것만 같군요. 높은 최저임금, 보장된 노후, 사회적 제도가 잘 뒷받침되어 있어서 그럴지도 모른다는 생각이 들었어요. 우리도 할 수 있지 않을까요?

호주에 살고 계신 이민자, 여행자, 그리고 워킹홀리데이 여러분 안녕들 하십니까?
내가, 당신이 사랑하는 나라가 지금 많이 아픕니다.
내가, 당신이 살아가야 할 나라가 지금 너무 힘들어 합니다.
가슴 한편에는 언젠가 돌아가야 할, 언젠가 다시 살아야 할 내 나라인데 자꾸만 들리는 이야기는 가슴 아픈 소식뿐이군요. 공권력은 어느 특정 집단의 이기적인 힘이 된 지 오래인 것 같네요. 솔직히 저에게는 힘이 없습니다. 하지만 우리에게는 힘이 있다고 생각해요.
지금부터라도 바꿀 수 있지 않을까요?

비록 타국이지만
저는 안녕하지 못해요.

당신만이 할 수 있는 일

계란으로 바위를 치면
깨지고 말지요

그런데

계란을 놔두면
부화해서
그 바위를 넘는답니다

우리가 해야 할 일은

계란이 깨어지지 않도록 보호하는 것
계란이 부화할 수 있도록 품어주는 것

대단한 사람만이 할 수 있는 거창한 일이 아니에요

이 글을 읽고 계신 당신만이
할 수 있는 일입니다.

서른 즈음인

손수영

더 나은 대한민국을 위해

안녕하십니까? 아니요, 전혀요.

다들 그간 안녕하지 못한 마음을 숨기시느라 욕보셨습니다.

저 또한 너무 통쾌했습니다. 그리고 정말 감사했습니다.

저의 안녕하지 못한 마음은 제가 고등학생이 되던 2008년 가슴 깊이 자리 잡게 되었습니다. 학교가 시청에 있던 터라 등하교를 하는 길이면 그곳은 언제나 성난 시민들의 피 끓는 목소리로 번져 있었습니다. 아침 이면 홀로 지독하게도 주인 없는 시청을 향해 자신의 애달픈 심정을 토로하는 시민들이 있었고, 밤이면 그 어두운 거리를 환하게 비춰주는 촛불들이 있어 저는 학교를 오가는 길이 두렵지 않았습니다. 그리고 그 촛불들에 저의 촛불 하나를 더하였습니다. 누군지 모르는 이를 위해 촛불을 밝혔고, 우리를 위해 촛불을 밝혔습니다. 하지만 우리의 외침은 결국 우리들의 마음속에만 간직될 것이었나 봅니다. 언제 그랬냐는 듯 그 외침은 그렇게 작아졌습니다.

그러던 어느 날 누군가 묻더군요. "안녕들 하십니까?" 참으로도 반가운 인사였습니다.

아뇨, 안녕하지 못했었습니다. 아직까지도……. 물어봐줘서 너무 고맙습니다. 이게 저의 대답입니다.

그간 안녕하지 못한 마음을 숨기느라 욕봤습니다. 다들 그러하셨을 거라 생각합니다. 이제는 결코 물러서지 않을 것입니다. 미래를 보며 더 나은 대한민국을 위해 빛을 비춰야 합니다.

아주대 학우 여러분! 안녕들 하십니까?

저는 어린아이들은 정치 세계를 모르는 것이 낫다는 어른들의 달콤한 속삭임에 눈을 가리고 귀를 막으며 20년이라는 시간을 살아왔습니다. 아직 20살밖에 안 된 지금, 배우고 싶은 것도 많고 하고 싶은 것도 많습니다. 하지만 학생은 학업에만 전념해야 한다는 논리를 아무 생각 없이 받아들이거나 유흥에 빠져 인생을 허비하며 살 수는 없다고 생각합니다. 우리는 우리와 직접적으로 관련이 없다는 말에 눈이 멀어 혹은 '내가 나서지 않아도 돼'라며 자기 자신을 합리화시켜 오며 눈앞의 비참한 현실을 외면하고 '너희들에게는 장밋빛 미래가 펼쳐질 거야'라는 감언이설에 속아 살아왔는지도 모릅니다.

여러분도 아시는 것처럼 대한민국 헌법 제1조 2항은 다음과 같습니다. "대한민국의 주권은 국민에게 있고, 모든 권력은 국민으로부터 나온다." 우리에게는 이 사회를 비판하고 새로운 시대를 이끌어 갈 위대한 권리가 있습니다. 정부와 다른 생각을 한다고 해서 틀린 것이라고 말하는 것이야말로 틀린 생각입니다.

우리 스스로에게 물어봅시다. 우리는 정녕 안녕들 합니까?
저는 결코 그렇지 않다고 생각합니다. 이 나라의 국민으로서, 젊은 지성으로서 사회의 불합리함과 기만을 더 이상 묵인하는 것은 어리석은 일이라고 생각합니다. 이러한 문제들과 비리들이 얽히고설킨 가운데 언론은 철저한 통제와 왜곡으로 우리의 귀를 막고 눈을 멀게 해왔습니다. 국회의원들은 자신들만 안녕하기 위해 그들에게 정당성과 대표성을 부여해준 국민들을 외면하고 있습니다. 저는 헛된 이상을 꿈꾸지 않습니다. 다만 눈앞의 불의에 맞서 정의를 되찾고 싶습니다. 기득권층과 다른 생각을 갖는다 해도 우리는 이 나라의, 대한민국의 국민입니다.

지금까지 현실을 외면했지만, 이제부터라도 저는 정의로운 말에 귀를 열고자 합니다. 남들이 억누른다 하여도 신념을 가지고 대응하겠습니다. 매서운 칼바람에도 꺼지지 않는 촛불이 되어 어두운 이 사회를 밝히고 싶습니다. 언제까지고 우리를 침묵시킬 수는 없습니다.
용기 내어 말합니다! 국민의 목소리를 그저 선동이라고 치부하는 것은 편향된 이념에서 기인된 판단의 오류입니다.

> "물론 가장 큰 책임은 정부에 있고 대가를 치르겠지만,
> 이 지경이 되도록 방관한 건 바로 여러분입니다."
> 〈브이 포 벤데타〉中에서

응용화학생명공학과 13 이민석

우리 전남대는 안녕한가요?

전남대 학우 여러분, 이 추운 날씨에 학교에 나와 공부하시느라 고생이 많습니다. 저도 따뜻한 방 안에서 시험공부를 열심히 하고 싶은데 도저히 견딜 수가 없어 이렇게 여러분 앞에 글을 올립니다. 여러분은 안녕하신지요? 고등학교 때는 대학만을 바라보며 살아와야 했고, 이제는 취업만을 바라보고 살아야 하는 현실 때문에 저는 전혀 안녕하지 못합니다.

소수집단의 의견은 묵살되고, 대학생에게는 기계처럼 스펙을 따지는 세상이 여러분이 살고자 하는 세상인가요? 여러분들은 어릴 적 그 많던 꿈을 어떻게 하여 공무원과 대기업 따위로 수렴하게 되셨는지요? 이제는 민주주의의 성지 전남대학교에서 5·18민주화운동이 우롱당하는 모습을 보고도, 우리의 어머니 아버지가 지켜온 민주주의가 묵살당하는 것을 보고도 아무런 목소리도 들을 수 없다는 사실이 정말 슬픕니다. 다시 한 번 여러분께 묻고 싶습니다. 여러분은 정말로 안녕하신가요?

2013.12.14.

경영 09 박정준

나, 안녕이 무엇인지 모르겠으니

이제야 고백컨대, 나 비로소 안녕이 무엇인지 모르겠으니 '안녕하시느냐' 그대 물음에 답할 '용기'도 '의식'도 떳떳하게 고개들 '자신'도 없습니다. 그렇기에 '나' 부끄럽습니다. 진실로 그릇이 작아야 행복(幸福)이라 믿었기에 대자보 하나로 양껏 부끄럽습니다.

눈이 차갑게 내리던 어느 날, 전북대학교 편의점에서 삼각김밥을 자시는 리어카를 끄시던 할머니를 마주쳤고, 그날 저녁 4대강을 위해 20조라는 상상할 수 없는 금액을 지불하겠다는 뉴스를 보았습니다. 오늘 고백컨대, 그 추웠던 겨울날 이후로 나 안녕하지 못했습니다.

고려대학교 현우 학우님. 나 오늘 부끄럽고 감사합니다. 이제야 저는 비극적 시대를 살아가는 평범한 주인공의 신분으로 사회에 약속합니다. 이제 친구들을 밟고 올라가는 법이 아닌 그들을 사랑하는 법을 알게 되었습니다.

이 고백으로 이제 저도 빨갱이가 되었습니다. 그러나 괜찮습니다. 오늘 제가 한 일이 부끄럽지 않습니다.

바이오메디컬공학부 10 문대은

안암에서 고요한 외침에 춘천에서 기별합니다.
저 또한 안녕치 못하다구요

안암에서 외친 양심의 소리가 봉의산 중턱까지 들려왔네요. 작년 대선부터 올 12월까지, 싹이 나고, 꽃이 피며, 단풍이 들고, 잎이 떨어져, 지금은 눈이 소복이 쌓인 춘천의 모든 한림 학우분들 모두 안녕하신가요? 대학생이 된 후 꿈에만 눈이 멀었다지요. 시시한 현실은 보이지도 않을 만큼. 하지만 이제 더 이상 우리네 현실은 결코 시시하지 않네요. 아니면 스스로 눈과 귀를 닫고 이 모든 걸 '모른 듯이' 쉬쉬 하지 않았던가요?

남루하지만 마음만은 풍족하면 이 모든 게 괜찮을 거라 생각했던 저는 앞으로도 거짓 웃음으로 위장을 하고 외로운 행복만을 좇을까봐 근래엔 안녕치 못합니다. 얼마나 오랫동안 스스로를 위한 이기적인 배려를 해왔는지 알게 되었지요.
대한민국의 근간을 흔드는 국정원의 불법 대선 개입을 지켜보면서 저는 바위처럼 침묵만을 지켰습니다.
동족상잔의 비극을 겪고, 세계 각국 우리 또래 젊은이들이 바다 건너와 피 흘려가며 어렵사리 지켜낸 그것이 상처투성이가 되어버린 지금 저는 두려움에 고민합니다. "그때 뭐하고 있었어요?"라는 질문을 받을까봐요.
네 미래의 삶이 누군가에게 강제적으로 결정되는 동안 당신은 왜 당신을 위한 의견을 표명도, 반영도 하지 않았냐는 질문을 받을까봐요.

스스로에게 묻습니다. 열렬히 행동하고 소통하며 우리네 삶을 능동적으로 마주하고 있느냐고.

저는 국정원 불법 대선 개입을 강력히 규탄하고, 정부의 철도민영화에 반대하며, 철도 파업을 적극 지지합니다.

하여, 우리 학우분들께서도 이제부터는 일어난 일보다는 앞으로 일어날 일을 생각해주셨으면 하고자 이 자보를 마치며 끝으로 묻습니다.

한림 학우분들 진정 안녕하신가요?

2013.12.15.

전자 07 박지호

여러분 정말 안녕들 하십니까?

한림대학교 학우 여러분 안녕들 하십니까? 춘천의 추위가 갈수록 매서워지고 있습니다. 이러한 날씨 속에서 시험기간인 요즘 학업으로 바쁘신 분들도 계시고 졸업을 앞두어 취직을 준비하는 분들도 계실 겁니다. 저 또한 평범한 학생일 뿐이지만 용기 내어 학우 여러분께 묻습니다. 여러분 정말 안녕들 하십니까?

적어도 저는 안녕하지 못합니다. 대학 생활하랴 쌓인 과제하랴 핑계를 대가면서 세상 돌아가는 일에는 정작 곁눈질밖에 해오지 않았던 것에 대해, 안녕하지 못합니다.

몇 개월 전 시국선언을 했을 때도, 밀양에 송전탑이 세워지면서 주민들이 고통받을 때에도, 그저 바라만 봤습니다. 누군가가 나서주겠지란 안이한 생각으로 말입니다.

정말 부끄러운 마음뿐입니다. 대학생 신분인 저로서는 아무 힘도 없고 어떠한 능력도 가지고 있진 않지만 이렇게 짧은 글이라도 써 양심을 지키고자 합니다.

이런 글이 명확한 해결책이 되긴 어렵다고 봅니다. 하지만 이 글을 읽고 조금이라고 냉혹하고 부정한 현실에 가슴이 뜨거워지는 분들이 늘어나면 지금보다 더 좋은 해결책을 가지리라 생각됩니다.

여러분 안녕들 하십니까?

경영 13 임승혁

정녕, 안녕들 하십니까?

2013년 12월, 노동법이 보장하는 합법적인 파업에 참여한 철도 노동조합원 7,000여 명이 직위해제를 당했습니다. 철도민영화를 반대하는 조합원에게 코레일과 정부와 언론은 귀족노조가 임금 인상을 위해 불법 파업을 한다고 매도합니다. 2013년 8월, 국정원 대선 개입 관련하여 국정조사가 시작되었지만 원세훈, 김용판 씨는 증언선서를 거부한 채 증언을 하는 코미디를 연출하였습니다. 그리고 수사 지휘를 총괄한 검찰총장은 곧 사퇴하게 됩니다. 2009년 4월 이후, 쌍용자동차 노동조합원들은 24명의 목숨을 잃었지만 언론은 침묵하였고 국정조사는 이루어지지 않았으며 정부는 외국 자본의 먹튀를 방관하였습니다.

그리고 저는 분노하였지만 또한 옹졸하였습니다. 50원짜리 갈비가 기름 덩어리만 나왔다고 분개한 어느 시인의 말처럼 저 역시 그랬습니다. 뉴스와 신문을 보며 세상의 불의를 목격하였지만 들리지 않는 소리로 나 혼자 분노하였습니다. 상식과 비상식의 경계가 허물어진 요즘 세상에서 내 밥그릇 챙기기가 버거워 말뿐인 분노로서 침묵하였습니다. 페이스북에 올라오는 정부 정책 규탄 글에 '좋아요'를 누르고 아고라 청원 글에 서명하는 것으로서 나의 소임은 다했다고 스스로 위로하였습니다. 이 정도면 나는 최선을 다했다고 만족하며 깨어 있는 시민이라고 자신하였습니다. 그리고 이쯤 되면 누군가 나 대신 나서서 흔들렸던 민주주의의 근간을 바로잡아주길, 거꾸로 돌아가는 시계바늘을 바로잡아주길 소원하였습니다. 그러나 여러분, 우리의 권리는 주인인 우리 스스로만이 지킬 수 있는 것임을 오늘에야 깨달았습니다.
행동하지 않는 양심은 악의 편이다. 이제껏 악의 편에 섰던 나의 양심을 바로잡고자 합니다. 이 글은 저의 양심선언이며 반성문이며 또한 함께하자는 청원의 글입니다. 그동안 나와 다른 의견을 가진 사람과 언쟁하는 것이 무섭고 두려웠으며 번거로웠습니다. 하지만 이 고백을 시작으로 '세상과 부딪치지 말라'는 어머니의 말씀에 반하려 합니다. 내 몸뚱이에 묻어 있는 안녕과 평안이 매스껍고 부대끼어 이제는 불편함을 택하려 합니다. 저는 감히 자신 있게 답합니다. 오늘의 대한민국에 살고 있는 저는, 우리는, 결단코 안녕해서는 아니 된다고.

그리고 여러분께 묻습니다. 안녕들 하십니까?

한다운 올림

기억하십니까?

우리는 해마다 많은 사건 사고들을 보고, 듣고, 접합니다. 그중 기억나는 것이 있으십니까? 혹시 결과가 어떻게 맺어졌는지 아십니까? 혹은 관심을 가졌다가 곧장 다른 분야로 눈을 돌리지는 않으셨습니까?

이제야 묻습니다. 정치, 사회적 이슈에 대해 말을 꺼내면 등을 돌리고 피하진 않으셨습니까? 무작정 어려워하진 않으셨습니까? 사회문제를 언급하지 않는 분위기가 어느새 당연하게 받아들여졌다고 생각하진 않으십니까? 저희는 대답할 수 있습니다. 네, 라고.

그러다가 고대에서 시작된 한 외침이 들려왔습니다. 안녕들 하십니까? 어렵다고 기피하던 저희의 모습을 꼬집습니다. 진정, 안녕들 하시냐고. 저는 대답했습니다. 안녕 못할 이유가 뭐냐고. 그런데 이 외침이, 전국으로 퍼져나가고 있습니다. 어? 안녕하시냐는 안부가, 조금 다르게 들려옵니다. 사회문제에 관심 갖지 않던 우리는, 졸업을 하고서도 과연 안녕할까요?

물론 정치, 사회적 이슈에 바로 관심을 갖기란 어려운 일입니다. 서로 매도하기 바쁜 인터넷 문화도 한몫하구요. 하지만 그렇다고 해서 정치, 사회적 이슈에 무관심해도 될까요? 정말 모르고 살아도 되는 걸까요? 저희는 대답할 수 있습니다. 아니요, 라고.
지금 당장에 민영화같이 이해하기 어렵고 다루기 힘든 주제에 관심을 갖자는 얘기는 아닙니다. 다만, 우리 주변의 작은 문제들부터 차근차근 관심을 갖는 것부터 시작하자는 겁니다. 기숙사생들만 해도 상점제와

RC프로그램에 대해 이야기할 수 있습니다. 통학하는 학생들도 버스 배차 시간에 대해 토론할 수 있습니다. 작은 것부터 관심을 가지면, 언젠가 민영화같이 다루기 힘든 주제에 대해서 토론할 수 있지 않겠습니까?

이쯤에서 다시 여쭤볼까 합니다. 여러분은 얼마나 기억하십니까? 그리고 얼마나 기억하실 겁니까? 여러분의 미래는, 안녕하십니까?

사회학과 13 김다혜 13 권재현 13 김민기

13 김주현 13 박형민 13 이상규 13 한지훈

안녕하지 못합니다!

'안녕들 하십니까?'라는 글을 본 후 너무나 부끄러워 고개를 들 수가 없었습니다. 부조리함에 소리 내어 외치면 빨갱이 소리를 들을까봐 선동질이라는 소리를 들을까봐 두려웠습니다.

다시는 안녕하지 못한, 나라의 일을 외면하는 청년이 되지 않겠습니다! 진보가 무엇이고 보수가 무엇인지 잘 모릅니다. 다만 그것이 균형을 이루어야 하고 국민에게 부끄럽지 않은 올바른 경쟁을 해야 함을 알고 있습니다. 진보는 보수라는 이유로 보수를 무시하지 않고, 보수는 진보라는 이유로 진보를 무시하지 않는 세상을 위해! 모두가 마음속으로 그토록 갈망하고 있는 하나가 되어 나아갈 대한민국을 위해 매일 간절히 기도하겠습니다. 민주주의 국가의 국민이 자신의 목소리를 내는 것이 어색한, 주인이 주인 노릇하는 것이 어색한 이 나라의 분위기를 고치는 데에 도움이라도 된다면 이제는 두렵지 않습니다. 설령 빨갱이 소리를 듣고 선동질이라는 소리를 들을지언정 두렵지 않습니다. 주인답게 용기 내어 목소리를 내신 수천 명의 철도 노조원을 직위해제한 것을 보고 부조리하다고 말하는 것이 빨갱이라면 빨갱이가 되겠습니다.

대통령님! 대한민국 각지에 모여 외치는 이 나라의 주인 된 국민들의 목소리를 외면해서는 안 됩니다. 부조리함에 용기 내어 외치는 분들의 목소리가 들린다면, 대통령님은 당신 스스로에게 물어봐야 할 것입니다. 그들의 외침을 듣고도 나의 양심은 안녕한가?

경성 학우 여러분, 안녕들 하십니까?

경성 학우 여러분 안녕들 하십니까?

혹시 다가온 기말고사와 매서운 겨울바람에 안녕하지 못하신 건 아니신지요?

저는 조금은 다른 이유로 안녕하지 못한 것 같습니다.

꿈을 꾸는 것조차 꿈이 되어버린 우리를 두고 세상은 말합니다.

고등학교 시절에는 열심히 공부해서 대학에 가라고 하더니, 대학에 오니 또 열심히 자격증 따고 스펙을 쌓아서 좋은 직장에 취업할 것을 종용합니다.

돌이켜 생각해보면 제가 고등학교 시절 대학에 진학하고자 하였던 이유는 보다 무거운 월급봉투를 받기 위함이 아닌, 보다 무거운 사회적 책임을 지고 싶어서였습니다.

그 당시 보다 무거운 월급봉투를 받는 것을 꿈이라고 하기에는, 그 넓은 10대 가슴에 담기에는 너무나도 졸렬한 꿈이라고 생각했었습니다.

그리고 그 생각은 지금도 변하지 않았습니다.

내가 사회에 나가서 내가 사는 세상을 좀 더 나은 세상으로 바꾸면 된다고 생각했습니다.

그렇기에 저는 제가 '안녕'하다고 생각하였습니다.

그런데 오늘의 저는 '안녕'하지 못합니다.

열심히 시험을 치고 영어 공부를 하고 뭔 짓을 해도 세상이 도무지 나아질 것 같지 않습니다.

내가 지금 살고 있는 세상이 곧 내가 살 세상이 될 것입니다.

내가 살고 있는 지금 이 세상이 분명 '안녕'하지 않는 것 같습니다.

누구 하나 자유로울 수 없는 이 세상에서 살아가는 우리는 이 모든 것의 목격자이며, 방관자입니다.
이러한 현실 속에 어느 정도 각자 책임을 가지고 고개를 떨구고 3초만 생각해보시겠습니까? 정말 안녕하신지.
한 마리의 제비가 온다고 봄이 오는 것은 아닙니다.
그러나 우리는 어떻게 그 한 마리의 제비가 없는 봄을 상상이나 할 수 있겠습니까?

여러분 모두들 안녕하시지요?
저는 안녕하지 못하겠습니다.

무역 12 재경

인제대 학우 여러분, 안부를 묻습니다

우리는 시험 기간을 보내고 있습니다. 학교는 조용해졌고 각종 열람실에는 시험공부를 하는 학우들로 가득 차 있습니다. 2013년, 현재 우리 대학생들은 취업이란 거대한 벽에 부딪혀 있습니다. 대학교는 취업 학교로 전락했으며 학생들은 학점 관리와 각종 스펙 쌓기에 매달려 있습니다. 입학 초 꿈꾸었던 낭만적인 대학생활은 온데간데없고 직장에 취직하기 위해 오늘도 시험공부에 몰두하고 있습니다. 그런데도 모두 '안녕'들 해 보입니다.

하지만 세상은 안녕하지 못합니다. 독재에 맞서 싸우며 선배 대학생들의 피땀으로 만들어진 이 땅의 민주주의가 흔들리고 있습니다. 국가 기관이 선거에 개입하는 초유의 사건이 발생했으며 참교육을 위해 노력하는 전교조가 법외노조 판결을 받아야 했습니다. 국민의 지지를 얻어 만들어진 야당은 여당의 횡포에 의해 해산 위기에 놓여 있습니다. 또 밀양 송전탑 문제와 진주의료원 폐업으로 힘없는 자의 살 권리를 빼앗고 자살이라는 극단적인 선택을 강요하고 있습니다.

우리 인제대학교 역시 안녕하지 못합니다. 전형적인 갑을관계의 모습을 보여주고 있습니다. 작년 여름 민주적인 절차를 무시하고 학생들의 의견수렴 없이 졸업이수학점 감축이 결정되는 사건이 발생했습니다. 또한 올해 여름에는 비정규직 시간강사 189명을 대량 해고해버렸습니다. 해고당한 강사들은 매주 목요일에 투쟁을 하고 있으며 어느 때보다 추운 겨울을 보내야 합니다. 여기에 학생들의 권리가 침해당하고 있습니다. 표현의 자유가 보장되어야 할 게시판은 검열이 이루어지고 있습니다.

우리의 자보 역시 얼마 지나지 않아 훼손될 것입니다.

저는 인제대 학우들께 다음 몇 가지를 묻고 싶습니다. 민주주의가 후퇴하고 우리의 권리가 침해당하고 있습니다. 또 학생의 권리가 무시되고 있습니다. 그런데 아직도 나와는 상관없다고 외면하시나요? 아니면 정치적 무관심 또는 혐오를 나타내면서 뒤로 숨고 계신 것은 아닌가요? 지난 2월부터 지금까지 침묵하고 계신다고 힘드시지 않으셨나요? 그리고 지금 정녕 안녕들 하십니까?

정치외교 09 신상훈

계명대 학우 여러분, 안녕하십니까?

매서운 찬바람이 휘몰아치는 한겨울의 나날 속에서 얼마 남지 않은 시험 기간을 맞이하는 학우 여러분은 안녕하신가요? 저는 불행하게도 안녕하지 못합니다. 이 시험을 끝으로 이번 학기 성적이 결정되고 과별로 학점을 통해 순위를 매겨 소수의 인원에게 장학금 혜택이 돌아가겠지요. 그 소수의 인원에 들어가기 위해선 얼마나 높은 성적을 받아야 할까라는 생각에 불안해하며 공부를 하고 있기 때문입니다. 그리고 복학 후 어느덧 4학년 졸업반이 된 동기 여학우들을 보며 4년의 대학생활 이후를 생각하게 되었습니다. 어학 성적, 학교 성적, 각종 자격증 등과 같은 흔히 얘기하는 스펙을 쌓아야 하나 걱정이 되기 시작합니다. 하지만 사회에서 대기업들은 500조에 가까운 돈을 사내유보금으로 쌓아두면서 질 좋은 일자리를 창출하려는 노력엔 소홀합니다. 현 정부는 도리어 질 좋은 일자리를 창출하려 하기보다는 시간제 일자리만 양산하고 있습니다. 하지만 이는 질 낮은 일자리이며 언제든지 해고될 위험이 높습니다. 지난 이명박 정부 때 공공부문에 수없이 많은 시간제 일자리를 만들었고 현재 그 일자리에 취업한 분들은 열악한 노동환경 속에서 착취를 당하고 있고 해고 위협에까지 놓여 있습니다.

그래도 따뜻한 밥을 먹으며 학교를 다니고 수업을 들으며 친구들과 즐거운 시간을 보내는 지금 이 순간순간만큼은 안녕하다고 느낍니다. 하지만 주변에서 벌어지고 있는 일들을 생각하면 이마저도 부도덕하게 느껴집니다. 가까운 밀양에서는 주민의 의사를 무시한 채 사실상 주민의 삶을 짓밟는 송전탑 공사가 이루어지고 있습니다. 하지만 원전 비리 등으로 인해 핵발전소가 멈춰버리는 등 당장 세울 필요성은 사라져버렸습니다. 하지만 공사는 강행되고 있고 이를 막기 위해 나이 많은 어르신분들이 지금 이 순간에도 경찰력과 싸우고 있습니다. 이 상황을 보며 어느새 농촌을 식민지로 삼은 도시제국 시민이 아닌가 하는 의구심을 지워버릴 수가 없습니다. 하지만 동시에 수도권의 식민지인 지방 시민이기도 하고 서구사회 특히 미국의 식민지를 자처하는 식민지 국민이기도 합니다.

멀리 떨어진 평택 쌍용차 공장에서는 2008년 정리해고 반대 파업 이후 수많은 이들이 스스로 목숨을 끊었고 살아남은 사람조차 지옥 같은 삶을 살아나가고 있습니다. 철도민영화를 막아내기 위해 거리로 나선 철도 노동자들 중 8,565명이 직위해제를 당했고 이들은 언제든지 해고를 당할 우려가 있습니다. 하지만 정부는 수서발 KTX 법인 설립이 민영화 수순이 아니라는 변명을 대며 그 의지를 꺾지 않고 있습니다.

이러한 살벌한 사회 속에서 모두들 살아남기 위해 위악의 탈을 쓰고 다니는 것만 같습니다. 초중고등학교 때부터 마저 모두가 피해자가 되어버리는 학교폭력은 더욱더 은밀하게 이루어지고 있습니다. 그리고 다름에 대한 혐오가 인터넷 너머 사회에까지 점점 팽배해져가고 있습니다. 여성이라는 이유로, 성소수자라는 이유로 온갖 막말과 모욕, 차별적 언사를 거리낌 없이 하는 이들이 늘어나고 있습니다. 자본은 끝없이 더 높은 수준의 노동유연성을 주장하고 있습니다. 하지만 인간은 연체동물이 아닙니다. 국가 정보기관은 막걸리 보안법을 들이대며 살벌한 공안 정국 분위기를 만들고 있습니다. 실로 야만의 시대, 맥락이 사라진 시대, 식민지 시대에 살고 있는 것이라 말하지 않을 수가 없습니다. 이런 시대에 사는 시민이자 대학생으로서 지금 하고 있는 공부가 정말 덧없다는 생각에 사로잡히지 않을 수가 없습니다.

고려대의 한 학우가 시작한 '안녕들 하십니까' 대자보에 전국의 대학생들과 시민들이 호응을 하고 있습니다. 하지만 이러한 흐름을 섣부르게 희망이라 얘기하지는 않겠습니다. 다만 저는 꿈을 꾸려합니다. 인류 역사는 퇴행과 전진을 거듭해왔고 끝내 진보의 역사를 일구어냈습니다. 이러한 인류 진보의 역사는 불가능한 꿈을 꾼 이들이 있었기에 가능하였다고 생각하기 때문입니다. 물론 평등세상, 해방세상을 꿈꾸며 일어난 혁명은 대다수 실패로 돌아갔지만 그 의미는 고스란히 인류 역사에 축적되었습니다. 모두가 안녕한 세상을 꿈꾸며 모두가 평등하고 인간다운 삶을 영위하며 모욕하지도 모욕당하지도 않는 세상을 꿈꿉니다.

2013.12.16.

사회 10 이균호

여러분의 목소리를 들려주십시오

계명대학교 인문·사범대 학우 여러분, 고려는 사월의 항쟁을 기억하고 연세는 이한열 열사의 이름을 다시 부르고 있습니다. 계명의 학우분들께서는 고려대학교 주현우 씨로부터 시작되어 전국의 대학가를 메우고 있는 질문을 알고 계십니까? 주현우 씨는 한 대자보를 통해 동시대를 살아가는 대학생들에게 물어보았습니다. "안녕들 하십니까"라고요.

저는 수차례에 걸쳐 위 질문에 답하고자 대자보를 올렸고, 앞으로도 영암관의 모든 학우 여러분께 제 목소리가 닿는 날까지 대자보를 올리고자 합니다. 여러분, 저는 전혀 안녕하지 못합니다.

교육이란 배운다는 것이고, 배운다는 것은 무엇이 옳고 그른지를 판단하게 되는 것이라고 생각합니다. 예전의 대학은 세상 소식을 가장 먼저 접하고 가장 먼저 반응하는 지성의 상징이었다고 들었습니다. 비록 지금의 대학이 취업을 위한 관문으로 인식된다 한들, 여전히 대학이야말로 대한민국 최고의 고등교육기관이라는 점은 변하지 않았습니다.

제가 이 자리에 대자보를 올리기까지 받았던 모든 '교육'은 지금의 정권이 옳지 못한 일들을 하고 있다 외치고 있습니다. 저는 이런 사회에서 결코 안녕할 수 없습니다.

이제, 영암관의 모든 학우 여러분께 묻고자 합니다. 여러분은 안녕들 하십니까? 여러분의 목소리를 짤막하게나마 들려주십시오.

계명대학교 인문대학에 재학 중인 스무 살 13학번 손한길 올림

안녕들 하십니까?

기말고사입니다. 바쁘죠. 압니다. 하지만 24시간 내내 공부하실 건 아니라는 거 압니다. 그래서 잠시 쉬는 시간에 세상을 보셨으면 합니다. 대학생인 우리가 학교 안에서 아등바등 댈 때, 우리가 곧 나갈 세상은 어떻게 아등바등하는지 말예요.

철도민영화뿐만이 아닙니다. 강정 마을도 그렇고, 한전도 여전히 밀양에 송전탑을 세우고 있습니다. 의료민영화도 진행 중이죠. 등록금 인하 공약도 내후년으로 밀렸습니다.

이것을 막지 않고 내버려둬도 우리는 또 적응해서 아무 일 없었던 듯 살겠죠. 하지만 우리가 정말 마지막 울타리였던 대학을 벗어나 진짜 광야인 '세상'으로 나갔을 때, 지금 이 모든 건 다 우리 삶의 일부가 될 겁니다. 우린 어쩌면 지금 외면하거나 모르고 있기에, 삶의 일부가 될 것들을 스스로 결정하거나 바꿀 수 있는 권리를 개한테나 줘버리는지도 몰라요.

제가 부탁드리고 싶은 것은 그저 '관심'입니다. 대구대를 포함해 전국 대학교에 붙은 수많은 대자보에 관심을 가져주세요. 그리고 그것에 대해 생각해주세요. 생각만이 우리를 살릴 수 있습니다.

신문방송학과 08학번 3학년 홍준호

여러분 정말 안녕하십니까?

현재 대한민국에서 벌어지고 있는 사안들에 대해 여러분의 생각은 어떠십니까?

헌법 제10조에 국민의 권리에 대해 다음과 같이 명시되어 있습니다.

"모든 국민은 인간으로서의 존엄과 가치를 가지며 행복을 추구할 권리를 가진다. 국가는 개인이 가지는 불가침의 기본적 인권을 확인하고 이를 보장할 의무를 진다."

여러분은 헌법 제10조를 읽으시면서 어떤 생각이 드셨습니까? 이 나라가 국민의 권리를 보장하는 국가가 되기 위해 인으로써 국민을 대하고 있다고 생각하십니까?

4,000만 원이라는 등록금을 등에 지고 대학에 들어와 방학에는 알바를 하여 등록금을 줄여보고자 했지만 알바비는 기본 생활을 영위하기에도 빠듯했습니다. 국민들의 아픔을 돌아봐도 시원치 않을 판국에 만남의 기쁨을 주었던 철도와 아픔의 고통을 사치로 만들어버리려 하는 민영화 사업은 누구를 위한 사업인지 모르겠습니다. 또한 민주노총 경찰 투입 사건 등 핵심 사건들은 보도조차 하지 않은 공중파 언론들의 작태를 보면 대체 이 나라 국민들의 안녕은 누가 보장하려고 하는지 진심으로 궁금합니다.

소크라테스의 말로 이 글을 마무리하고자 합니다.

"정치가 타락하면 사회 전체가 타락한다."

경영정보 07 전영후

개신 학우 여러분, 안녕들 하십니까?

저는 사범대생으로서 훗날 교사가 되었을 때 학생들을 어떻게 가르칠까라는 고민을 하고 있습니다. 사범대 학우 여러분들도 같은 고민을 하실 거라 생각합니다. 이때까지 저희는 취업에 얽매인 교육을 받았습니다. 어른들이 말하는 '잘살기 위하여 명문대를 가는 것'도 결국 좋은 자리에 취직하기 위해서였습니다. 이러한 가운데, 저희는 귀를 막고 입을 닫으며 친구들을 경쟁자라 생각하게 만드는 교육을 받고 살았습니다.
사람은 사회적 동물이라 배웠습니다. 사회적 동물이란 사람이 가장 가까운 친구마저 경쟁자라 생각하며 자란다면, 그러한 사람들이 사는 사회란 어떤 사회일지 생각해보게 됩니다. 더불어 사는 세상이 좋은 세상이라 누구나 생각합니다. 지금 사회가 '그런' 사회인가요? 우리가 꿈꾸던 '더불어 사는 세상'일까요? 이제 대학생을 넘어 중고등학생들도 우리에게 안녕하냐 묻고 있습니다.
여러분, 사범대 학우 여러분! 저는 안녕하지 못합니다. 여러분은 안녕들 하십니까?

수학교육 09 정종혁

여러분의 생각은 어떻습니까

박수받지 못하는 대통령의 국정운영과
근심이 끊일 날 없는 국가 속에서
혜택을 받지 못하는 국민들은 늘어만 갑니다.

이것이 오늘날 일그러진 우리나라, 대한민국의 상황입니다. 철도파업 지도부 10명을 체포하기 위해 5,000여 명의 공권력을 투입한 나라에 우리가 살고 있습니다.

대통령은 프랑스에서 국민적 합의 없이 공공부문 시장 개방을 약속하고 국내에선 철도민영화는 없다며 의심을 증폭시키고 있습니다. 의심을 해소하기 위해 다른 일각에서는 철도관련법에 철도민영화금지조항을 명문화하자 하는데도 정부와 여당은 대통령님의 말씀을 왜 믿질 못하냐며 민영화가 아니라는 주장만 되풀이하고 있습니다. 그리고 이러는 동안, 이 문제의 시발점인 코레일 17조 부채 해결에 대해서는 아무도 논의하지 않고 있습니다.

사태가 이렇습니다. 여러분의 생각은 어떻습니까? 여러분 의견이 궁금합니다.

충남대학교 국사학과 박대희

학우 여러분, 저는 안녕하지 못합니다

올 봄, 대학생들은 '국정원 정치 개입'을 비판하는 성명서를 발표합니다. 정치 중립성을 엄중히 지켜야 할 국가 기관이 나서서 '정치 개입'을 한 정황이 속속들이 드러나고 있었고 그걸 보는 우리는 안녕하지 못했습니다.

또한 올 봄, 우리 총학생회는 학내 청소 노동자 처우 개선을 위한 안건을 의결하였습니다. 고된 노동의 가치가 학교와 용역업체에 짓밟히고 있다는 사실에 우리는 안녕하지 못했습니다.

문제에 대한 비판과 관심은 잠시였습니다. 학사 일정이 바빠지고, 방학이 오며 문제들에 대한 관심은 사그라지게 되었습니다. 강한 책임을 지고 문제를 해결해야 할 학교 당국과 정부 등의 주체들은 비상식적인 말들로 논점을 흐려가며 대중들의 관심을 흩뜨리고 있고, 미디어는 침묵하고 있습니다. 비정상적인 권력의 횡포에 안녕하지 못합니다.

안녕하지 못함에 젖어 안녕함을 느끼던 제게 "안녕들 하십니까?"란 한 마디로 제 불편함에 온전히 직면하게 해주신 분들께 감사드립니다. 이 자리를 빌려 고개를 들고 외칩니다.

"안녕하세요, 안녕하지 못한 물리학과의 한 학우입니다! 전국 곳곳의 안녕하지 못한 분들의 투쟁을 지지하고 함께하고 싶습니다. 우리 자랑스러운 카이스트 학우 여러분도 함께합시다!"

자연과학동에서

카이스트 물리 10 윤석

공주대 학우 여러분, 안녕들 하십니까?

날씨가 퍽 추워졌습니다. 2학기의 기말고사도 시작되었습니다. 2013년도 그 끝을 향해 달려가고 있습니다. 그래도 몸은 따뜻합니다. 그러나 가슴 한구석 어딘가 찬바람이 붑니다. 여러분은 올 한 해 안녕하셨습니까? 그리고 내년은, 앞으로는 안녕할까요?

4년제 대학을 졸업하고 계약직으로 취직한 친구가 제게 이야기 합니다. "계약 기간이 끝나가는데, 연장이 불확실하다고, 그래서 힘들다고⋯⋯"
계약직, 해고 이런 말들은 저와는 먼 세상 이야기로 느껴졌습니다. 그냥 대학 다니는 동안은 공부에만 충실하면 원하는 직장과 꿈을 이룰 수 있을 것 같았습니다. 그러나 입학을 하고 5년 정도 지난 지금에서야 현실은 나빠지면 나빠졌지 좋아지지는 않은 것 같습니다. 학업의 재정적 부담을 덜어준다는 반값등록금이나 기타 청년 정책들은 그 주장조차 점점 사라지고 있습니다.
안정된 위치에 있는 사람들은 우리에게 항상 이야기합니다. "될 놈은 된다." "열심히만 해라." 우리도 그 말을 듣고 나면 더 열심히 하려고 합니다. 그러나 고개를 들어 앞을 보면 녹록치 않은 현실이 우리를 다시 먹먹하게 만듭니다.
정부는 '시간제 일자리'로 일자리를 창출한다고 합니다. 기업도 이에 발맞추고 있습니다. 그런데 이것으로 우리의 미래는 안녕할 수 있을까요?

명확한 해결책은 없을 수도 있습니다. 그러나 우리가 조금 더 차가운 현실에 관심을 갖고 그것에 대해 조금 더 자신을 갖고 이야기한다면,

지금보다는 더 따뜻하고 안녕해지지 않을까요. 안녕하지 못하다는 사람들의 목소리에 귀 기울이면 좋을 것 같다는 생각입니다. 그리고 우리 함께 이야기합시다. 다 같이 안녕해지면 좋지 않을까요?

여러분, 안녕들 하십니까?

지리교육 09 김하늘

2.

아니요, 안녕하지 못합니다

안녕들 하시냐기에

안녕들 하시냐기에 올 한 해 내 삶을 돌아봤어요. 지긋한 사계절을 말이죠.

봄에는 학점을 땄어요. 공부를 한 적은 없고 학점을 땄죠. 상대평가는 상대를 고꾸라뜨려야 이기는 제도예요. 꽃구경도 축제도 제쳐놓고 공부만 했는데 B+이 떴어요. 멱살만 안 잡았지 선생님과 싸웠어요. 학점은 바뀌지 않았어요. "상대평가여서 어쩔 수 없다네. 네 학점을 올려주면 누군가는 내려가." 평점이 4.0이 넘는데 장학금과는 거리가 멀어요. 이 학교에는 학점 괴물들이 살아요. 난 고꾸라진 거죠. 누군가 머리 위에서 나를 짓밟았네요. 봄바람이 휘날리며 흩날리는 벚꽃잎과 함께 학자금 대출 이자가 연체되었다는 문자가 찾아왔어요.

여름에는 토익 공부를 했어요. 새벽 여섯시면 눈을 뜨고 강남역을 향해 갔어요. "이번 역은 강남, 강남, 쓰기노모데세끼가 강남, 강남에끼데쓰. 줘빵빵떼쉬……" 이 소리를 들으면 머리에 종이 땡땡땡 울렸어요. 이른 일곱 시 반의 파고다, 모국어를 듣기도 전에 "디렉션, 인 디스 파트……" 자정까지 스터디, 해변이고 나발이고 딕테이션, 쉐도윙, 다가오는 월말, 해커스, 모질게, 시나공, 유수연과 한승태, LC를 푸는데 매미가 시끄럽게 울어요. 이번에도 900점을 못 넘으면 저는 사람 취급을 받을 수가 없어요.

가을바람이 불 때 나는 편지를 쓰지 않고 자기소개서를 썼어요. 자기 속여서 쓰는 자기소개서에 진짜 '나'는 없어요. 나는 김광석 노래를 좋아하는데, 나는 무심하게 걷기를 좋아하는데, 나는 주말이면 오후 2시까지 낮잠을 자는데, 그런 사실은 쓸 곳도 없고 써서도 안 되죠. 다 쓰니 나는 돼지고기가 된 느낌이었어요. 푸줏간의 붉은 조명 아래서 외설적으로 엉덩이를 흔드는 돼지고기. "내 항정살이 맛있어요. 내 목살은 당신 입에 녹을 거예요. 나는 세상에 둘도 없는 순종적인 돼지고기예요"라고 외치는 정신 나간 돼지고기.

그리고 겨울, 첫눈이 내리기 한 주 전에 면접을 봤어요. 흑백논리적인 정장을 입은 사람들 사이에서 온몸이 떨렸어요. 면접장에 들어서는데 면접관들이 나를 보며 하품을 해요. 그들은 내 말허리를 잘라요. 그들과 나는 어울리지 않는다고 해요. 난 끝까지 웃음을 잃지 않았죠. 내 말이 그들 귓등으로 미끄러져요. 그날 밤 난 스물여덟에 몸도 거구인데 신생아처럼 울었어요. 한참 우는데 TV에서 이문세 노래가 나왔어요. "이 세상 살아가다보면 슬픔보다 기쁨이 많은 걸 알게 될 거야." 참 터무니없이 해맑네요.

그렇게 살았어요. 사실 왜 그렇게 분주했는지, 무엇이 그렇게 애절했는지 모르겠어요. 하나 합격은 했어요. 하지만 합격해서 안녕한지는 잘 모르겠어요. 아니, 안녕하지 않았고, 안녕하지 않으며, 앞으로도 안녕하지 않을 것 같아요. 안녕이라는 것, 그런 건 애초부터 우리 것이 아닌 것 같아요. 왜 그럴까요.

우리네 삶이 처음부터 그런 것은 아닐 텐데, 우리네 삶이 처음부터 그런 것은 아니었을 텐데……

건대 학우 여러분, 안녕들 하십니까?

저는 한 개인으로서 안녕했습니다. 따뜻한 집과 학교가 있고 할 일이라고 믿는 공부도 있으며 아직 어디 가서 차별받거나 인간 이하의 무시를 받지도 않았습니다. 눈 오는 것을 보면서 낭만을 생각했고 배고플 땐 친구와 무엇을 먹을지도 고민했습니다. 사회적인 이슈가 나올 땐 나름에서 비판도 해보고 페이스북에 공유도 했습니다.

하지만 며칠 전 고대 학우분께서 저에게 안녕을 물으셨을 때, 비로소 저는 제가 대학생으로서 안녕하지 못하다는 것을 알았습니다. 지성인으로서 생각이 자유롭고 다양한 견해를 받아들일 수 있어야 하며 약자의 편에서 귀를 기울이는 것이 대학생이란 것을 잊고 있었습니다. 저는 여기서 사회적인 문제의 옳고 그름을 논하려는 것이 아닙니다. 다만, 아무리 옳은 주장도 일방적이어서는 안 된다는 것을 말하고 싶습니다. 코레일 노조가 합법적 절차에 따라 자신들의 의견을 주장했습니다.

하지만 돌아온 결과는 '민영화가 아니다'란 내용으로 7,611명이 직위해제당했습니다. 밀양에서는 송전탑과 관련해서 한전이 주민들의 의사와 상관없이 일방적으로 일을 추진하고 있습니다. 그러는 과정에서 일흔의 노인 두 분이 자살하셨습니다. 또한 자신이 아무것도 할 수 없다는 무력감과 이렇게라도 하면 정부가 돌아서지 않을까 하는 생각에 세 번째 자살 시도까지 있었습니다.

도대체 얼마나 대단한 정책이기에 국민의 의견을 듣지도 않고 추진하는 겁니까? 국민의 생명과 삶을 무시하면서 탄생한 정책은 누굴 위한 정책입니까? 요즘, 시험 기간입니다. 하루에 보는 시험을 위해 우리는 며칠 전부터 준비합니다. 곧 나에게 들이닥칠 일이란 것을 알기 때문입니다. 우리는 철도 노동자도, 밀양 시민도 아니지만 이런 식의 소수를 무시하고 소통하지 않고 자신의 생각을 관철시키는 세상을 바라만 보고 있다면 분명, 어느 순간, 시험을 치르고 성적표가 날아올 겁니다. 마지막으로 다시 한 번 묻습니다. 안녕들 하십니까?

2013.12.15.
영문 13 강인규

버스노선이 끊겨 안녕 못합니다

저는 고향 가는 버스노선이 위태로워서 그 불안함에 안녕하지 못합니다. 저는 강화도에서 태어나 강화도에서 살면서 기차는 여태 한 번도 타보지 못했지만 3년 전 서울에 온 이후로 일주일에 한 번씩 강화도 가는 길에 매번 광역버스를 이용합니다. 서울에서 출발해 강화로 가는 직행버스는 3000번과 3100번 두 노선이 있었습니다. 강화로 가는 다리가 두 개이기 때문에 노선도 두 개입니다. 저는 항상 3000번을 이용하는데, 버스에서 서울로 온 강화도 친구들을 다 만날 정도로 두 버스는 강화도 주민들의 발 역할을 충실히 해왔습니다.

두 버스 모두 김포를 통과해서 지나가는데요. 여태까지는 강화운수에서 운영하고 있다가 몇 주 전 김포운수에서 이 두 노선을 인수했다는 소식과 함께 3100번 노선이 이젠 강화까지 안 들어간다는 공고가 붙었습니다. 3100번 노선의 적자가 너무 심해 강화운수에서 더 이상 운영할 수 없게 돼서 김포운수에 팔았는데, 김포운수에서 바로 노선을 끊는다는 공고였습니다. 3100번의 종점이었던 지역은 일명 '깡촌'이라 버스도 한 시간에 한 대밖에 없습니다. 적자가 나는 것이 당연한 지역이겠지요. 원래 노선을 이용하면 신촌까지 두 시간이었지만 이젠 한 시간에 한 대 있는 버스를 타고 나가서 다시 한 시간에 한 대 있는 버스를 기다려야 합니다. 농산물을 서울에 팔러 이 버스를 타고 나가시던 분들이 많았는데 이분들은 이제 하루에 네 시간을 더 길에서 보내야 합니다.

제가 타는 노선은 아니기 때문에 당장 제게 불편함은 없습니다. 하지만 그 노선이 끊기게 된 논리라면, 제가 이용하는 노선도 안전하진 않기 때문입니다. 수요가 꽤 있기 때문에 노선이 없어지지는 않겠지만 한

두 명만 이용하는 첫차가 미루질 수도 있고, 15분인 배차 간격이 30분으로 늘어날지도 모릅니다. 그래도 강화 사람들이 죽는 건 아니니까요. 강화군의 지원으로 근근이 운영되던 버스를 이용하는 강화 사람들에게 김포운수는 해외자본이나 다름없는 것 같았습니다. 이런 일을 겪고 나서 한국의 철도시장을 프랑스에 개방하겠다는 대통령의 약속이 들려오니 야속할 수밖에요.

철도든 버스든 경제가 성장하고 여유가 좀 생기면 이윤을 넘어서 보다 많은 사람들이 이용할 수 있도록 확대돼야 한다고 생각합니다. 광역버스 요금이 너무 자주 올라서 정확히 기억나진 않는데 지금 2,000원을 넘었고, 계속 올라갈 것이니 곧 3,000원을 넘어설지도 모르겠습니다. 언젠가는 강화도에도 철도가 놓여서 지하철이나 무궁화를 타고 싸고 빠르게 강화에 갈 수 있겠지? 하는 꿈을 가지고 있었는데 저는 아직 한 번도 타보지 못한 철도를 해외에 개방한다니요, 분할해서 경쟁시킨다니요. 당장 민영화시키는 것은 아니라고 하는데, 민영화가 아니면 무엇입니까? 적자를 줄이려고 공기업 둘이서 경쟁하는 것이라면 이용객이 없어서 적자인 노선을 어떻게 하겠다는 것인지…… 강화도에도 언젠가 철도가 놓이지 않을까 하는 기대를 가지고 있던 시골 사람으로서 철도로 이어져 있는 시골 사람들에 대한 연민과 동시에 절망감을 느끼고 있는 요즘입니다. 그리고 KTX를 분할하면 경쟁할 수 있을 거라고 하는데, 강화에 3000번 말고 88번이라고 서울 가는 '싸고 느린' 완행버스도 생각납니다. 그런데 타는 곳이 같고 노선도 비슷해서 저 같은 경우에는 돈이 없을 때나 탑니다. 수서 KTX와 서울역 KTX가 분할돼서 경쟁한다면, 가난한 사람들을 위한 싸고 서비스 안 좋은 노선, 그렇지 않은 사람들을 위한 서비스 좋고 비싼 노선으로서 경쟁하지 않을까 합니다. 언제보다 실용적이겠지요. 하지만 가난한 사람들은 꼬리 칸에, 부자인 사람

들은 앞 칸에 타는 설국열차가 떠오르는 이유는 무엇일까요. 저는 이래
서 안녕할 수 없습니다.

강화도 사람
정외 11 조운

수원대는 언제 안녕들 합니까?

우리 대학생들에게 정치, 사회, 시사, 경제 등 많은 것들이 너무나도 어렵고 쉽게 다가오지 않는 게 사실입니다. 그러나 이 시대를 살아가는 대학생이라면 우리 사회에서 일어나는 모든 것에 관심을 갖고 지켜봐야 한다고 생각합니다.

그럼에도 우리 사회에 관심을 가지기가 너무 벅차다고 느껴진다면 먼저 우리 수원대의 현실을 냉정하게 바라봅시다. 올해 수원대에는 말하기도 부끄러운 많은 일들이 있었습니다. 수원대는 총장의 교비 횡령, 비자금 조성, 탈세 등 문제가 제기된 여러 가지 의혹들에 대해서 제대로 된 해명과 사과를 한 적이 없습니다. 오히려 문제를 덮기에 급급해 주먹구구식의 해결책만 내놓았습니다.

오늘도 용기 있는 학우들은 등록금을 반환하라는 소송을 합니다. 민주적으로 만들어진 교수 모임은 모진 탄압에도 불구하고 수원대의 존엄과 정체성을 지키려고 노력합니다.

여러분, 우리들은 지금까지 안녕들 했습니까? 바깥의 세상은 혼란스럽고 어지럽게 돌아가지만 "세상일은 남의 일이다. 내 일이 아니다"라고 말하며 애써 외면하지 않았습니까? 부모님과 우리가 피땀을 흘려 번 돈이 엉뚱한 곳에 쓰인다는 이야기가 나올 때마다 "우리가 다니는 학교가 그 수준밖에 안 되지"라고 말하며 자기비하하기 바쁘지 않았습니까? 우리의 대표가 누군지도 모르고 무슨 일을 하는지도 관심이 없어서 부정이 저질러져도 내 알 바가 아니라며 무관심하게 살아오지 않았습니까?

고려대에 다니는 한 학생으로부터 출발한 '안녕들 하십니까?'라는 대자보가 지금 우리 수원대까지 왔습니다. 우리는 지켜야 할 것이 많습니다. 우리 사회에서 무너져가는 민주주의도 지켜야 하고, 학내에서의 민주주의도 지켜야 합니다. 우리가 조금이라도 관심을 갖고 행동한다면 다음에 우리는 "안녕합니다!"라고 말할 수 있을 것 같습니다.

저도 미안합니다. 저도 지금껏 무관심하게 살아왔습니다. 그러나 앞으로는 불의에 맞서며 항거하겠습니다.

자 이제 여러분들에게 다시 묻겠습니다.

"수원대는 언제 안녕들 하시렵니까?"

사학과 09 빈재욱

여러분들은 안녕하세요?

고려대 한 학생의 '안녕들 하십니까?'란 물음이 세상에 울려 퍼지고 있습니다. 그래서 저 또한 백석대 여러분들에게 묻고 싶습니다.

여러분 자신만을 위해 안녕들 하신가요?

저는 모두들 나에게 관련된 일이 아니라고 안녕하며 지내는 게 부끄럽습니다.

'대학생'이 사회적 현안에 대해 왈가왈부 못하는 분위기가 부끄럽습니다. 상식적으로 아닌 일에 아니라고 하면 정치적인 색깔로 보고 색안경을 끼는 '수준'에 부끄러움을 느끼고 사회 현안에 대해 자신의 정치적인 색깔을 의식해 자신의 의견도 똑바로 이야기 못하는 '비겁함'에 부끄러움을 느낍니다.

민주주의지만 '주인'이 되어야 될 국민이 정치에 관심 없는 것 또한 부끄럽습니다.

다른 사람들이 외치는 절규를 듣지 않는 '닫혀버린 귀'로 인해 우리가 살아가는 사회에 무관심한 내 자신이 부끄럽습니다.

정치적 중립성을 지켜야 하는 국가 기관들이 어느 한 정당의 편이 되어 활동한 '대한민국'이 부끄럽고, 공약의 반이라도 지키는 게 어디야, 라고 정치인들의 부당함을 바라보는 '당연한' 시선이 부끄럽습니다. 학생의 의견을 묻지도 않은 채 조형학과를 폐지해버린 학교에 대해 '잘못된 것이다'라고 전하지 못해 부끄러웠습니다. 내 일이 아니라고 생각했기 때문입니다.

철도회사의 8,500명이 넘는 사람들이 노동법에 명시되어 있는 정당한 파업을 한 지 4일 만에 사실상 '해고'를 당했습니다. 모든 것을 포기할 각오로 자신의 목소리를 내야 하는 사회의 각박함이 두렵습니다. 상식이 통하지 않고, 당연함과는 다른 이 사회구조를 누가 어떻게 만들었는지는 모르겠습니다. 하지만 내가 앞으로 나갈 사회는 이런 곳이 아니었으면 합니다.

민주주의를 일궈냈던 아버지 세대에 걸맞은 자식이 되고 싶습니다. 결혼하여 자식들에게 부끄러운 아빠가 될까 걱정입니다.
여러분들은 부모님 세대가 이뤄놓은 민주주의 속에서 편안하게 잘 먹고 잘살고 계신가요?
여러분, 여러분들은 정녕 스스로 안녕들 하십니까?

아니요. 안녕하지 못합니다

1. 지난 여름방학, 철학과가 폐지되었습니다. 학생들의 등록금으로 쌓아올린 적립금이 1,171억 원에 달하는 가운데, 박재규 총장은 "학교의 재정이 어렵다"며 철학과를 폐지했습니다. 평생을 경기도에서 살다가 철학, 사회학, 심리학을 공부하겠다며 아무 연고도 없는 경남에 내려온 저의 꿈은 지난여름, 산산조각이 났습니다. 3,000여 명이 작성한 폐지 반대 서명지도 한낱 종잇조각으로 전락했습니다.

한편, 휠체어를 탄 한 학생은 엘리베이터 설치를 요구하며 한 달이 넘게 정문 앞에서 1인 시위를 하고 있습니다. 이 학생은 지난달 열린 사복(사회복지학과) 30주년 행사에 참석할 수 없었습니다. 행사가 인문관 3층에서 열렸기 때문입니다. 이 학생의 엘리베이터 설치 요구에 학교는 "장애인 한 명 때문에 다른 학생들에게 피해를 줄 수 없다"는 식의 반응을 보이고 있습니다. 저 때문에 다른 사람이 '소수'라는 이유로 사람 취급을 못 받는 이곳에서, 저는 감히 안녕할 수 없습니다. 안녕 못합니다.

2. 할머니들이 평생 농사를 지으며 살아온 밀양에서는 송전탑이 들어서면서 할머니들이 내쫓길 위기에 처했습니다. 온몸으로 삶의 터전을 지키려는 할머니들은 20대 초반의 건장한 경찰들에게 농락당하고 있습니다. 급기야 일주일 전 74세의 고 유한숙 씨는 음독자살을 했습니다.

불과 4년 전에는 회계 조작에 이은 구조조정으로 수백 명의 노동자들이 해고를 당했고, 이에 저항했다는 이유로 이들에게 수십억 원에 이르는 벌금과 징역형이 내려졌습니다. 지난 10일에는 철도민영화에 반발했다는 이유로 하루아침에 수천 명의 노동자가 직위해제되었고, 일주일 새 7,884명이 직위해제되었습니다.

이런 일들이 벌어져온 지난 수년 동안, 저는 학교에서, 밀양에서, 대한문 앞 24명의 분향소 앞에서, "과연 바뀔 수 있을까?"라는 무기력한 생각을 했습니다. 하지만 그럼에도 "안녕들 하시냐"는 어느 20대의 물음에 답을 하지 않을 수 없습니다. "아니요. 안녕하지 못합니다"라고요. 뭐라고 말 한마디만 하면 '종북', '빨갱이'로 낙인찍히는 세상이지만, 그럼에도 그 물음에는 답을 하지 않을 수 없습니다.

"아니요. 안녕하지 못합니다. 안녕할 수 없습니다."
그런데 제 친구들은 안녕들 한지 모르겠습니다.

안녕하지 못한 윤태우

성균관 학우 여러분은 안녕들 하십니까?

저는 오늘부터 안녕하지 않습니다.

머리에 들어오지도 않는 시험공부를 하다가 페이스북 타임라인을 보니 '안녕들 하십니까?'라는 문장이 눈에 들어옵니다. 내용은 주변의 문제에 무관심할 수밖에 없게 만드는 우리 사회에 대한 이야기였습니다. 잘못된 것을 향해 잘못됐다는 목소리조차 낼 수 없는 수상한 시절을 살아가고 있는 우리가 과연 '안녕한지' 묻고 있습니다. 글을 읽고 저는 아무렇지도 않은 듯, 또 펜대를 잡았습니다. 그런데 얼마 후 휴대폰 알림이 울립니다. 860명의 철도 노동자들이 또 직위해제되었다는 속보입니다.

문득 처음 성균관을 들어설 때가 생각납니다. 저는 입학할 때부터 안녕하지 못했던 사람이었습니다. 입학하기 전, 광화문 한복판에 세워진 컨테이너 산성과 국민들이 든 촛불에 쏟아지던 물대포를 보며 저는 큰 충격에 빠졌습니다. 입학하던 해 겨울, 용산에서 다섯 명의 철거민이 불에 타 죽는 것을 보며 이 세상에 대해 의문을 품게 됩니다. 그리고 그해 여름, 평택 쌍용자동차 공장에서 수천 명의 노동자들이 일자리를 잃는 모습을 보며 이 세상 무엇인가가 잘못됨을 확신합니다. 이렇게 잘못된 현실에 맞서고 이를 바꾸려고 노력하는 것이 옳은 일이라 믿어 의심치 않았습니다. 이러한 작은 힘이 모인다면 언젠가 세상은 바뀔 수 있을 것이라 확신했습니다.

그러나 현실은 그렇게 녹록지 않았습니다. 세상을 바꾸려는 노력은 높은 현실의 벽에 부딪혀 번번이 좌절되곤 했습니다. 과연 내가 믿고 있는 생각이 맞는 것인지 스스로 의심하기 시작했습니다. 그리고 시간이 흐르고 군 복무 후 복학을 하면서 과거의 나를 세탁하고 어느새 안녕하고자 하는 사람이 되어 있었습니다. 당장에라도 스펙을 쌓고 학점 관리를 잘한다면 좁은 경쟁의 문을 뚫고 성공할 수 있을 거라 믿었습니다. 언젠가 대성로에 취업 또는 고시 합격생 최종학을 축하하는 플래카드가 휘날릴 것이라 믿었습니다. 저는 그렇게 너무도 안녕한 사람이 되어 있었습니다.

그런데 정작 세상은 안녕하지 않은가 봅니다. 처음으로 투표권을 행사한 대통령 선거에서 국가 기관이 개입했다는 증거가 계속 발견되고 있고, 참교육에 힘쓰시던 선생님들은 전교조를 지키기 위해 학교가 아닌 거리로 나와야만 했습니다. 노동조합을 만들고 지키고자 하는 비정규직 노동자들의 노력은 갑의 횡포에 수포로 돌아가고, 민영화에 반대하며 파업에 나선 7,000여 명의 철도 노동자들은 불법파업이란 낙인과 함께 직위해제를 당했습니다. 상식이라는 단어가 무색해지고 있는 시절입니다. 그간 안녕하지 못한 세상을 보면서 안녕하고자 했던 제가 부끄러워집니다.

이제는 더 이상 안녕하지 않을 것 같습니다. 복학하고 일 년이 넘는 기간 동안 안녕한 사람으로 지내고자 노력해왔던 제 모습이 부끄러워지기만 합니다. 그래서 오늘 이렇게 용기를 내어 '안녕들 하십니까?'라는 물음에 답하고자 합니다. 저는 오늘부터 다시 안녕하지 않습니다. 그리고 앞으로도 안녕하지 않겠습니다.

정외 09 최종학

성균관대 학우 여러분! 저는, 우리는 안녕하고 싶습니다!!

제발 안녕하고 싶었습니다. 사회가 부조리하다는 생각이 싫어 닥치는 대로 읽었습니다. 그러나 발견한 것은 비효율적이기만 한 독재와 그 밑에서도 열심히 일하고 싸워준 백성들이 일군 발전의 역사, 대한민국이었습니다. 그래서 안녕하지 않았습니다. 배우면 배울수록 배운 바와 멀어지기만 하는 사회, 착한 백성들의 귀한 돈을 강에 흩뿌려 이미 가진 자들이 받아먹는 사회가 눈앞에 있었습니다. 그래서 다시 안녕하지 않았습니다. 2009년 겨울, 처절한 한숨들이 타죽음에 분노해 광장에 나갔으나, 그 누구도 지키지 못했습니다. 또다시 안녕하지 않았습니다. 안녕하고 싶어서, 보람을 얻고자 봉사활동을 했습니다. 그런데 곰팡이 그득 핀 골방에서 본 것은, '공부' 좀 더 할 걸, 하고 후회하시는 어르신들, 저임금 산업의 역군들이었습니다. 그분들은 밤낮없이 수십 년 일했고, 한국은 밤낮없이 수십 년 발전했습니다. 그런데 그분들을 돈도, 명예도, 권력도 버렸습니다. 안녕할 수 없었습니다. '공부'한 이들이 지배하는 세상이 수고한 이들의 마땅한 몫을 돌려주지 못하는 곳이라면, 공부가 직업인 우리는, 대학생들은, 안녕, 할 수 있겠습니까?
그래도 나는, 우리는 어떻게든 안녕하고 싶었습니다. 그래서 도서관에 갔습니다. 자격증을 따고, 학점을 높이고, 토익도 공부했습니다. 광복 이래 우리는 공부로만 치면 가장 많이 한 세대입니다.

그러나 우리는 이러한 노력이 우리를 안녕으로 이끈다고 확신하지 못하겠습니다. 열심히 일하던 8,000명의 일꾼들이 정당한 참여를 보장받지 못한 채 파업을 했다는 이유로 직위해제당하는 사회, 돈으로만 돈 벌 수 있다고 말하는 사회, 승자독식이 당연시되는 사회에서 칼날 같은 세상 앞에 엎드려 공부하는 것으로 안녕한 미래를 맞을 수 있는 지 정말 모르겠습니다. 미래의 안녕을 위해 우리는 지금의 안녕을 포기하고 최선을 다해 달려가지만, 끝내 생존의 피라미드 꼭대기에 설령 올라설지라도 수많은 수고했던 사람들을 밑바닥에 깔고 짓누른 세상에서 안녕할 수 있을지 도무지 모르겠습니다.

지금까지의 우리 역사가 그래왔듯, 재주는 우리가 부리고 공은 처음부터 다 가진 이들이 모든 영광과 전리품을 앗아가는 것은 아닌지, 생계마저 불투명해진 8,000명의 일꾼들을 앞에 두고 염치없이 걱정하며 나 살 길만을 앞에 두고도 안녕하지 못합니다.

학우 여러분! 다들…… 안녕하십니까?
우리 진짜로 안녕할 수 있겠습니까?

성균관대 경제학과 08 김형용

꽁꽁 얼어붙은 학생자치, 학우 여러분들 안녕들 하십니까?

학생회 선거 기간이라기에는 너무나 학교가 조용했던 지난 11월, 학우 여러분 안녕들 하셨습니까? 총학예비선본의 탈락과 중선관위원의 사퇴, 고구마의 등장과 불공정 선거 시비로 얼룩진 총학 선거 등 일련의 사건들을 거치면서도 저는 아무 목소리도 낼 수 없었습니다. 제가, 저한 사람의 목소리가 대학이라는 이 거대한 공간에 어떤 영향을 미칠지 알 수 없는 상황에서 그저 눈 가리고 있는 것이 저의 안녕을 위한 길이라 생각했기 때문입니다. SNS나 몇몇 학생 자보들이 총학 선거의 불공정 시비와 학내 언론 결호 사태로 드러난 자치 탄압에 저항하고 있지만, 학교를 움직이기에는 역부족인 듯합니다.
답답하기만 한 지금의 상황에서 이렇게 오늘 하루를 보내고 시험 기간을 보내면 저는, 그리고 우리는 안녕할까요?

전대 총학 성대올레는 정치하지 않겠다는 슬로건과 국정원 사태에 대한 미온한 대응으로 학우들을 실망시켰습니다. 심지어 중선관위원장 사퇴서를 학교에 제출하면서 마지막까지 학생 대표자답지 못한 모습을 보였습니다. 총학 선거에 대한 중선관위원장의 무책임한 태도가 학교의 선거 개입을 가능하게 했고, 심지어 학교는 중선관위에 부정선거까지 제안했습니다. 성대신문은 총학 선거에 관한 기사를 내고 배포 불허당했습니다.
새내기 시절의 제 자신을 돌아봤을 때 저는 학생자치가 무엇인지조차 모르던 평범한 대학생이었습니다. 작년 총학 선거에서도 캔커피와 노트, 셔틀버스 탑승권들이 투표 독려품으로 등장했지만, 그때는 저는 그에 대해 문제를 느끼지 못하는 사람이었습니다. 돌이켜보면 입시경쟁에서 막 벗어난 당시의 제가, 학생자치에 대해 함께 논할 공간이 없었던 제가 학생자치를 이해하지 못하는 것은 당연한 일이었습니다.

앞의 질문에 대답하자면 저는 안녕하지 않습니다.
아무도 이야기하지 않으면 내일도 오늘과 마찬가지로 안녕하지 않을 것입니다. 그래서 저는 안녕하지 않음을 말하려 합니다. 다른 학우들도 안녕하지 않음을 느끼셨다면 그에 대해 자유로이 말할 수 있는 대학이 되기를 바랍니다. SNS로든, 과방에서든, 학회실에서든, 동방에서든 학생자치의 공간에서 더 많은 이들이 안녕하지 않음을 말하고, 그 목소리가 모여 진정한 힘을 갖길 바랍니다.

성균관대 정외 11 윤지

저는 저의 불편함을 말하고 싶습니다

대학에 들어와 사회가 안고 있는 문제에 대해 공부하기 시작했습니다. 잘사는 사람은 왜 더 잘살고 못사는 사람은 왜 더 못살게 되는지. 왜 어머니가 가사노동을 도맡아하는 것이 당연한 일이 되어버린 것인지. 왜 남성은 늘 강하고 씩씩해야 하며 왜 여성은 늘 약하게 묘사되는 것인지. 그리고 우리는 왜 이렇게도 처절한 입시경쟁에서 살아남아야 하는 것인지. 왜 대학에 와서도 학점, 자격증, 스펙에 매달려야 하며, 왜 일자리는 비정규직만 만들어내는지. 왜 자꾸만 노동자들이 죽어가는지. 왜 철거민들이 자본에 의해 그들의 삶터에서 쫓겨나야만 하며……

우리 사회는 생각보다 훨씬 많은 문제들을 안고 있었습니다. 저는 그것들을 알면 알수록 무력감만 쌓여갔습니다. 그리고 말로 표현할 수 없는 어떤 감정이 속에서 쌓이고 있었습니다. '안녕들 하십니까' 자보를 보고 깨달았습니다. 말로 표현하지 못했던 그것은 바로 불편함이었습니다. 또 안녕하지 못함이었습니다.

저는 자랑스러운 성균관에 들어와도 너무나 힘들었던 나의 고3을 똑같이 경험할 후배들에 대한 걱정에 불편했습니다.

저는 삼성전자 노트북을 사용하고 있지만 정작 내 노트북을 수리해주실 삼성전자서비스 노동자에 대한 삼성의 횡포에 불편했습니다. 또 저는 공공철도를 민영화하려는 움직임을 저지하려는 철도 노동자들의 파업을 불법으로 낙인찍는 정부가 불편했습니다.

인간보다 돈이 우선인 사회. 노동이 아니라 돈이 돈을 낳는 사회. 보고 있노라면 너무나 불편했습니다.

그래서 저는 저의 이 불편함을 말하고 싶습니다. 그러나 저와 같은 불편함을 말하려는 사람들은 정치적이라며 지탄받고 있는 세상입니다. 내가 사는 사회가 안고 있는 문제들을 지적하고 함께 해결해나가자는 외침이 선동이라며 오해받는 세상입니다. 내가 사는 사회에 관심을 가지고 내 의견을 말하는 것이 언제부터 이렇게도 어려운 일이 되어버린 것일까요.

그럼에도 불구하고 저는 계속 이 사회의 문제에 의문을 품고 고민하고 함께 해결책을 찾고 저의 불편함을 말하고자 합니다. 누가 뭐래도 이 사회는 내가 사는 사회이기 때문입니다.

그리고 이 사회는 나의 후배들에게 물려줄 사회이기 때문입니다.

성균관대 정외 12 서영

성균관 학우 여러분 모두 안녕들 하십니까

각 대학 대자보를 읽고 더 이상 침묵할 수 없어, 뜻 있는 친구들과 머리를 맞대 저희 8명이 쓰는 글입니다.

이렇게 추운 겨울날 찬바람을 뚫고 학교에 와야 해도, 아직 시험 기간이어도 저희의 몸은 안녕합니다. 따뜻한 도서관에서 공부를 할 수 있고, 간단한 요기를 할 수 있고, 힘들 때는 친구와 얘기를 나누고 쉴 수 있는 지금, 저희의 몸은 안녕합니다.

하지만 저희의 마음은 안녕하지 못합니다.

철도 파업 7일째였던 15일까지 8,565명이 직위해제되어 이 엄동설한에 바깥에서 시위를 하고 있고, 지난 14일 고려대에서 모인 학생들을 포함해서 서울역 촛불 집회에 참가한 이들은 칼바람 맞으며 자신들의 자리를 지켰습니다. 이렇게 수많은 이들의 몸과 마음이 안녕하지 못한데, 저희의 마음이 어찌 안녕할 수 있을까요.

사실 이 글을 쓰는 저희는 그동안 주변 사람들이 세상사에 무관심한 줄 알았습니다. 하지만 저희는 이번 움직임을 통해 비로소 주변인들의 뜻이 저희와 같음을 확인할 수 있었습니다. 실상은 모두가 우리와 같은 오해를 가지고 있었기 때문에 정치나 사회에 대한 의견을 숨겨왔던 것입니다.

저희는 선동당한 것이 아닙니다. 저희는 비겁했던 것입니다. 거짓 안녕을 위해 저희 자신을 속여왔던 것입니다. 주변사람들에게 말해봤자 종북 소리만 듣겠지, 불편해하는데 말해봤자 소용없겠지, 합리화해왔던 것입니다. 그러나 안녕들 하십니까 그 한마디에 저희는 깨달았습니다. 안녕한 줄 알았던 저희는 사실 전혀 안녕하지 못했다는 사실을. 그래서 이제는 진짜 저희 안녕을 위해 용기 내어 표현하고자 합니다.

지금 이 글을 마주하고 있는 당신, 안녕하신가요?

성균관대 인문 13 김정화 외 승하, 선민, 인경, 철휘, 승현, 민지, 하진

모든 사람들이 안녕하기를 바랍니다

1. 저는 민영화에 반대한다고 종북, 좌빨이라고 몰아가서는 안 된다고 생각합니다. 저는 민영화에 찬성한다고 일베충으로 몰아가서는 안 된다고 생각합니다. 근거 없는 편견이 아니라, 합리적인 근거로 논쟁할 수 있는 안녕한 한국 사회가 되었으면 좋겠습니다.

2. 세상에는 정말 다양한 사람들이 있기에, 안녕한 사람도 있고, 안녕하지 못한 사람도 있습니다. 그동안 안녕했던 사람들에게는 "안녕들 하십니까"라는 질문이 불편할 수도 있을 겁니다.
그러나 안녕하지 못했던 사람들에게 이 질문은, 종북이라고 비난받을까봐 차마 하지 못했던 말을 꺼낼 수 있는 계기가 되었고, 제 학회 선배에게는 정치와 멀어지고 있던 자신을 되돌아보게 하는 계기가 되었고, 제 또 다른 학회 선배에게는 애써 스스로 안녕하다고 눌러가면서 살았던 것 같았다고, 이제부터라도 정치에 관심을 가져야겠다고 하는 계기가 되었습니다.

안녕하지 못했던 사람들은 한국 사회에 있었는데, 그 어느 누구도 먼저 안녕하냐고 물어본 사람이 없었기에, 저는 '안녕들 하십니까'가 전국적으로 많은 움직임을 가져왔다고 생각합니다. 진심으로 상대방의 안위를 걱정한다면, 당연히 서로에게 안녕하냐고 물을 수 있어야 한다고 생각합니다. 그래서 저는 묻습니다. 학우 여러분, 안녕하신가요?

정치외교학과 11 채민지

우리도 자유롭게 말하고 싶다!

10월부터 지금 현 시점까지, 저희 '프로젝트 류'팀은 6매가량의 자보를 무단 철거당했습니다!

학생들의 목소리가 담긴 자보를 무단으로 철거한다는 것은 대학에서 학생들의 목소리를 듣지 않겠다고 선언하는 것과 마찬가지라고 판단됩니다.

성균관대학교는 무엇을 그렇게 숨기고 싶으십니까?

현재 성균관대학교는 너무 많은 자보를, 너무나 자주, 무단으로 철거하고 있습니다. 학우 여러분이 아시는 것처럼, 학교는 류승완 박사님이 기자와 했던 인터뷰 조항을 지시한 대로 바꾸라고 강요했습니다. 류승완 박사님은 이를 거절했고, 그 결과 해고가 되신 상태입니다. 류승완 박사님도, 우리 학생들도 사실상 성균관대 내부에서 표현의 자유를 침해받고 있습니다. '표현의 자유'가 보장되는 대한민국에서 왜 인터뷰 조항을 수정할 것을 강요받고 무단으로 대자보가 철거당하는 일이 일어나는지 저희는 도저히 이해할 수가 없습니다. 학생들이 쓴 대자보 내용이 문제가 있다면, 어떤 내용이 어떻게 문제가 있는지 알려주세요! 대학은 학생들에게 정보를 전달할 수 있는 다양한 길이 있습니다. 자보를 이제 그만 뗍시다.

성균관대 프로젝트 류

학교의 주인은 학생입니다

안녕하세요, 저희는, 성균관대학교에서 류승완 박사님과 비정규직 강사분들을 지지하는 '프로젝트 류'라고 합니다.

저희도 안녕들 하냐는 질문에 대답하고 싶어 자보를 작성했습니다.

"안녕들 하십니까?"

안녕하지 못한 우리 대학생들은 이 따끔한 질문에 가시방석에 앉은 느낌입니다. 입도, 손도 꽁꽁 묶인 채 숨죽이며 살았던 지난날에 대한 반성이었을까요? 왜 우리는 '대학생'이라는 이름표를 그토록 달고 싶어했던 걸까요?

단지 안녕하고 싶었던 것이라면, 대단한 착각이었던 것이 분명합니다. 우리는 지금 전혀 안.녕.하.지. 못.합.니.다.

저희 프로젝트 류도 안녕하지 못합니다. 바깥세상 이야기를 하면 내쫓기는 현실 속에서, 학교와 재단을 비판하면 해고당하는 답답한 학교 속에서 계속되는 부당해고 속에 고생하시는 류승완 박사님을 보며 저희는 안녕하지 못했습니다.

성대신문은 신문을 쓰질 못합니다. 강사님들은 현 시국에 대해 말하지 못합니다.

'삼성', '부당해고', '부정선거'라는 단어가 적힌 학생들의 자보는 휴지조각처럼 찢겨나갑니다. 청소부 아주머니들은 오늘도 인문관 4층 먼지 구석에 앉아 식사합니다. 학교 담장 밖은 더할 나위 없습니다. 삼성전자서비스 직원들이 삼성 왕조를 향해 양심의 일침을 가하기 시작했고, 철도를 지키기 위해 지하철 0번째 칸에서 시민들의 발이 되어주던 7,000명에 달하는 철도 노동자들이 스스로 열차를 멈춰 세웠습니다. 검은 정장 대신 색깔 옷을 입은 국정원을 규탄하는 목소리가 여기저기에 퍼집니다.

이제는 우리 대학생들이 대답해야 할 차례입니다.

공부하시던 책을 십초만 내려놓고, 잠시만 숨을 들이마셔 보세요.

자신에게 질문을 던집시다. 지금 나는 얼마나 안녕한지.

자 이제 또 다른 누군가에게 물어봅니다.

고구마 선본에게, 지나가는 행인에게, 금잔디 출입을 통제하고 학생들 자보를 찢어가는 학교 본부에도, 1일 1교대로 2시부터 11시까지 20분 밖에 쉬지 못하시는 셔틀버스 기사님에게도 물어봅니다.

"안녕하세요?"

얼마 전, 우리는 힘없는 우리들이 할 수 있는 마지막 권리인 투표권마저 침해당했습니다, 그 투표권을 추웠던 손을 달래기 위한 고구마와 뒤바뀌버렸습니다. 별일 아니라고 생각했지만, 중선관위원의 사퇴를 되돌아보며 사라진 제 양심에 부끄러워 이렇게 글을 씁니다.

저도 참 겁이 많습니다. 지금의 겁 많은 나를 만든 사람들에게 당당하게 외칩니다.

안녕하지 않다고요. 미쳐가는 세상 속에 내가 서 있는 위치를 위에서 내려다봅니다.

눈에 보이지 않는 점에 불과합니다. 권력자들이 생각하는 우리의 모습인 것 같습니다. 이제, 경쾌하게 나아가는 점의 물결을 보여주려 합니다.

학생 여러분! 학교의 주인은 분명히 학생이어야 하는데, 지금의 우리의 모습은 참으로 손님 같습니다. 고객 같습니다. 학교에 스승이 사라져가고 있습니다.

★ 학내 문제, 자보를 읽고 관심 가져주세요.

★ 다른 학우들과 학내 문제에 대해 이야기해주세요.

★ 프로젝트 류는 류승완 박사님의 복직을 위해 쉬지 않겠습니다.

★ 저희의 온라인 지지 서명, 5초만 시간 내 함께해주세요.

추운 겨울, 가슴만은 따뜻한 세상이 오기를 기원합니다!

12월 14일 성균관대학교에서 프로젝트 류 올림

'성균관대학교'는 안녕하십니까

저는 이번 연도 처음 대학생이 된 13학번 20살 신민주입니다.

아직 무엇이 대학생활이고 무엇을 해야 하는지 모르는 상태에서 저는 성균관대 총학생회 선거를 맞이하게 되었습니다. 그리고 그 결과로 저는 안녕하지 못합니다. 선본 하나가 선거에 등록 거부당하고 지나친 학교의 개입까지, 처음으로 맞이한 선거는 안녕하지 못한 선거였습니다. 단과대 투표함을 열어 잘못 들어간 총학 투표지를 총학 투표함으로 옮기라는 학교의 말도, 군고구마, 커피 노트 등이 나누어진 지나친 금권 선거도 그러하였습니다. 이러한 선거에 반대하는 학생들의 목소리는 분명 대자보, SNS로 퍼지고 있지만 학교는 이 사태를 침묵으로 외면하고 있습니다.

학생들은 결코, 부당함과 부정의에 침묵하고 있지 않습니다. 침묵을 통한 은폐와 외면은 오히려 정부와 사회가 자행하고 있다고 생각합니다. 어떠한 주요 언론에서도 밀양 문제 투쟁을 하시다 음독자살하신 어르신에 대해 정확하게 방영하지 않았습니다. 어떤 주요 언론에서도 지금도 투쟁하는 시청 앞 사람들의 이야기를 전달하지 않았습니다.

그런데 지금! 정의롭고 표현의 자유가 보장되어야 할 '교육장'인 대학에서도 학생들이 게시한 대자보를 무단으로 철거하고 있습니다. 저는 대학이 학문의 전당으로 정의로워야 한다고 배웠습니다. 성대신문 사태 등 너무 많은 일들이 우리들의 대학에서 일어나고 있습니다. 그러나 우리들의 대학은 이를 방관하기만 합니다. 사회, 정부, 학교는 과연 침묵을 통해 안녕할 수 있는지 궁금합니다.

저는 오늘 학교와 사회에 물어보고 싶습니다.

모두 안녕들 하십니까?

성균관대 인문과학계열 13학번 신민

아! 나도 말해도 되는군요. 저는 안녕하지 못합니다

용기가 필요하다고 생각했습니다. 부정한 선거에 대한 부정을 보아도, 선거 전 국가의 주인인 국민들과 맺었던 약속이 온데간데없어도, 힘없는 노동자들이 제발 도와달라고 살고 싶다고 외치는 것을 보았음에도, 나는 용기가 필요하다고 생각했습니다. 남의 시선, 부모님의 기대에 불응, 경쟁에서의 뒤처짐을 감내하고서야 목소리를 내어 도울 수 있다고 단정 지었습니다. 그래서 용기 없던 저는 가만히 있었고 '누군가가 해줄 일'이라 여겼습니다.

그렇게 나의 미래는 안녕할 줄 알았습니다. 하지만 며칠 전 고려대 학생의 대자보를 통해서 알게 되었습니다. 첫째, 나는 안녕하지 않고, 안녕하지도 않을 것이라는 것. 둘째, 내 목소리를 내는 것이 허락받아야 할 일이 아니었고, 용기를 내어야 할 그 무엇이 아니라는 걸 깨달았습니다. 그래서 안녕하지 못한 나의 느낌과 생각을 말하기로 했습니다.

금요일까지만 해도 도서관에 앉아서 HELP 과목 시험을 치기 위해 식사 예절과 PT기술에 대해 공부했지요. 괴리감이 많이 느껴졌습니다. 취업과 학점에 조금이라도 방해될까, 스스로의 입을 막고 스스로의 생각을 틀어막았습니다. 그렇게 마음을 안정시키고 다시 책상에 앉았습니다. 하지만 철도민영화에 반대한 이유만으로 불과 며칠 동안 7,000명이 넘는 노동자가 직위해제당했습니다. 지금도 그 숫자는 더 늘어나고 있습니다. 그들은 누군가의 아버지이자 어머니, 소중한 아들, 딸들이지요. 내 가족일 수 있다는 생각이 들었습니다. 아니, 침묵해서 스펙전쟁에서 승리한 뒤 노동자가 된 내 미래의 모습이란 생각이 들었습니다. 죽어라 노력한 뒤 애써 가진 직업은 불안하기 짝이 없고 노동자로서 기본적인 권리를 보장받지 못할지도 모릅니다. 아프다고, 죽겠다고 소리쳐도 정부는 말을 들어주지 않습니다. 국정원 대선 개입 의혹에 대해서도 묵묵히 부답하고, 서울역 시청에 모여서 많은 사람들이 반대해도 미디어에서 침묵합니다. 국민의 말에 귀 기울이지 않는 '불통의 대한민국'이 지금의 현실입니다.

세상은 이미 미쳐가고 있는데 조용하고 있는 것이 이상했습니다. 그래서 더욱더 살려달라, 도와달라 소리를 지르느라 목이 터져버린 노동자들 대신 외쳐주고 싶었고, '안녕하지 못하다'고 목소리를 내는 용기 있는 대학생들의 분노와 성찰이 단말마로 끝나지 않기를 바라는 마음이 간절했습니다. 글 솜씨도 없고, 정치와 사회에 어두운 저는 목소리를 내는 것이 어떤 용기나 특별함이 필요하지 않다는 것을 알았고 이렇게 써서 붙입니다.

감히 요청합니다. 부족한 제 글 다음에 학우분들의 더 깊은 생각과 고민, 느낌을 담은 '말'이 한양대학교 안에도 넘실거렸으면 좋겠습니다. 그래서 다 같이 나누어 침묵하던 한양대가 깨어났으면 합니다. 한양대학교가 기업이 좋아하는, 말 잘 듣고 착한, 검정색도 흰색도 아닌 '회색'의 캠퍼스가 아니란 것을 학우분들께서 보여주셨으면 합니다.

진정한 애국한양, 그리고 Engine of korea
희망합니다. 모두 같이 소통 할 수 있기를.
한양대 경영 10 희재

"아니요, 결코 안녕할 수 없습니다."
– 민족고대의 첫 대자보에 응답하며

날씨가 풀려 봄이 되었습니다. 대학에서는 새내기들에게 입학 선물이 아니라 '인턴십 의무 이수제'를 날치기로 못 박았습니다. 그 소식을 접한 저는 '날치기 법안 통과'가 오버랩되어 보였습니다. 여러 토론에 참석하여 "옳은 방법이 아니다"라고 주장하였지만 묵묵부답이었고, 저는 그때부터 '안녕하지 못하다'는 생각이 들기 시작했습니다.

뜨거운 여름이 찾아왔습니다. 아닌 줄로 알았던 국정원의 대선 개입이 사실로 드러났습니다. 많은 사람들이 국정원 규탄 촛불집회에 나왔고, 망설이던 저도 혼자가 아니라는 생각으로 참석하였으며, 이후 거의 매번 참여했습니다. 그러나 정부와 주요 언론의 대응은 각각 '물대포'와 '무관심', 그리고 '종북'이나 '선동 세력'이라는 낙인이었고 저는 실망감을 넘어 분노를 느꼈습니다. 하지만 아직은 "안녕하지 못합니다"라고 직접 말할 용기는 없었습니다.

가을이 깊어가고 있었습니다. 고추값 폭락 때문에 멀쩡한 고추를 뽑은 가을농활, '2013년'에 "배고파서 못 살겠다"라며 자살한 노동자분, 그리고 후배에게 들은 밀양의 이야기는 충격적이었습니다. 그러나 제가 가장 문제라고 느낀 것은 한국사 교과서 왜곡이었습니다. 심각한 오류뿐만 아니라 학생들에게 편향적인 의견을 주입하려는 행위를 보며 사학도로서, 일반 학생으로서 가만히 있을 수 없다는 생각이 들었습니다. 그 이유는 다음과 같습니다. 우리 사학과는 역사적 사실만을 배우는 것이 아니라, 과거를 거울삼아 현재와 미래를 바로 보는 눈을 배우기 때문이며, 이러한 사학도의 사명을 생각할 때 '이 교과서는 절대로 채택되면 안 된다'는 생각이 자연스럽게 떠올랐기 때문입니다. 그러나 거기까지였습니다. 저는 학술제 밖으로는 외치지 못하였습니다.

살을 에는 바람이 부는 겨울이 왔습니다. 민영화를 막기 위하여 코레일 노동자분들은 파업을 선택하였습니다. 이에 대한 대응은 8,565명에 대한 직위해제였습니다. 정부는 한 술 더 떠서 '유신 부활'을 꿈꾼 것인지 '예비군 동원훈련'을 부활시켰고, 시국선언을 발표한 종교계 인사들을 '종북'으로 몰고 있습니다. 주요 언론 또한 이에 못지않게 거들고 있습니다. 이러한 비민주적 대응은 충격과 분노를 넘어 저를 밖으로 나오게 했습니다. 이 탄압은 어떠한 변명과 합리화로도 정당화될 수 없습니다.

그동안 저는 막연한 두려움과 불안감을 가지고 뒤에 숨어서 같이 외치는 것에 그쳤다면, 이제는 당당하게 나서고자 합니다. 정치적 선동도, 선동에 휘둘린 것도 아닙니다. 한해살이에서 겪은 것을 혼자만 아는 것이 아니라 다른 사람들과 나누려고 하는 겁니다.
그리고 저는 이렇게 답할 것입니다.
"아니요, 결코 안녕할 수 없습니다."
애국한양의 일만 육천 학우 여러분들은 어떠하신지요? 다들 안녕하십니까?

한양대 사학과 13학번 강태영

경쟁을 강요하는 사회

어쩌다보니 학부를 11년째 다니게 되어버린 학생입니다(공대생 여러분 제발 수학 공부는 확실히 해두세요. 피맺힌 조언). 사회문제들에 대해 많은 분들이 글을 남기셨으니, 전 우리들 자신의 문제를 한 번 생각해보고 싶어요.

여러 해를 입시경쟁 하나 바라보고 수많은 자유, 다양한 경험을 할 권리를 속박당하며, 그래도 진 사람보다 훨씬 많은 사람을 이기고 소위 좀 알아준다는 학교에 들어와서, 4년(혹은 그 이상) 동안 학점, 스펙 좀 남들보다 더 좋게 해보겠다고 주변 돌아볼 여유도 없이 살다가, 어떻게 좋은 직장에 취직하면 뭐가 좀 나아질까요? 타 회사와의 경쟁, 옆 부서와의 경쟁, 옆자리 동료와의 경쟁……

우리는 마치, 요람에서 무덤까지 '경쟁' 하나만을 위해 사는 것 같아요. 경쟁에서 밀려난다면? 심하면 내 한 몸의 생존을 걱정해야 할 수도 있죠. 이걸 우리는 너무 당연하게 생각하고 살아온 것 같습니다. 세상이 그런 거라고. 어쩔 수 없다고. 그런데 저는, 초등학교 때 교과서에서 사회 구성원들이 서로 도우며 살아야 한다고 배웠던 것 같거든요. 과연 이 사회에서, 이 말이 실현되고 있기는 한 건가요?

경쟁에서 밀려난 사람들은 분명 안녕하지 못하겠죠. 그러면 경쟁에서 이기고 올라가는 사람들은 안녕하다고 말할 수 있을까요? 그렇게 올라가서는 또 다른 경쟁에 내몰리며, 언제고 경쟁에서 밀려날까 스스로를 채찍질해야 하는 삶, 그걸 안녕하다고 말할 수 있을까요?

분명 경쟁 속에서 행복한 사람도 있을 겁니다. 하지만 모든 사람들에게 그러한 삶을 강제하는 것은, 뭔가 이상한 것 같지 않나요? 결국 이 속에서 우리는 모두 안녕하지 못하게 되어가고 있는 건 아닐까요?

적어도 저는 모두 함께 안녕한 세상에서 사는 게 좋을 것 같습니다. 어쩌면 그것이야말로 나 자신이 진정으로 안녕해지는 길이 아닐까, 그런 생각이 들거든요.

저는, 이 말을 하고 싶었습니다.

신소재공학부 04 이지훈

안녕하고 싶습니다. 안녕해야겠습니다!

현우 선배! 현우 선배에게 이 글이 전달되길 간절히 바라며 저도 제 생각을 좀 적어봅니다.

학생사회에 좌가 어디 있고, 우가 어디 있단 말입니까. 그런데 올 한 해를 돌아보면, 학생들 또한 정치적 피로가 높아져, 잘못된 걸 잘못되었다고 말하면 종북이 되고 빨갱이가 됩니다. 왜 그렇게 되었을까 생각해보니 어르신들이, 기성세대들이, 그리고 누군가가 자꾸만 우리를 그렇게 몰아갑니다. 그렇게 그들이 선동하고 있었습니다. 선동당하지 말라고 선동을 하는 그들이 있었기에! 우리는 겁을 먹고 행동하기를 주저했는지도 모르겠습니다.

현우 선배! 저는 올 한 해 고려대학교 세종캠퍼스 총학생회장을 했습니다. 학생회가 학우들을 선동했다고 합니다. 잘못된 것을 잘못되었다고 얘기하는데 보수적 성향의 학우들이 "학생회가 선동했다"라고 얘기합니다. 선동은 저희가 하지 않았습니다. 학우들은 선동당할 만큼 무지하지 않다는 걸 학생회를 비롯한 우리 모두는 알고 있었기 때문입니다.

일제강점기에 독립운동을 하는 사람도 누군가에게는 사회에 적응하지 못한 반동분자가 될 수 있고, 이승만 정권 시절 불의에 항거했던 우리의 고대 선배들도 그때 당시 국무회의록을 보면 공산주의자라는 낙인이 찍히지 않았습니까. 마찬가지로 지금 또한 입장에 따라 정부에 비판을 하게 되면 누군가에게 낙인이 찍히는 이 시대에, 이석기 사태에 대한 철저한 사태 규명을 통해 잘못한 게 있으면 처벌을, 다만 조금 더 심도 깊은 생각을 하기 바랐던 저의 생각이 이석기를 독립투사에 비유했다고 조선일보에 보도됩니다. 그렇게 또 한 번 저는 빨갱이가 되었습니다.

모두를 만족할 수 있는 길이 무엇일까. 모두를 만족시키지 못하더라도, 그 마음만 잃지 않는다면 이렇게까지 서로 대립하지 않았을 거라 생각합니다. 그래서 오늘 그 자리에 모인 대학생들, 수많은 대학가에 붙여진 응답 대자보를 보며, 우리는 우리가 꿈꾸는 세상이 각박하고 피폐해진 지금의 모습은 아니었다는 것을 다시금 확인했습니다.

내 행복을 위해 다른 사람을 짓밟는 일은 없었으면 좋겠습니다. 그런데 자꾸 그런 일이 벌어지고 있지 않습니까. 다시금 약자들이 피해받는 현 상황이! 얼마나 부당합니까. 민주주의가 아닌 기득권이 주인이 된 세상이 되어버린 것이지 않습니까.

이렇게 저도 현우 선배의 부름에 응답합니다. 선배의 작은 외침이 전국 곳곳에서 사람들의 마음을 움직였듯이, 저는 저대로 제 인생의 뜻을 찾아가며 그렇게 살아가야겠습니다. 그렇게 단순히 내 취직을 걱정하는 삶보다 함께 고민하고 생각을 나누며 살고 싶습니다. 결국 선배의 질문에 마지막으로 대답합니다.

"자신의 생각과 다르면 모든게 不法이 되어버리는, 不正한 현 사회의 아름다운 청춘이라 안녕하지 못합니다."

하지만! 안녕하고 싶습니다. 안녕해야겠습니다.

고려대 세종 경제 09 박광월

안녕하지 못한 우리들이 맞이할, 2014년

저는 12월 10일 주현우 학우가 올린 '안녕들 하십니까'에 뒤늦게 응답한 사람 중 한 명입니다. 12월 14일 서울 나들이에 많은 사람들이 모인 것을 보고 비로소 마음이 움직이게 되었습니다. 대자보 열기가 어느 정도 식은 지금 이 시점에 저는 이것이 왜 제 마음을 움직이게 되었나 돌아보게 됩니다.

첫 번째, '안녕들 하십니까' 자보는 단순히 정권에 대한 규탄이나 비토를 넘어서 각자 안녕하지 못한 이유를 물었다는 점에서 기존의 사회운동과 다릅니다. 학생과 노동자 그리고 청소년과 소수자들이 각자 안녕하지 못했던 이유는 단지 이명박근혜의 탓으로만 돌릴 수 없습니다. 민영화 문제와 더불어 우리들이 안녕하지 못했던 이유는 오래전부터 유래했습니다. 나아가 여기 그 누구도 주위의 보통사람들이 안녕하지 못한 책임에서 근본적으로 면제될 수 없습니다. 우리들은 (이명박 정권처럼) '도덕적으로 완벽한(?)' 인간도 아니고 천사들도 아니기에 어느 누구도 정치적 책임에서 자유로울 수 없습니다. 그럼에도 불구하고 우리 모두가 각자 안녕하지 못한 이유를 말할 권리가 있다는 것을 깨달았습니다. 두 번째로 '안녕들 하십니까' 대자보는 그동안 시민들 사이에서 만연했던 탈정치적인 분위기, 탈정치적 두려움과 다릅니다. 보통의 사람들은 소위 진보/좌파진영의 문제를 이미 잘 압니다. 확실히 그들은 형편없을지 모릅니다. 하지만 여기서 중요한 것은 '자기 자신'이 안녕하지 못한 이유입니다. 우리는 그 이유에서 스스로 생각하고 말할 용기와 신념을 얻기 시작했습니다. 자신이 동의하지 못하는 구호가 나오는 자리에 나가는 것을 두려워하지 않고 자신의 말을 하려는 개인들이 모이기 시작했습니다.

세 번째로 이번 '안녕들' 대자보들은 각자 안녕하지 못한 이유에 대해 발언하는 동시에 자신이 안녕하지 못함을 말하지 못하게 한 상황의 구조적 억압을 은연중에 폭로했습니다. 저 두 내용을 떼려야 뗄 수 없습니다. 그런 점에서 이번 '안녕들' 대자보는 저 숱한 궤변가들이 단순한 '하소연'으로 격하하고 싶어 하는 것과 달리 명확히 '정치적인 운동'이었습니다. 그 지점에서부터 우리들은 '자기 자신이 만들어가는 정치'가 무엇인지를 묻게 되었습니다.

네 번째로 '안녕들'은 정치적/사회적 결사의 의미를 돌아보게 만들었습니다. 이번 '안녕들' 사건을 촉발시킨 것은 철도 노동자들의 대량 직위 해제가 가져온 충격이었습니다. 철도 공공성을 지키기 위한 철도 파업은 철도노조라는 '결사' 없이는 불가능했습니다. 한편 학생과 알바생 그리고 보통의 시민들에게는 그러한 결사가 존재하지 않습니다. 그럼에도 여기에 우리 중 상당수는 이 싸움을 지지하기 위해 모였습니다. 이것은 그 자체로 이미 기적이라고 할 수 있습니다. 동시에 우리들이 이 싸움에서 '정말로 승리'하기 위해서는 우리 자신이 일상에서 어떠한 종류의 '결사'를 만들어야 할지에 대한 어려운 질문에 직면해 있습니다. 청소년들이 자신이 말할 권리를 찾기 위해 어떤 모임이 필요할까요? 노동자가 자신의 목소리를 내기 위해서 노동조합의 모습은 어떻게 변해야 할까요? 남아 있는 교육 공공성, 등록금 문제를 해결하기 위해 학생들이 어떤 형태로 모이고 목소리를 내야 할까요? 이 물음을 던진 것이 이번 '안녕들' 대자보 신드롬이었다고 생각합니다.

우리에게는 승리의 경험이 필요하기에

우리들은 현재 소위 진보/좌파를 자임하는 자들의 문제가 무엇인지 막연하게나마 알고 있습니다. 부푼 기대감을 안고 찾아간 집회는 이미 사전 기획되어 있고 참여자들은 발언의 진행과 틀 그리고 형식을 바꿀 수 없다는 무력감을 느꼈을지도 모릅니다. 똑같은 구호와 똑같은 형식에 자신이 설 자리는 없다는 위화감을 느꼈을지도 모릅니다. 그런 무력감 들이 모여 정치에 대한 냉소와 환멸을, 한편에는 관념으로의 급진적 도 피를 낳았을지도 모릅니다.

한편 우리에게 필요한 것은 구체적인 승리의 경험입니다. 우리들은 현 재 부패한 권력자로부터 승리할 필요가 있지만 한편으로 우리들이 '안 녕하지 못함'을 말하지 못하게 억압한 모든 것으로부터도 '승리'할 필 요가 있습니다. 우리의 문제에 대해 말할 권리를 억압하는 이는 박근혜 일뿐만 아니라 일상의 무지, 일상의 무신경함, 일상의 안일함이라는 사 실을 우리 모두가 알고 있습니다. 우리는 그러한 일상의 모든 문제들과 스스로 단절하기 위해 노력하기 시작했습니다. 거기서부터 승리를 얻어 야만 지금 당장의 이 운동이 실패로 돌아가더라도, 정권의 탄압으로 우 리가 패배하더라도 '이것이 한낱의 꿈이었다고, 그럼에도 그때 우리는 아름다웠노라'고 자화자찬하는 이들의 모습과 단절할 수 있다고 우리 들은 생각합니다.

거리에서 만납시다! 그리고 오프라인에서 고민합시다!

그러나 우리가 얻고자 하는 승리란 너무나 광범위하고 지난한 과제입 니다. 이제야 막 '나 자신이 내 삶의 문제를 판단하고 말하겠다'라는 주 체들이 나타나기 시작했습니다. 그리고 지금의 상황은 이제 막 탄생한 주체들의 연약한 어깨를 짓누르고 있습니다. 한편 그 주체들의 고민은 너무나 '보편적'이고 너무나도 절실하기에 그들의 문제의식은 '민주/반 민주' 프레임으로 가둘 수 없습니다. 지금까지의 제도적 '민주주의'는 제 기능을 하지 못했습니다. 따라서 우리들은 현행의 의회와 국가를 우 회하여 집단적인 결정을 내릴 공간을 필요로 합니다.

지금 이 자리에는 각자 안녕하지 못한 이유를 말하는 주체들이 있습니다. 우리는 이 자리에서 어떤 일관된 정치노선과 의제를 중심으로 결집할 수 없습니다. 우리가 일상에서 안녕할 수 없는 이유들이 무궁무진하기 때문입니다.

바로 그렇기 때문에 우리들은 다음과 같이 말하고자 합니다. 우리들이 같은 의미를 공유할 수 있는 '행동'이 무엇인지를 함께 만들어갈 필요가 있습니다. 청소년들이 자신의 학교에 대자보를 붙이는 걸 넘어서 하고자 하는 행동이 무엇일까요? 대학생들이 대중집회의 들러리를 서는 것 외에 하고자 하는 행동이 무엇일까요? 노동자들이 자신의 조합을 넘어 다른 노동자와 시민들과 함께할 수 있는 행동이 무엇일까요? 이것을 경청하는 것이 필요합니다. 다시 말해서 우리가 결정해야 할 것은 일관된 정치노선이 아닌 공통의 행동, 공통의 몸짓입니다. 내가 작게나마 하고 있는 어떤 행동이 고립되어 있는 것이 아니라 모두가 그 의미를 인지하고 지지하는 행동이라는 사실을 깨달을 때부터 비로소 진정한 변화가 시작되는 것일지도 모릅니다.

우리에게 필요한 것은 어떤 소박한 '품앗이의 정신'일지도 모르겠습니다. 축제의 밤이 끝나면 우리는 다시 학생으로, 가족의 일원으로, 직장으로 돌아가야 합니다. 거기서도 여전히 삶은 지리멸렬하게 지속됩니다. 거기서도 타인의 행동과 몸짓이 지니는 의미를 기억할 필요가 있습니다. '샤츠슈나이더'를 읽고 '정당정치'가 중요하다고 말하는 것도 좋습니다. '갈등의 조직화'라든가 '갈등의 사회화' 운운하는 것도 좋습니다. 하지만 일상의 문제를 정말로 '정치적/사회적으로 조직'하기 위해서는 대한민국 역사상 단 한 번도 제대로 기능한 적이 없는 정당정치에 모든 것을 맡기기보다는 우리의 문제를 우리 손으로 알리고 공유하는 것이 필요합니다. 우리들이 공유할 수 있는 행동이 무엇인지를 우리 스스로 생각하고 나누는 것이 우선이라 생각합니다.

지금 이 철도 파업 문제가 종결된다고 해도 우리들의 삶은 끝나지 않습니다. 그렇기에 지금 당장 저항하는 철도 노동자와 시민들을 무릎 꿇리기 위해 혈안이 된 이 정권이 두렵기에 앞서, 가소롭습니다. 우리들은 저들보다 더 멀리 내다보고, 더 많이 고민하고, 나아가 행동할 것입니다.

12월 28일 12시 청계2가 사거리에서 만납시다!
'안녕들'의 목소리를 듣고 총파업 집회로 행진합시다!

12월 26일 새벽 서울대 학생회관 앞
지나가던 고려대 학생 박원익

안녕들 하십니까, 에필로그

안녕들 하십니까? 저는 졸업을 앞둔 25살의 남학생입니다. 저는 평소에 정치에 관심을 가지지 않았습니다. 등록금이 비싸도 장학금을 받으면 된다고 생각했고, 누가 대통령이 되어도 나라가 크게 변하지 않을 것이라 생각했습니다. 하지만 피켓을 들고, 촛불을 켜며 '나의 문제'를 위해 거리로 나서는 학우들에게 늘 '마음의 빚'을 지고 있었습니다. 그저 이런 생각만 하고 졸업하기에는 미안한 마음이 들어서 부족한 필력이지만 이 대자보를 쓰게 되었습니다.

집에 가는 버스를 타려고 서울역에 갔는데, 그곳에서 시위하는 사람들을 보았습니다. 평소 정치 이야기를 하지 않지만, 라디오에서 나오는 '안녕들 하십니까' 때문인지 기사님과 대화를 나누게 되었습니다. 기사님이 그러시더군요. "시위 많이 하는데, 이젠 뉴스에도 안 나와요. 대단하지 않나 보죠."

1년이 지났습니다. '대통합'을 외쳤던 대통령은 언제 그런 말을 했냐는 듯 신문사 사옥과 노조원들의 처참한 모습을 보여주었습니다. 공약을 지키지 않는 행태에도, 대화를 하지 않는 야만에도, 정부와 여당은 '태평천하'라고 우리에게 말합니다. 채만식이 살았던 1938년, 그리고 우리가 살고 있는 2013년. 그 기나긴 시간 동안, 우리 사회는 왜 변한 것이 없는지 안타깝기만 합니다. 15년이 두 번 지나 다시 돌아온 '올드보이'는 우리에게 안부는 묻지 않고, 우리가 누구인지만을 묻고 있습니다. "종북들 하십니까?"

안부를 물었던 대학생에게는 정보과 형사들이 다녀가고, 대자보를 붙인 고등학생을 교장이 경찰에게 신고했습니다. 정의를 이야기하는 것이 범죄가 되는 이 세상이 과연 안녕한 사회인지 묻고 싶습니다.

우리는 이번 '안녕들 하십니까'를 통해, 나의 아픔이 오로지 나만의 것이 아니었음을 이해할 수 있었고, 서로의 아픔에 공감할 수 있었습니다. 이제는 우리가 평소에 이야기를 나누지 않았던 그분들께 안녕하신지 직접 말을 걸어볼 차례입니다.

우리의 아버지, 어머니, 할아버지, 할머니도 안녕하지 못하다는 것을 우리는 알기 때문입니다. 광장에서 가스통을 돌리시는 어르신도 추운 겨울 가스비 걱정을 마음 한켠에 갖고 계실 겁니다. 그저 안부 묻듯이 우리의 이야기를 해봅시다. 할아버지 연금 이야기, 아버지 직장 이야기, 우리 등록금 이야기. 다가오는 설날에, 할아버지, 할머니께 안녕하신지 여쭤봅시다. 무엇 때문에 안녕하지 않은지 얘기도 하고, 서로 이해해보고 공감해봅시다.

핀잔 들을 수도 있겠죠. '뺀찌 먹을' 수도 있습니다. 하지만 우리가 먼저 용기 내어 말을 걸어드립시다. 세대간 화합, 거창한 게 아닙니다. 세대간의 속삭임, 이것이 지금 우리 사회에 가장 필요합니다.

서로 안부를 묻지 않아도 되는, 그런 세상이 오기를 바랍니다. 하지만 다시 안부를 묻게 되는 때가 오더라도, 그때의 세상은 지금보다 조금은 행복하고 아름다운 세상이기를 바랍니다.

안녕하길 바랍니다. 새해에는 안녕합시다.

2013년 마지막 날의 끝자락에서,
학교를 떠나는 고려대 지구환경 08학번 재욱 올림

안녕하냐는 물음에 부끄러움을 내놓습니다

고등학교 시절, 인권과 맞닿아 살아가고 싶다는 말에, 선생님은 '좋은 대학에 가야만 소수자들의 이야기를 하는 너의 목소리를 사람들이 들어준다'고 하셨습니다. 그 말에 1분 1초가 헛되이 흐르는 걸 두려워하며 공부만 했습니다. 숨 막히고 괴로울 때는 충동적으로 창밖의 높이를 확인하기도 했습니다.

그렇게 1년이 채워질 때쯤 용산참사로 사람들이 죽었단 소식을 들었습니다. 다음 날 그 현장에 갔습니다. 불길이 지나간 곳에 여전히 탄 냄새가 진동했고, 각지에서 모인 사람들이 흐느껴 울고 있었습니다. 그 속에서 저는 예전처럼 슬프지도 아프지도 화나지도 않았습니다. 집에 돌아가 공부를 할 생각에 바빴습니다. 다른 이들의 '안녕'에 관심이 없어진 제가 끔찍했습니다. 그리고 제가 살아가는 방식이 절대 '안녕하지 않다'는 걸 깨달았습니다. 청소년 인권운동을 시작했고, '안녕'만을 강요하는 사회에 물음을 던지기 시작했습니다. 나의 '안녕'을 꿈꿨던 순간보다 훨씬 '안녕'한 삶이었습니다. 처음으로 살아 있다는 기분을 느꼈습니다.

그러다 제가 반대하고 비판했던 입시경쟁 속에서 꽤나 괜찮은 대학에 입학하길 '선택'했습니다. 저와 함께 운동을 하던 친구들 중 대다수는 대학입시거부를 '선택'했습니다. 그 친구들에게 수많은 사람들이 '왜 대학입시를 거부했냐'고 물었지만, 저에게는 아무도 '왜 대학을 들어왔냐'고 묻지 않았습니다.

대학생이라는 게 부끄러웠습니다. 대학에 들어온 이유에 대답할 말이 없는 것은 아니었지만, 부채감에서 자유롭진 못했습니다. 이 부채감을 갚기 위해 바쁘게 살았습니다. 이렇게 살다보면 내 비겁함이 숨겨질 것 같아 몸을 괴롭혀가며 살았습니다. '나는 보통 대학생들과 다르게 살고 있으니 괜찮아'라고 자위했는지도 모르겠습니다. 그렇게 나의 '안녕'함을 꾀했습니다. 시험 점수에 단 한 번도 자유로워져본 적도 없고, 영어 공부와 스펙 쌓기, 대외활동에 바쁜 친구들을 보며 그것과 완전히 동떨어진 제 삶이 불안해 때때로 울기도 했습니다. 나의 '안녕'이 우선이 되어가고 있었습니다.

우리의 '안녕'을 이야기하면 '위험'하고 '정치적'이고 '선동적'이므로 '관리'받아야겠다는 말을 들었습니다. 제게 괜찮다고, 잘하고 있다고 말해주는 사람이 적어져 외로웠습니다. 그런 비난에 자꾸만 위축되어 몸을 사렸습니다.
나의 '안녕'도 우리의 '안녕'도, 어느 앞에서도 떳떳하지 못한 비겁한 사람이 되어가는 것 같았습니다. 그러다보니 '안녕하지 않은' 사회에 던지던 물음들이 점점 습관적으로, 관성적으로 행해졌습니다. 고등학교 때 느낀 깊은 분노와 떨림이 잊혔습니다.
그때 누군가가 안녕하시냐고 물음을 던졌습니다. 그리고 많은 사람들이 안녕하지 못하다고 대답했습니다. 우리가 이리 쉽게도 냉소하는 이유가 지금 먹고살기가 바빠서라고 합니다. 내 상황에 다른 이의 아픔이 대수롭지 않아진 이유는, 이미 일상적으로 우리는 누구를 이겨야 하고, 배제해야만 살 수 있는 환경에 젖어 있기 때문이 아닐까요?

초·중·고·대학교라는 교육의 공간은 계속해서 누군가를 이기고 올라가 살기를 강요하고 정당화하고 있습니다. '서울대를 가야 소수의 목소리가 전해질 수 있다'는 그럴듯한 말로 말이죠. 구조조정으로 다른 학과가 폐과가 되어도 관심 없습니다. 우리 학교의 경쟁력이 높아져 내가 경쟁에서 더 유리해지면 그만이니 말예요. 서로가 서로를 밟고 '안녕'해지는 게 자꾸 익숙해져만 갑니다. 곁에 있는 사람도 더 이상 서로에게 위로가 되지 못해, 먼 곳에서 들려온 '안녕하냐'는 인사말에 코끝이 찡해지는 '안녕하지 못한' 사회입니다. 이 밑바탕엔 경쟁시스템과 그걸 확산시키는 교육과 자본논리가 있다는 생각이 들었습니다.

안녕하냐는 물음에 제 부끄러움을 내놓습니다. 나의 '안녕'을 꾀하면서 비겁하게 위선을 부렸던 지난 나날들과 그마저도 만족하지 못했던 날들의 부끄러움. 우리의 '안녕'을 이야기하는 것에 위축되어 내 곁에 있는 사람에게 더 힘이 되지 못한 부끄러움. 나의 부채감 때문에 '안녕하지 못한' 대학생들을 흘기며 따뜻한 '안녕'조차 묻지 못하고 위로가 되지 못했던 기만의 날들의 부끄러움을 내놓습니다.

그리고 이 글을 읽는 당신에게 묻습니다. 당신의 부끄러움이 듣고 싶습니다. 이 경쟁사회에서, 안녕하십니까.

2013년 12월 15일
중앙대 사회 12 혜민

시험공부가 하기 싫어서 안녕하질 못합니다

철도민영화, 쌍차, 송전탑…… 요새 들어 정말 많은 이야기가 안녕하지 못한 사회를 증명하듯 쏟아져 나오는 듯합니다. 왠지 저도 그런 거대한 이야기들을 통해 안녕하지 못함을 전달해야만 할 것 같습니다. 하지만, 아무리 곰곰이 생각해봐도 당장 며칠 뒤가 시험인 제게 있어 시험공부 만큼 저를 안녕하지 못하게 만드는 일은 없습니다. 아니, 사실 고려대학교에서 시작된 '안녕하느냐'는 외침은 제 시험공부를 더욱 불행하게 만들었습니다.

토요일에 집회가 있었다고 합니다. 안녕하지 못한 사람들이 모여 철도민영화를 반대하는 파업을 지지하고자, 안녕하지 못한 세상을 폭로하러 거리에 나왔다고 들었습니다. 집회가 있었던 서울역 광장에는 전에 없이 많은 사람들이 모여 큰 소리로 이 사회의 안녕함을 물었다고 합니다. 저는 그 시각 따뜻한 집에서 시험공부를 하고 있었습니다.
몇 번이나 일어나서 뛰쳐나가고 싶은 마음, 그곳에 있는 수많은 사람들을 향해 "나 또한 당신들과 같다, 나 또한 안녕하지 않다!"고 외치고 싶은 마음을 억누르며, 저는 시험 범위가 얼마나 남았으며 내가 얼마나 많은 시험공부를 더 해야 하는지에 집중하려 노력했습니다. 이 안녕하지 못한 세상에서 제가 안녕하지 못하다고 말을 하기엔 당장 앞에 닥친 시험이 너무 크게 느껴졌기 때문입니다.
사실 저는 이런 말을 할 만큼 학교 수업에 성실하게 임하는 학생은 아닙니다. 하지만 저는 제가 듣는 수업들을 좋아합니다. 좋아하는 공부를 하고 싶어서 대학에 들어왔고, 그것들을 하는 것이 행복합니다. 하지만 몇 년간 학교생활을 하면서, 이 사회에서 필요로 하는 것은 행복하게 공부하는 사람이 아니라, 불행하더라도 시키는 대로 열심히 하는 사람이라는 것을 깨달았습니다.

토요일, 저는 하고 싶은 말들을 할 기회를 놓치고 시험공부를 하면서 대체 내가 왜 이렇게 되어버린 것인지 고민했습니다. 저는 그냥 제 행복을 가장 중요하게 여기며 살고 싶다고 늘 생각해왔기 때문에, 저만은 많은 사람들이 말하는 '불행한 20대'가 아닐 것이라고 믿어왔습니다. 그런데 시험공부 때문에 안녕하지 못함을 외치지 못하는 제가, 사실은 아주 전형적인 '불행한 20대'라는 것을 깨달았습니다.
제가 시험공부를 포기하고 집회에 나간다면, 그 시각 누군가는 시험공부를 하고 있을 것입니다. 우리는 그렇게 경쟁해서 이긴 순서대로 일렬로 줄 서 그에 따른 점수를 받습니다. 우린 모두가 알고 있습니다. 이것이 모두를 피해자로 만든다는 걸. 모두를 불행하게 만든다는 걸. 하지만 그럼에도 불구하고 우리 개개인은 "안녕하지 못하다"고 외치는 것을 포기하는 법밖에 알지 못합니다. 내가 그것을 외치는 것은 결국 아무것도 바꿀 수 없고, 그 대가로 내가 얻게 될 것은 '뒷자리'일 뿐이니까요. 그래서 우리는 시험공부, 스펙 쌓기, 취업 준비, 승진 시험…… 삶 전체에서 언제나 "안녕하지 못하다"고 말할 기회를 잃어버리고 맙니다. 우리가 이 대학에 들어오기 위해, '안녕하지 못한' 청소년기를 침묵해야만 했던 것처럼요.

하지만 사실 우리는 시험공부를 하기보다 안녕하지 못하다고 외치는 것을 더 좋아합니다. 그렇기에 고려대에서 시작된 이 외침은 우리에게 하나의 기회입니다. 혼자서는 아무것도 바꾸지 못하는 우리, 용기를 내기 위해서는 뒷자리를 감수해야 하는 우리가 더 많은 사람들과 함께하며 무언가를 바꿀 수 있는 기회. 거기에 생각이 닿은 순간 저는 제 삶을 더 이상 불행하게 만들지 않기로 결심했습니다.

시험공부는 제 삶에서 중요합니다. 하지만 시험공부가 제 삶의 전부가
아니게 만드는 것이 제 삶에서 더욱 중요합니다.

사회 11 민경

나는 '안녕하기'를 거부한다

안녕들 하십니까.

사실 저는 '안녕'이라는 인사를 참 좋아합니다. 처음 보는 어색한 사람도, 만날 보는 사람도, 우연히 마주칠 때나 아쉽게 헤어질 때도 서로 안부를 묻는 살가움이 따뜻했기 때문입니다. 하지만 얼마 전 얼굴도 모르는 고려대 학우로부터 '안녕하십니까'라는 질문을 받았을 때, 저는 더 이상 안녕하기를 거부하기로 했습니다.

저는 안녕한 줄 알았습니다. 정확히는 안녕할 줄 알았습니다. 몰아치는 과제와 시험, 학점 관리, 스펙, 영어 점수, 취직 걱정, 불확실한 미래에 불안했지만 하여튼 그런 줄 알았습니다. 남들처럼 살다보면 언젠가는 남부럽지 않게 살 수 있을 것 같다는 막연한 기대 같은 게 있었나 봅니다. 하지만 '나는 안녕하다'는 '안도'는, 우리가 발 딛고 서 있는 현실을 외면함으로써 가능한 것이었습니다. 저는 이것을 '안녕하기'라고 부르고 싶습니다.

현실은 어떻습니까. 여러 맥락이 있겠지만 하나만 짚어봅시다. 우리 사회는 시장과 다를 바 없습니다. 모든 것을 계산 가능한 것으로 둔갑시키고, 비용 대비 가장 효율적인 것만을 추구하는 도구적인 이성의 철창입니다. 경쟁과 시장이야말로 가장 합리적이라고들 합니다. 하지만 가치에 대한 질문, 무엇이 진실로 합리적이냐는 질문과 반성은 찾아보기 어렵습니다. 결국 '합리성'은 '야만'이 되어버립니다. 야만적인 사회에서 벌써 얼마나 많은 죽음이 쌓이고 있는지 모릅니다.

그래서 시장이 되어버린 사회의 '안녕하기'는 하나의 이데올로기입니다. 우리는 경쟁과 시장 논리로 작동하는 시스템에 종속되어, 인간이 아닌 상품이 될 것을 강요받고 있습니다. 하지만 누구도 문제의식을 느끼지 못합니다. 아니 안합니다. 스스로가 훌륭한 상품이 될 때, 적어도 나만큼은 안녕할 것이라는 어떤 믿음과 확신이 있기 때문입니다. '안녕하기'라는 이데올로기는 우리로 하여금 끊임없이 현실을 외면하라고, 이로써 안도하라고, 그래야만이 안녕할 수 있을 것이라고 주문하고 있습니다.

하지만 이미 경험적으로 알고 있는 것처럼, 지금의 현실에서 우리는 안녕하지 못합니다. 극단적인 경쟁과 인간이 상품으로 전락해버린 시장의 폐해를 온몸으로 느끼고 있습니다. 우리가 정말 '안녕'하기 위해서는, 무엇보다도 '안녕하기'를 버리고 모순과 불합리의 왜곡된 사회를 직시해야 합니다.

저는 이제 현실을 애써 외면하며 안도하지 않으렵니다. 저는 오늘부터 '안녕하기'를 거부합니다. 우리의 '안녕'은 주어진 것이 아닙니다. 그것은 누군가의 희생으로, 죽음으로, 누군가를 착취하고 탄압하면서 가능한 것인지도 모릅니다. 저는 다른 사람의 죽음을 밟고 안녕하고 싶지 않습니다. 차라리 지금 이를 거부할지언정, 언젠가 모든 사람들이 안녕할 수 있는 그날을 기다리겠습니다. 그리고 여러분과 함께 그런 사회를 만들고 싶습니다.

마지막으로 의혈 중앙 학우 여러분께 묻습니다. 여러분은 안녕하십니까? 아니, 계속 안녕하실 겁니까?

중앙대 사회 12 강석남

불편해질 권리를 요구합니다

최근 한 학우의 '안녕들 하십니까'라는 질문을 시작으로, 전국의 대학가와 심지어 고등학교까지 안녕의 질문들이 퍼지고 있습니다. 그 질문에 저도 감히 답해보려 합니다. 저 같은 사람이 이런 글을 써도 되나라는 고민을 며칠간 했습니다. 고민하는 동안 시험공부를 해도 알바를 해도 항상 마음이 무겁고 불편했습니다. 그래서 이제 그 불편함과 무거움을 이 자보에 털어놓으려 합니다.

요즘 우리 사회에는 참 말도 안 되는 일들이 곳곳에서 벌어지고 있습니다. 자본가의 먹튀로 애꿎은 노동자들은 해고뿐 아니라 보상금을 내야 할 처지입니다. 시골마을 한 주민분은 자기 마을에 들어오는 고전압 송전탑 건설에 반대하다 스스로 목숨을 끊으셨습니다. 삼성서비스센터 한 직원은 과잉 노동, 저임금, 노조 탄압으로 스스로 목숨을 끊었습니다. 철도민영화에 반대한 철도 노동자들 8,500명 이상이 파업 7일 만에 직위해제를 당했습니다. 이제 의료민영화까지 추진되고 있습니다. 이 미친 세상 어떡하면 좋을까요.

사람들은 대부분 이런 일들이 자기 주변 일이 아니어서, 자기 일이 아니어서 애써 외면하고 묵인합니다. 그런 문제를 생각하면 힘들고 고통스러우니까요. 저 역시 그랬습니다. 내일이 시험이고 내 코가 석자라는 식으로 생각했었죠. 하지만 이제 현실을 외면하지 않으려 합니다. 개인이 불편하지 않으면 세상이, 사회가 불편해지니까요. 스스로 힘들어지고 불편해지려고 합니다.

이런 사회문제를 고민하면 저는 어느 순간 종북 좌빨이 되어버립니다.

정부와 대기업의 정책에 반대되는 주장을 해서, 효율성보다 사람을 우선으로 하자는 주장을 해서 종북 좌빨이라는 딱지를 받게 됩니다. 저는 그 딱지를 받아보려 합니다. 한번 불편해져보려 합니다. 사람보다 효율성이 먼저, 상식보다 비상식이 먼저가 되는 이 세상에 소리쳐봅니다.

그래서 저 스스로에게 당당히 불편해질 권리를 요구하려 합니다. 이제 묵인하지 않고 행동하겠습니다. 의혈 학우 여러분께도 다 같이 불편해질 권리를 주장해봅니다. 이제 개인의 일이 아니라고 더 이상 묵인하지 맙시다. 이 미친 세상. 다 함께 소리쳐봅시다.

중앙대 12 은정민

하나도 안 괜찮아요

눈발이 날립니다. 대학 입학 후 어느덧 2년이 지났습니다. 저는 중고등학교 때 소위 평범하고 말 잘 듣는 착한 아이었습니다. 매일 같은 시간에 일어나 기계처럼 공부하면서도 언젠간 행복할 거라는 생각을 했습니다. 그 '언젠가'의 행복을 위해 '현재' 살갗에 부딪히는 부조리들에도 침묵했습니다. 어느 날 한 친구가 물었습니다. "넌 왜 대학에 가고 싶어?" 그 질문을 받았을 때 머리를 세게 얻어맞은 기분이었습니다. 마음속 한켠에 늘 존재했던, 애써 외면했던 그 질문을 정면으로 마주했을 때 저는 아무 말도 하지 못했습니다. 전 너무나도 쉽게 '대학 가면 다 해결될 것'이라는 말 뒤로 숨어버렸습니다.

대학에 입학했지만 변한 것은 하나도 없었습니다. 여전히 행복하지 않았습니다. 듣고 싶은 수업이 아닌 들어야만 하는 수업을 들으며, 학생이 주인인 학교에서 학생들의 의견이 묵살당하는 것을 바라보며 저는 대학에 대한 회의가 들었습니다. 그러나 세상이 요구하는 학점, 영어 점수 등 스펙을 쌓고 나면 '괜찮아질 것'이라는 막연한 생각 뒤로 다시 숨는 법을 택했습니다.

그러던 어느 날 저는 다시 그 질문에 마주했습니다. 아는 동생이 물었습니다. "왜 대학에 가야 하나요? 대학 가면 행복해요?" 다시 맞닥뜨린 그 질문에 저는 여전히 대답할 수 없었습니다. 사실 생각해보면 괜찮았던 적은 한 번도 없었습니다. '괜찮아질 거야'라는 낙관의 말 뒤에 숨어 아무것도 하지 않았던 '안 괜찮은' 저만 있었을 뿐입니다. 유리병 속 벼룩처럼 시간이 지나며 유리병 밖으로 나갈 엄두조차 하지 못하게 된 제 자신만 남았을 뿐입니다.

지금 한 학생의 '안녕하십니까?'라는 물음에 많은 이들이 '안녕하지 못함'을 이야기하고 있습니다. "사실은 난, 하나도 난, 안 괜찮아 난, 지금도 난 울 것만 같아. 간신히 버틴 거예요." 한 노래가사처럼 저도 하나도 안녕하지 않습니다. 다만 안녕하다는 자기 최면을 걸며 자신을 속여왔고, 순간순간 자기기만을 하며 내 곁에 있는 사람들을 밟고 일어서는 것에 익숙해져온 것입니다.

모든 것이 경제적 논리로 돌아가는 세상입니다. 철도민영화를 반대하다 노조원 7,900여 명이 직위해제를 당했고, 자신들의 터전을 지키기 위해 송전탑 설립을 반대한 밀양의 한 어르신은 죽음을 선택하셨습니다. 한 삼성 노동자는 최저임금에 시달리다 스스로 목숨을 끊었습니다. 학내에서는 학생들이 일방적인 구조조정으로 인해 자신이 속한 과를 잃었습니다. 비정규직 노동조합이 결성되었지만 학교와 용역회사는 여전히 묵묵부답입니다.

반성합니다. 저 혼자 안녕해왔음을, 안녕한 척해왔음을 반성합니다. 또한 곁에 안녕치 못한 사람들이 너무 많음을 애써 외면해왔음을 반성합니다. 무엇을 해야 하는지, 무엇을 할 수 있을지 확신이 서지 않지만 많은 이들이 안녕하지 못한 이 세상에서, 저도 '안녕하지 않다'고, '하나도 괜찮지 않다'고 외치는 것부터 시작하려합니다. 그리고 곁에 있는 안녕하지 않은 사람들과 함께하려합니다.

묻고 싶습니다. 혹시 여러분도 안녕하다고 자기 자신을 속이고 계시진 않습니까? 대학 입학하면, 취업하면, 나중에, 언젠가라는 이름으로 여러분의 안녕을 유예하고 계시진 않습니까? 주변의 안녕하지 못한 것들에 애써 침묵하고 계시진 않습니까? 여러분은 정녕 안녕하십니까?

사회 12 슬샘

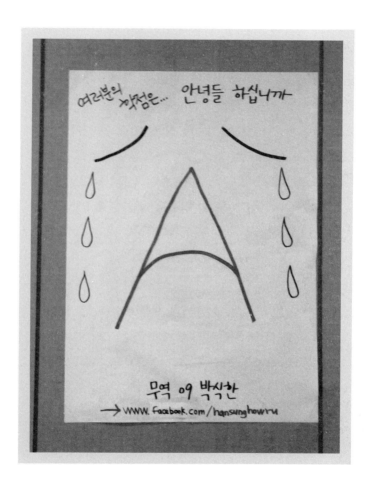

신방과 학생, 여기 안녕 못합니다!

얼마 전 평소 신문에 관심이 많은 한 후배에게 물었습니다. 왜 주위 학우들이 학내 언론은 잘 읽지 않는 것 같냐고. 후배는 말했습니다. "다른 일 하기도 바쁜데 군이 머리 아프게 학교 일까지 신경 쓸 필요가 없어서 아닐까요." 아마 많은 분들이 공감할 만한 말일 것입니다. 우리, 가까운 주위를 둘러보기엔 너무 바쁜 사람들이니까요.

한때 방송국 피디가 되겠다는 '꿈'을 가졌습니다. 그것이 제 '꿈'이었습니다. 그리고 그 목표를 위해서는 뭐든 다 할 수 있을 것 같았습니다. 그런데 대학에 들어와서 그러한 생각은 거의 산산조각이 났습니다. 그 '이후'를 저는 생각해보지 못했다는 것을 깨달았기 때문입니다. 무얼 위해, 어떤 일을 하기 위해 우리는 이렇게 하나의 직업을 정해놓고 미친 듯이 달려가는 걸까요. 썩 괜찮은 '꿈'이라는 이름 아래.

사실 우리는 그 이후 어떤 일이 펼쳐질지 잘 모릅니다. 한 번도 경험해보지 못한 일, 막연한 하나의 '직업'일 뿐이기 때문이죠. 다만, 지금 예상할 수 있고 변하지 않을 것 같은 사실은 한 가지 있는 듯합니다. 결국 어떠한 직장을 가지게 되더라도 우리는 그때그때 '지금-여기'를 살아가고 있을 거라는 것, 말입니다. 그리고 늘 그 주위에는 '사람들'이 있을 거고, 눈을 감을 때까지 우리는 어찌되었든 함께 살아갈 것입니다.

우리의 '지금-여기'는 어떤가요. 제가 초등학생 때부터 시작되었던 밀양 송전탑 건설 반대투쟁이 대학생이 되어서도 계속되고 있습니다. 고2 때 기사에서 봤던 중앙대 구조조정이 대학교 2학년이 되어 눈앞에서 또 일어났습니다. 수십 년 전 산화했던 한 청년의 외침이 오늘날 또 다른 노동자의 유언으로 되풀이되고 있고, 그것은 여기 '대학'이라는 공간에서조차 제대로 받아들여지지 않고 있습니다. 그것은 우리가 앞으로 대학을 떠나 겪게 될 일과 무관하지 않을 것입니다. '어제의 일'은 곧잘 '오늘의 일'로 이어졌습니다. '어제의 일'이 '오늘의 일'이 받아들여지는 것과 똑같은 방식으로 취급되었기 때문이죠. '내일은 그렇지 않을 것'이라는 맹목적 믿음을 가지면서, 지금 이것은 나의 일이 아니라고 생각하면서요.

학교의 구조조정과 비정규직 노동자들의 투쟁. 전혀 다른 이야기 같지만 한 가지 공통점이 있는 듯합니다. '효율'과 '발전' 말입니다. 최저낙찰제로 업체를 선정하는 학교는 학교 재정의 '효율'을 위해 노동자들의 권리가 무시되는 것을 알지만 그것을 방관하고 있습니다. 각 대학에 들어가 있는 업체들 또한 마찬가지입니다. 대학의 '발전'을 위해 그리고 '효율'적 대학 경영을 위해 원하는 학문을 하러 온 학우들은 입학과 동시에 과를 없애겠다는 '지침'을 받았습니다. 묻고 싶습니다. 조금이라도 효율에 위배될 시 가차 없이 한 학문단위가 날아갈 수 있다는 것. 이것, 정말 그들만의 일이냐고. 그리고 정말, 우리 스쳐지나가도 되는 단지 과거가 될 뿐인 일들이냐고 말입니다.

우리가 함께 살고 있음에도 함께 살고 있다 말하는 것이 오히려 낯설게 느껴지는 요즘입니다. 하지만 결코 우리는 온전히 혼자일 수 없을 것입니다. 우리는 막상 혼자 있을 때, 굳이 기계를 통해서나마 페이스북에 접속해서 누군가와 연결되어 있음을 확인받고 싶어 합니다. 나와 가까운 일임에도 읽어보지도 않고 '좋아요' 한 번 누르고 쉬리릭 페이지를 내리기보다는 조금 더 관심가지고, 조금 더 나아가 함께할 수 있는 방법을 고민해보는 것. 어떨까요?

뉴스가 글이나 영상 속 스펙터클에 그치지 않고, 진정한 우리의 것이 될 수 있었으면 합니다. 언론인을 꿈꾸는 이들에게는 '저널리즘'이라는

말이 듣고 말하기에 그럴싸한, 미래의 거창한 '꿈'을 위해 지금의 주위
를 외면하고 유예시켜버리는 말이 되지 않았으면 합니다.

주위를 둘러봅니다. 이 현실을 맞닥뜨린 수많은 사람들은 지금 너무나
안녕하지 못합니다. 그래서 저는 지금…… 안녕할 수 없습니다.
학우 여러분, 그리고 이 공간을 공유하는 모든 분들에게 안부 여쭙니다.
모두 안녕들, 하신가요.

중앙대 12 민경

어떻게 안녕할 수 있겠습니까

안녕하냐고요? 저는 안녕하지 않습니다. 제가 입학해서 본 대학은 꿈꿔오던 것과는 사뭇 다른 공간이었습니다. 꿈을 키우는 곳, 학생들의 공론의 장이라 여겼던 대학은 환상 속에나 존재했습니다.

저는 대학에 들어오자마자 구조조정을 접했습니다. 대상 학과 학생들은 꿈을 지키기 위해 본관을 지켰습니다. 그곳에 있던 학우들에게 소속 학과는 그동안의 꿈이었고, 희망이었습니다. 그들의 이야기를 들으면 제가 왜 그토록 서울에 오고 싶었는지, 대학에 오고 싶었는지, 정치라는 학문을 배우고 싶었는지를 뒤돌아보았습니다. 그들의 꿈이, 외침이 얼마나 소중한 것인지 마음 깊이 느껴졌습니다. 꿈을 지켜달라는 그들의 당연한 외침에 힘이 되고 싶어 함께 본관을 지켰습니다. 하지만 구조조정은 진행되었고, 2014년 입시모집요강에 4개 학과는 사라졌습니다.

저는 화가 났습니다. 사람의 꿈을, 권리를 짓밟는 학교가 말이죠. 꿈을 가진 이들에게 대학은 '경쟁'이라는 잣대를 들이밀며 꿈을 포기할 것을 강요했습니다. 이것은 시작에 불과했습니다. 인문대 선거에 출마한 한 선배는 징계를 받은 이력 때문에 선거가 무산됐습니다. 과거 구조조정을 반대하다 징계를 받은 것이랍니다. 학생자치의 영역인 학생회 선거까지 학교는 무자비하게 손을 뻗칩니다. 우리가 본격적으로 시험에 들어가는 월요일에는 학내 청소노동조합이 파업을 시작합니다. 그동안 용역회사가 교섭을 미루고, 노동조합을 탄압하고, 학교는 책임을 회피했기 때문입니다. 학교는 매일같이 학내를 청소하고, 정비하고, 관리하는 노동자들은 학내 구성원이 아니라고 말합니다.

이런 학내 문제들과 마주하며 제가 더욱 분노한 것은 이것이 사회에 너무나 자연스러운 현상인 듯 보였기 때문입니다. 철도민영화를 저지하기 위해 파업에 들어간 노동자들을 직위해제하고, 노동조합을 결성해 기업과 싸우던 노동자들 스스로 목숨을 끊어도 아무런 응답이 없는 사회, 우리는 이런 사회에 살고 있습니다.

수많은 사람들의 권리가 짓밟히고 있습니다. '권리를 지키겠다'는 너무나 올바른 외침에 저는 그들을 외면할 수 없었습니다. 대학에 들어와 이런 고민을 하며 이것저것 바쁜 시간을 보냈습니다. 맨날 뭐가 그리 바쁘냐는 동기들의 물음에도 지치지 않을 수 있었던 것은 함께하는 이들이 있기 때문이었습니다.

의혈 학우 여러분! 이 사회의 많은 이들에게도 함께할 사람이 필요합니다. 우리 함께 안녕합시다!

2013.12.14.

중앙대 정치국제 13 이재정

안녕하지 못한데, 안녕한 척 지냈습니다.
가슴이 쿵쿵대는데, 모른 척 지냈습니다

이것은 제 이야기입니다.

학교에 입학했습니다. 어느 날 같이 학생회 활동을 하던 다른 과 친구들의 과가 사라지거나 변경되어버렸습니다. 그 친구들의 불안과 걱정에 저는 아무것도 해주지 못했습니다. 가슴이 쿵쿵거렸습니다만, "학교에 들어온 지 얼마 되지도 않았는데…… 뭘 해야 할지도 모르겠어" 하며 애써 외면했습니다.

지난해에는 계약직으로 회사에 다녔습니다. 퇴사 전 저의 마지막 업무는 매장 점주님들께 폐업 통보 서류를 보내는 것이었습니다. 모르는 사람도 아니고, 비록 뵙지는 못했지만 통화할 때마다 안부를 물어주시던 분들이었습니다. 서류를 부치러 가는데 가슴이 쿵쿵거렸습니다만, "나도 계약직인데…… 뭘 할 수 있겠어" 하며 애써 외면했습니다.

학교에 돌아오니 청소 아주머니들께서 추가로 무급 노동을 하고, 열악한 근무 환경과 불안정한 고용으로 시달리시는 것을 보았습니다. 가슴이 또 쿵쿵거렸습니다만, 취업 준비로 바쁜 4학년이라는 이유로 애써 외면했습니다.

하지만 외면해도, 쿵쿵거림을 모른 척해도 비슷한 일들은 연이어 눈에 보였습니다. 얼마 전 한 노동자는 처절한 유언을 남기고 자살했고, 여기저기서 '을'에게 부당한 요구를 하는 '갑'이 보였습니다. 밀양에서는 삶의 터전을 지키려는 주민들이 연일 목 놓아 외쳤고, 파업을 했다는 이유로 수천 명이 직위해제당했습니다.

전공 공부나 잘하고 취업하면 그만이라 생각했습니다. 그런데 제 전공은, 제가 공부하는 저널리즘은 침묵하라 가르치지 않았습니다. 제가 배운 사회학은 불평등한 사회와 구조적인 모순들을 외면하라 가르치지 않았습니다. 4년간 공부했던 것들을 저는 세상에 한 번도 내뱉지 못했습니다. 그것들은 가슴에서 탁 걸려 쿵쿵 울리고만 있었습니다. 여태껏, 잘 모른다고, 잘 말하지 못한다고 평계를 대고 외면하면서 저는 실천하지 못했습니다. 어떤 말을 하면 종북, 운동권, 김치녀, 감성팔이, 선동…… 하고 낙인을 찍는 우리 사회에서, 서로가 서로에게 낙인을 찍는 이 사회에서 저는 제 주변에도 한 번 말을 터놓지 못했습니다. 여기에 먼저 안녕을 물어주셔서 감사합니다. 덕분에 저도 용기 내 말을 할 수 있었습니다. 저도 작게나마, 주변에 관심을 갖고 안부를 묻는 것으로 시작하려 합니다. 제가 안부를 물었을 때, 또 누군가는 쿵쿵거리는 가슴을 붙잡고 또 하나의 목소리가 될 수 있을 것입니다. 이 작은 울림이 점차 퍼지기를 기대합니다. 여러분은 안녕들 하신가요?

신문방송학과 홍다원

모두 병들었는데 아무도 아프지 않았다

우리는 안녕하지 않습니다. 철도 파업에 관한 논란이 뜨겁고 대학가에는 수많은 대자보가 붙었습니다. 세상은 이렇게 시끄러운데도 우리 학교는 너무 조용합니다. 수없이 들었던 질문이지만 여기에서 다시 한 번 묻고 싶습니다.

1. 오늘까지 7,900명이 넘는 철도 노동자가 직위해제를 당했습니다. 노조 간부 10명에게는 체포영장이 발부되었습니다. 대통령이 민영화 계획이 없다고 발표했고 일부 언론과 정부 및 여당에서는 이들의 파업을 범법행위로 몰아세웠습니다. 코레일 사측은 자회사 설립에 대한 반대를 경영 간섭이며 불법파업이라고 말하지만, 공기업의 자회사 설립은 민영화로 가는 중간단계입니다. 사실관계를 차치하더라도, 이 문제가 민영화에 관한 논란으로 번지는 것은 당연한데 정부는 충분한 합의와 논의 없이 권위주의적인 탄압으로 일관했습니다.

재벌 회장의 비리에 대해서는 차일피일 수사를 미루고 노동자의 파업에는 이토록 신속한 움직임을 보이는 공권력을 우리는 신뢰할 수 없습니다. 정부는 국가사업의 빚을 떠안아서 생긴 17조의 부채를 두고 코레일의 방만한 경영 탓이라고 합니다. 그리고 그들은 삼성전자의 효율적 경영에 대해서는 극찬합니다. 60여 명의 노동자가 백혈병으로 죽도록 방치한 삼성전자식의 효율성이 바로 그들의 기준입니다.

조금만 눈을 돌려보면 우리의 세계에는 안녕치 못한 일이 가득합니다. 국정원 대선 개입, 밀양 송전탑 문제, 삼성전자서비스센터 노동자의 자살, 의료민영화 논란, 청년층 비정규직 문제. 우리는 공범이었습니다. 학점, 취업 등 스스로의 안위에만 몰두한 사이에 우리의 세계는 어느새 더 이상 안녕치 못합니다. 뜨거운 물에 천천히 삶겨 죽어가는 개구리처럼, 우리는 자신은 안전하다고 기만하며 살았습니다.

이제야 우리는 서로에게 '안녕들 하시냐?'고 묻습니다. 철도 파업을 계기로 우리는 삶의 안녕치 못한 단면을 되돌아볼 수 있었습니다. 지금 대학가에 나붙은 대자보는 철도 파업만을 위해 쓰이지 않았습니다. 각자가 느꼈던 삶의 안녕치 못함이 '안녕들 하시냐?'는 질문에 수없이 응답했습니다. 우리도 더 이상 안녕하지 않습니다.

2. 얼마 전 월간 《현대문학》은 내년 1월로 예정되어 있던 소설가 이제하의 연재소설 게재를 거부하였습니다. '박정희', '유신', '87년 6월항쟁' 등이 언급되어서였습니다. 비슷한 이유로 소설가 정찬의 연재소설 역시 게재가 거부되었으며, 서정인 소설가의 경우에도 같은 이유로 2회 만에 연재가 중단되었습니다. 뿐만 아니라 《현대문학》은 지난 9월 박근혜 대통령의 수필 네 편을 실은 뒤, "우리들의 삶의 등불이 되는, 진주와도 같은 작품"이라는 평을 덧붙였습니다.

너무 어이없는 일이라 농담인 줄 알았습니다. 글이 자유로울 수 없는 시대는 30년 전에 끝난 줄 알았습니다. 그러나 12월 16일 《현대문학》에서 '현대'도 '문학'도 훼손되었다는 판단으로 강성은, 서효인, 손보미, 심보선, 황인찬 등 작가 74명은 "우리는 '현대문학'을 거부한다"라는 성명을 발표했습니다.

역사는 반복된다고 합니다. 첫 번째는 비극으로 두 번째는 희극으로. 비극이 유신독재 시절의 검열이었다면 《현대문학》의 자기검열은 희극일 겁니다. 그러나 이처럼 재미없는 희극은 더 이상 보고 싶지 않습니다. 이것은 비단 《현대문학》만의 문제가 아닙니다. 예술의 최우선 전제조건인 자유를 제한하는 이러한 처사는 마치 과거의 권위주의 시대를 연상하게 합니다. 우리는 두렵습니다. 글을 쓰는 사람으로서, 상식이 훼손된 사회의 일원으로서 우리는 절망하고 분노합니다.

3. 우리 학교는 지난 몇 년간 대대적인 구조조정을 거쳤습니다. 기업 논리가 각 학과의 특성을 무시했고 취업률을 잣대로 학문을 우등과 열등으로 나눴습니다. 수많은 학과들이 일방적으로 폐과되었고 살아남은 학과 역시 부침을 겪었습니다.

그러나 구조조정의 결과 우리 캠퍼스는 2013년 중앙일보 대학평가에서 전 항목에서 최하위에 머물렀습니다. 캠퍼스 간의 불균형 문제는 수년 전부터 끊임없이 제기되어왔으나 학교 본부와 재단은 캠퍼스 이전만을 말하며 실효성 있는 투자에는 인색했습니다.

열악한 교육환경은 이제 심각한 수준에 이르렀습니다. 전공수업이 필요한 만큼 열리지 않기도 하고 교강사 임용의 문제로 수업이 원활히 이루어지지 않는 학과도 있습니다. 또한 예술대학의 경우 부족한 지원으로 실습수업의 최소한의 질조차 보장받기 힘듭니다. 우리는 너무도 무디게 살아왔습니다. 학점에 치이고, 알바에 치이며 자신의 목소리가 어떤 힘을 지니고 있는지 잊은 채 살아왔습니다. 어쩌면 부당함조차 모른 채, 자신이 안녕하다고 생각하며 살아왔는지도 모르겠습니다.

"모두 병들었는데 아무도 아프지 않았다." 이성복 시인의 시 〈그날〉의 마지막 행입니다. 그동안 우리는 안녕하지 못했지만, 아프다고 말하지 못했습니다. 그러나 이제 우리는 아프다고 말합니다. 학우 여러분. 우리는 더 많은 아픔이 수면 아래 존재한다고 생각합니다. 그리고 우리가 그 아픔을 끊임없이 이야기하길 희망합니다.

중앙대학교 문예창작학과 문학동아리 진군나팔

박희경, 손혜민, 신승환, 장효정, 장원, 이은선, 김진현, 박경섭,

이연서, 황준기, 이태형, 정유진, 조예림, 채예린, 최윤

이후를 묻는다

기쁩니다. 안암에서 울려 퍼진 대자보 물결이 전국 각지에 파동을 전달합니다. 저에게도 큰 울림으로 다가옵니다. 오랫동안 잠자던 학생사회에 "안녕하십니까"라는 인사말은 첫 키스보다 강렬했나 봅니다. 기다렸다는 듯이 재학생과 졸업생 구분하지 않고, 심지어 고등학생까지 자보 행렬이 이어지고 있습니다. 중앙대학교에도 벌써 열 장 넘는 자보가 붙었습니다. 경쟁에 지친 이들이 펜을 들어 고합니다. 자신이 누군가를 짓밟고 올라선 계단, 그 아래에 쓰러져 있는, '죽지 못해' 사는 사람과 죽어서라도 '살고 싶은' 이들을 발견하고선 참았던 울분을 토해냅니다. 철도민영화에 반대하고, 국정원에 분노하고, 삼성에 화내며, 밀양에 울면서, 외면했던 고개를 늦게나마 돌립니다.

반갑습니다. 학문의 가치를 경쟁과 효율성의 잣대로만 재단하고, 학생자치에 간섭하고, 표현의 자유조차 사라진 중앙대에, '의혈'이라는 이름은 그저 '그 뜨거웠던 지난 여름날의 추억'인 줄로만 알았습니다. 그런 중앙대학교에 반가운 인사가 들려옵니다. "안녕하세요"라는 일상적인 안부가 침묵하던 중앙대의 일상을 깨웠습니다. 많은 학우들이 의롭지 못한 일에 저항하고, 억압받는 자를 위해 목소리를 냅니다. 무너진 학생자치의 복원을 꿈꾸는 이도 있습니다. 나는 오늘의 중앙대를 오래토록 기억하고 싶습니다. 법학관, 서라벌홀, 봅스트홀, 이외의 수많은 공간에 적혔던 의혈 학우들의 희망을.

희망합니다. 오늘의 분노와 성찰이 한순간의 '축제'로 끝나지 않기를, 오늘의 대자보가 끝이 아니기를. 이제 곧 방학입니다. 학생들이 떠난 공허한 캠퍼스는 적막감이 돌고, 차가운 눈보라만이 쓸쓸히 남겨진 대자보를 들여다볼 것입니다. 캠퍼스에 붙은 자보는 더 이상 중요치 않습니다. 축제보다 중요한 건 일상으로 돌아간 다음 날입니다. 오늘, 여러분이 무수히 많은 자보를 들여다본다 해서 달라지는 건 없습니다. 중요한 건 그 안에서 발견한 분노와 성찰을 학우 여러분의 일상으로 가져가는 일입니다. 살기 위해 죽는 이들을 위하여, 죽지 못해 사는 이들을 위하여, 억압받는 모든 이들을 위하여 참고 인내하며 연대합시다.

나갑시다!
　싸웁시다!
　　의혈의 이름으로!

2013.12.14.
안녕하지 못한 이들에게
중앙대 찬민

학우 여러분, 안녕들 하십니까?

여러분 다들 안녕하십니까?

저는 안녕하지 못합니다.

국민의 대표자라는 국회의원이 청소노동자들의 노동3권을 부정하며 고개를 뻣뻣이 세우는 사회에서 안녕할 수 있는 사람이 과연 얼마나 될까요?

언론에서 정부를 향한 비판은 사라지고, 북한 고위 인사의 숙청과 이전 지도자의 2주기 추모식을 뉴스특보로 내보내는 사회에서 진짜 '종북'은 대체 누구일까요?

어떤 기업들은 대학이 '실무'에 적합한 내용을 학생들에게 가르쳐야 한다고 말합니다. 하지만 왜 기업에서 쓸 사람의 교육을 대학과 학생들이 부담해야 하나요?

철도와 시설의 분리 운영, 노선별 계열사 설립은 모두 철도민영화를 위한 단계입니다. 노동조합이 헌법에서 보장하는 노동3권을 행사하자, 하루 만에 수천 명의 노동자들이 직위해제됐습니다. '어머니의 심정으로' 직위해제를 단행한 사장님이, 사장이 되기 전에는 교수의 입장에서 '조선일보'에 민영화의 문제점을 조목조목 지적한 칼럼을 기고했다는 사실을 학우 여러분은 알고 계셨는지요?

민영화에 대한 이야기라면, 멀리 갈 것도 없이 바로 우리 학교를 돌아보면 됩니다. 1979년, '국립 항공대'는 한진그룹에 인수되어 사립대학으로 출발하게 되었습니다. 우리 항공대를 '동양의 MIT'로 만들겠다던 한진그룹은 1990년 그 공약을 학우들에게 '안성캠퍼스 이전'으로 되돌려주었습니다. 수많은 학생들이 강의실에서 나와 함께 행동했고, 항공대는 지금의 자리를 지킬 수 있었습니다.

만약 그때 학생들이 침묵을 지키고 있었다면 어떻게 되었을까요.

만약 그때 항공대가 안성으로 이전했었다면 어떻게 되었을까요?

학우 여러분, 다시 한 번 여쭤보겠습니다.

"모두 안녕들 하십니까?"

항공대 경영 08 김희성

과학은 산업역군이 아닙니다

제가 들은 과학에 가해지는 극단적인 비판에는 크게 두 유형이 있습니다. "기술 발전해봐야 사람들 해고밖에 더 해요?" "자연과학 배워서 어디 써먹을 곳이나 있나요?" 기술은 현격하게 발전했지만 삶이 그만큼 '안녕'하게 되진 않았습니다. 그리고 과학은 세금만 축내진 않았나요? 아니, 아니에요. 저는 사랑하는 과학과 기술에 대한 오해를 풀고자, 이렇게 되묻곤 합니다. "기술이 발전했지만 그 혜택을 온전히 누리지 못하는 이유는 무엇일까요?" "경제발전이나 기술혁신의 수단으로 기여하는 것만이 과학의 역할일까요?"

공장의 기계화와 자동화 도입은 노동자를 대체하여 그곳에서 사람을 쫓아냈습니다. 하지만 이것은 연구자와 민중 모두가 정치적으로 패배하였음을, 연대 책임을 져야 함을 뜻할 뿐입니다. 반대로 기계를 도입해 숙련공의 능력을 보조하고, 반대로 관리자의 통제를 없앨 수도 있었기 때문입니다. 그리고 이렇게 하는 것이 효율도 더 높았습니다. 실제로, 공장에서 숙련공을 내쫓은 미국과 달리, 위계를 줄여 숙련공이 생산 결정에 참여하도록 한 독일과 일본이 더 높은 수준의 산업 발전을 이룰 수 있었습니다.

경제발전에 이바지하지 않는 과학은 대체 어떤 의미가 있을까요? 예컨대 암컷에게 차인 뒤 술 마시러 가는 초파리 수컷 연구, 바퀴벌레 약에 들어 있는 포도당 때문에 이제는 포도당을 싫어하는 바퀴벌레 연구, 진화가 실제로 일어나는지 알아보고자 57년 동안 어두운 방에서 살게 된 초파리 연구 등. 생각만 해도 흥미롭지 않나요? 과학은 본디 '경제발전에 이바지하는 산업역군'이 아니라, '이 세계의 재미있고 흥미로운 점을 자세히 알아가는 것'에 방점을 둔다고 생각합니다.

좀 더 생각해봐야 할 점은 이런 사실입니다. 많은 수의 연구자는 자신의 연구 성과가 어떤 결과를 낳을지 고려하지 못하며, 고려한다 한들 연구비가 나오는 분야를 좇을 뿐이라는 것. 하지만 저는 기술이 더 많은 사람들을 위한 결과를 낳을 수 있도록, 그리고 과학이 경제발전과 기술혁신의 도구라는 틀에서 벗어나도록 연구 방향을 틀 수 있으며 마땅히 그렇게 해야 한다고 생각합니다.

물론 그렇게 하려면 연구비를 대는 주체인 민중도, 현장에서 일하고 있는 연구자도 참여하기 어려운 연구 결정 구조, 이 비민주적인 의사결정 구조를 하나씩 바꿔가야 할 겁니다. 멀고 험난한 여정이 될 겁니다. 하지만 이렇게 각자 자신이 발 딛고 서 있는 그 자리에서 민주주의를 외치고 만들어가는 것, 저는 그것이 연구자와 사회 모두의 '안녕'을 가져올 것이라 믿기에 이렇게 발걸음을 떼고자 합니다.

고맙습니다.
생명과 화학을 공부하는 준 드림

무지랭이양의 작은 소망

나는 정치고 사회고 모르는 무지랭이입니다. 여느 대학생과 마찬가지로 안녕하려고 안간힘을 쓰며 살고 있지요. 모두들 그렇게 사니 나도 그렇게 사는 것이 당연하다고 생각한 지 어느덧 3년이나 되었습니다.

동물들이 본능적으로 자연재해가 닥쳐올 것을 예감하듯이 나는 세상이 이상하다는 걸 느낍니다. 세상 곳곳에서 이상한 일들이 벌어지고 있습니다. 나는 쥐뿔도 모르는 무지랭이지만, 세상의 나사들이 어딘가 어긋나고 비틀어져 불협화음을 내고 있다는 것을 피부로 느낄 수 있습니다. 국정원이 121만 건의 트위터 글을 쓰면서 대통령 선거에 개입했다고 합니다. 삼성에서 서비스직 노동자로 일하던 한 남자는 스스로 목숨을 끊었다고 합니다. 고압 송전탑이 생기는 것을 반대하던 밀양의 한 주민은 독극물을 마시고 세상을 떠났다는 슬픈 소식을 전해 들었습니다. 민영화 추진에 반대하는 7,000여 명의 코레일 직원들은 나흘 사이에 모두 직위해제를 통보받았고 그 수는 점차 늘어나고 있다고 합니다.

그런데 나는 책상 앞에 앉아서 시험공부를 합니다. 세상이 어수선하고 무엇인가 잘못되어가고 있다는 것을 느끼고 있는데도 귀를 막고 눈을 가리고 시험공부를 하면서 독일어 형용사 어미변화니 전치사들을 외우고 있습니다. 내 동물적 감각은 위기가 닥쳐오고 있다고 나에게 수천 번도 넘는 신호를 보내오는데 내가 할 수 있는 것이라고는 그 신호들을 무시하는 것뿐 입니다.

나는 자꾸만 불편하고 불안하고 가슴이 두근거립니다. 세상 곳곳에서 벌어지고 있는 일들이 비단 남일 같지 않습니다. 나는 안녕하지 못하고, 앞으로도 안녕하지 못할 것이라는 예감에 휩싸여 자꾸만 불안합니다.

그리고 묻고 싶습니다. 다들 안녕하십니까? 책상 앞은 따뜻하고 아늑하신지요? 혹시 가을을 보내고 겨울을 맞는 제 감수성이 지나치게 예민하여, 우리나라의 민주주의가 우리나라의 노동자들이, 우리나라의 미래가 걱정되는 것인지요.

나는 올 겨울, 모두가 안녕했으면 좋겠습니다.

2013년 12월 13일 연세대 무지랭이양

더 이상 부끄러워지지 않으려 합니다

'하 수상한 시절에, 다들 안녕들 하십니까!' 고려대 학우분이 던진 질문에 저는 머리를 딩 맞은 느낌이었습니다. 문제의식을 가지고 얘기를 해도 돌아오는 건 '너가 그런다고 해서 세상은 바뀌지 않아'라는 말뿐이었고, '그럴 시간에 학점을 잘 따서 당장 네 앞가림부터 하라'는 말이 돌아왔습니다. 그런 얘기를 들을 때마다 그러지 말아야지 하면서도, 속으로는 당장 내가 파업으로 직위해제된 철도 노동자가 아니었기에, 내가 밀양의 할머니들처럼 내 집 앞에 송전탑이 건설되지는 않았기에, 되레 안심하며 일단은 당장 안녕한 나의 현실에 안주하고 안녕하지 못한 이웃들의 삶을 애써 외면하지는 않았는지, 부끄러웠습니다.

지난주 토요일 안녕하지 못한 많은 대학생들이 서울역에 모였습니다. 공학수학 시험이 눈에 밟혔던 저는 결국 가지 못했습니다. 거기 있던 학우들도 시험이 코앞이었을 텐데. 시험이라는 당장 나의 안녕함을 위해 저는 또다시 안녕하지 못한 나의 이웃들을 외면한 건 아닌지, 또다시 부끄럽고 미안했습니다.
그래서 이제는 더 이상 외면하지 않으려 합니다. 더 이상 부끄러워지지 않으려 합니다. 우리의 이웃들이 안녕하지 못한, '하 수상한 시대'를 애써 외면해버린다면, 그 얘기는 머지않아 안녕하지 못한 나의 이야기가 될 것이기 때문입니다.

'안녕들 하십니까' 자보에 공감하신 많은 분들이 어떻게 해야 할지 망설이고 계십니다. 자보에 공감하면서도 사실 잘 모르니까, 어떻게 해야 할지 몰라 망설이시는 분들께, 용기 내어 함께하셨으면 좋겠다는 말씀을 조심스레 건네봅니다. 하 수상한 시절, 안녕하지 못한 시대에 우리 대학생들이 모두가 안녕한 세상을 위해 어떤 시각을 가져야 할지 고민하고 계시다면 그것만으로도 절반의 시작입니다. 학우 여러분의 많은 목소리를 기대하겠습니다. 용기 내어 함께하는 목소리가 더욱 많이 모일 때, 비로소 모두가 목소리 내기 위해 용기 낼 필요 없어도 '안녕한' 세상이 조금 더 가까워질 테니까요.

도시공학과 13학번 정우민

당신의, 우리의, 나의 안녕을 빌며

안녕들 하시냐는 물음에 많은 이들이 안녕치 못하다고 답하고 있습니다. 우리는 '안녕하지 못하다'는 공통분모로 만날 수 있는 그런 슬픈 세계에 살고 있나 봅니다. 다들 열심히 사는데도 생존의 불안을 끊임없이 느껴야 한다는 것이 이 세계의 안녕치 못함을 말해주는 게 아닐까요. 이 '안녕하지 못한 사람들'의 이어말하기가 어떤 변화를 낳을지 우리는 아직 알 수 없습니다. 그러나 서로의 안녕을 묻는 것은 동시에 서로의 안녕을 비는 것이기도 하기에, 안녕을 비는 마음으로 이 글을 써봅니다.

저는 안녕한 것 같기도, 안녕하지 못한 것 같기도 합니다. 노동시장이 점점 불안정해지면서, 우리의 발아래에 놓인 삶의 조건들도 점점 불확실해지고 있습니다. 그래서 우리의 불안이 끊임없이 잠 못 드는 밤을 괴롭히는 것이겠지요. 이것이 제가 안녕하지 못한 이유에 대한 '일반적인' 설명입니다. 보다 구체적으로는 '어느 곳에도 없는 나의 자리'를 찾지 못하고, 자리는커녕 군대도 아직 안 갔고, 그러면서도 양심에 따른 병역거부자인 친구를 생각하고, 대학거부자인 친구들을 생각하고, 그런데도 대학을 거부하기는커녕 아등바등 졸업에 목매고 있기 때문일 것입니다.

그런데도 가끔은 안녕한 것 같기도 한 것은, 어쨌거나 서로의 안녕을 빌어주는 친구들이 있기 때문입니다. 서로의 고통을 나누고 그것을 제일처럼 고민해주는 것이 우정의 핵심이라면, 저는 안녕을 묻는 것이 그자체로 우정의 말걸기라고 생각합니다. 그래서 저는 우리 모두가 친구가 될 수 있고, 되고 있으며, 앞으로도 친구일 것이라고 생각합니다. 저의 안녕을 먼저 물어주어 고맙습니다. 그래서 저도 당신의 안녕을 묻습니다.

오웰의 말을 빌려와, "무엇을 위해 싸우느냐 묻는다면 '공동의 품위를 위해서'라고 대답"하려 합니다. 저는 '행동하는 지성'인 것 같지도 않고, 내 삶이 다른 이의 삶과 연결되어 있다고 믿기에 제가 '사회'에 '관심을 갖는다'거나 '참여한다'고 생각하지도 않으려고 합니다. 다만 우리 모두는 누군가의 친구이듯이, 저는 철도 노동자의, 성소수자의, 양심에 따른 병역거부자의, 대학거부자의, 청소년의, 밀양의 친구입니다. 저는 우리 모두가 고립되지 않았으면, 그리하여 모두 안녕할 수 있었으면 좋겠습니다.

10 중휘

우리들의 '목소리'는 안녕한가요?

안녕하세요? 제가 무슨 말을 하고 싶어서 펜을 든 것인지도 모른 채 일단 인사 올립니다. 하지만 지금에 제가 목소리 내지 않으면 후회할 것이란 걸 알기에 글을 씁니다. 처음 '안녕 자보'를 보았을 때엔 그것도 소수의 적극적이고 열정적인 사람들의 것이라고 생각했습니다. 그러나 이렇게 끊이지 않고 개개인들이 어디선가 써온 자신들의 목소리를 붙이는 광경에 놀랐습니다. 이렇게 많은 사람들이 자신의 '목소리 내기'에 목말라하고 있었구나. 다들 안녕한 척 살아가지만 안녕하지 못했군요!

저는 미술대학생이고 제가 지난 일 년 동안 졸업전시의 주제로 고민했던 것은 '목소리'에 관해서였습니다. 수신인은 실종되고 발신인만 덩그러니 남아 있는 '목소리'에 대해서요. 시청이나 학교 캠퍼스 등등 사람들이 다니는 모든 공간에는 자신들의 이야기를 들어달라며 목소리 내고 있는 집회, 현수막, 자보들이 많이 있습니다. 하지만 가던 길을 멈추고 목소리에 귀 기울이는 사람은 많지 않습니다.(저 포함) 또한 그렇게 끊임없이 자신의 마땅한 권리를 찾으려는 목소리들이 이 공기를 메우고 있다면 마땅히 그 소리를 듣고 반응하는 '누군가'가 있어야 할 터인데, 전혀 묵묵부답인 이 세상이 참 이상했습니다. 그래서 저는 현수막의 글자를 파내고, 자보를 지우고 다시 따라서 쓰고, 집회 영상을 찍는 작업들을 했습니다. 수신인을 잃어버린 목소리에게 수신인을 찾아주고 싶었습니다. 비록 제가 그 목소리의 내용 하나하나 잘 알고 있지는 못해도 그런 외로운 광경이 계속되는 것이 싫었기 때문입니다.

그런데 지금 제가 주목하고 싶은 '목소리'는 다시 반대로 발신인을 잃은 목소리입니다.

사람이 오랫동안 말을 하지 않으면(단 하루만이어도) '내 목소리가 어땠더라' 잊게 되고, 내가 만드는 공기의 진동이, 그 음성이 어색하게 됩니다. 내 목소리인데 말이죠.

지금 제가 그런 상태에 놓인 것은 아닐까 싶습니다.

무슨 말을 하고 싶은 것인지도 모른 채 펜을 들게 된 것은, 지난 12월 28일 총파업에 아무것도 모르고 따라갔다가 그 후로 어찌할 바를 모르게 싱숭생숭해진 제 마음 때문입니다. 마음이 너무 불편했고 무거워서 일단 행동해야 했습니다. 그런데 너무 오랜만에 내 소리에 귀를 기울이려니 참 어렵습니다. 지금까지 하라는 것을 하고, 따라는 것을 따는 삶에 익숙해졌기 때문입니다. 불편함의 근원을 찾아 풀어내고 싶은데, 이 겨울에 저는 무엇을 해야 할까요?

그래도 이 와중에 참 감사한 것은 목소리를 내는 사람들이 안전하게(?) 설 자리가 있고, 저처럼 망설이고 있는 사람에게 용기를 주는 게시판이 있다는 것입니다.(자주 떼어지긴 해도)

'불편함'에 계속 예민하게 반응하는 겨울이 되었으면 합니다. 그럼 좀 덜 춥지 않을까요?

모두들 솔직하게 삽시다. 안녕~

미술대학 조소과 09 손경화

안녕들 하십니까

다들 안녕들 하신가요? 저는 안녕하지 못합니다. 안녕하지 못한 지는 꽤 됐습니다. 이렇게 어두운 세상 속에서 그저 어둠의 일부가 되어 살아가려다 보니 마음이 까맣게 병들었기 때문입니다.

저의 부끄러움을 고합니다. 제가 살아가고 있는 우리 사회가 어둠에 덮혀 제대로 움직이지 않고 있다는 것을 처음 알았을 때, 제가 아닌 다른 누군가가 용기 있게 큰 목소리를 내줄 것이라 생각했습니다. 그리하여 그의 목소리가 크게 울려 퍼진다면 잘못된 길로 향하고 있는 대한민국이 바로잡혀 원래대로 돌아갈 수 있을 것이라 여겼습니다. 그리고 부끄럽게도 다른 사람으로 인해 다시 올바른 방향으로 놓인 대한민국에서 그저 가던 길을 계속 가던 소시민으로 살아갈 수 있기를 바랐습니다.

그러나 대한민국에는 저와 같이 어두운 현실을 인지하면서도 그저 어둠의 일부가 되어 삶을 살아가느라 바쁜 사람들이 너무나 많았습니다. 누군가의 목소리가 크게 울려 퍼지기에는 그 목소리를 전달할 만큼의 용기와 여유가 있는 사람이 너무 적었습니다. 그러는 동안 대한민국은 40년 전으로 돌아가버렸고, 강산이 여러 번 변할 만큼의 오랜 시간을 들여 무수한 사람들의 피와 땀으로 얻어낸 가치가 너무나 쉽게 무너졌습니다. 그것도 채 1년이 걸리지 않아서 말이지요.

제가 이렇게 볼품없는 필력으로 용기를 낸 것은 문득 지금 이 상황들이 너무 두려워졌기 때문입니다. 그저 조금 더 팍팍해진 삶을 살게 되겠거니 하며 넘기기에는 무서운 소식들이 너무나 많이 들려옵니다. 자유시장 경제를 통한 경제발전이라는 허울 아래 정부와 여당은 국민이 겪게 될 고통은 생각도 하지 않고 각종 민영화와 완전 개방을 논하고 있습니다. 국민의 생명과 직결되는 의료 분야부터 코레일과 같은 공기업까지, 오랜 시간에 걸쳐 국민과 함께 신중히 판단해야 할 일들이 단기간 내에 소수 정치인들만의 판단으로 결정되고 있습니다. 이를 저지하고자 모인 코레일 직원들이 파업에 참가한 지 48시간이 채 되지 않아 6,000명 이상이 직위해제되는 상황까지 발생했습니다. 간혹 정부에 쓴소리를 하는 누군가는 오히려 역비난의 대상이 되어 정부와 여당은 물론 일부 언론사로부터 거센 공격을 받고 있습니다. 가장 무서운 것은 이런 소식들이 언론을 통해 제대로 전달되지도 않는다는 사실입니다. 국민에게 정확하고 공정한 정보를 제공해야 하는 언론이 제 기능을 못하게 된 지는 꽤 오래된 일입니다.

이제는 기댈 곳이 없습니다. 큰 목소리를 가진 누군가가 나타나기만을 기다리기에는 우리가 살고 있는 대한민국이 너무나 빠르게 시들고 있습니다. 더 이상 남의 일이 아닙니다. 남의 일이라고 여겼던 사실과 연결된 고리들이 이제는 저를, 저의 가족들을, 그리고 저의 친구들을 위협하고 있습니다. 현재 대한민국이 처해 있는 현실이 낳을 무서운 결과를 결코 피해갈 수 없음을 깨달았습니다. 이제 저는 고개를 숙인 채 스스로를 부끄러워하고 괴로워하기보다는 고개를 꼿꼿이 세우고 있는 힘껏 저의 목소리를 내어보려 합니다. 아버지와 어머니가 우리 세대에 남겨주신 가치들, 그리고 우리가 누려온 그 권리들을, 다음 세대 또한 온전히 누릴 수 있도록 우리 모두 힘을 모아 지켜냅시다. 그리하여 조만간 모두가 안녕한 세상이 되기를 간절히 희망합니다.

정치외교 11 김송은

안녕하세요?

새삼, 인사를 나누는 것의 의미를 생각하게 됩니다. 우리는 매일 인사를 나누면서, 우리가 공동체 안에 있음을 늘 확인했습니다. 인사를 받지 않음이 흔한 배제의 표현임을 생각해본다면 말이에요. 그리고 지금, 여기서, 평소엔 인사를 나누지 않았을 사람들끼리 안부를 묻고 이야기를 나누는 것을 보면서, 그렇게 우리가 한 공동체에 속해 있음을 재확인하는 걸 보면서 기쁨을 느낍니다.

서로의 안부를 묻는 광경에서, 지난 2008년의 촛불을 떠올리는 사람들이 많습니다. 제가 걱정하는 것은 촛불을 상기하며, 또다시 실패하면 어떡하나, 그래서 이것이 다 무슨 소용인가 하는 생각입니다. 중요한 것은 우리가 스스로 안녕치 못하다 말할 수 있는 주인이라는 점을 확인하는 것이고, 또한 서로가 그것을 듣고 있었다는 것을 확인하는 것입니다. 민주주의란, 변화란 여기서 시작된다는 것을 기억하면 좋겠습니다.

물론 이것은 어디까지나 시작입니다. 저는 사람들이 안녕하지 못하다고 말함과 동시에 어떻게 하면 우리가 안녕해질 수 있을까도 이야기하면 좋겠다고 생각합니다. 물론, 안녕치 못함에도 여러 이유로 당장 어떻게 해볼 수 없는 사람들도 많을 것입니다. 저는 이런 분들이 계속 안녕치 못함을 이야기하길, 안녕하기 위해 움직이는 사람들을 응원해주시길 바랍니다.

무언가를 해야겠다고 생각한 사람들은 자신이 해야 한다고 생각되는 일들을 찾아서 해야 하겠지요. 이 과정은 하루 이틀에 이루어지는 것이 아닐 것입니다. 우리의 삶에서, 가정에서, 학교에서, 직장에서 평생 동안 해야 할 일들이겠죠. 그리고 혼자 하기엔 너무나 어렵고 힘든 일일 것입니다. 뜻이 맞는 사람들을 찾고, 그런 사람들이 모여 있는 곳에서 뭔가 조금씩이나마 활동이건 후원이건 함께하면 좋겠습니다. 그 과정에서 말을 건네오는 사람들, 단체들, 정당들에 대해서도 편견 없이 스스로의 판단을 가지고 이야기를 해보면 좋겠습니다.

이 '안녕하시냐'는 인사가 당장 내년 봄 뭔가를 이뤄내지 못한 것처럼 보이는 순간이 오더라도, 반대로 무언가 큰 변화가 일어나더라도, 이 순간 우리가 자신의 이야기를 했음을 잊지 않고, 또한 안녕치 못한 것에 대해서 계속해서 이야기해야 한다는 것을 잊지 않았으면 좋겠습니다. 그리고 그렇게 변화한 우리들 자신이, 바로 실패하지 않았다는 증거가 될 것입니다.

사회학과 석사과정 김민재

이 겨울, 안녕하지 못한 우리에게

안녕하냐는 물음을 듣고 작년 겨울이 생각났습니다. 칼바람이 많은 사람들을 집어삼켰습니다. 박근혜 대통령이 당선된 그 겨울, 7명의 노동자들이 세상을 등졌습니다. 대한문에 있던 쌍용차 분향소는 철거되었고, 유성, 쌍용차, 현대차 비정규직 등 수많은 노동자들이 하늘 가까운 곳에서 농성을 했습니다. 왜 한 사람이 '안녕히' 살아가기가 왜 이리 힘든 것인지 고민했습니다.

사회는 우리에게 살아남기 위해 경쟁하라고, 그렇지 않으면 낙오자가 될 것이라고 가르칩니다. 우리는 지난 20여 년간 다른 사람을 낙오시키지 않으면 내가 낙오자가 될 거라는 두려움 속에서 살아왔습니다. 그 두려움 때문에 우리는 다른 사람보다 더 연봉이 높은, 더 안정적인 일자리를 위해서 발버둥 칩니다. 나를 포함한 누군가가 안녕하지 못할 것을 알기 때문에 불안했고 두려웠으며, 안녕하지 못했습니다. 그 겨울, 저는 왜 누군가는 낙오되어야 하는지, 우리가 함께 안녕할 수 있는 방법은 없는지 고민했습니다. 그 고민에 명쾌한 답을 얻지는 못했지만, 그 겨울에 한 가지 다짐한 것이 있었습니다. 만약 다른 사람을 낙오시키는 것만이 제가 안녕할 수 있는 길이라면, 저는 안녕치 못한 길을 선택하고 싶었습니다. 대신 세상에 우리가 함께 안녕할 순 없냐는 질문을 던지며 지금 이 순간 안녕치 못한 사람들과 함께하겠다고 다짐했습니다.

다시 겨울입니다. 올 겨울도 작년 못지않게 추울 것만 같습니다. 작년 겨울 사람들이 세상을 등지게 만들고 허공에서 칼바람을 맞게 만들었던 문제들은 여전히 사람들의 삶을 위태롭게 하고 있습니다. 그뿐만 아니라 난데없는 민영화의 칼바람이 몰아치고 있습니다. 프랑스를 방문한 박근혜 대통령은 철도시장을 해외자본에 개방하겠다고 말했고, 이어서 철도산업 개방이 포함된 WTO 정부조달협정 개정안이 국무회의를 기습 통과했습니다. 정부는 수서발 KTX 자회사가 국민연금 등 공적자금을 투자해 운영될 거라고 하지만, 아직까지 정확히 투자를 약속받은 공공기관은 한 곳도 없습니다. 한국통신이 민영화되었던 과정에서 알 수 있듯, 이것이 민영화의 완성이 아닐지는 몰라도 이것은 분명히 민영화로 가는 하나의 단계입니다.

국가 기간망인 철도산업이 시장에 개방되면, 그것은 고스란히 거대 자본을 가진 해외자본과 국내재벌들의 먹잇감이 될 것입니다. 그런 거대자본들은 철도 레일과 역사와 같은, 국민의 돈으로 만들어진 시설물을 헐값으로 임대할 것이고, 지금 논란이 되고 있는 수서발 KTX와 같이 이윤이 남는 노선만 날름해버리겠지요. 나머지 적자 노선을 떠안은 코레일은 당연히 경쟁 상대가 되지 못할 것이고, 자연스럽게 나머지 노선도 민영화될 것입니다. 민영화가 되면 점차적으로 안전사고율이 높아지고, 이윤이 남지 않는 벽지노선이 폐선될 것이며, 더 많은 이윤을 위해 요금 역시 계속 인상될 것입니다. 그 피해는 고스란히 평범하고 가난한 사람들에게 돌아갈 것입니다. 그때 가서 정부가 다시 철도 운영권을 국유화하려고 할 때, 그 자금은 모두 우리들의 세금으로부터 나올 것입니다. 철도를 사들인 해외자본과 국내 재벌들은, 평범한 사람들의 피땀을 먹이삼아 배를 불릴 것입니다. 정부가 말하는 경쟁체제의 경쟁에서 낙오되는 것은, 대다수의 평범하고 가난한 사람들이 될 것입니다.

그래서 지금 우리는 서로에게 안녕하냐고 묻고 있습니다. 앞으로의 우리 삶이 안녕할 수 있을지 묻고 있습니다. 그것은 아마 우리가 두렵고 불안하기 때문에, 안녕하지 않기 때문에, 앞으로도 그럴 거라는 걸 알기 때문일 것입니다. '안녕들 하십니까'로 비로소 우리는 자신의 두려움과 불안을 마주했습니다. 저는 이제 함께 그 두려움과 불안에 대해 이야기했으면 좋겠습니다. 함께 만나서, 진득하게 서로를 마주보고 이야기 나눴으면 합니다. 그리고 그 질문들을 세상에 되돌려줄 수 있었으면 좋겠습니다. 그렇게 점점 더 많은 사람들이 세상에 묻는다면, 언젠가는 우리가 함께 안녕할 수 있는 날이 오지 않을까 합니다.

여러분, 이제 그 무수히 많았던 자기고백과 성토을 넘어, 함께 만납시다. 함께 세상에게 질문을 던져봅시다.

"안녕하십니까?"

어떤 이름으로 불려도 안녕하지 못합니다

지난 4월, 평등을 혐오하는 이들로 인해, 차별금지법을 제정하기 위한 세 번째 시도가 좌절되었습니다. 9월, 김조광수·김승환 커플은 한국 최초로 공개적인 동성 결혼식을 올렸습니다. 무대에 오물이 뿌려지는 등의 방해가 있었지만, 김조광수·김승환 커플은 '사랑은 혐오보다 강하다'는 것을 증명하듯이 당당하게 결혼식을 올렸습니다. 그러나 바로 며칠 전, 이들의 혼인신고는 거부되었습니다. 또 어떤 사람들은 교과서가 성소수자의 인권 문제를 '찬반 논쟁'의 주제로 삼아야 한다는 황당한 주장을 합니다.

이 글을 읽으시는 많은 분들이 이렇게 생각하실 겁니다. 대체 이게 나랑, 이 시국이랑 무슨 상관이냐고요. 하지만 오히려 그를 알기에, 저는 이렇게 말씀드립니다. 이것은 여러분이 기꺼워하시든 못마땅해하시든, 여러분과 같이 밥을 먹고, 수업을 듣고, 공부하고, 토론하며, 살아가는, 저를 비롯한 성소수자들이 살아가는 세상의 이야기입니다. 우리가 살아가는 이 사회 시국의 또 한 단면입니다.

그래요. 저는 성소수자입니다. Male To Female 트랜스젠더이고, 양성애자입니다. 여성입니다. 88만 원 세대입니다. 대학생입니다. 노동자계급을 물려받은 사람들 중 한 명입니다. 또 어떤 이름으로 저를 부를 수 있을까요? 일일이 나열을 하자면 끝이 없겠지요. 저만이 아니라 여러분 모두 무수히 많은 이름으로 불리며 오늘을 살고 계실 겁니다.
그러나 저는 어떤 이름으로 불리는 순간에도 안녕하지 못합니다. 차별금지법 하나 제정하지 못하는, 성소수자에 대한 차별이 일상적인, 여성에 대한 부당한 비난과 혐오가 난무하는, 젊은 세대를 봉으로 취급하는, 대학생이 학문이 아닌 취업에 열중하기를 강요하는 게 오늘날의 한국 사회입니다. 제가 어느 이름으로 불려야 안녕하겠습니까.

어떤 이가 우리에게 이렇게 물었습니다. 안녕들 하시냐고요. 그러게 말입니다. 다른 사람의 고통이 나의 것이 아니라고 안도하고, 내 삶을 지키기 위해 눈을 감고 귀를 막는 일에 익숙해져가는, 우리 모두는 안녕한가요. 공감하기를 포기하라고 자꾸만 강요하는 야박한 세상에서 우리는 얼마나 안녕할 수 있을까요.

저는 지금 당장 여러분과 함께 거리로 쏟아져나가 짱돌을 던지자는 말을 하려는 게 아닙니다. 다만 오늘을 사는 우리에게 '안녕들 하십니까' 하고 묻는 이야기를 통해, 우리 바로 옆 사람의 표정을 살피고 이름을 불러주는 계기를 얻을 수 있다면, 저는 그것만으로 충분한 의미가 있다고 생각합니다. 세상이 외로운 곳이 되어갈수록, 오히려 우리가 함께 안녕해지는 길은 가까이에 있다고 생각합니다. 지금 바로 옆 사람에게, 물어봐주세요. 안녕하십니까.

눈 내린 성공회대학교에서,

사회과학부 강은하

정말로 진심으로 묻겠습니다

'안녕들 하십니까'가 불쾌하게 느껴졌다면, 다행입니다.

그래서 안녕하지 못하다면 더욱 다행입니다. 안녕하고 있는 '대학생'에게 외치는 비판의 인사였으니 불편했겠지요. 정치적 의사를 표명하는 사람들을 종북세력으로 모는 일은, 소수의 종북세력을 빌미로 건전한 비판을 회피하려는 작태입니다. 타인의 일을 외면하는 사람을 비판하는 이유는, 그 '타인'이 사회적으로 합의된 '기본권'을 침해받았기 때문입니다. 정치와 사회에 무관심한 사람을 비판하는 이유는 인간은 시민으로서 사회적 책임과 권리가 있기 때문입니다.

우리의 비판이, 내 말에 동의하지 않으면 나쁘고 동의하면 착한, 흑백논리로 타인들을 재단하는, 영혼 없는 인사가 아닙니다. 우리의 비판은, 이것을 접한 사람들이 불쾌했다면 왜 불쾌한지, 우리가 왜 비판했는지, 생각이 다르다면 어떻게 다른지, '대화'하려는 시작의 인사입니다. 우리가 민영화와 파업만을 말하고 있다고 생각하는 당신이라면, 당신께서는 타인의 일을 외면하고, 정치에 무관심한 사람이 맞습니다.

우리는 이전에도 사회 부조리에 대해 외쳤고, 앞으로도 사회 부조리에 대해 외칠 것입니다. 우리는 도움을 요청하는 것이 아닙니다. 우리의 책임을 다하는 것이고, 우리의 권리를 누리고 있는 것입니다. 우리는 타인을 외면하거나 정치에 무관심한 당신을, 책임을 회피하고 권리를 누리고 있지 못하는 당신에게 도움을 주고 있는 것입니다.

우리의 고백은, 비판은, 인사는 흑백논리로 타인을 평가하는 비민주적인 것이 아니라 대화하고, 토론하고, 경쟁하고, 협력하는 민주적인 것입니다. 그래서 우리의 고백이, 비판이, 인사가 비록 운동권에서 시작되었을지라도 운동권이 아닌 학우들의 발걸음을 멈추게 하고 그들의 동참을 이끌고, 이제 곧 대학생이 될 것을 기대하는 고등학생들의 참여를 이끌고, 돈과 성적에 굴종하는 법을 배워야 하는 사회를 남겨준 것이 미안하다는 엄마의 답글을 받을 수 있었다고 생각합니다.

마지막으로 정말로 진심으로 묻겠습니다. "친구야, 안녕? 잘 지내고 있니? 보고 싶다!"

정외 09 김용민

하 수상한 이 계절, 여러분은 안녕들 하십니까?

저는 12월 20일부로 정치외교학과 학회 '독재자'의 학회장을 맡게 되었습니다. 민주주의 국가 아래 독재자라는 이름에 의아해하실는지도 모르겠습니다. 저희는 처음 '독서가 재미있는 사람들'이라는 이름 아래 모여 많은 책을 읽었습니다. 우리는 함께 여성, 노동, 빈곤, 민영화, 복지국가, 민주주의 등 사회 전반에 걸친 이야기들을 읽었습니다. 우리는 이 주제들을 다루면서 우리의 정체성에 대해 다시 생각해보게 되었습니다. 우리는 정말 독서가 재미있는 사람들인가? 정말 없어 보이는 이유 아닙니까. 우리가 책을 읽었던 이유는 무엇이었던 걸까요. 우리의 현실을 직시하고 우리의 주체성을 찾기 위한 것이었습니다.

산다는 것은 호흡하는 것이 아니라 행동하는 일이라는 루소의 말처럼 저는, 그리고 저와 함께 1년을 보낸 친구들은 정말 잘 살았습니다. 어떻게 보면, 정말 안녕했습니다. 그런데 이제 더 이상 안녕하지 말랍니다. 정치하지 말라고 합니다. 선동당한 것이래요.

우리가 정말 선동당했기 때문에 사회문제에 관심을 가지고 현실에 쓴소리를 하는 것인가요. 우리는 안녕하고 싶어서 이야기하는 것입니다. 부끄럽게도, 이렇게 늦게나마 자보를 쓰는 것이 제가 안녕하려는 방법입니다. 그리고 이 글을 읽는 여러분들도, 여러분 나름의 안녕한 이유와 안녕하지 못하는 이유가 있으시겠지요. 우리가 같은 안녕을 이야기하지 않더라도, 그리고 같은 방식이 아니더라도, 서로의 안녕함을 위해 안부를 물었으면 좋겠습니다.

안녕들 하십니까?

정치외교학과 12 전상하

성공한 삶이란 무엇인가요

안녕들 하십니까? 저는 성공회대 사회과학부 4학년 27살 타이틀이면 괜찮은 줄 알았습니다. 내 앞에 나타난 사회현실은 달랐습니다. 저를 스펙과 취업의 문으로 등 떠밀었습니다. 모든 사람들이 묻습니다. 취업은 어디로 할 거냐고, 스펙은 준비해놨냐고, 남들이 알아주는 직장에 들어가서 좋은 사람 만나 결혼하라고. 하지만 저는 제 자신에게 물어보지 못했습니다. 이 길이 내가 가고 싶은 길이 맞느냐고, 이대로 가도 괜찮겠냐고? 이전에 살던 삶과 지금의 삶 그리고 앞으로의 삶에서 어디쯤와 있냐고. 그래서 저 자신에게 미안해졌습니다.

제 주변도 그다지 안녕하지 못한 것 같습니다. 그래서 여러분과 세상에 소리치고 싶습니다. 우리는 입시공부를 잘해야 박수받는 사회에서 컸고, 명문대 대학생이 되어야 효자라 인정받았습니다. 졸업을 앞둔 지금, 남들이 알아주는 곳에 취업을 해야 성공한 효자라고 말합니다. 성공한 효자가 되기 위해 남을 밟아야 내가 성공하는 세상에 우리는 살고 있습니다.

여러분, 안녕들 하십니까.

성공회대 사과부 10 박은송

저는 안녕하지 못합니다. 제 자신을 속이지 않겠습니다

저는 이 글로 주목을 끌고 싶지 않습니다. 여러분이 단지 울어터질 것 같은 제 속마음을 들어주시길 바랄 뿐입니다.

저는 지금 4학년입니다. 우여곡절 끝에 기자가 되려고 마음을 먹은 지 1년 반입니다. 어떤 직장과 다름없이 기자가 되기도 무척 어렵습니다. 한 언론사에서 3명, 많아야 10명을 뽑는 상황에 수백 대 1이라는 경쟁률이 발생합니다. '언론고시'라 불리는 이유입니다. 저는 그저 제가 가장 재미있는 일을 하고 싶지만, 제 앞에 놓인 저 숫자는 너무나도 두렵습니다.

나름대로 스펙을 쌓아보겠다고, 언론사에 필요한 인재가 되어보겠다고 발버둥쳤습니다. 이름 대면 알 법한 잡지의 학생 리포터였고, 일간지의 객원 필진이고, 기사로 상도 받았으며 제2 외국어권에 교환학생까지 다녀왔습니다.

그런데도 불안합니다. 제가 기자를 할 수 있을지에 대한 확신이 없습니다. 그 누구도 취업을 보장해주지 않습니다. 어느 순간 제 마음속에 기자를 하려 했던 초심은 간데없고, 어떤 스펙을 더 쌓아야 할지가 먼저 떠오릅니다. 제가 바라 마지않던 내가 사라졌다는 걸 느끼는 요즘이 너무나도 공허합니다.

여러분은 어떻습니까. 저는 수업에서, 학교에서, 대외활동에서 너무나도 존경스러운 여러분들을 수없이 만나고 뵈었습니다. 저보다 학점이 좋거나, 대외활동을 더 많이 했거나, 독창적인 아이디어를 갖고 계십니다. 그런데 제가 아는 선배들 중에 하반기 공채에 붙은 사람은 다섯 손가락에 꼽습니다.

이중에 마음속 깊이 아무 걱정 없이 안심하고 행복하신 분이 계십니까.
정말 안녕하십니까?

저는 안녕하다고 제 자신을 속여왔던 걸 더 이상 하지 않으렵니다. 전 안녕하지 못합니다. 지금 도서관 밖에서 사람이 죽고 있고, 억울한 일을 겪고 있습니다. 우리는 아무 신경도 쓰지 못합니다. 해고당하는 저 사람들처럼 되지 않겠다는 생각을 가지고 공부합니다. 왜 우리가 자기 자신을 속이고, 서로를 지워가면서까지 불안해야 합니까.
정말 이렇게 살아야만 합니까? 물론, 저도 대책이 있는 건 아닙니다. 그러나 그저 이대로 있기엔 너무 안녕하지 못합니다.
여러분은 어떻습니까. 함께 이야기합시다. 대자보를 붙이시거나, 메일로 연락주세요. 어떤 종류의 비난과 비판도 환영합니다.

생명과학 09 정현

'안녕들 하십니까'가 사회 속에 끊임없이
'안녕하게' 남기를 바라며

저는 운동권에 부정적인 사람이 결코 아니며, 운동권이 불순한 의도를 품고 있다는 생각 따위 하지 않습니다. 모두가 침묵할 때 현장에서 외로이 활동하신 분들의 노력을 존경하고, 그러지 못해왔기에 한편으로는 죄송스럽습니다. 하지만, 지금 '안녕들 하십니까'가 나아가야 할 방향에 대해 진지하게 이야기하고 싶습니다. 제 의견을 말씀드리자면 지금 '안녕들 하십니까'에 필요한 것은 더 많은 사람들로부터 근본적인 공감과 성찰을 이끌어내는 것이지, 한순간 타오른 에너지를 기회삼아 특정한 곳에'만' 쏟아 붓는 게 아니라고 생각합니다. 현장에서 싸워왔던 분들께는 언제까지 참아야 하느냐, 이것 역시 급하지 않느냐는 비판을 들을 수 있겠지요. 하지만 운동권에서 생각하는 것들과 지금 시민들이 품은 문제의식이 합치할 거라고, 어차피 운동권에서 개별 사안에 대해 열심히 알리면 제대로 알고 동조하게 될 거라고 생각하지 않습니다. 수십 년간 '모르고', '무관심해왔던' 사람들, 그리고 항상 현장에 있었던 사람들의 눈높이는 너무나 다르기 때문입니다.

그렇기에 사람들에게 처음부터 너무 많고, 구체적인 것을 기대할 수도, 요구할 수도 없다고 봅니다. 그리고 저는 두렵습니다. 공감과 성찰, 그리고 참여의 분위기가 사회 전반에 충분히 무르익지 않은 상황에서 선불리 이슈를 국한 지었다가 실패한다면, 사람들은 자신들이 단지 '이용당했을 뿐'이라는 배신감을 느끼고 스스로가 가진 놀라운 가능성을 더더욱 믿지 못하게 될까봐 말입니다. 촛불의 실패에서 더 많은 정치적 무관심과, 사회 운동에 대한 반감과, 냉소와, 일베와, 박근혜가 태어난 것처럼 말입니다!

종자를 먹는 농부는 없습니다. 그래서 저는 '안녕들 하십니까'가 구호를 외치고 직접적으로 어떠한 일에 개입하는 구체적인 행동이 되기보다는, 더 많은 사람들이 자신의 경험과 생각을 마음껏 털어놓고 서로 공감할 수 있는 장이 되었으면 합니다. 그런다면 '안녕들 하십니까'의 경험은 사람들의 마음에 남아, 병든 세상에 저항하는 수많은 움직임들이 꽃필 토양을 다질 거라 생각합니다. 마지막으로, '안녕들 하십니까' 역시 한 순간 타올랐다 사그라들었던 수많은 불꽃이 아니라, 끊임없이 사회 속에서 타오르는 '등불'이 되어, 안녕하기를 빕니다. 그리고 '안녕들 하십니까'가 '등불'이 되었을 때, 시민들이 보여줄 행동을 굳게 믿습니다.

인문 13 창훈

우리의 패러다임은 취업

어제 새벽녘에 대자보를 붙인 '문대은'입니다.

대자보를 붙이고 난 후 하루 종일 좌불안석이었습니다. 이 글로 인해 누군가가 피해를 받진 않을까? 괜한 일을 한 건 아닐까란 걱정 또한 머릿속을 맴돌았습니다. 그러다가 문득, 표현의 자유를 보장받을 수 있는 이곳에서 목소리를 냈다고 불안해하는 제 모습이 참 우스웠습니다.

정치적인 견해를 이야기한 것이 아니었습니다. 그렇기에 반정부 시위는 더더욱 아니었습니다. 그저 우리는, 현재, 너무 각박한 시대에 살고 있지 않느냐. 의문이 들었고 주위를 둘러보고 올바른 사고를 통해 이 씁쓸함을 이겨내자 외쳤던 겁니다.

제가 생활했던 대학은 취업률을 높이는 데 목적이 있었던 것 같습니다. 이에 우리들의 패러다임은 취업으로 몰리게 되었습니다. 가슴을 벅차게 하는 것이 무엇인지 모르는 상태에서 그저 연봉이 높고 안정적이면 좋다는 생각만 했습니다. 이것이 우리의 사고를 방해하고 '이기'를 자극한 듯합니다.

졸업을 앞둔 입장으로서, 앞으로 이 공간에서 배울 동생들이, 진실로 안녕하지 못하지만 안녕할 것이라 믿는 이 현실에서 깨어나길 바랐습니다. 어제 한 친구로부터 이기적이란 말을 들었습니다. 네. 저 이기적이었나 봅니다. 그렇기에 한 번 더 말하겠습니다. 안녕했다는 착각에 아무것도 하지 않아서 죄송합니다. 죄송하단 말로 부끄러움을 덜고 책임을 회피하려는 것 같아 또 죄송합니다.

우리 모두 안녕하는 사회가 되길 간절히 바랍니다.

2013.12.15. 문대은

'안녕들 하십니까?'에 대한 좀 더 구체적인 답

우선, 여러분에게도 묻겠습니다. 안녕들 하십니까?
단번에 안녕하다는 답변을 할 수 있다면 그분은 이 수상한 세월에 휩쓸리지 않을 만큼 본인의 사회·경제적 위치가 강고하거나 속세에 미련을 놓고 지내는 것이라고 봐도 전혀 이상치 않을 것입니다.

안녕하냐는 그 물음에, 저는 이렇게 답합니다.
안녕하고 싶은데, 안녕하게 지내질 못한다고.
그래서 이제 말하려 합니다.
내가 왜 안녕하지 못한지에 대해.

'안녕들 하십니까?'의 원문에서 필자는 '정치적 무관심'을 키워드로 주변사람들에게 무거운 이야기를 전하고 스스로를 돌아보라 말했습니다.
이야기가 퍼지기 시작하며, 우리는 마치 죽비로 뒤통수를 한 대 얻어맞은 것처럼 서서히 이성을 찾고 있습니다.
정치적인 것에 대한 무관심, 그것이 어떻게 20대뿐만 아니라 모든 세대를 뒤덮는 타인의 삶에 대한 무관심과 무기력증을, 그리고 극단적인 이기주의를 만들어냈을까요?

정치적인 것에 대한 무관심은 사회적인 것에 대한 무관심과 다르지 않다고 개인적으로는 생각합니다. 나와 내 가족이 살아가는 것, 그리고 다른 이들과 얽인 모든 것이 사회적이고 사회적인 일은 곧 정치적인 결정 과정을 통해 만들어지는 것이니까요.
하지만 많은 사람들이 여기에 무관심하거나 과거의 무언가에 얽매여 현재의 자신에게는 어떤 것도 안겨줄 수 없는 이들을 지지한다고 맹목적으로 매달리고 있죠. 안타깝게도.

세상도 팍팍하고 내 삶도 네 삶도 팍팍한데 차마 안녕하시냐고는 더 묻지 못하겠네요.

이 말로 대신하며 마무리 짓겠습니다.

> 하이데거: "잘 지낸다 함은 무엇을 이름인가?"
> — 움베르토 에코, 《세상의 바보들에게 웃으면서 화내는 방법》중 〈"잘 지내십니까?"라는 질문에 대답하는 법〉에서

최병집

안녕들 하십니까?

많은 후배님들의 자보를 보며, 가슴이 벅차고 기뻐 남깁니다. 저는 그 간 너무도 안녕하였던 것 같습니다. SNS에 올라오는 많은 이슈들에 대 해 그저 손가락으로 '좋아요'만 누르며, 그렇게 안녕하였습니다. 학교에 입학해서 많은 방황과 고민을 하면서, 우리 학교의 학우들에 대해서도 쉽게 단정한 것 같아 미안합니다. 저 혼자 깨어 있는 척하며, 그저 가방 메고 통학버스에 오르내리기만 하는 우리 학교 친구들이 아무런 생각 이 없는 존재들로 오해하기도 했습니다. 그래서 더욱 미안합니다.

우리가 살아가는 이 사회는 너무도 혼란스럽습니다. 언론이 소통의 '언 로'가 되지 못하고, 정권이 국민을 두려워하지 않고, 사회의 잘못된 점 에 대해 비판하고 옳은 목소리를 내는 사람들에게 '종북'이라 딱지붙이 며, 그것을 오히려 보수언론과 종편채널들은 돕기까지 합니다. 저는 다 른 학우들이 자보에 적은 '철도민영화 문제', '쌍용차 문제', '삼성서비 스 문제', '국정원 불법 선거 개입', '밀양 송전탑 문제' 등은 각기 다른 문제가 아니라고 생각합니다. 이런 문제들의 원인은 오히려 우리의 '무 관심' 때문에 더욱 커진다고 생각합니다. 흔히 술자리나 친구들을 만나 는 자리에서 "나는 정치 얘기가 싫어"라는 말을 많이 들었습니다. 저는 이런 이야기를 들을 때마다 가슴 아팠습니다. 물론 정치 얘기가 싫을 수 있다고 생각합니다. 관심사는 개개인마다 다르니 말입니다. 그런데 우리 삶에서 정치는 결코 멀리 있지 않습니다. 지난 대선에 안철수 후 보가 했던 말이 떠오릅니다. "청년이 투표하지 않으면 정치가 청년에게 관심을 가지지 않습니다"라고요.
물론 청년들의 지지를 얻기 위해 할 수 있는 말입니다. 그런데 이 말은 역으로 생각하면 우리 청년들의 현실에 대해 비판하면서도 우리의 권리를 올바르게 찾지 못함을 꼬집은 것이기도 합니다. 민주주의란 본디 비경제적인 의사결정 방법이라고 합니다. 사회 구성원들의 다양한 목소리를 최대한 반영하는 것이 민주주의일 것입니다. 우리가 우리 사회의 진정한 의사결정 주체가 되지 못한다면, 우리의 내일은 오늘날과 별반 다르지 않을 것입니다. 저는 고려대에서 시작된 이 자보의 행렬이 며칠 사이에 끝나는 단발성 행사가 되지 않기를 바랍니다. 영원한 '안녕'을 위해 저는 오늘도 안녕하지 못한 길을 가려 합니다.

상명대 어문대학 한국어문학과 05 정영준

저는 안녕하지 못합니다

이제 졸업해서 학교를 떠나야 하는 4학년 2학기 학생인 저는 담담한 자세로 이곳에서 저의 의견을 밝히고자 이 글을 씁니다. 하 수상한 시기의 길고도 추운 겨울 상명대 학우 여러분들 모두 안녕하신지요.

저에겐 꿈이 있습니다. 그것은 제가 살아갈, 그리고 제가 떠난 후에 제 자식이 살아갈 사회는 정의롭고 자유로운 세상이었으면 좋겠다는 꿈입니다. 가진 것이 많고 적고를 떠나 사람답게 살 수 있는 세상. 법은 만인 앞에 평등하고 개인은 노력한 만큼 대우를 받으며 살 수 있는 세상. 만약 그것이 이루어질 수 없는 꿈이라면, 적어도 사는 게 서럽고 힘이 들어서 목숨을 끊지 않아도 되는 세상이었으면 좋겠습니다.

그러나 이 글이 이곳에 붙는다고 달라지는 것이 있을까요? 고민을 많이 해보았지만 그렇지 않을 것입니다. 계란으로 바위를 친다고 바위가 깨지지도 않을 것입니다. 다수가 바람 불면 바람 부는 대로 물결치면 물결치는 대로 고개 숙이고 외면하는 것이 현실인지도 모르겠습니다. 어쩌면 현실을 현실로서 받아들이고, 그 안에서 자신이 해나가야 할 일을 찾는 것도 불의한 세상에선 대단한 용기가 필요한 일인지도 모르겠습니다.

내리는 눈발처럼 많은 사람들의 눈물이 흘러내리고 있습니다. 다만 세상을 살아가는 용기를 가진 것처럼, 우리 주위에 힘든 많은 사람들이 있다는 사실을 인정하는 용기도 함께 가져주시기를 이 자리를 빌려 말씀 올립니다.

상명대 역사콘텐츠학과 06 김수원

안녕이라는 말 대신: 이화를 떠나며 남기는 편지

벗들께, 그동안 정들었던 이화를 졸업합니다. 하지만 우리는, 당신은, 안녕하지 못하네요. 그래서 안녕이라는 작별인사 대신 하고 싶은 얘기를 손글씨로 남겨봅니다. 먼저 감사의 인사를 드리고 싶습니다. 좋은 벗들과 사람들을 만나게 해준 이 공간에서 저는 참 많이 행복했습니다.

학교에서 저는 많은 것을 배웠습니다. 학생의 의미는 배우는 사람이고, 그런 의미에서 학력이나 학벌에 상관없이 인생을 살아가는 이들은 모두 학생입니다. 그렇게 알게 되는 것들에 대해 우리는 배우고, 배운 것을 익히고, 익힌 것은 실천해야 합니다.

이를 가르쳐주신 교수님들은 지식의 전달자일 뿐만 아니라 사상의 은사이시기도 하셨습니다. 그 배움을 현실의 사례와 엮어 이야기해보고자 합니다.

하나,

우리 학교 헬렌관 식당 노동자들은 계약직입니다. 그런데 정규직인 교직원과 정년은 59세로 같습니다. 월급은 '150여 만 원'과 '300여 만 원'으로 2배 다릅니다. 법정 인정 휴가 일수는 같지만 식당 노동자는 마음대로 휴가원을 쓸 수는 없고, 교직원들은 재량껏 씁니다. 저는 이것이 동등한 노동조건이라고 생각하지 않습니다만, 학교는 이전에 고지한 바도 없이 식당 노동자가 동일한 교직원이므로 내년에 정년이 되는 세 분의 식당 노동자를 사실상 정리해고하고, 인원도 충원하지 않고 파트타임 근무자로 대체하겠다고 합니다. 이것은 이화여자대학교의 정신에 부합하는 행정입니까?

인문학 수업에서는 이방인들 — 여성, 이주민, 비정규직 — 을 '가족',

'일반 시민'과 이질화하고, 그것을 공포로 만들고, 그런 감정을 확장시켜 재생산하는 과정에서 점점 사람들을 무력화시키는 힘에 함께 연대하고 저항하라고 배웠습니다. 여성학 수업에서는 밥을 만드는 일부터 국회의사당에서 의제를 논의하고 의결하는 일까지 하찮고 보잘것없는 일은 없으며, 다른 사람의 처지에 대한 공감능력을 키우고 복잡하게 얽혀 있는 사회의 차별적 구조들을 변혁해야 할 주체는 다른 사람이 아닌 자신이라고 말씀하셨습니다.

둘,

신규 철도사업을 민간 기업에게 맡기겠다는 사측 의견에 반대한 노동자들을 파업을 시작한 첫날부터 4,356명 '직위해제'하였고, 이틀째엔 1,585명을, 나흘째엔 860명을 추가로 업무에서 배제시켰습니다. 전체 임직원의 1/4을 넘는 인원의 의사를 무시하고 KTX는 12% 감축 운행할 예정이니 괜찮다고 합니다. 이것은 과연 경영 효율화입니까?

경영학 수업에서는 사람이 단순히 산업자원의 한 요소로 취급될 것이 아니라 인종, 성별, 나이에 대한 차별을 없애고 의사결정 과정에 참여할 수 있는 권한을 부여했을 때 실질적이고 공익적인 결과를 창출할 수 있다는 결과를 이론과 수치로 보여주셨습니다. 물리학 수업에서는 상대론이나 양자역학의 이런저런 신기한 사실들을 아는 것이 끝이 아니라, 끊임없이 캐묻고 스스로 생각함으로써 큰 언론이나 대세에 휩쓸리지 않고 세상에 대한 진정한 이해에 도달할 수 있다는 것을 알려주셨습니다.

셋,

두 질문에 나온 사안들에 해당되는 노동자들은 모두 고용주의 반대를 무릅쓰고 농성과 태업, 파업을 진행한 바 있습니다. 이 단어들이 무서워 보이나요?

모든 노동자에게 중요한 것은 '인간적 존엄'과 '일할 권리'이고 노동하고 돈을 받는 것은 인간이 자본주의 내에서 실존할 수 있는 방안입니다. 아르바이트든 급여이든 용돈이든, '내 돈'이 있다는 것은 생존과 자유를 얻는 것이라는 경험, 누구나 해봤을 것입니다. 배가 불러서 하는 소리라고 치부당하는 것은 부당합니다.

배움의 실천에 있어서 '중립' 혹은 '중도'는 있을 수 없습니다. 흑백논리로 편을 가르자는 말과는 다릅니다. 옳은 것이 있으면 분명 그른 것이 있고, 한 의견과 다른 의견이 공존할 수도 있지만 만약 중요한 부분에서 일치하지 못하면 협상하고, 그것 또한 어렵다면 서로의 주장을 펼쳐 대치하는 것은 정당하고 자연스러운 일입니다. 그런데 유감스럽게도 이런 의견을 펼치는 것조차 어려운 사회입니다.

이것이 정당합니까? 학교 식당 노동자의 처우에 항의할 수 있는 학교의 주인은 재단도, 총장도, 교직원도 아닌 학생 구성원입니다. 철도 노동자가 지적하는 무리한 민자 유치로 인해 방만해지는 공사 운영에 우려를 표명할 수 있는 사람은 코레일 사장도 대통령도 아닌 국민입니다. 그런데 우리는 '학교에서 징계가 오지 않을까' 두려워합니다. '입사 시 불이익이 오지 않을까' 무서워합니다. 이것은 부당합니다.

맺음말, "용기를 냅시다, 우리, 함께."

쓰다보니 긴 글이 되었지만 하고 싶은 말은 단 한마디입니다. 용기를 냅시다. 아무리 고민해봐도 아닌 것에 대해 "나는 이 사안에 반대합니다"라고 말하고 행동하는 용기를 냅시다. 그때 다시 만나서 작별이 아닌 만남의 인사를 함께 나눠요, "안녕하세요"라고.

이화여대 경영대학 국제사무학과 07학번 김매이

저 궤변가들에 대하여

안녕들 하십니까. 저는 졸업을 앞두고 있는 평범한 학부생이고 고려대 정대 후문에서 일어나기 시작한 기적을 목격한 수많은 증인들 중 한 명입니다. 지금은 시험 기간인데도 교재가 손에 잡히지 않아 안녕하지 못한 비루한 처지입니다.

제가 이번 사건을 받아들이고 평가하고 전망하는 암묵적인 참조점은 알랭 바디우의 철학입니다. 물론 이번 사건의 의미는 모두에게 개방되어 있기 때문에 굳이 어떤 철학적 의미부여 같은 것은 필요 없습니다. 하지만 사건의 의미를 누군가로부터 지킬 필요가 있을 때, 단지 그때에만 제한적인 필요성이 있다고 생각합니다.

안녕들 하십니까는 말 그대로 정치적 '사건'입니다. 그리고 사건의 중심에는 상황 속에 은폐되어 있는 '진실'(말 그대로 안녕하지 못한 삶의 단면)을 선언하는 주체들이 있습니다. 그리고 그러한 진실에는 당연히 그러한 '안녕하지 못함'을 말할 수 없게끔 한 상황의 구조적인 억압과 폭력에 대한 고발이 들어 있습니다. 저 둘은 따로 떼어내려야 떼어낼 수 없습니다. 따라서 이것은 엄밀히 정치적인 사건입니다. 그러나 최근 들어 '합리적 보수'를 자처하는 이준석과 같은 청년 정치인과 (보수와 진보에 걸쳐 있는) 일군의 궤변론자들은 저 '안녕하지 못한' 각자의 처지와 '철도 파업'이라는 정치적 사건을 분리하려고 시도하고 있습니다.

항상 그렇듯이 '사건'이라는 것은 '국지적'인 장소에서 일어나며, 그것이 드러내는 보통 사람들의 진실은 연약하고 상처받기 쉽습니다. 진실에 충실한 주체들이 바로 그 사건에 지속적으로 연루되어 있지 않다면 사건이 드러낸 진실은 금세 증발하고 말 것입니다. 그렇기 때문에 저는 이 사건에 대해 (비록 저 자신이 그 진실을 감당할 수 없는 도덕적으로 결함이 많은 인간이라 할지라도) 전적으로 당파적인 입장을 취할 수밖에 없습니다. 이 사건에 대한 중립적이 입장은 이미, 가능하지 않습니다. 주현우 씨가 몸소 말했듯이 (그동안 소위 말하는 진보좌파의 판에서조차 소외되어 있던 사람들이) '자기 자신의 정치'를 만들어간다는 의미가 없다면 이번 안녕들 하십니까라는 사건은 전적으로 요점을 상실합니다. 저는 그 의미가 지금도 살아 있다는 것을 지난 12월 14일 정대 후문과 시청광장 그리고 서울역에서 똑똑히 목격했습니다.

제 생각에는 이 사건은 이후 온갖 종류의 궤변과 공세에 시달릴 것입니다. 그러나 이중에서 '종북'이라든가 '빨갱이'라든가, 혹은 선전입네 선동입네 하는 공세는 전혀 위협적이지 않습니다. 한눈에 봐도 그러한 비난이 요점을 놓치고 있다는 것이 너무나 자명하게 드러나 있기 때문입니다. 심지어 조선일보조차 일베의 행동을 대놓고 옹호해줄 수 없습니다! 사건을 선언한 주체들 중 그 누구도 일베와 색깔론을 더 이상 두려워하지 않습니다. 오히려 두려워하는 것은 저들입니다! 다만 정말로 우려스러운 것은 이준석과 같은 소피스트들(궤변론자들)이 저 수많은 사람들이 어렵사리 드러낸, 상황 속에 은폐되어 있던 진실을 다시 정상적인(?) 상황 안으로 봉합해버리려고 시도하는 것입니다. 단적으로 말해서 그들은 사람들의 점증하는 진실에 대한 폭로를, 그것에 기반한 반란의 행동들을 그저 관대하게 이해해줄 만한 '하소연 대회'로 국한 짓고 싶은 모양입니다.

지배세력과 그 옹호자들은 드디어 행동하기 시작한 대중들에게 항상 다음과 같이 구슬리곤 합니다. "너희들이 현재의 상황 속에서 주관적으로 체험하는 억압과 폭력이 그 자체로 '객관적인 진실'이라기보다는 어떤 우연한 상황이 낳은 착시효과에 가까워. 하지만 너희가 그렇게 울분을 느끼게 된 사정을 나는 진심으로 이해해. 네 사정 충분히 이해하고 나도 열심히 할 테니까. 다시 행정은 관료에게, 정치는 정치인에게 맡겨주고 조금만 참고 기다리렴." 저는 고등학생 때 강압적인 야자와 두발규제에 항의했던 학생들을 기억합니다. 그리고 그 친구들은 이와 비슷한 종류의 구슬림을 항상 가장 선량한 선생님들로부터 받았던 기억이 납니다. 물론 그들은 좋은 분들이었습니다. 하지만 돌이켜보면 똑같은 교실, 똑같은 상황에서, 똑같이 분연히 떨쳐 일어난 학생들이 똑같은 구슬림을 받게 되는 것을 보게 됩니다. 그러나 이번은 조금 다르다고 생각합니다. 자신이 안녕하지 못한 '이유'를 다시 한 번 말하기 시작한 고등학생들이 이번 사건의 주역이라고 생각합니다.

대자보를 찢고 불태우는 일베충들로부터만, 그리고 드디어 노조 간부들에 대한 사법처리에 나선 공권력으로부터만 이번 철도 파업과 대자보 반란의 대의를 지켜야 하는 것은 아닙니다. 이것이 하나의 '사건'이라는 것 자체를 부인하는, 그러함으로써 사건이 드러낸 진실을 선언하는 주체들의 충실성을 신파극으로 격하하는 온갖 종류의 착한 궤변들로부터도 지켜낼 필요가 있다고 생각합니다. 12월 말, 안녕하지 못했던 2013년을 되돌아보는 자리에서 다들 뵈었으면 합니다.

고려대 인문캠퍼스 국제관 앞

2013년 12월 17일

경제학과 박원익

우리가 보았던 것은 역사적 사건이었습니다

슬펐습니다. 서로에 대한 불신 때문에 한 자리에 모이지 못하는 것이요. 너무 답답해서 페이스북에 내 생각을 올리려다가도 댓글들이 두려워 지울 수밖에 없는 것이 안타까웠습니다. 그런데 정말 놀라운 일이 일어 났습니다. 페이스북에 온갖 종류의 '생각'들이 올라왔고, 그것들이 대 자보의 형태로 정대 후문에 붙어 있기도 했습니다. 그리고 우리는 지난 토요일 정대 후문에 모여 하소연 대회를 열었고, 시청과 서울역에 다녀 왔습니다.

울컥했습니다. 분명 우리는 다릅니다. 서로의 삶이 다르고, 관심사가 다 르니까요. 하지만 이렇게나 다른 사람들이 한 자리에 모여 있다는 것, 그리고 서로 외치는 구호가 달라도 이것을 인정하고 함께할 수 있다 는 것을 확인할 수 있었습니다. '안녕하지 못하다'는 이유만으로도 300 여 명의 사람이 정대 후문에서 함께할 수 있었습니다. 함께 모인 사람 들 중 누군가는 "대선 개표 조작"이라는 구호에 동의하지 않을 수도 있 습니다. 하지만 그뿐입니다. 내가 안녕한 문제에 대해 그 사람이 안녕치 못하다 외친다고 해서, 우리가 안녕하지 못하다는 사실이 사라지는 것 은 아닙니다.

그곳에 모인 우리는 '순수'하면서도 '정치적'인 존재였습니다. 모 언론 은 우리를 '순수'하지 않은 대학생에게 선동되었다고 했습니다. 하지만 우리는 우리의 '순수성'을 '정치적' 행동으로 증명해나가야 합니다. 우 리의 생각은 달라도, 그것이 하나의 '힘'이 될 때, 우리는 우리의 안녕 을 찾을 수 있을 테니까요.

지난주 우리가 보았던 것은 일상이 아니라 역사적인 사건이었습니다. 저희는, 우리가 앞으로의 시간도 '역사'로 바꿔낼 수 있었으면 좋겠습니다. "안녕들 하십니까?"라는 물음으로 인해, 우리는 이제 생각을 말할 수 있는 '의지'를 지닌 '시민'으로 복권되었습니다. 부디 이제까지의 불신을 털어버리고 우리의 안녕을 찾기 위해 힘냈으면 좋겠습니다. 다들, 힘내요!

문과대 10 동규, 하영

너무나도 답답한 마음에 안녕하지 못합니다

정치적인 것과 정치적이지 않은 것을 구분하려는 분위기에 너무나도 답답합니다.

당신은 정치적인 것과 정치적이지 않은 것을 구분하실 수 있나요?

학생식당이 맛없고 비싸다고 의견을 내는 것은 정치적인 것일까요, 정치적이지 않은 것일까요? 수업 개수 좀 늘려달라고 학교에 말하는 것은 정치적인 것일까요, 정치적이지 않은 것일까요? 지하철 요금 좀 내려달라고 인터넷에 글을 올리는 것은 정치적인 것일까요, 정치적이지 않은 것일까요?

그럼 다른 질문을 해보겠습니다.

전국 대학교의 학생식당을 개선해달라고 요구하는 것은 정치적인 것일까요, 정치적이지 않은 것일까요? 전국 대학교의 수업 개수를 늘려달라고 요구하는 것은 정치적인 것일까요, 정치적이지 않은 것일까요? 철도 민영화를 반대한다고 말하는 것은 정치적인 것일까요, 정치적이지 않은 것일까요?

만약 서로 답변을 달리하셨다면, 그 구분점은 무엇인가요?

정치적인 것은 뭘까요?

그 내용 속에 정당 이름이나 단체 이름, 혹은 정치인 이름이나 시사용어가 나오면 정치적인 것이고, 그렇지 않으면 정치적이지 않은 것일까요? 혹은 정당이나 단체에 소속된 사람의 이야기면 순수성이 결여된 정치적인 것이고, 그렇지 않은 사람의 이야기면 정치적이지 않은 '순수한' 것일까요? 우리는 그동안 정치적인 것과 순수한 것을 구분 지으며 '정치적인 것'을 너무 쉽게 규정한 것은 아니었을까요?

어느 곳이 되었건, 누군가 의견을 내고 그 흐름을 만드는 것, 그리고 토론을 하고 합의를 만들고 실천하는 것, 저는 이 모든 것이 정치라고 생각합니다. 그러하기에, 저는 정치적이지 말아야 한다고 이야기하는 것 또한 정치적인 것이라고 말하고 싶습니다. 저는 '정치적인 것'을 거부하는 흐름들에서 벗어나고 싶습니다. 우리는 모두가 '정치적'입니다

나이 많으신 분들이 20대가 정치에 관심이 없다는 말에 정말로 답답하셨을 겁니다. 저 또한 답답합니다. 그들 또한 정치라는 의미를 축소시키고 있기 때문입니다. 우리는 정말로 정치에 관심이 없는 것일까요?

우리가 학교에 내는 돈만큼 학생들에게 해주는 것이 없어서 많은 분들이 섭섭하고 화나는 경험을 넘어 그것을 주변에 이야기해보신 경험들이 있지는 않나요? 그런 경험 또한 저는 정치적이라고 생각합니다. 우리는 모두 '정치적'입니다. 그런데 왜 정치적인 것을 거부해야 할까요? 우리 사회는 논의와 실천을 통해 변화합니다. 정치적이라고 거부한다면 무엇이 변화할까요?
무엇이 되었건 고민하고 토론하고 실천해보는, 그런 대학사회를 저는 희망합니다.

시디 09 희강

'사회' 없는 시대의 '정치'
– 안녕들 하시냐는 물음에 부쳐

1. 본격적인 얘기를 하기 전에, 저희 어머니 얘기를 좀 해볼까 합니다. 저는 저희 어머니를 무척 존경합니다. "네가 대학 잘 간 건 네가 잘나서가 아니라 밥 먹여주고 집에서 재워주고 등록금 대주고 부족함 없이 길러준 부모를 만나서다. 그걸 잊지 마라"고 직설적으로 정곡을 찌르시는 분이거든요. 그런데 어느 날 '안녕들 하십니까'라는 대자보가 붙었다고, 사람들이 뜨거운 반응을 보이고 있다고 말씀드렸더니 이렇게 말씀하시더랍니다.

"너 자신의 미래도, 우리 가족의 미래도 불확실한 판국에 타인들의 고통에 신경 쓴다고? 니가 주변사람 돌아보지도 않고 생판 모르는 남을 보며 살 정도로 그렇게 잘났어? 헛소리 말고 니 앞길, 니 가족이나 챙겨!"

갑갑합니다. 뭐 저만 그럴까요. 우리는 뭔가 잘못된 걸 느끼면서도, 이상하다는 걸 알면서도, 옆을 돌아보는 순간 나락으로 떨어져버리리라는 두려움 때문에 애써 외면해야 했습니다. 물론 그건 단순히 우리가 비겁해서가 아닙니다. 죄책감 가질 필요 없습니다. 이 숨 막히는 세상이 우리를 벙어리로 만들었고, 금방이라도 무너져 내릴 것 같은 우리의 발밑은 우리의 걸음을 묶어놨습니다. 어디서 무얼 하든 우리는 나가서 하루하루 전쟁을 치르고, 집에 터덜터덜 걸어와 내일의 전쟁을 준비할 뿐입니다. 그 와중에 우리는 서로를 보고 얘기 나눌 여유도 공간도 없습니다. 대학생들은 학번이 조금만 높아져도 있을 곳이 없어 칸막이 쳐진 열람실을 전전해야 하는 처지입니다. 학생회들이 아무리 당연하고 좋은 얘기를 해도 나의 일이라기엔 너무 멀게 느껴집니다. 대학 바깥은 더 심각합니다. 자신이 살아가는 공간에 대자보를 붙이고 싶어도 붙일 곳이 없어 길거리에 붙이는 사람들도 많습니다. 난리통 속에 하루를 보내고 오면 너무 피곤해서 뒤풀이고 회식이고 집어치우고 혼자 있고만 싶어집니다. 옆 사람에게 신경 쓰는 동안 자기 몫을 뺏길까봐 항상 노심초사해야 하는 스스로가 애처롭습니다.

저는 사회학과에 다니고 있습니다. 사회학은 당연히 '사회'에 대해 배우는 학문이겠죠. 하지만 사회학을 배우면서 저는 오히려 사회에 대해 알 수 없게만 되어갑니다. 지금 이곳에 '사회'가 존재하긴 합니까? 우리는 우리의 삶을 '함께' 영위하고, 짐을 '함께' 짊어지고, 서로를 '함께' 위로하고, '함께' 놀고, 정치를 '함께'해나갈 공간이 필요합니다. 다시 말해서, 우리는 사회를 절실히 필요로 하고 있습니다. 애초에 우리는 사회를 가져본 적이 없습니다. 사회적인 억압과 훈육과 차별은 존재하되 사회적인 삶은 없습니다.

철도 파업을 보십시오. 서로의 무게를 나눠 짊어지기 위해(다른 말로 '간접적 소득재분배'를 위해) 존재하는 철도공공성을 위한 철도노조의 파업은 정치파업이라 불법이라고 합니다. 아무리 '사회적' 기능을 하는 공기업이라도 '사회적' 의제를 얘기하면 안 되고 무조건 노사가 일대일로 대화해야 한답니다. 그걸 보고 뭐라 하면 외부세력은 끼어들지 말라 합니다. 언제는 같은 사회의 구성원이라면서요? 그러면서 수천 명의 노조원들을 순식간에 직위해제합니다. 정말 '사회적'입니다.

2. 우리가 사회를 가져본 적 없다면 정치를 통해 사회를 만들면 됩니다. 정치는 그 자체로 (새로운) 사회를 만들어내는 일입니다. 그렇지만 정말 어려운 일이라 생각했습니다. 옆에 있는 사람들은 어차피 금방 헤어질 사이라 생각했고, 아무도 내 삶을 책임져주지 않는다는 생각에 사로잡혀 할 수 있는 건 별로 없다고 생각했습니다. 그런데 '안녕들 하십니까'

라는 물음을 통해 우리는 미력하나마 서로의 얼굴을 보고 안부를 묻게 되었습니다. 대자보로 안녕하지 못한 이유를 말하고 그에 대답하게 되었습니다. 가늠하기도 어려운 삶의 '애매함' 속에서 허우적대며 살고 있는 우리들은, "고민하고 목소리 내길 종용받지도 허락받지도 않았"기에 결국 직접 목소리를 내고 있습니다.

결국 우리 모두는 '안녕들 하십니까'라는 물음을 통해 이미 정치의 첫걸음을 내딛은 셈입니다. 민영화에 찬성하든 반대하든, 대자보에 찬성하든 아니든 서로를 보며 대화하고 있으니까요. (대자보를 몰래 찢어버리지만 않는다면 말이지요.) 우리에게 사회적 삶도 공간도 주어져 있지 않았기에, 나도 안녕하지 못하다고 우리 모두 안녕하지 못한 게 아니냐고 소리쳐 묻고 싶던 걸 어느 순간 꾹 억누르고 살았습니다. 그러나 이젠 용기를 얻어 '많은 사람들과 함께' 말할 수 있을 것 같습니다. 그리고 그것이 정치를 통해 사회적인 삶을 만들어내고 사회 위에서 다시 정치를 펴나가는 첫걸음이 되길 진심으로 바랍니다.

사회 09 승우

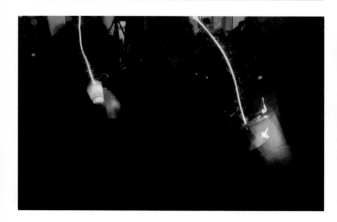

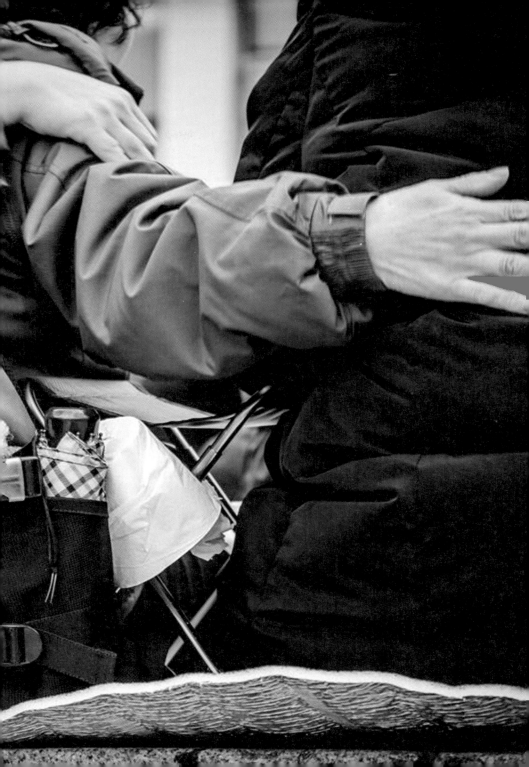

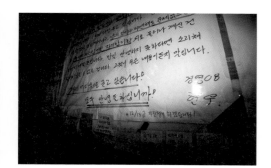

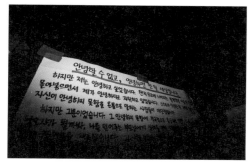
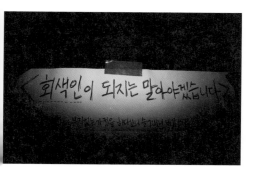

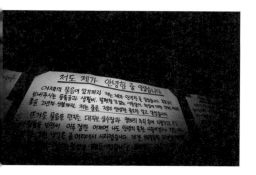

사진작가: 박혜림

서울예술대학교에서 사진을 전공하고 있다. 2013년 12월 18일 중앙대 청소 노동자 결의대회에서 '의혈, 안녕들 하십니까?'를 촬영하게 된 것을 계기로 '안녕들' 활동을 렌즈에 담아왔다. 상한 갈대는 꺾이고, 꺼져가는 등불은 꺼버리는 야만의 시대, 바람 불면 날아갈 씨앗처럼 작기만 한 '안녕들'이 방황하거나 원망하지 않고 자신의 정치를 만들어가는 것을 보며 자신이 변하는 것을 느끼고 있다. 그 신비한 힘을 사진으로 표현하고 싶었다. 사람들이 '안녕들' 이야기 속에서 희망을 만나게 되길 바란다.

3.

우리도 안녕하지 못합니다

안녕들 하십니까?

저는 지하철역에서 일하고 있는 역무 노동자입니다.
20년 넘게, 새벽부터 자정 너머까지 수많은 이용 시민들과 애환을 함께
해오고 있습니다.

사는 게 참 고단합니다.

청년 인구가 계속 줄고 있는데도 일자리는 기하급수적으로 줄어들고
있습니다. 경제적인 이유로 시집, 장가는 고사하고 데이트 비용이 부담
스러워 제대로 연애도 못합니다. '자기만의 방'에 갇혀 지내거나 대학
졸업을 늦춥니다. '알바연대'라는 모임이 생겨날 만큼 일자리의 질도 터
무니없습니다.

부모님은 부모님대로 평생 빠듯한 월급으로 아이들 과외시키고 키우면
서 노후에 남은 재산이라고는 달랑 아파트 한 채인데, 지속적으로 떨어
지는 집값에 불안하기만 합니다. 이 실제적인 고단함은 정권을 책임지
는 세력이 누구였느냐에 따라 그 무게가 해소되지 않고 있고 언제부턴
가 지속적으로 누적되고 있습니다. 2013년 6월 현재, 10대 상장기업의
사내유보금이 477조 원이고 먹고살기 위해 금융권의 돈을 대출해 쓰고
있는 가계부채가 1,000조 원입니다. 4대강에 풀은 22조 원의 돈은 삼
성물산이나 현대건설 등 건설 자본가들에게로 흘렀습니다. 정부는 8조
원의 돈을 수자원공사에 떠넘겼고 지난 4년간 세금으로 지원한 돈만 해
8,290억입니다. 내년에도 4대강으로 1조가 나갑니다. 이상이 제가 아
는 한국 경제의 실제 단면입니다.

지금 철도 사영화(Privatization, 민영화) 반대, 철도노조 총파업이 19일 차에 걸쳐 진행되고 있습니다. 철도는 대표적인 공공 인프라로서 보편적 교통복지사업이기 때문에 적자는 불가피합니다만(그마저도 공항철도 매입 등 정부 정책으로 인한 부채임) 정부는 '경쟁체제 구축'이라는 허울로 수서발 KTX를 사적 자본에 매각하려는 수순을 밟고 있습니다.

결국 재국유화된 영국의 레일트렉의 사례와 1987년 분할 민영화된 일본의 JR홋카이도 선의 잦은 사고와 높은 요금체계를 보더라도 교통복지 수혜자들의 안전이나 재분배(저렴한 요금)적인 정책은 팽개쳐지고 오로지 사적 자본의 이윤추구만 남게 됩니다. 철도, 교육, 가스, 도시철도 등의 공공서비스가 국내외 자본들에게 넘어갈 것입니다. 국가는 공공서비스의 역할을 포기하거나 축소하면서 사적 자본에 그 역할을 맡길 것입니다.

'많이 공부 좀 했다'는 사람들은 그것을 '신공공관리', '거버넌스'라고 합니다. 이렇게 정치 경제가 지속적으로 우리들에게 친절하지 않은 까닭에는 그렇게 공부를 많이 하신 '경제통'들이나 '전투적인 노동운동가'들의 노동과 자본에 대한 시각이 '자기 영역'의 사수에만 꽂혀 있다는 데에도 있습니다. 그분들은 아직도 이 시스템, 경제체제의 문제를 건들지 않습니다. 그래도 그러한 '방관'을 넘어 자발적으로 국가의 역할에 대해 토론하고 사영화를 반대하는 큰 흐름들을 만들어가시는 시민들의 현재를 공유하면서 지금과는 다른 세상을 상상합니다.

이근행

철도를 사랑하는 국민 여러분 안녕하십니까?

저는 열차 운행의 최종 책임자인 기관사이자 철도노동조합의 조합원이
자 한 가정의 가장입니다. 파업배낭을 싸서 집을 나온 지 보름을 향해
가고 있지만 저는 안녕합니다. 남편의 직위해제와 징계 등 걱정되는 마
음은 잠시 미루고 열심히 두 아이를 돌보며 응원을 보내고 있는 아내
덕분에 안녕합니다. 역사적인 최장기 파업이지만 불편해도 괜찮으니 꼭
이기라고 지지를 보내주시는 대다수의 국민들 덕분에 안녕합니다. 서로
가 서로를 굳게 믿고 단 한 명의 이탈자 없이 질기고 즐겁게 파업을 이
어가고 있는 자랑스러운 조합원 동지들 덕분에 안녕합니다. 물론 대통
령, 정부, 국토교통부, 낙하산 사장, 거짓 언론 등 우리를 안녕하지 못
하게 만들려고 하는 존재들도 있습니다. 그러나 그들이 탄압과 징계,
공권력이라는 무기를 휘두를수록 이상하게도 신뢰와 정의, 연대라는
우리의 방패는 더욱 강건해지는군요. 그래서 정말로 나는 안녕합니다.
좋아하는 글귀 중 "별은 바라보는 자에게 빛을 준다"라는 말이 있습니
다. 우리 인간은 밤하늘의 별처럼 스스로 빛나진 못하지만 서로가 서로
를 바라봐줄 때 비로소 빛이 나는 존재가 된다는 뜻입니다. 지금 이 순
간 저를 안녕하게 만들어주는 모든 분들이 이렇게 아름답게 밤하늘에
흩뿌려져 있는 듯합니다. 더욱 힘내겠습니다. 내가 모는 기관차처럼 힘
차게 달려가겠습니다. 저는 지금, 안녕합니다.

청량리 기관사 허정

안녕들 하십니까?
− 민영화 막겠다고 파업하다 잡혀가신
영주차량 지부장 안부를 묻습니다

태백선·중앙선·안동선 등 아름다운 산하를 안전하게 달릴 수 있도록
열차를 정비해온 영주차량 윤형수 지부장이 잡혀갔습니다! 아름다운
지역노선 민영화되면 모두 없어질 노선입니다. 철도민영화 반대했다고
제일 먼저 잡혀간 우리 영주차량 지부장님 안부가 걱정됩니다. 국민 여
러분 철도노조를 함께 지켜주세요!

서울차량 지부장 하현아

기꺼이 그 길을 가겠습니다

학생 여러분 고맙습니다.
철도노조 위원장 김명환이라고 합니다.

'수서KTX주식회사' 설립은 철도민영화로 가는 시발점입니다. 지난해 MB정부가 수서KTX 민영화를 추진하려다, 특혜 시비로 좌초된 적이 있습니다.
올해 박근혜 정부는 경쟁체제 도입이라는 명분으로 단계적 민영화를 추진하려 하는 것입니다. 즉, 우회적 꼼수 민영화입니다.
대통령이 프랑스 가서 철도 개방 약속하고 기립박수를 받고 내년부터는 물류화물 분할 민영화, 2016년 8개 지역 노선 민영화, 차량정비회사 분리 등 철도를 외국의 다국적 철도 자본에 개방하고 내부를 조각조각 분할 민영화하려는 것입니다.

청춘을 바쳐 철도에서 일해온 철도 노동자들은 누구보다 이 사실을 잘 알고 있습니다. 그래서 맞서 저항할 수밖에 없습니다.
양심, 분노, 영혼이 있는 철도노동자이기 때문입니다.

그런데 정부와 공사 경영진은 대화는 하지 않은 채 일방적으로 불법으로 매도하고, 직위해제 7,900명, 200명 고소고발 등 억누르고 겁박만으로 일관하고 있으니 답답하기만 합니다.
그러나 너무나 많은 국민들께서 철도 노동자들의 파업을 지지해주셔서 그 힘으로 버티고 싸우고 있습니다. 고맙습니다. 불편을 조금만 참아주시면 꼭 철도민영화 막아내겠습니다.

여러분과 이렇게 대화 나눌 수 있어서 참 좋습니다.

철도 노동자들의 투쟁에 어떤 어려움이 닥쳐온다 해도, 안녕하지 못한 세상에 조금만이라도 경종을 울릴 수 있다면, 기꺼이 그 길을 가겠습니다. 학생 여러분 고맙습니다.

"탈선을 향해 질주하는 열차를 잠시 멈추고 선로를
바로잡으려 합니다. 다시 달리기 위해 잠시 멈춥니다."
– 철도노조 12.9 총파업 선언문 中에서

2013.12.14.

전국철도노동조합 위원장 김명환

Without international solidarity we can't be okay!

Dear everyone at International Transport Workers'Federation, UNISON, and RMT,

How do you do?

My name is TaeKyung Kang. I am one of the participating students of the How Are You All Doing? movement in Korea. I saw Mr. Karlson Lingwood shave his hair in front of the Korean embassy in London on the Internet the other day. I was deeply inspired by his humorous remark "My head will be a bit cold, but my heart is warm."

It was through this news I got to know about ITF for the first time and how people have been struggling to prevent privatization of public goods around the world. I feel that Korea's fight for the public nature of our railway is closely related to similar problems around the world. And I also realize that the ability to band together and empathize with one another regardless of nationality and race as we do these days is the true yardstick of our civilization.

Please continue to take heart for the well being of all of us and for every railway's public concern! I sincerely dream of the whole world in solidarity just like the ocean that touches all corners of the Earth as one. (In the East the most virtuous element is water. We have a saying that water constantly wishes to seep into the lowest places to congregate as a big ocean, and I was reminded of this when I thought about what the international solidarity could achieve.)

Lastly I wish to express my condolences for all those sacrificed in armed crackdowns that took place in Cambodia and Bangladesh. Their sacrifices are also the reasons why we are not doing well.

p.s. I hope you have warm enough hat, Mr. Lingwood. Be careful not to catch a cold!

Without international solidarity we can't be okay!

Yours sincerely,
TaeKyung Kang

국제운수노련, 영국 공공노조, 영국철도해운노조 여러분 안녕들 하십니까?

저는 안녕들 하십니까 운동을 하고 있는 학생입니다. 인터넷을 통해 런던 한국대사관 앞에서 머리를 삭발하시는 '칼슨 링우드' 씨를 보았습니다. "머리는 차갑지만 가슴은 뜨겁다!"는 유쾌한 한마디에 저 역시 가슴이 뜨거워집니다!

이번 기회에 저는 ITF(국제운수노련)를 알게 되었고 전 세계적인 공공재의 사유화를 막기 위한 싸움이 있다는 것을 알게 되었습니다. 한국의 철도 공공성을 향한 싸움이 이 지구에 사는 세계인의 문제와 연결되어 있다는 것을 느낍니다. 그리고 이번처럼 국적, 인종을 넘어 타인에게 연대하고 공감하는 능력이야말로 우리 인류가 이룩한 문명의 척도라는 생각이 들었습니다.

우리 모두의 안녕을 위해, 철도의 공공성을 위해 앞으로도 힘내세요!
지구의 가장 낮은 곳부터 채워가는 넓은 바다와 같이 인류가 연대하는
상상을 해봅니다. 마지막으로 캄보디아와 방글라데시에서 벌어진 무력
진압에 의한 희생에 애도를 표합니다. 그들의 희생에 우린 안녕하지 못
합니다.

p.s 링우드 씨 모자는 잘 쓰고 다니세요. 감기 걸려요.

Without international solidarity we can't be okay!

안녕들 하십니까, 강태경

원주의과대학 학우분들은 안녕하십니까

지난 10일에 고려대학교에 붙은 한 장의 대자보는 우리 모두에게 안녕들 하시냐고 물었습니다. 이틀 만에 고대 내에서, 또 많은 대학교들에서 우리는 안녕하지 않은 세상을 살고 있다고 답하는 자보들이 이어지고 있습니다. 의학을 공부한다고 할 수 없는 풋내기 예과생이지만, 저도 여쭙고 싶습니다.

포괄수가제에 대한 저항은 효과가 미미하고, 정부는 간호 인력 개편안을 고수하고 있습니다. 전공의 선생님들께서는 열악한 환경 속에서 과도한 업무에 시달리시고, 청와대는 이런저런 단계를 나눠가며 야금야금 의료민영화의 단초인 의료법인 영리사업을 시행하려 하고 있습니다. 많은 의과대학 학우 여러분들은 이러한 상황에 분개하시며, 정부와 언론의 옳지 않은 보도로 대중들이 이러한 사안들이 국민건강권에 직결된다는 것을 알지 못하는 현상을 개탄하십니다.

그러나 의료계가 자신들이 관계된 것 이외의 사회와 그 속의 문제들에 관심이 없고 타인들을 위해 아무런 목소리를 내지 않는다면 사회와 대중들 역시 의료계의 목소리를 듣지 않습니다. 인종차별, 근로기준법, 남녀차별, 민주화 등 역사적으로 '옳지 않은 것들에 대한 싸움'은 또 다른 불의와 싸우는 사람들과의 연대를 통해 일구어졌습니다. 연대라는 것은 나와는 상관없는 타인의 이야기가, 사실은 나의 이야기와 다를 바가 없다는 것을 알고 함께 행동하는 것입니다. 결국 대중들이 의료계의 문제가 사실은 그들 자신의 건강권에 관한 이야기라는 걸 깨닫고 함께 싸워주길 바란다면, 우리 역시 그들의 이야기가 실상은 우리 자신의 이야기임을 공감해야 합니다.

공기업에서 파업 때문에 7,000명이 넘는 직원들을 노사협상 없이 모조리 직위해제시킨 유례없는 사태가 발생하고 해외자본과 경영진의 '먹튀'에 저항하다 해고당하고 스스로 목숨을 끊으신 스물네 분의 쌍용차 노동자를 추모하는 분향소는 경찰에게 철거당했습니다. 밀양에는 고압 송전탑이 노인들을 밀어내고, 등록금을 낮춰달라는 집회에 참가한 학생들에게는 벌금이 부과되었습니다. 마포구는 LGBT라는 단어가 청소년에게 유해하다며 성소수자가 우리 곁에 자연스레 존재한다는, 당연한 이야기가 담긴 현수막을 떼었고 홍대에 이어 이화여대도 청소 노동자 어머니들을 쓰고 버리는 소모품처럼 다루려 하고 있습니다.

그럼에도 불구하고 우리는 안녕하게 살고 있습니다. 시험이 너무 많고, 우리들이 걸을 길에 대한 이야기가 아니라고 생각하기 때문일지도 모르겠습니다. 치열한 입시에서부터 그보다 많은 공부를 해야 하는 지금에 이르기까지 우리는 옆을 보기에는 너무도 바쁘게 살아왔습니다. 고려대학교 대자보를 처음 쓴 주현우 씨의 말처럼, 우리는 정치와 경제에 무관심한 것도, 모르는 것도 아닙니다. 단지 단 한 번이라도 그것들에 대해 스스로 고민하고 목소리 내길 종용받지도 허락받지도 않았기에, 그렇게 살아도 별 탈 없으리라 믿어온 것뿐입니다. 어쩌면 바쁜 공부와 시험의 연속 때문에 사회를 접하며 생각하고 행동하기 힘든 상황이 도리어 우리에게 불편하고 시끄럽지만 필요한 이야기들을 잊는 진통제가 된 것이 아닌지, '학생'이나 '사람'보다는 '의대생'이라는 말로 먼저 유리장벽을 치는 것은 아닐까 생각해봅니다.

하지만 그들의 이야기는 또한 우리의 이야기입니다. '하고 싶은 일'이기에 열악한 노동조건을 강요받는 문화예술 직종 노동자들의 모습은 전공의 처우 개선을 주장하는 우리의 이야기와 크게 다르지 않습니다. 홍대와 이대에서 쫓겨나시는 청소 노동자들은 우리를 위해 매번 교내를 청소해주시고 사식을 퍼주시는 아주머니들과 같은 분들입니다. 또한, 민자에 넘겼다가 생긴 부채를 떠안고는 방만 경영이라는 말을 듣는 코레일의 재정 상황은 정치적인 이유 때문에 부채를 떠안는 건강보험재정의 모습과 유사하고 7,000명이 넘는 노동자가 직위해제당하는 현재의 상황은 의료민영화에 반대하여 의료가 가진 자의 것이 아닌 모두의 것이어야 한다는 생각으로 의사들이 파업을 하게 되었을 때 정부가 이들의 면허를 박탈하는 것과 다를 바가 없어 보입니다.

우리는 학생이고, 노동자이며, 시민이고, 사람입니다. 사실 모두 사람의 이야기고, 옳고 그름의 이야기고, 먹고살기의 이야기입니다. 그렇지만 우리는 안녕하다고, 먼 이야기라고 생각했기에, 그들도 우리의 이야기를 먼 이야기, 돈 잘 벌고 안녕한 사람들의 징징거림으로 치부해버렸습니다. 우리는 의료인이기 전에 사람입니다. 의료인인 만큼, 의료인입니다. 제가 고민해보았던 사람의 길이란 설령 사회와 시스템이 우리를 패배자 약자라고 조롱하고 냉소하더라도 가장 약한 사람들, 가장 지는 사람들 옆에 있는 것이었습니다. 이기는 사람이 아니라, 함께 질 수 있는 사람이 되고 싶습니다. 그렇기에 저는 더 이상 안녕한 사람으로 남기보다, 안녕하지 못한 그들과 함께하고 싶습니다.

요새 붙어가는 이 대자보들은 단순히 철도 파업에 대한 이야기도, 20대 개객기론과 같은 훈장질도, 이슈 때문에 생긴 시국선언도 아닌, 그저 세상은 줄곧 안녕하지 않아왔다는 외침과 공감입니다. 이 대자보는 그 외침이 저곳에서 일어나는 일이 아니라 바로 이곳에서도 일어날 수 있다는 것을 보여드리고자 썼습니다. 정념 발산에 지나지 않는 이 글이 학우 여러분들의 마음에 하나의 흔적이라도 되었으면 좋겠습니다. 또한 그 흔적이 더욱 여러분들께 신경 쓰이고 거슬리고 불편한 흔적으로 남았으면 좋겠습니다. 그래서 그 거슬림과 불편함에 대해 함께 생각하고 고민하고 이야기 나누어보고 싶습니다. 이러한 흐름이, 단순히 안녕하지 않은 사람들 간의 논의를 넘어서 안녕한 분들과도 대화를 트는 물꼬가 되었으면 좋겠습니다.

여러분들은 안녕하십니까.

원주의과대 의예 11 고은산

의대생 여러분, 안녕들 하십니까

저는 공공병원에서 일하는 의사입니다. 요즘 학생들이 서로 안부를 묻는 걸 보며 저는 궁금합니다. 여러분들은 안녕들 하십니까?

정부가 자회사를 통한 영리병원과 의료민영화를 통해 그나마 누려왔던 의료와 조금의 건강할 권리조차 병원과 자본에 팔아넘기겠다고 선언했습니다. 사람들은 불안합니다. 지금도 가뜩이나 치료비 부담에 허덕이고 있는데 이제는 그 문턱마저 넘지 못할까 걱정되고 두렵습니다.

병원에 가지 못해 무료 진료 차만 목 빠지게 기다리고 상처라도 나면 제 손으로 살을 꿰매고 입원 중에도 돈 없으면 쫓겨나 짐짝처럼 길거리에 내버려지는 미국의 환자들처럼 치료는 사치요, 가난도 아픔도 세습되게 될 것인데 어찌 사람들이 안녕할 수 있겠습니까?

지금도 치료비를 대지 못한 가장이 매년 목을 매 자살하고 의료비 부담에 가계가 파산하는 한국에서 이제 영리병원의 배까지 불리느라 환자들이 겪어야 할 고통을 상상하고 싶지 않습니다.

의사는 어떻습니까. 환자 상대로 진료 할당량과 검사 목표치를 채워야 하는 지금도 마음이 불편한데 네트워크 병원에서 자회사가 내놓는 건강식품 팔고 화장품도 파는 실적 경쟁을 하며 의사들의 자존심은 어디까지 구겨지겠습니까?

안녕하지 못한 척 영리병원 원격의료 반대를 앞세우지만 뒤로는 수가 인상과 건강보험 이탈을 꿈꾸며 장난 같은 자해쇼를 벌이는 자가 의사들의 대표라 더욱 부끄럽습니다.

병원이 돈벌이의 수단이 아니고 아픈 사람이라면 누구든 치료할 수 있는 사회를 꿈꾼다면 너무 지나친 욕심입니까? 그런 사회에서 의사로 살고 싶다면 몽상에 불과합니까? 시험에 치인다는 핑계로 눈 닫고 귀 닫고 살아도 여러분이 사랑하는 사람들의 건강과 생명은 정말 안녕하겠습니까?

삶은 점점 팍팍해지고 말하는 것도 눈치 봐야 하는 얼어붙은 시절 더는 남들의 아픔을 외면하지 못하겠다며 학생들이 입을 열고 있는데 우리 후배들은 어찌 이렇게도 조용합니까?

여러분은 정말 안녕들 하십니까?

젊은 보건의료인의 공간 '다리' 차수현

안녕들 하십니까, 모두, 건강들 하십니까

지난 13일 금요일에 정부는 어떤 정책을 발표했습니다. 이른바 '서비스 산업 발전방안'이라는 것입니다. 공공의 영역으로 '산업화'될 수 없었던 의료, 교육 등에 채워진 '빗장'을 풀어 규제를 완화한다는 내용입니다. 그중 보건의료산업 서비스 발전방안에서는 이른바 '자법인'이라는 우회로로 영리병원을 허용하고 병원에서 호텔, 온천, 관광, 여행, 심지어 화장품 사업까지 할 수 있도록 했습니다. 법인 약국을 만들어 대기업의 약국 시장 진출로를 터주었고 의료기관도 이제 어디서나 광고를 할 수 있도록 만들었습니다.

그보다 몇 달 전인 10월에는 이런 일도 있었습니다. 호텔에서 병원을, 병원에서 호텔을 운영할 수 있게 하는 '메디텔'이 국무회의를 통과했고 그와 비슷한 시기 원격의료의 입법예고 기간이 끝나 발의를 앞두고 있는 상태입니다. 그보다 앞선 2월에는 제주도에 중국계 자본이 설립하는 영리병원 도입을 주무부처인 보건복지부가 나서서 추진하고 있었고 무엇보다 2월에는 진주의료원 폐업이라는, 헌정사상 최초로 공공병원을 폐업하는 일이 있었습니다. 요금은 비싸지지만 안전성은 담보되지 않는 병원, 노동자들이 일자리를 잃고 비정규직 노동자들이 많아지는 병원, 병원의 수익은 재벌과 대자본에게 돌아가고 모든 폐해와 피해는 환자와 보호자에게 오롯이 전가되는 의료민영화. 영리화 정책을 그 어느 정부보다 노골적으로 박근혜 정부가 추진하고 있는 지금입니다.

의료만이 아닙니다. 철도, 수도, 가스, 전기 등 우리 삶에 꼭 필요한 공공재의 민영화의 서곡도 여기저기서 들려오고 있습니다. 이미 철도노조는 '수서발 KTX 자회사'로 일컬어지는 철도민영화를 막기 위해 지난

12월 9일 전면 총파업을 시작했습니다. 철도민영화는 의료민영화, 의료민영화는 가스민영화, 전기민영화, 물민영화. 공공부문 민영화⋯⋯ 부르는 이름은 다르지만 본질은 같습니다. 모두 우리 삶에 꼭 필요한 우리의 재산, 민영화가 된다면 우리의 생존권이 심각하게 위협받는 우리 모두의 것이기 때문입니다.

이렇게, 우리를 둘러싼 모든 조건과 환경이 결코 안녕할 수 없는 상황에 보건의료노조는 정말 여러분이 안녕하신지, 건강들 하신지 새삼스럽게, 다소 아프게 물어보고 싶었습니다. 이른바 '안녕들 하십니까'로 대학가 대자보 운동을 시작한 고려대학교 주현우 학생은 "그저 다만, 안녕하시냐고 묻고 싶었을 뿐"이라고 말했습니다만 보건의료노조는 그저 "안녕하시냐"는 인사만 전하려고 이 긴 글을 쓴 것이 아닙니다. 우리는 지금 "결코, 안녕하지 못하다"는 현실을 직접 말하고 싸워야 합니다. "불의가 법이 될 때, 저항은 의무가 된다"는 말처럼 그것이 우리의 역할이자, 보건의료 노동자로서의 사명이기 때문입니다. 그 저항의 시작에 여러분이 이 대자보를 함께 읽고, 느끼고, 공감하며, 모이고, 행동하고, 싸우며 함께 변화를 만들어낼 수 있기를, 그럴 수 있음을 믿습니다.

2013년 12월 20일
민주노총 전국보건의료산업노동조합이 드립니다.

안녕들 하십니까?
삼성제품을 사용해주시는 소비자 여러분

세계 1등 기업, 매출 30조 원, 흑자 내기 어렵다는 서비스에서 고객 만족을 핑계로 중고 부품을 새 부품으로 둔갑시킨 것도 모자라 열심히 일한 엔지니어에게 기본급도 안 되는 월급을 쥐어주며 그 돈까지 착취해가는 삼성전자서비스. 소비자, 엔지니어 모두를 우롱하며 올린 매출이 1조 4,000억. 그래서 저는, 삼성 때문에 안녕하지 못합니다.

최저생계비도 안 되는 급여와 장시간 지속되는 노동에 지쳐 근로기준법이라도 지켜달라고 외친 동료가 하루아침에 퇴직을 당하는 삼성전자서비스에 다니는 저는, 안녕하지 못합니다.

여름, 성수기철 하루의 휴일 없이 최소 10시간이 넘는 지속적인 업무로 몸에 이상을 느껴 하루 쉬겠다는 엔지니어의 월차 신청을 회사 일 때문에 승인 거부하여 결국 뇌출혈로 우리 곁을 떠난 칠곡센터 임현우 동지 때문에 안녕하지 못합니다.

노동조합이 생겨 우리 삶도 바꿔보자 외치던, 돌도 안 된 사랑스런 딸아이를 남기고 배가 고파 못살겠다, 옆의 동료가 힘들어하는 걸 보지 못하겠다며 나로 인해 많은 분들이 힘이 되었으면 좋겠다는 유언을 남기고 이 세상을 떠난 최종범 열사 때문에 안녕하지 못합니다.

고객 댁 앞에 초인종을 누르며 "삼성 서비스입니다"라 말하고 업무 중 걸려오는 전화를 받으며 "또 하나의 가족 삼성서비스입니다" 안내 멘트를 하는데도 자기 직원이 아니라는 삼성 때문에 안녕하지 못합니다.

실적을 위해 고객을 구워삶든, 칼로 찌르든, 신나를 뿌리든 수단과 방법 가리지 않는 어느 관리자 때문에 안녕하지 못합니다.

오늘도 삼성 마크 달고 업무하지만, 삼성 직원은 아니지만 규정은 지키
라는 삼성. 어느 장단에 맞춰 춤을 춰야 할지 몰라 오늘도 안녕하지 못
합니다.

금속노조 삼성전자서비스지회 울산 애니콜 조합원 일동

출판 노동자 여러분, 안녕들 하십니까?

아침 출근길, 몇 대 안 되는 버스 사이사이에 끼겨 출판산업단지를 향해 내달리는 위험한 출근길에 나서는 분들은 안녕하냐는 제 말에 불쾌하진 않을지, 퇴근시간을 훌쩍 넘긴 이 추운 밤, 그 버스에서 내리는 피곤한 얼굴들에는 그저 스쳐지나가는 헛소리일까봐 벌써부터 슬퍼집니다.

더러운 건 알겠는데 누구에게 뭐라고 외쳐야 하는지는 불안해 버스 안에서, 화장실 칸막이 안에서, 숨 턱턱 막히는 회의시간에서, 고개를 푹 숙인 채 스마트폰 창에서 저 혼자 노려보다, 다시 눈을 들기라도 치면 명색이 국가가 설치한 출판산업단지임에도 출근하는 버스 자리 하나 가지고 노동자들끼리 서로 경쟁하게 만드는 닭장차 같은 합정역 버스가, 치워도 치워도 함박눈처럼 쌓이는 책상 위 원고가, 사장의 실적 압박이, 공과금 월세 다 제하고 남은 가난한 내 월급통장이 여전히 변치 않은 채 저를 노려보고 있습니다.

배고파서 못살겠다며 사랑하는 아내와 한 살도 안 된 딸을 두고 자결한 삼성서비스 노동자나, 직위해제로 철도 노동자 7,000명이 한 번에 길거리에 나앉는 데는 분노하면서도, 정작 근로계약서조차 쓰지 않는 노동자가 태반인 이곳. 법정 연차 15일은 고사하고 10일, 6일을 턱하니 던지며 다른 데보다 후하게 쳐준다며 뇌까리는 걸 애써 태연한 척 들어야 하는, 그마저도 눈치 보며 써야 하는 이곳.
내 야근 값은 저녁 밥값, 아님 새벽 택시비로 때우면서 그나마 선심 쓰듯 하는 사장에게 어떻게 해야 할지를 몰라, 눈을 내리 깔고는 "세상 같은 건 더러워 버리는 거라"는 백석의 말을 참 더럽게 속삭였습니다.

밖에서는 민주투사, 안에서는 노동자를 등쳐먹는 사기꾼이라며 우리 사장님들의 두 얼굴을 비아냥댔지만 어느 순간부터 나 역시 두 얼굴을 지녔던 게 아닌가 무서워졌습니다. 사장과는 달리 자기 자신을 등쳐먹는다는 것에 내 자신이 더더욱 무서워졌습니다.

더러운 건 알겠는데 누구에게 뭐라고 외쳐야 하는지 불안해하다가, 이제 이렇게 나 안녕하지 못하다고, 나와 같은 여러분들에게 외치려 합니다. 출판 노동자 여러분이라면 서로에게 안녕하냐고, 안녕치 못하면 왜 그러냐고, 사장에게 우리 자신에게 뭐라고 외쳐야 하는지 말해줄 수 있을 것 같아서요.

출판 노동자들이여, 어떻게, 안녕들 하십니까?

이승한

출판 노동자 여러분, 안녕들 하십니까?

저는 언론노조 그린비출판사 분회의 조합원입니다. '출판 노동자'라는 단어…… 지금은 많이 친숙해졌지만 예전에는 참으로 어색했습니다. 전에 다니던 출판사에서는 우리는 출판인이지 노동자가 아니라고 해서 노동자의 날에 출근했던 기억이 납니다. 지금 생각하면 정말 웃음밖에 나오지 않습니다.

모두들 아시다시피, 지난해 그린비에는 노동조합이 설립되었습니다. 저는 출판인에서 출판 노동자가 된 것이죠. 여러분은 출판인과 출판 노동자가 어떻게 다르다고 생각하십니까? 경영자들은 저에게 '넌 출판인이야'라는 말을 했습니다. 웃으시겠지만 전 그 말이 참 달콤했습니다. 내가 사회에서 그럴듯한 지위를 갖게 되었다는 착각을 했었거든요. 하지만 그 달콤함 뒤에는 감수해야 하는 것들이 있었지요. 당연시되는 야근과 박봉이 그것입니다. 전 더 이상 제가 어떤 지위를 갖고 있다고 생각하지 않습니다. 단지 책을 좋아하는 출판 노동자일 뿐이죠. 저뿐 아니라 모든 출판 노동자들에게 책은 꿈이고, 운동이고, 다른 노동자가 그렇듯 생계를 위한 밥줄입니다.

현재 철도민영화 추진을 중단하라는 시민사회의 비판에 정부는 '철도 경쟁체제 도입일 뿐, 민영화는 아니다'라는 말로 일관되게 대답하고 있습니다. '경쟁체제', 누구와의 경쟁체제인가요? 국민과의 경쟁체제인가요? 이 땅의 노동자로 살고 있는 한 사람으로, 의료민영화에 이은 철도민영화가 낳을 폐해가 심히 우려스럽습니다. 이 글을 쓰고 있는 12월 22일에는 민주노총의 설립 이래 처음으로 공권력이 투입되었습니다.

누구의 안녕을 위한 공권력입니까? 출판 노동자 여러분! 시민 여러분!
모두 안녕들 하십니까?

언론노조 그린비출판사 분회는 철도민영화를 반대하는 철도 노동자들
의 파업을 지지합니다! 투쟁!

언론노조 그린비출판사분회 조합원 티나

내가 조금만 덜 안녕했다면 우리는 어디쯤 달리고 있었을까

안녕들 하십니까? 저는 염치없이 안녕하고 말았습니다!

노조가 생겼다는 소문이 들리고, 노조사업설명회 참석을 하는 동료를 보며, 뜬구름 잡으러 다니는 사람처럼 애처롭게 보았습니다.

그리고 저는 안녕했습니다. 그런데 어느 날 매달 있던 시험이 1년에 4번으로 줄고, 체불임금이라며 통장에 돈이 입금되었습니다. 노조에서는 체불임금이라고 하고, 업체 측은 매니저 면담을 통해 입금된 현금에 대해 설명해준다고 합니다.

그때서야 "뭐지?" 하고 궁금했습니다. 그리고 저는 또 안녕하고 말았습니다. 무더운 여름. 임금 인상과 3만 원짜리 명절상품권을 8만 원짜리 현금으로 바꾸기 위해 어떤 여자분이 삭발을 하였습니다. 그리고 업무 시간 중에 노조사업설명회를 들을 수 있는 시간을 만들어내었습니다. 4년을 다니면서 매달 치르는 시험을 대비하는 교육도 콜이 밀리면 받지 못했는데, 불이 나는 소동에도 "콜 받는 애들"이라 독한 가스 맡으며 한 콜, 두 콜 받았었던 콜센터인데……

무슨 조화인지 정말 궁금했습니다.

그래서 눈을 크게 뜨고, 귀를 열어, 마음으로 보았습니다. 그곳에는 제가 안녕할 때 안녕하지 못했던 사람들이 있었습니다. 그들이 만들어낸 가슴 시린 성과였습니다. 그 성과 앞에서 비로소 저는 안녕하지 못했습니다. 그리고 미안했습니다.

돌이켜 생각해보면, 내가 조금만 덜 안녕했다면 우리가 조금만 덜 안녕했다면, 지금 우리는 어디쯤 달리고 있었을까? 더 이상 고민하지 않고 그들과 함께 안녕하지 않으려고 합니다.

1년 전과 지금이 다르듯. 또, 다른 다음 날을 위해!

당신은 안녕하시겠습니까?

120 다산콜센터 비정규직 노동자

안녕들 하십니까?

저는 안녕하지 못합니다. 저는 비정규직 노동자입니다.

제가 일하는 곳은 서울시 120다산콜센터입니다.

상담사는 당연히 서울시 직원인 줄 알겠지만, 실제 그렇지 않습니다.

그래도 저는 면목상 서울시청 소속이라는 자부심에 한동안 안녕히 다녔습니다.

그런데 작년에 노동조합이 생기면서 처음으로 내가 안녕하지 못하다는 것을 알게 되었습니다.

지금도 저는 폭언 및 욕설을 들어도, 실시간 콜 청취를 감시하는 것도, 하나의 책상을 두 명이 같이 사용하는 것도, 민원인의 부당한 요구도, 악성 민원인도 친절히 대해야 하고, 숨이 막힐 정도로 답답한 사무실 공기도 참아야 합니다.

또 상담 시 맞춤법 틀릴까봐, 발음이 꼬일까봐, 상담 분류 잘못 지정할까봐, 담당자 잘못 찾을까봐 하루에 수십 번 긴장 상태에 놓여도 힘들다는 소리를 할 수 없습니다. '서울시 버스, 지하철 노선이 머릿속에 박힐 정도이고, 수도 요금, 여권, 전입신고, 보육료 지원, 불법 주정차 신고 및 과태료, 지방세 등' 서울시 업무가 머릿속에 박혀 있지만, 이렇게 정규직과 똑같은 서울시 행정민원 전문상담 업무를 하지만 비정규직이라 제대로 처우를 받지 못합니다.

내가 받는 급여 중 일정액은 민간위탁 업체가 이윤으로 챙겨갑니다. 서울시는 돈이 들더라도 노무관리 하기 편하니깐 다산콜센터를 민간위탁으로 그대로 두려고 합니다.

비정규직 노동자 다산콜센터의 저임금, 열악한 근무환경에 대해 정규직인 서울시 공무원들은 관심이 없나 봅니다.

비정규직 차별 없는 서울시를 만들겠다는 박원순 시장의 선거 공약이
잊혀져가는 건 아닐까……
그래서 저는 안녕하지 못합니다.
비정규직 다산콜센터 상담사를 꼭 서울시가 직접고용 정규직 전환하는 날
저는 안녕할 수 있을 것 같습니다.

120 다산콜센터 비정규직 노동자

"진정 안녕들 하십니까?"

철도 노동자들의 민영화를 반대하는 파업으로 하루 만에 4,213명, 불과 일주일 만에 8,565명이 직위해제를 당했습니다. 사회 곳곳에서 안녕하냐는 질문에 죽겠다, 안녕하지 못하다는 아우성이 이어지는 혼란스러운 시절에 울산공장 노동자 동지들은 진정 안녕들 하십니까?

국정원 선거 개입, 4대강 재앙, 원전 비리, 밀양 송전탑 공사 강행, 계속되는 민영화와 연금 개악, 노동자가 투쟁할 때마다 퍼부어지는 끝을 알수 없는 탄압, 정권의 묵인하에 자본의 먹튀로 해고살인에 저항한 쌍용차 노동자들에게 수십억 원의 벌금과 징역, 삼성전자서비스의 위장도급, 불법파견 판결에도 이행하지 않고 법 위에 군림하고 있는 자본 등 나열하기도 힘든 노동자를 향한 공격과 종북 마녀사냥으로 노동자 투쟁을 매도하는 자본과 정권의 작태에 진정 안녕들 하십니까?
특히 '현대차 울타리는 조금 덜하니까'라는 위안으로 귀 막고 눈 감으라는 탄압에 저는 진정 동지들께 안녕하신지 가슴으로 묻습니다.

수십 년 발암물질, 야간노동에 시달리다 이제 새벽 쪽잠을 자도, 잠의 대가로 더 높아진 노동 강도, 주6일제. 먹고살기 위해 일한 동지들은, 노동 귀족이라며 어딜 가든 욕먹는 동지들은, 진정 안녕들 하십니까?
바로 옆에서 일하는 불법파견 비정규직 동지들은 사원증 대신 손배·가압류와 많은 탄압을 받고, 2·3차는 현대차와 상관없다며 최저임금에 시달리는데 진정 안녕들 하십니까?
버려지는 김치를 이웃의 경로당, 청소, 경비 노동자에게 가져다준 가슴 따뜻한 노동자가 회사에게 도둑놈 취급받아 징계 회부되고, 또 다른 노동자는 과정과 절차를 무시한 채 검문을 거부하니 회사가 고용한 경비에게 집단 폭행당하는 이 상황에 진정 안녕들 하십니까?

98년 우리처럼 다른 나라에서는 자본이 위기라며 노동자를 해고하고, 임금을 강탈당하고 있습니다. 모든 것의 책임을 노동자에게 떠넘기는 동지들은 진정 안녕들 하실 수 있는지요?
동지들, 안녕하지 못한 세상을 애써 안녕한 척 위안하는 게 진정 안녕한 것일까요? 저는 세상이 노동자에게 안녕을 주지 않아 진정 안녕하지 못합니다.
현대차 울산공장에서 노동하시는 동지들께 진심으로 묻습니다.

현대차 울산1공장 노동자 김철환

안녕하세요, 학과 사무실입니다

네, 안녕하세요. 학과 사무실입니다. 교육비 납입증명서요? 그건 학교 홈페이지에 가서…… 아, 네. 지난번에도 전화를 주셨었구나. 예, 예. 그때 다른 조교한테 문의를 했었다구요? 근데 다른 데 다시 알아보니 조교가 알려준 게 틀렸다구요? 그럼 제가 뭘…… 아, 예, 다음부터는 실수 없이 안내하라구요? 죄송합니다. 다음부터는 이런 일 없도록 하겠습니다, 교육서비스 소비자님. 아, 고객님. 그런데 말이죠, 전 이런 전화를 받을 때마다 그런 생각을 해요. 지금 저한테 안내 똑바로 하라고 충고하시는 고객님께 제가 당신 몇 학번 선배고, 지금은 동대학원에서 공부하고 있는 같은 학생이라는 사실을 말하면 절 대하는 당신의 태도가 과연 지금과 같을 수 있을까? 물론 내 말이 말 같지도 않게 들리겠죠. 알아요. 그리고 저도 선배라고 웃기지도 않는 권위 같은 거 내세워서 허세 부리고 싶은 건 아닙니다. 기분 나쁘게 들렸다면 정말 미안해요. 그저 과사무실 조교도 됐다가, 대학원생이도 했다가 당신 선배도 되는, 상당히 유동적인 제 위치에 관해서 말하고 싶었어요.

그게 뭐가 문제냐구요? 잘 모르시겠지만, 사실 과사에 앉아 있는 사람들은 그 누구도 학교에서 고용한 정규직 직원이 아니에요. 학부 때 제가 전화해서 졸업 요건 물어보고 복수전공 어떻게 해야 하는지 문의하고 그랬던 사람들이 사실은 직원이 아니라 나랑 같은 학생이었던 거예요. 솔직히 대학의 학사과정이라는 게, 그러니까 복수전공이나 졸업 요건 같은 것들이 어마어마한 내 등록금 그리고 내 미래랑 관련 있는 것들인데, 학교에서는 그 업무를 학생들한테 맡기고 있는 거예요, 제대로 된 업무 교육도 없이. 조교가 일을 시작할 때 하는 거라곤 먼저 일했던 조교들에게 인수인계를 받는 것뿐이에요. 그리고 계약직 선생님들도 사정은 비슷하죠. 처음 행정실에서 왔을 때 전 학교의 그런 무책임에 어이가 없더라구요. 조교가 잘못 안내를 해줘서 학생한테 무슨 문제가 생기면 어떡하죠? 실제로도 그런 일이 많이 생겨요. 교육비 납입증명서 떼는 방법쯤이야 틀려도 다시 알아내면 그만이지만 교직이수 방법이나 재수강, 복수전공, 졸업…… 이런 건 학생들 미래가 달려 있는 문제잖아요. 나중에 학생이 조교가 알려준 대로 수업 들었는데 왜 이제 와서 졸업이 안 되냐고 항의해봐야 조교는 계속 바뀌고, 새로운 조교는 모른다고 하면 그만이죠. 행여나 잘못 알려준 바로 그 조교가 여전히 그 자리에 있다고 해도 그냥 그 사람은 조교 일 그만두면 끝인 거예요. 그렇게 되면 결국 아무도 책임지지 않는 거죠.

이제 좀 더 조교들의 입장에서 생각을 해볼게요. 이건 앞에서 말했던 제 유동적인 위치와 관련이 있는 이야기예요. 저는 과사에서 조교로 분명히 '일'을 합니다. 대략 주 3회 출근을 하고, 그 외에 처리해야 할 일이 있으면 가끔 행정실에 들르기도 합니다. 하지만 전 근로계약서를 작성하지 않습니다. 그런 걸 본 적도 없어요. 심지어 행정실에서 제가 무슨 업무를 맡고 어떤 업무를 맡지 않을지에 관한 규정도 본 적이 없어요. 그냥 시키는 일은 다 하는 거죠. 얼마 전에는 원래 2.5일 근무하던 걸 3.5일로 늘리라는 행정실 쪽의 지시가 있었어요. 그게 원래 전액 조교들 근무 규정이라네요. 그런데 전 서면으로 그 규정을 확인해본 적이 없어요. 그냥 '원래' 그런 거라는 말 한마디로 끝. 누구도 그걸 조교가 확인해야 할 권리가 있다는 걸 의식하지 못하는 모양이에요. 4일도 근무 안 하는데 그게 뭐가 그렇게 큰일인가 싶죠? 자, 아까 제가 말씀드렸잖아요. 전 조교이면서 학생이라고. 대학원에 다니는 저는 수업을 들어야 하고, 졸업을 위해서 논문을 준비해야 합니다. 그리고 등록금을 위해 조교도 하지만 생활비를 벌기 위해선 과외도 해야 하죠. 아마 대학

본부 쪽에서는 돈 없는 학생들 '장학금'도 주고, 자기들은 싼 값에 일을 시키게 되니 윈윈이라고 생각할지도 모르겠습니다. 하지만 결국 조교라는 지위가 대학원생으로서의 제 생활을 망치고 있는 줄은 상상도 못하시겠죠. 저는 노동자로서 제가 보장받아야 하는 것들도 혹은 학생으로서 제가 누려야 하는 것들도 가질 수가 없어요. 근로계약서도 없는 조교, 따로 공부할 시간도 없이 수업 진도 따라가기에 급급한 학생이 되어버리는 거죠. 그리고 공부 못하는 건 밤 새워서 책 읽지 않은 제 탓이되는 거구요.

최근에는 조교 장학이 갑자기 절반으로 줄어드는 일이 생겼어요. 내부 사정은 복잡하니까 자세히 말하긴 좀 그렇고, 딱 하나 말하고 싶은 건 장학금이 잘려나갔다는 말을 겨우 등록 몇 주 전에 알려준다는 거예요. 인문 계열 등록금이 460 정도예요. 그거에 절반이면 200이 넘는 돈이죠. 솔직히 만 원, 이만 원도 아니고 200만 원을 순식간에 어떻게 구해요? 다 좋아요, 내가 일해서 버는 임금을 장학금이라고 구라 까는 것도 참을 수 있고, 학교 사정이 안 좋아서 장학금 줄이는 것도 참을 수 있어요. 그런데 그걸 등록을 몇 주 앞두고 알려주는 건 대체 무슨 심보죠? 결국 행정실 선생님이 이리저리 수를 쓰셔서 장학금 다 받을 수 있게 되긴 했지만, 전 그 무책임한 태도에 너무 화가 나요. 일하고 돈을 받는 '사람'인 '내'가 여기 있는데, 대학은 그냥 '전산'에 전액으로 '입력'하던 걸 반액으로 바꾸면 그만인 거예요. 아, 그리고 이건 좀 다른 얘긴데, 요즘엔 예체능 계열 대학원생을 조교로 잘 안 뽑는대요. 같은 조교라고 해도 인문 계열은 460만 감면해주면 되는데, 예체능 계열은 500~600을 감면해줘야 하거든요. 정작 등록금 높게 책정한 건 대학인데 그 등록금 때문에 조교도 못한다니 그게 말입니까, 방구입니까. 어이가 없으려니까, 진짜.

지겨우시죠? 이렇게 오래 전화통 붙잡고 있긴 처음이네요. 제가 별 이
야기를 다 했습니다. 그저 저는 이 행정실에서 안녕하지 못한데, 걸려
오는 전화마다 "안녕하세요, 감사합니다" 해야 하는 이 상황이 너무 분
통 터졌어요. 그뿐이에요. 대학원까지 와서 인문학을 공부하는 학생으
로서 대체 진짜 인문학이 뭔지 정말 궁금해지네요. 인문학이 뭘까요. 그
걸 묻는 것조차 이제는 의미 없는 일이 아닐까, 하는 생각까지 듭니다.
갑자기 인문학을 이야기하는 이유는 알아서 생각해주세요. 그럼 저는
이만 과사로 돌아가겠습니다. 안녕히 계세요.

'Humanitas'는 독일어로 인류애라는 뜻이 있던데
대체 그 인류애는 왜 나한테는 적용 안 되는 건지 정말 궁금한 과사 조교 ella

안녕들 하십니까?

한 대학생이 하 수상한 시절에 안녕들 하십니까? 하고 묻습니다.

우리는 대학 강의의 절반을 맡고 있는 비정규교수입니다.

대학생 여러분들의 선배이기도 하고, 때로는 부모님이기도 합니다.

그런데 여러분들을 살인적인 경쟁에 몰아넣은 것도, 빛나는 20대 청춘을 사랑과 우정과 독서가 아니라 스펙 쌓기에 몰두하게 만든 것도, 하수상한 시절을 만든 것도 또한 우리들입니다.

그런데도 강의실에서 대학생 여러분들을 꾸짖기만 했습니다.

대학이 학문의 전당이 아니라 취업의 전당이 되고 있는데도, 이 땅의 민주주의가 후퇴하고 있는데도 부마항쟁과 6월항쟁이란 과거의 영광에만 도취되어 있었습니다.

미안합니다.

우리가 제대로 지키지 못했습니다.

여러분들을 안녕하지 못하게 만들었습니다.

우리 비정규교수와 함께 대학 강의의 절반을 맡고 있는 정규직 교수님들은 안녕하신지 모르겠습니다.

우리가 사는 이 땅에서 안녕하지 못한 모든 사람들이 안녕한 세상을 만들기 위해 제대로 싸우겠습니다.

다시 한 번

미안합니다.

한국비정규교수노동조합 부산대분회

안녕들 하십니까

14일 고대 정대 후문에서 서울역으로 가는 '안녕들 하십니까' 학생들이 민주광장의 강사 농성 텐트에 들려주셔서 고맙습니다.

수많은 비정규직 노동자, 한진, 쌍용차, 강정, 밀양, 공무원노조 그리고 철도 노동자의 투쟁이 민주주의의 역행을 막는 버팀돌입니다.

저는 지금 고대에서 해고된 9년차 대학 강사입니다. 사람들은 저 보고 교수라고 하는데, 교원도 아니고 월 40만 원 받는 처지가 부끄럽고 이를 고쳐야 한다 생각해 국회 앞에서 2,296일째 텐트 농성합니다.

▲ 강의 첫날 학생들은 질문도 대답도 거부하며 염소처럼 꿈쩍도 않았습니다. 억지 질문과 대답시키는 게 힘들어 3~4년 뒤 학생 주도 토론수업으로 바꾸었습니다. 그 뒤는 수업시간이 짧았습니다.

2011년 전국대학강사노동조합이 고대에게 강사료를 시간당 51,800원을 국립대 수준인 6만 원(올해 8만 원)으로 올리고 절대평가하자고 했습니다. 모두 거부당했습니다. 본관 앞에서 농성했는데 재판에 걸리고 밀려 지금은 1학년 민주광장에서 계속합니다.

중간에 잘렸습니다. 학사 출신(경제과 68)이고 교재 《노동의 역사 노동의 미래》를 국방부가 금서로 지정한 것이 표면적인 사유입니다. 실제 사유는 비판적인 연구, 강의, 토론 때문일 것입니다.

지금 전국에서 한성대, 경민대, 고대, 성균관대, 경북대, 영남대, 경성대, 인제대에서 잘린 강사가 싸웁니다. 강사에게 논문 대필시키고 돈으로 교수자리 파는 현실을 거부하며 자살한 서정민 열사도 지도교수와 조선대를 상대로 광주 재판에서 당신이 쓴 논문의 이름을 바꾸어달라 싸우고 있으니까요.

▲ 학생들이 질문과 대답을 하지 않는 원인은 학점입니다. 학점이 좋아야 좋은 데 취직하니까요. 그런데 좋은 취직 자리가 사실은 나쁜 직장일 가능성이 큽니다. 그래서 학생들은 나도 남도 한국 사회도 지구 사회도 행복할 수 있는 일과 직장을 찾으려 끊임없이 고민합니다. 이것을 NL, PD, ECO 등으로 분할된 운동권에서 찾기 어렵습니다. 강의실에서 강사(교수)와 학생이 끊임없이 토론하여 포괄적인 판단력을 키울 때 가능합니다.

2011년 고등교육법(시간강사법)을 개정해 강사의 교원지위는 회복시키고 교육공무원법, 사학법, 사학연금법은 적용하지 아니하기로 했습니다. 강사들이 이를 반대해 1년 유예하고 지금 다시 2년 유예하는 개정안을 상정했습니다.

강사에게 교원지위를 온전히 회복하고 법정 정규교수를 100% 뽑아야 합니다. 교원인 강사가 소수의 학생과 토론하며 수업해야 대안을 찾을 수 있습니다. 교수수를 지금보다 3~4배 늘리고 강사에게도 호봉제를 적용하고 교원보수총액제를 도입해야 합니다. 강사를 특수한 분야나 신규 박사를 제외하고는 원칙적으로 없애야 합니다. 이럴 경우 강사 대부분은 정규교수로 흡수될 수 있습니다.

한국비정규교수노조가 주장하는 연구강의교수제는 모든 교수를 2020년까지 강사로 대체하는 성균관대 비전2020의 법제화입니다. 강사와 학생이 함께 1인 시위해 막았으나 꺼진 불이 아닙니다.

▲ 껍데기 강사 교원지위는 줄래서 준 것이 아닙니다. 사립 의대의 협력병원 임상강사에게 고등교육법, 사학법을 개정해 교원지위를 인정하며 끼워준 것입니다. 삼성병원(성대 의대의 부속병원 아님), 현대아산병원(울산과학대의 부속병원 아님) 등이 임상강사가 교원인 양 국민연금 의료보험에 가입시키고 국고로 350억 원을 지원받았습니다. 감사원이 이를

적발해 환수를 명령했습니다. 일부 대학은 환수했으나 삼성병원과 현대
아산병원 등은 거부했습니다.

그런데 정세균, 전병헌, 도종환, 김진표, 유기홍, 배재정 의원 등 13명
이 나머지 160억 원을 소급해 면제해주는 사학법 개정안을 11월 7일
발의했습니다. 이를 소급 면제할 경우 성균관대가 아무 상관없는 삼성
병원에 교비로 임상강사의 임금을 지급한 8,000억 원 등 7개 사립의대
14개 협력병원에 전용한 교수 3조 9,000억 원도 면제해주는 것입니다.
이는 반값등록금을 2년 시행하는 데 필요한 액수와 맞먹습니다. 18일
국회 앞에서 이를 막으려 1인 시위를 시작했습니다.

저는 대학생의 '촛불', '오큐파이' 그리고 '지금의 안녕들 하십니까'가
파리 68혁명과 같은 길을 간다고 봅니다. 파리 대학생들은 청년 일자리
와 주입식 교육을 거부하고 이를 실현했습니다.

학생들이 저에게 '안녕하십니까' 물어보십니다. 저는 당장은 이렇게 안
녕하지 못하지만 길게는 안녕합니다. 안녕을 잊어버리거나 포기하지 않
았으니까요.

2013년 12월 19일

김영곤(해고 강사, 전국대학강사노동조합 대표) 드림

여러분의 텐트는 안녕들 하십니까?

1. 1월 17일 새벽 02:40분경 신원이 확인되지 않은 사람에 의해 고려대 강사 텐트가 훼손되었습니다. 현수막은 찢어졌고, 텐트의 축대는 부러졌고, 비닐과 천을 걷어내고, 텐트 옆에 있던 대자보와 고 서정민 선생님의 유서마저 뜯기고 버려졌습니다.

2. 참 안타깝습니다. 2011년에 대한 임금협상의 문제가 지금까지 해결되지 못한 것도 그렇지만 60대 노강사 부부가 어려운 처지의 시간강사들의 임금을 올리라고 요구한 것과 강사의 교원지위를 회복시키라고 말하는 것, 그리고 절대평가를 도입하는 요구가 이렇게 공격당할 만한 일인가요?

3. 하 수상한 시절, 텐트는 안녕치 못한 이들의 마지막 보루입니다. 이곳뿐만 아니라 중앙대 청소 노동자의 텐트, 광화문 사거리에 있는 장애인들의 텐트, 과천에 있는 코오롱 정리해고자의 텐트, 밀양의 농성 텐트, 심지어 텐트도 없이 진행된 삼성본관 앞의 노숙도 있었지요. 유성기업의 노동자들은 광고탑 위에까지 올라가 텐트를 치고 있습니다. 그리고 우리는 이렇게 대자보를 쓰고 있습니다. 마지막 실낱같은 희망, 여러분의 텐트는 무엇입니까?

4. 졸업을 앞두고 한자시험을 치러 가는 길에 이 대자보를 씁니다. 자신의 문제를 해결하기 위한 마지막 수단까지 공격받는 고려대를 뒤로하고 떠난다는 생각에 씁쓸해집니다. 우리 학교 선생님의 텐트가 공격받는 것이 남의 일처럼 느껴지지 않기 때문입니다. 여러분의 텐트는 안녕들 하십니까?

고려대 철학 07 태경

인사를 받았으니 답을 해야지요!

가슴이 벅차오르게 만드는 일을 하자, 넘치는 열정이 이끄는 삶을 살자, 그렇게 다짐했습니다. 좀 더 평등한 지구촌, 공정하고 투명한 사회, 정의로운 사회를 만드는 단단한 벽돌 같은 사람이 되고 싶었습니다. 저는 그렇게, 어쩌면 허황된 야망으로, 해외에서 학업을 계속하기로 결정했습니다.

그 결정의 순간부터 지금까지, 저는 안녕하면서 안녕하지 못했습니다. 사실 누가 안녕을 묻지 않아도 될 만큼 겉으로 보기엔 씩씩하고 행복했으며, 안녕하지 않아도 이유를 몰라 인사를 생략했습니다. 무엇이 어떻게 달라졌을지 모르지만, 어쨌든 여기, 한국 땅에 있지 않아도 되어 안심하기도 했고, '한국에 내가 있어야 했는데……'하고 후회하기도 했습니다.

제 안녕하지 못함은 파업과 경찰과의 대치, 긴장감의 소용돌이 안에서 여러 해를 보내온 각 분야의 노조, 거짓말로 점철된 4대강 사업, (재)개발, 기지 건설 반대 주민과 활동가들이 겪으셨던 그 많은 고초로부터 한 발 멀찍이 물러나 있으면서 더 커졌습니다. 믿기 어려운 말들을 뱉는 정부와 정치인들의 말을 듣고, 그들을 믿는 이들 혹은 아예 어느 쪽도 듣지 않는 이들을 만나면서 놀라기도 했구요. 진실을 밝히고 조금 더 민주적인 사회를 만들기 위한 투철한 사명의식과 투쟁의 행동은 제가 신지 않은 버선 같았지만, 그 버선을 구멍 나고 닳아버린 짚신 버리 듯 쉽게 버릴 수도 없었으니까요.

박사과정 기간은 제게 사실 종갓집 시집살이만큼 혹독한 외로움을 가

르쳐줍니다. 온전하게 제 것인 이 선택. 이 길을 가는 모든 이에게 주어
질 외로움을 못 견뎌 안녕하지 못한 건 내 탓이라고 되뇌었습니다.

제 인생 이 시기만은 오직 단 한 가지 일에 골몰하고 집중해야 한다는
판단으로 조금은 귀를 닫고, 눈을 닫고, 입을 닫았습니다.

이 기간이 끝나면, 어쩌면, 아니 다른 선택의 여지가 없어 한국에 들어
오게 되면, 남들이 안 한 공부를 했으니, 교수가 되거나, 연구자가 될
길이 생기겠지 하는 기대도 있었습니다. 그런데 해가 갈수록, 저는 이
기대마저도 실제가 될지 모르겠습니다. (버클리에서 메아리쳐왔던 메시지에
도 있듯, 여느 대학생들의 자보에서도 읽었듯) 박사학위조차도 '스펙 관리'의
일환이 된다는 현실이 이해되면서, 연구와 교수직이 아니면 몇 년 동안
의 노력은 도배공의 경력만큼의 가치도 지니지 못할 현실이 이해되면
서 씁쓸했습니다. 다른 한편으로, 제 생각, 판단, 의견을 표현할 수 있
는 자유가 기본적으로 주어져 있지 않다면? '빨갱이'들과 어울리고 '종
북'단체들과 교류하며, 학문적으로 '순수혈통' 학문을 하지 않아서, 또
는 '외국물'을 많이 먹어서 제 성향이 우리나라 '체제'와 안 맞는다고 평
가받는다면? 제가 '체제'와 '시대', '기본 상식'을 모른다는 것이 '연구
를 할 능력이 없음', 혹은 '지식 식민주의자'와 동일시된다면?

사실 이 말 중에 틀린 말은 없을 수도 있습니다. 다만 '정상적'인 대한
민국 국적자가 밥벌이가 불가능한, 대가리만 큰 식충이 되거나, 머리를
조아리고 마음의 입을 다물고 생활하는, 생산하는 기계가 될 것을 상상
하며, 이미 돌아가기엔 늦은 가지 않은 길을 후회하는 제 자신이 싫어
질 뿐.

5년이란 짧게만 느껴지는 시간 동안, "행동하자, 내가 있는 자리에서"
라는 다짐 대신, 학위 취득, 연구만 생각하고 제 무기를 벼리던 저는 여
러분의 "안녕들 하십니까" 인사에 잠시 손을 놓았습니다. 글쎄요, 행동

에 인색해지고, 무엇으로 어떻게 제 밥벌이를 할까 고민하는 제가, 무엇이 저를 이끌어 이 자리까지 오게 했나 회의하는 제가 여러분과 다르지 않다고 얘기해야겠다 싶었습니다.

인사를 받았으니 답을 해야지요!

"안녕들 하십니까", 가슴 부풀어오게, 가슴 뭉클하게, 듬직하게, 미련하게, 그렇게 인사하고 악수 한 번 나누러 광장으로 나가겠습니다. 여러분과 글로, 손으로 나눈 인사를 기억하며, 다시 또 광장에서 만날 때, 그때는 우리의 연대가 성공했노라고 기뻐할 준비를 한다 생각하며 나가겠습니다. 제 손도 잡아주십시오!

2013.12.28. 전야
이나

안녕하십니까? 이 말이 새삼 강하게 와 닿는 이유는

안부인사는 관심의 표현 방식이고 "안녕하십니까?"라는 말은 관심 있다는 것을 의미합니다.

장기투쟁 농성자들에게 가장 절실한 것이 관심입니다.

시간이 지나면서 잊혀지고 무관심의 대상이 된다는 것이 투쟁에서 가장 힘든 부분입니다.

자본의 폭력보다도 더.

부당한 정리해고에 맞서 싸운 지 올해로 10년입니다.

"안녕하십니까"라고 물어주신 분들의 힘으로 버틴 세월이었습니다.

그러나 2012년 5월 코오롱본사 뒤에 다시 천막을 치고 농성한 지 2년째.

천막 농성장 앞을 무심히 지나치는 사람들을 보면서 그들이 과연 우리가 안녕한지 궁금할까?

특히 천막 주변을 항상 지나다니는 코오롱 본사 직원들이 우리도 한때는 코오롱에 다니던 노동자라는 사실에 조금이라도 동질감을 가지고 있을까?

50명이 투쟁을 시작했으나 지금은 14명이 남았고 그마저 대부분 생계활동 중이며 두 명이 천막농성을 하고 있는 상태이다보니 그런 마음이 더 크게 느껴지는 것 같습니다.

가족들이 살고 있는 구미를 떠나 천막 생활한 지 2년.

객지의 외로움과 한겨울의 칼바람보다도 우리가 잊혀진 존재, 마치 그림자 같은 존재는 아닌지 매일매일 초조하기도 합니다.

"안녕하십니까?"

이 한마디의 작은 관심이 투쟁하는 동지들에겐 그 무엇보다 큰 힘이 됩니다.

이것은 단지 투쟁하는 노동자들에게만 국한된 것이 아니라 이 땅에서 억압받고 탄압받는 모두에게 가장 필요한 관심일 것 같습니다. 고통받는 모두가 안녕한 그날까지 오늘도 힘차게 외쳐봤으면 좋겠습니다.

"안녕하십니까!"

코오롱정리해고분쇄투쟁위원회(코오롱정투위) 최일배

안녕들 하십니까?

저는 안녕하지 못합니다. 이 세상이 이렇게 불공평한 세상이란 걸 비정규직으로 살아오면서 처음으로 느껴보았습니다. 비정규직, 정규직. 단지 한 글자가 있고 없고 차이일 뿐인데, 정말 글자 하나가 사람들의 인생을 좌지우지한다는 걸 뼈저리게 느끼고 있습니다.

회사가 아닌 밖에서 작업복을 입지 않고 만나면 다 똑같은 사람인데, 회사 정문을 들어서면 정규직과 비정규직은 다른 사람이 되어버립니다. 가정을 이끌고 먹고살기 위해서는 기계처럼 일해야 하는 거 같습니다. 사람들은 월급날만 기다리고 또 월급날 좋아야 하는데 다들 한숨뿐이고, 물가는 물가대로 오르는 반면 우리들 월급은 늘 제자리니, 한 달 월급 겨우 쪼개고 쪼개고 아끼고 아껴 겨우 한 달 버티고…… 비정규직이 뭘 잘못했기에, 무엇을 어떻게 하였기에 이만큼 힘이 드는 걸까요? 비정규직 여러분들은 안녕들 하십니까?

정규직 노동자라고 살 만한 건 아니겠죠. 새장에 갇혀 짜 맞춰진 틀에 갇혀 하루하루가 행복과 재미와 보람보다는 톱니바퀴 인생을 살고 있는 기분이 듭니다. 눈뜨면 회사 가야 하고 온몸이 쑤시고 아파도 돈을 벌어야 하니 무거운 몸 이끌고, 또 반복되는 하루를 보내야만 먹고살 수가 있으니…… 열심히 일해서 회사에 돈 벌어주면 뭐합니까? 그렇게 일하는 동안 우리 몸은 만신창이가 되지만 노동자가 받는 대우는 그에 반도 못 미치니, 기계를 사용해서 제품 만드는 기계가 되어버린 기분이 번번이 듭니다. 정규직 여러분들은 안녕들 하신 건가요?

우리 노동자는 기계가 아니라 사람입니다. 노예가 아닌 사람입니다. 일한 만큼의 정당한 대우를 받아본 기억은 없는 거 같습니다. 정말 노동자들에게 정당한 대우를 해주는 세상은 언제쯤 올 수 있는 걸까요? 우리 노동자들이 말 안 되게 더 달라 하는 거 아닙니다. 일한 만큼은 대우를 해달라는 겁니다. 우리도 사람입니다. 먹고살기 위해 일하고 있지만 일을 할수록 먹고살기 힘들어지기만 하니 지치고 벅찹니다.

사회에서는 평등한 사회를 만들어야 한다고들 하시는데 평등사회가 어떤 것인지 모르겠습니다. 정규직, 비정규직 글자 하나로 삶이 달라지는 사회가 평등사회라고 할 수 있을까요? 우리 자식들에게 평등사회가 어떤 것인지 어떻게 가르쳐야 할지 모르겠습니다. 여러분들이 생각하고 있는 평등이란 어떤 것입니까? 우리는 정말 안녕한 걸까요?
혹, 안녕하지 못한데 자기 자신에게 안녕하다고, 괜찮다고 최면 거시는 건 아닌지요? 힘들고 스트레스 받고 한숨부터 나오는 그런 사회, 편이 나뉘는 바보 같은 정책들만 내세우고 실천되고 있는 사회보다는 웃음이 가득한 그런 사회가 빨리 오길 바랄 뿐입니다. 글자 하나로 서로가 나눠지는 사회보다는 글자와 상관없이 평등한 사회에서 살고 싶습니다.

다스지회 조합원 박세연 올림

안녕들 하십니까?

밀양은 안녕하지 못합니다.

우리 밀양은 765kv 초고압 송전탑 건설로 죽음의 땅이 되었습니다.

우리 주민은 지난 9년 동안 수차례 공사 재개와 중단에 맞서 싸웠습니다. 그리고 이번 10월 이후 엄청난 탄압 속에 자행된 공사 재개는 주민들을 벼랑 끝으로 내몰고 있습니다.

매일 우리는 지옥을 경험하고 있습니다. 공사에 저항하는 할매 할배들을 끌어내고, 사지를 잡아 내팽개치고, 연행하고, 구속하고 있습니다. 그동안 실신해서 병원에 실려 간 주민들은 60명이 넘습니다.

이 초고압 송전탑은 주민의 모든 삶을 송두리째 파괴할 것입니다. 이제 주민들은 절망적인 상황에서 목숨을 걸고 저항하고 있습니다. 지난해 한 어르신의 분신 이후 또 한 어르신이 맹독성 농약인 제초제를 드시고 자결하셨습니다.

이 슬픔이 채 가시기도 전에 또 한 주민이 다량의 수면제를 먹고 자살을 기도하였습니다.

무엇을 위한 송전탑입니까? 이렇게 잔인하게 공사를 해야 하는 필요나 명분이 있단 말입니까?

연중 피크타임만 수요를 분산시키면 전기는 남아돕니다. 남아서 버립니다. 이미 송전탑 밀집도 세계 1위, 원전 밀집도 세계 1위입니다. 이제 그만합시다. 그만 지읍시다.

안녕하지 못한 여러분들.

한전과 정부의 잘못된 에너지 정책을 꾸짖고 밀양 할매 할배들의 손을

잡아주십시오.

우리 모두 손을 잡고 이 혹독한 시절을 이겨나갑시다.

밀양 765kv 초고압 송전탑 경과지 주민 고준길, 구미현, 김옥희

〈약한 땅, 물신의 탑〉(한혜수 그림)

안녕들 하십니까

송전탑을 반대하는 밀양 주민 서종범입니다.
밀양에는 계엄령이나 다름없는 경찰의 폭력으로 어르신들이 발에 치이고 고향 땅 산에 올라가더라도 주민등록증을 제시해야 하는 공권력의 남용이 도를 넘고 있습니다.

밀양은 축복받은 도시로 산천이 아름답고 천혜의 행복한 도시였지만 이제는 765kv 송전탑으로 헌법에서 보장된 사유재산과 생명권을 한전의 송전탑 공사로 강탈당하고 있습니다.
작년 1월 이치우 어르신의 분신과 얼마 전 유한숙 어르신의 음독자결이 있었습니다.
오죽했으면 세상에서 제일 중요한 목숨을 끊었겠습니까.
우리는 정말로 안녕하지 못해 불행합니다. 이 울분을 토할 길 없어 제대로 잠을 이룰 수가 없습니다.
시민 분향소 하나 차릴 수 없어 비닐로 바람을 막고 노숙하고 있습니다.

거룩한 죽음을 은폐, 조작, 왜곡하는 경찰 그리고 한전의 개가 되어 우리 송전탑 주민들을 밀양 시민이 아닌 양 서자 취급하는 밀양시 그리고 모르쇠로 일관하는 정부.
이 나라는 인권도 없고 생명의 소중함도 없고 민주주의는 후퇴하고 있습니다.
우리는 보상을 더 받으려고 투쟁하는 것이 아닙니다.
고향 땅에서 있는 그대로 농사지으면서 조용히 살고 싶을 뿐.

한전이라는 강도가 경찰을 동원하여 밀양을 짓밟고 있습니다.
우리는 이 부당한 송전탑 공사에 끝까지 투쟁할 것입니다.
우리의 정의로운 투쟁이 이 나라 먼 후세를 위해, 그리고 민주주의의
밑거름이 될 것입니다.

젊은이들이여, 외면하지 마십시오.
외면한다고 안녕하지 않습니다.
모두들 가슴에 손을 얹고 이 안녕하지 못하고 불행한 세상을 바꾸어야
합니다.
다음 세대의 안녕은 젊은이들의 것이니까요.

밀양 서종범

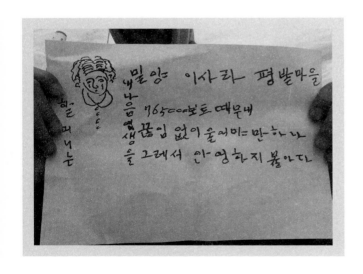

당신의 '등급'은 안녕하십니까?

등급: (명사) 신분, 품질, 값, 각종 평가 등의 높고 낮음, 좋고 나쁨을 여러 단계로 나누는 구분.

혹시 당신은 '청년 2급'이십니까?
혹시 당신은 '여성 3급'이십니까?
혹시 당신은 '황인 4급'이십니까?

당신이 위의 예시에 포함되지 않듯이 사람을 대상으로, 복지를 대상으로 하는 것 중에 '등급'을 나누어 재단하는 것은 없습니다. 그러나 '오직' 장애인만 등급을 나눈답니다. 등급에 따라 차등을 나누어 복지를 제공한다지요. 복지병을 막기 위해서라고 흔히들 이야기하는데 우리나라의 복지가 지금 복지병을 이야기할 만한 수준인가요? 한국의 사회보장 지출은 전체 예산의 13.1%로 경제협력개발기구(OECD) 34개국 평균 35.6%에 훨씬 미달함은 물론 전체에서 꼴찌를 기록하는 나라입니다 (2011년 기준).

복지: (명사) 삶의 질에 대한 기준을 높이고, 국민 전체가 행복하게 살아갈 수 있도록 하는 데 중점을 두어 노력하는 정책.

복지라는 패러다임은 기본적으로 '욕구(need)'에 기반을 둡니다. 개개인의 '욕구'에 맞추어 제공해야 합니다. 그리고 '욕구'란 획일적일 수 없습니다. 모든 사람이 욕구가 같지는 않기 때문이지요. 장애인도, 비장애인도, 여성도, 남성도, 어르신도, 아이도, 성소수자도 욕구가 모두 다릅니

다. 그렇지 않나요? '장애등급제'는 이런 욕구를 철저히 외면한 채 프로
크루스테스의 침대처럼 획일을 강요하고 재단합니다. 그리고 쥐꼬리만
한 예산에 맞춰 '복지'를 행정 편의적으로 만들어버립니다.

국정원 댓글 정권이 말하는 '맞춤형 복지'라는 것이 이런 개인의 욕구
에 맞춰야 하는 것이 아닌가요? '맞춤형 복지'를 알차게 채우기 위해서
는 '장애등급제'는 반드시 폐지되어야 합니다.

당신의 '등급'은 안녕하십니까?

장애해방열사_단

* 대자보가 걸린 광화문역 지하보도에 있는
'장애등급제·부양의무제 폐지 공동행동' 농성장은 지난
2012년 8월 21일부터 시작되었습니다. 장애인의 신체에
등급을 매기는 낙인의 사슬 '장애등급제', 부양의무를
가진 가족들에게 소득이나 재산이 있다는 이유만으로
복지수급권마저 박탈하는 빈곤의 사슬 '부양의무제'는 이
땅의 가난한 이들과 장애인들을 삶을 위협하고 있습니다.
우리는 장애등급제와 부양의무제가 폐지되어 이 땅에
살아가는 누구나 낙인과 가난 없이 살아갈 수 있도록 싸울
것입니다.

부끄러운 언론인 선배여서 안녕하지 못합니다

미안합니다. 죄송합니다. 이 말밖에는 할 말이 없습니다. 대학을 졸업하고 뜻한 대로 방송기자의 길을 선택했습니다. 역사의 현장에 서 있고자 언론인의 길을 선택했습니다. 사실과 정의를 전달하는 것이 기자라고 배웠고, 그렇게 모범답안에 충실하고자 했습니다. 미력하나마 한국 사회 발전에 도움이 되고자 했습니다. 하지만 저는 지금 펜과 마이크를 들 수 없습니다. 제가 일하는 일터인 공영방송이 오히려 진실을 외면하고 사실을 축소하고 있기 때문입니다.

대학생들이 "안녕들 하십니까?" 물으며 절대 '안녕치 못한' 현실을 말하고 있습니다. 수천 명의 철도 노동자들이 직위해제를 당하면서까지 파업으로 철도사영화(私營化)를 반대하고 있습니다. 밀양의 할매 할배들이 목숨을 걸고 고압송전탑 건설을 반대하고 있습니다. 수만 명의 시민들이 거리로 나와 지난 대선에서 벌어진 국가 기관의 선거부정을 규탄했습니다. 하지만 대한민국의 공영방송은 매일 저녁 무척이나 '안녕한' 뉴스만을 내보내고 있습니다.

심지어 일부 언론은 사회의 목탁이 아닌 독이 된 지 오래입니다. 오히려 권력의 무기가 되어 약자를 공격하는 수단이 되었습니다. 그래서 후배님들이 철 지난 대자보를 다시 꺼내 진실을 전달할 수밖에 없는 서글픈 현실이 되고 있습니다. 그런데 그곳이 제 일터인 언론 현장이어서, 제 동료들이 아무렇지도 않게 그곳에서 펜과 마이크를 잡고 있어서, 그래서 저는 안녕하지 않습니다.

하지만 안녕하지 못해도 싸우겠습니다. 투쟁하겠습니다. 언론이 밑고

싫지만 바꿔야 하기 때문에, 역사는 때로 후진할지언정 결코 후퇴하지 않았다는 믿음이 있기 때문에, 싸우는 사람이 있어야 희망이 있기 때문에, 앞으로는 절대 언론인 길을 걷는 후배들이 부끄럽지 않아야 하기 때문에, 지금은 절대 안녕하지 못하지만, 그래서 더욱 안녕하도록 싸우겠습니다.

2013년 12월 18일

고대 국어교육과 89학번 이경호(전국언론노조 수석부위원장)

안녕들 하셨습니까

저는 안녕하지 못한 척하였습니다.

1. 2012년 12월 19일을 기억하십니까? 국정원, 국방부, 검찰, 언론 등에서 조직적인 대선 개입을 하여 국민의 알 권리와 왜곡된 정보로 올바른 투표권을 행사하는 데 피해를 준 사실을요. 하지만 더 문제인 것은 우리의 민주주의를 훼손한 '사회구조'라고 생각합니다.

뉴스에 나오는 강도나 절도, 실업률 증가로 인한 고통.

왜 범죄가 늘어날까요? 왜 실업률이 증가할까요? 경제가 나빠서잖아요? 그런데 과연 정말로 나쁠까요?

OECD에 의하면 대한민국은 경제 15위인데도 가난한 나라인가요? 좀 더 가난한 스웨덴이나 덴마크처럼 주택수당법, 아동수당연금, 전 국민 무상의료 보험, 무상교육(유치원~박사과정)을 왜 하지 않을까요? 빈부격차, 자본주의(신자유주의)에 너무 치우쳐져 있는 게 아닙니까?

2. 불과 하루만에 4,000여 명의 철도 종사자 해고, 시민단체 강제 해산법 추진, 의료민영화를 막고자 목에 칼을 댄 대한의사협회장, 게임산업의 몰락, 공약의 퇴행, 복지예산 삭감, 사교육 방임, 문화콘텐츠(천안함 프로젝트, 백년전쟁) 억압, MB 시절 때 만든 언론 7대 악법으로 KBS, SBS, MBC는 대기업과 국가의 나팔수로 전락(사회구조보다 개인 일상 중심의 뉴스가 완성, 국가 탓을 국민 개인 탓으로 돌림), 세계자살률 2위, 행복지수 41위, 언론청결도 46위……

왜 이럴까요? 이로 인해 이득 보는 건 누구라고 생각하십니까? 이것이 시사하고 의미하는 바는 무엇이라고 생각하십니까? 이것이 민주주의와 우리의 권리(국민)를 훼손하고 있다고 생각하시지는 않는지요? 우리는 한민족이기에! 힘을 합쳐 민주주의를 수호해야 하는 게 올바른 것이 아니던가요? 민주주의의 주인은 누구이던가요?

3. 이걸 보고도 저는 그저 입으로만 정치에 참여했습니다. 제 자신이 부끄럽고, 미안했고, 철도 사건처럼 해고당하고, 끌려갈까봐 두려웠습니다. 하지만 이젠 두렵거나 미안해하지 않을 겁니다. 처음 대자보를 올린 현우님. 제 답은 안녕하지 못합니다. 그 외에 전국적으로 대자보를 올려주시거나 관심 가져주시는 국민 여러분, 안녕하십니까?

안녕하지 못한 사회복지사 L이

한국을 사랑하는 모든 국민분들께

22기 동기 노무사님들, 안녕들 하십니까?

우리 22기 노무사들에게 환희와 성취의 한 해였던 2013년이 가고, 이제 우리는 그토록 꿈꾸던 '공인노무사'로서 첫발을 내딛는 길목에 서 있습니다. 그런데 우리가 노무사 시험 합격이라는 뿌듯하고 설레는 시기를 보내는 동안 사회에서는 참으로 많은 일들이 있었던 것 같습니다. 한 대학생의 진정성 어린 대자보로 시작된 "안녕들 하십니까?"의 열풍은 사회구성원 개개인의 안녕이 결국엔 사회 전체의 안녕과 무관할 수 없음을 환기시켜주었습니다. 특히나 노사관계 전문가인 노무사들의 안녕은 사회에서 벌어지는 노동 사건들과 무관할 수 없겠지요. 그런데 우리의 안녕과 직결되는 노동 현실은 그리 희망적이지 않은 것 같습니다.

60%가 넘는 국민들의 지지를 받은 철도 파업은 민영화에 반대한다는 이유만으로(목적의 정당성 부정) 불법파업으로 규정되어 민·형사상 처벌을 받을 것으로 보입니다. 전교조는 합법적인 노조로 인정받은 지 14년 만에 법외노조 통보를 받았고, 2,600명이 넘는 노동자들을 정리해고함으로 인해 시작된 쌍용자동차 노동자들의 투쟁은 끝나지 않았으며 24명의 노동자와 가족분들이 자살 등으로 세상을 떠나셨습니다. 불법파견으로도 2년 이상 근무하면 직접고용 간주된다는 대법원 판결의 이행을 요구하며 비정규노동자들이 300일 넘게 고공농성을 하였음에도 현대자동차는 노동자들을 직접고용하지 않고 있습니다. 이밖에 우리 사회에서는 암울한 노동 현실을 보여주는 일들이 수없이 발생하고 있습니다.

이러한 우리 사회 노동인권의 안녕치 못함이 우리 22기 노무사들의 진로와 전망에는 어떤 영향을 미칠까요? 치열한 경쟁을 뚫고 노무사 자격증을 얻게 된 우리들에겐 우선 괜찮은 수습자리를 구하고 좋은 법인에 취업하거나 개업 노무사로서 생활을 안정시키는 것이 가장 중요한 당면 과제이겠지요. 그러나 위에서 언급한 노동 현실은 상식과 정의에 어긋나는 모습이 아닐까 합니다. 이러한 비상식의 노동 현실에 눈감고 이를 외면하는 노무사의 삶이 진정으로 안녕할 수 있는지 조심스럽게 묻고 싶습니다.

영화 〈변호인〉의 관객 수가 900만 명이 넘었다고 합니다. 〈변호인〉의 흥행은 무엇보다 그 이야기가 우리 사회의 상식과 정의에 관한 것이기 때문이 아닐까 합니다. 그렇다면, 노동인권에서의 상식과 정의가 제대로 지켜지지 않는 사회에서 우리 22기 공인노무사들이 '노동자의 변호인'이 되어주는 것은 어떨까요? 꼭 노동조합에서 노동자의 권익을 대변하는 노무사로 살고자 하지 않더라도, 노동자분들의 생생한 이야기를 듣고 노동 현실을 직접 체험해보면서 노사관계 전문가로서의 균형감각을 갖는 것도 의미가 있지 않을까요? 설령 앞으로 기업을 대변하는 일을 하더라도 노무사로서의 사회적 책임에 대해서 고민해보는 기회를 갖는다면 더 따뜻한 전문가가 될 수 있지는 않을까요?

'노동자의 벗'은 민주노총과 노노모(노동인권 실현을 위한 노무사 모임)가 공동 주최하는 과정으로서, 우리 사회의 노동 현실을 생생하게 느껴보는 기회를 통해서 노무사로서의 진로를 찾아가는 프로그램입니다. 강연 프로그램, 노조지원 프로그램, 기획·연구 프로그램, 노동위원회 프로그램 등을 5개월간 진행하면서 노무사로서의 사회적 책임을 고민해보는 자리입니다. 각 프로그램은 동기 노무사들의 자발적인 참여와 의지로 운영되는 것이며, 참가자들은 현장성과 전문성이 있는 유익한 프로그램을 통해 즐겁고 의미 있는 경험을 하게 될 것입니다.

노무사로서의 사회적 책임을 고민하고, 가슴 따뜻한 전문가가 되고 싶은 동기분들! '노동자의 벗'에서 만났으면 좋겠습니다.

22기 동기 노무사님들, 진정으로 안녕들 하십니까?

13기 노동자의 벗 준비팀

저는 아직도 부끄러운 대학생입니다

저는 09학번입니다. 2009년, 별별 일이 다 있었던 해입니다. 이제 대학생이 된다는 설렘으로 입학식을 기다리던 즈음, 용산에서는 화마가 철거민 다섯 명과 경찰 한 명의 생명을 덮쳤습니다. 경찰의 성급하고 폭력적인 진압이 만들어낸 참사였습니다. 화났지만 막상 대학생이 된 저는 용산 남일당 건물 앞에 선 적이 없었습니다. 용산에 가자는 선배들의 말을 바쁘다는 핑계로 흘려보냈습니다.

2009년 첫봄이 끝나갈 무렵, 평택에서는 정리해고로 사지에 내몰린 노동자들이 공장을 점거하고 77일을 농성했습니다. 함께하고 싶었습니다. 그러나 저는 또다시 평택 공장 앞에 서지 못했습니다. '죽창 든 노동자들의 폭력은 나쁜 것'이라고 평택에 가지 않는 자신을 정당화했습니다. 그런 식으로 대학에서 첫 1년을 보냈습니다. 토론 학회에 가입해 아늑한 강의실에 앉아 정부를 비판하는 조악한 말들을 쏟아냈습니다. 용산 철거민들은 정당했다, 쌍용차는 자본의 폭력이다, 이명박 정부는 물러나야 한다…… 교지편집위원회에 들어가 학교를 비판하는 글을 쏟아내기도 했습니다. '나는 다른 대학생들과는 달리 정치에 관심이 많아', 그렇게 자부했습니다.

제가 쏟아낸 말과 글들이 아무것도 아님을 아는 데까지 2년이 걸렸습니다. 김진숙 지도위원이 멀리 부산 영도에서 85호 타워크레인에 오른 뒤에야 그것들이 아무것도 아님을 알 수 있었습니다. 저는 아무것도 하지 않으면서, 손쉽게 자신을 정당화하는 데만 급급하고 있었던 겁니다. 말을 했다는 핑계로, 글을 썼다는 핑계로, 책 만드느라 바쁘다는 핑계로 저는 부끄러움을 모면하려 했던 겁니다. 부끄러움을 이기지 못해 군대로 도망쳤습니다.

올해 초에야 전역하고 복학했습니다. 일산에서 학교로 통학하는 길은 대한문을 지나고 또 용산을 지납니다. 매일같이 그 길을 지나오면서 부끄러웠던 과거를 떠올립니다. 부끄러움을 극복하고 부채감을 갚기 위해 올 한 해 분주했습니다. 누가 지워준 부채감이 아니기에 이 부채감을 다 갚을 수 있는지는 모르겠습니다.

이 글을 읽는 여러분 중 예전의 저와 비슷한 분들이 많을 거라고 생각합니다. 행동하지 않음을 끊임없이 정당화하기 위해 사소한 것에 분노하고 공허한 말들을 쏟아내고 있겠죠. 하지만 행동하지 않는 한 부끄러움과 부채감은 주체할 수 없이 쌓이기만 할 겁니다.

월요일부터 중앙대 청소 노동자들이 파업에 들어갑니다. 열한 차례의 교섭을 불성실한 태도로 매번 결렬시킨 용역회사와, 제3자의 일이라며 발을 빼는 대학에 항의하기 위해서입니다. 당신들의 노동으로 아들 딸 같은 학생들이 좋은 환경에서 공부할 수 있다는 사실에 자랑스러워하던 분들이 이제 빗자루를 내려놓습니다. 더러워진 학교를 보면서 저도 모르게 쓰레기를 치우고 있을 분들입니다. 일하지 않는 것을 오히려 힘들어할 분들입니다.

의혈 학우 여러분! 언제까지고 스스로를 정당화할 수는 없는 노릇입니다. 청소 노동자들과 함께 싸웠으면 좋겠습니다. '지금-여기'에서 시작해 부채감을 함께 갚아갔으면 좋겠습니다. 응원과 지지의 말을 건네는 것도 좋습니다. 그러나 함께하고 있다는 무언의 몸짓이 노동자들에게는 더 절실하지 않겠습니까. 여러분, 함께 싸웁시다!

2013년 12월 13일

중앙대 정외 09 남규

우리는 중앙대 청소 아줌마들입니다

1. 체육관

우리는 중앙대 미화 청소 아줌마들입니다.

우리가 노조를 선택하고 파업을 시작했습니다.

우리들의 노고와 억울함을 우리 중앙대 학생들과 교수님들, 우리에게 힘을 주시고 많은 지지를 부탁드립니다.

해결될 때까지 불편하시더라도 많이 참아주시고 격려해주시면 그 보답으로 더 많이 열심히 일하겠습니다. 감사합니다.

2. 사랑하는 학생들

언제나 웃으며 인사를 하고 수고하신다고 말을 전할 때 너무나 감사했어요.

생각지도 않게 파업을 하게 되어 정말 미안해요.

시험 기간에 힘들고 피곤할 텐데 청소를 깨끗하게 못해서 미안해요.

하지만 우리에 마음을 이해하시고 많은 지지 부탁해요.

학생 여러분 사랑합니다.

3. 사랑스런 우리 학생들

멋진 학생들 한 학년 보내고 힘든 시험인데 우리 아줌마들 이런 행동을 해서 정말 미안해. 어쩔 수 없는 이 마음 이 행동 이해해주면 해요.

학생들 정말 죄송해요.

사랑합니다.

4. 학생 여러분 미안하고 죄송해요.

우리의 파업으로 인해 화장실이나 복도 모든 곳이 쓰레기가 많이 쌓여 있는데 우리가 이렇게 할 수밖에 없는 것은 용역회사에서는 학교 핑계를 대고 학교는 용역회사에 떠넘기고서 우리의 목소리를 전혀 귀 기울이지 않고 우리를 고발한다고 엄포를 놓고 있습니다.

노동자로서 기본적인 것만을 요구하나 우리의 요구를 무리한 것으로 치부하고 있습니다. 학생들, 힘없고 능력 없는 우리 같은 사람은 이렇게 무시당해도 됩니까. 우리를 좀 지지해주셨으면 감사하겠습니다.

(포스트잇 답장)

우리를 위해 얼마나 고생하시는지 오늘 깨달았습니다.

감사하고 죄송합니다. 저는 항상 아주머님 편에 있겠습니다.

이름도 못 밝히는 용기 없는 13학번 T_T

5. 미화원 3층 아줌마

학생들에게 먼저 미안하다는 말부터 해요. 지금 미화원 아줌마들이 파업을 하고 있어요.

시험 기간에 깨끗하게 못해주어서 미안해요. 파업 정말 힘들어요.

우리 문제 해결 빨리 끝나는 대로 돌아와서 깨끗이 청소해줄게요. 학생들 사랑해요!

6. 학생 여러분 공부하는데 정말 죄송합니다.

미화원들이 파업에 어쩔 수가 없어서 그렇습니다.

끝나면 잘하고 깨끗하게 하겠습니다.

힘내세요.

1

2

3

4

포스트잇 답장

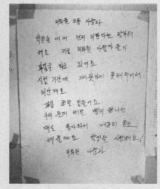

5

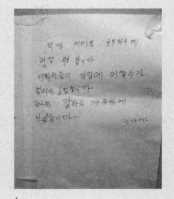

6

청소 노동자분들, 불편해도 괜찮아요!

오늘 학교 곳곳에 붙은 청소 노동자분들의 편지를 읽고 너무 마음이 아팠습니다. 학생들은 잘 쓰든 못 쓰든 큼지막한 종이에 큼지막한 글씨로 자기 이야기를 풀어내는데, 청소 노동자분들은 작은 종이에 학생들에게 미안하다는 말을 쓰고 계시더라구요.

그동안 우리에게 좋은 환경을 제공해주고자 밤낮으로 일하신 걸 알고 있습니다. 미안하긴요, 저희가 더 미안합니다. 정당한 권리를 위해서 파업하는 것에 미안해하지 않으셔도 됩니다. 미안해야 할 건 부당한 노동을 강요하는 용역업체와 그걸 방관하는 학교가 아닌가요?

안녕하지 못하다는 말을 계속 꺼내어 쓰면서도, 가장 가까운 곳에 이토록 안녕하지 못한 사람들이 있다는 것을 잘 몰랐습니다. 그런 저희가 더 죄송합니다. 언제나 어지르고, 없는 사람인 것처럼 대하고, 학교의 구성원은 학생과 교수뿐인 것처럼 생각해온 우리인데…… 당장 내가 다니는 학교의 청소 노동자가 어떤 상황에 처해 있는지에도 관심을 갖지 못한 부끄러운 우리들입니다. 그토록 안녕하냐는 성토가 많았는데 정작 우리는 청소 노동자분들께 "안녕하냐"는 안부인사 하나 건네지 못했습니다.

그런 우리에게 사랑하는 학생들이라고 말씀해주셔서 감사합니다.

더 이상 미안해하지 마시고 당당하게 목소리를 냈으면, 꼭 이기셨으면 좋겠습니다. 정당한 권리를 되찾을 수 있도록 끝까지 지지하겠습니다! 불편해도 괜찮습니다. 힘내십시오!

사회 11 민경

중앙대가 책임 있습니다

1. 송 팀장님,
언제까지 우리가 기다려야 할까요.
빨리 학생들 위해 일할 수 있도록 교섭을 해야 하지 않을까요.
팀장님 하루빨리 즐거운 마음으로 일할 수 있도록 해주세요.
기다리겠습니다.
송 팀장님!

2. 총무 팀장님 우리와 약속하신 것 빨리 지켜주세요.

3. 존경했었던 팀장님, 말씀과 행동이 다른 줄 몰랐습니다.
어제 그제 약속하셨잖아요.
티엔에스 사장 데려온다지 않았나요.
만나 해결합시다.

중대 분회

4. 우리는 못 참겠다.
중앙대가 책임져라
하루하루 속아서는 못 참겠다.
팀장은 책임져야 한다.
우리도 가정을 가지고 있어요.
여기는 중앙대 살림을 꾸리지요.
우리를 비참하게 하시지 말아요.

끝까지 움직이지 않겠어요.

우리 청소하다가 식구까지 꿈 죽이게 만들어줍니까.

정말 힘들게 하지 마십시오.

우리 힘들어요 팀장님. 약속 지켜주시고 답변해주십시오.

인간답게 살고 싶어요.

우리 권리 찾게 해주십시오.

팀장님 우리 입장도 생각하시고 중앙대가 책임 있습니다.

책임져야 합니다.

꼭 답변해주십시오.

TNS 몰아내주셔요.

우리 말도 들어주세요.

5. 우리도 집안일 꾸려가면서 열심히 일하고 부지런히 청소하며 굳세게
살려고 합니다.

팀장님 약속 꼭 지켜주십시오.

송 팀장님
인제까지 우리가 기다려야할까요
빨리 학생들위해 일할수
있도록 교섭을 해야 하지 않을까요
팀장님 희루빨리 즐기운
마음으로 일할수 있도록
해주세요 기다리겠습니다
송 팀장님!

1

총무 팀장님 우리와
약속 하신 것 빨리
지켜 주세요

2

존경 했었던 팀장님
말씀과 행동이 다른를
울화 합니다
어제 그제 약속 하셨지만
리엔에스 사랑 대려 따온마
지않았나요
만나 해결 합시다
을매분회

3

우리도 못한것이다
총앙에가 협일 커라
희루 하루 하는데는
총앙 절다
협일 책임져야 한다
우리노 가정을 가지고 있지만
에도 총앙에 협일을 꾸리세

우리도 비참하게 하시지않나요
총께게 총제게 않게시오
저 청소 하다가 쭈욱 가게
끝있게 만들어 줌세가
정말 힘들게 되게 하셨고스
저 근들이 협장님 약속
지켜 주시고 않면
려 주십시오

십간 답이 없고있고
저 길이 많게 어려워시오
희망님/일장으 생각 하시고
총앙에가 책임 있습니다
행정 처리 합시에
꼭 답변 해쭤짐시오
TNS 불내 주셔요
우리 말으 들어 주셔요

4

우리도 집안일 꾸려가면서
열심히 일하고
부지런히 청소하여
굳세게 살려고
합니다
팀장님 약속 꼭 지겨
주십시오

5

안녕하세요

중앙대학교 이용구 총장님! 그리고 (주)티엔에스개발 고희건 사장님!

이게 웬 말입니까? 벌써 투쟁을 한 지 4개월이 넘어 5개월째로 접어들고 있습니다.

무리한 요구를 하는 것도 아니고 외곽 및 지하주차장 청소를 담당할 남성들을 채용해달라는 저희의 요구가 그렇게도 무리한 요구인가요?

대부분의 다른 학교들도 이미 다 해결되어서 시행하고 있는 사안인데, 그런데 왜 우리 중앙대학교만 해결이 되지 않고 있는 것인지요?

저희의 작은 요구가 해결되었다는 기쁜 소식을 하루빨리 듣고 기쁜 마음으로 그리고 희망찬 기분으로 중앙대학교의 깨끗한 교내 환경을 만들기 위해 애쓰고 있는 여사님들이 각자 자신의 일터에 가서 신명나게 반짝반짝, 구석구석 깨끗이 맡은 바 임무를 충실히 임할 수 있도록 도와주십시오.

이른 아침 동이 트기 전에 일터를 향해 출근하시는 우리 총장님, 학교 직원님 여러분 그리고 초롱초롱한 눈빛으로 이 나라 대한민국을 위해 무언가를 공부하고 배우고 자신들의 꿈을 키우기 위해 우리나라 열 손가락 안에 드는 명문대학 중앙대학교를 향하는 젊은 청년들, 우리 학생들에게 천막 농성하는 모습을 보여주어야 하겠습니까?

몇 십 년을 더 살아온 저의 인생을 비추어볼 때, 어느 곳이든지 깨끗하고 청결한 환경에서 공부할 수 있어야 맑은 머리로 꿈을 달성할 수 있다고 생각합니다.

우리 민족 고유의 명절, 새해를 시작하는 설날이 며칠 남지 않았습니다.

중앙대학교 이용구 총장님! 그리고 (주)티엔에스개발 고희건 사장님!

하루빨리 저희와의 협상이 타결될 수 있도록 교섭해주십시오.

대한민국 어느 학교보다 우리 중앙대학교에서 일하고 싶어서 이렇게 4개월을 넘어 5개월째 힘든 시간을 보내고 있습니다.

많지 않은 월급이지만 한 가정을 위해 또 중앙대학교를 위해 그리고 무엇보다 중요한 초롱초롱한 눈망울을 가진 학생들을 위해 깨끗한 환경을 만들고 저의 맡은 바 임무에 충실히 임하고자 열심히 출근해서 일하고 있는 이 작은 한 가정의 엄마는 오늘도 힘을 불끈 냅니다.

우리 중앙대학교 학생들, 대한민국의 새로운 역사의 페이지를 장식할 일꾼들인 우리 학생들을 생각하면 힘이 나고, 저의 몸이 아무리 힘들어도 제 온몸을 적셨던 땀방울들이 쏘옥 들어갑니다.

새해는 갑오년, 부지런히 열심히 뛰며 소생하는 푸른 말의 해라고 합니다.

중앙대학교 이용구 총장님! 그리고 (주)티엔에스개발 고희건 사장님!

새해 복 많이 받으세요.

2014년 1월 21일 새해 3시 30분
알엔디 청소 미화원 윤용자 드림

백만 원을 바라보는 서로 다른 해석

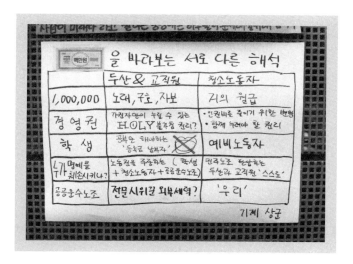

이것은 백만 원짜리 자보입니다

한 달 전 '안녕들 하십니까' 대자보를 쓰던 때가 떠오릅니다. 난생처음 대자보를 썼던 그때, 내가 언제 또 자보를 써볼까 싶었습니다. 이렇게 또 쓰게 될 줄은 몰랐네요.

참 설렜습니다. 마냥 두근거렸습니다. 그리고 그땐 미처 몰랐습니다. 자보를 붙이고 나서야 몇 가지 사실들을 알게 되었습니다. 붙여둔 제 자보가 자꾸 찢겨져서, 고민하다가 학생지원처에 찾아가서 어떻게 하면 자보를 계속 붙여둘 수 있느냐, 물었습니다. 한 교직원분께서 답해주셨습니다. "개인적 의견을 담은 발언을 게시할 수는 없다. 붙이려면 내용을 봐야 한다. 그게 학칙이다." 몰랐습니다. 이곳 중앙대에서는 학생이 자신의 목소리를 담은 종이 한 장을 못 붙이고 검열받아야 마땅했다는 것을요.

며칠 전 신문을 보았습니다. 학교 청소 노동자들이 자신들의 미안함을 담고, 고충을 이야기했던 손자보 하나하나에 학교가 백만 원이라는 가격을 매겼다는 것입니다. 저는 또 한 가지 몰랐던 사실을 알게 되었습니다. "아, 이곳에서는 아무도 말을 할 수 없구나."
학교에서 수업을 듣는 '학교의 주인'인 학생도 말할 수 없고, 학교에서 일하는 노동자도 말할 수 없는 곳, 지금 제가 다니는 중앙대학교가 바로 그러한 곳이고, 이 글을 쓰는 장소가 바로 그러한 곳이라는 것 말입니다.

저는 참 좋았습니다. 추운 겨울날, '깔끔하기 그지없던' 딱딱한 학교 벽면에 다닥다닥 붙던 대자보들을 보며, 그들의 글을 보며 같은 생각을 나누는 학우들이 이렇게나 많았구나, 생각하며 마음이 뻐근해지기도 했습니다. '당신은 이렇게 생각하구나, 나도 그렇게 생각한다'며 고개를 끄덕이기도 했습니다. 눈 오는 날 무거운 염화칼슘을 머리에 이고, 꽁꽁 언 바닥 위를 묵묵히 걸어 다니시던 청소 노동자분들이 '안녕하지 못한 우리' 옆에 다가와 함께 말을 걸어주셔서 너무너무 좋았습니다. 이제야 목소리 한 번 내보시겠다며 파업을 하면서도, 혹여나 학생들 시험 기간에 피해가 갈까 싶어 미안하다며, 미안하다며, 빨리 끝내고 청소해주겠다던 '편지'에 한편으론 이렇게 말을 걸어주셔서 감사했고 또 한편으론 그동안 외면해왔던 것들에 대해 죄송했습니다. 여태까지 본 자보들 중에 가장 따뜻한 자보였고, 가장 마음 아픈 자보였습니다.

저는 부끄럽습니다. 다른 대학 다한다는 교섭이 중앙대에선 불가하다는 사실이 부끄럽고, 이곳을 일터로 삼아 짧게는 몇 년 길게는 십년을 이곳에서 일해온 분들을 이렇게 소외시켜버리는 학교 본부의 대응이 부끄럽고, 커뮤니티 중앙인과 학생들의 이메일을 모두 안다는 사실을 이용하며 실제 모습은 보이지 않고 뒤에 숨어 키보드만 두드리고 회사를 두둔하는 학교가 너무나 부끄럽습니다.

본부는 늘 말합니다. 우리 학교는 사유지다. 맞습니다, 사유지. 다만 건물들과 땅 자체에 제한된 어떤 의미에서 말이죠. 그러나 '중앙대학교'가 개인의 것이라 한다면 그것은 텅 빈 의미의 건물 껍데기와 흙덩이일 뿐일 것입니다. 대학이라는 것은 사회 공공적 역할을 수행하는 고등교육 기관이며, 사회적인 지원을 받기도 하는 명백히 '사회적'인 공간입니다. 우리가 살아가는 이 학교라는 공간은 따라서, 우리가 용기 내어 붙이는 한 장 한 장의 자보와, 각자가 채워 넣는 하나하나의 의미와, 구성원 한

명 한 명의 존재로 완성됩니다. (게다가 대학이 개인의 것이라면 왜 동문과 국가와 학생들의 지원을 받는 것일까요.) 그렇기에 수행해야 할 일들 또한 결코 '본부'의 일방적 결정으로 이뤄져서도 안 되고, 이뤄질 수 있다고 생각해서도 안 됩니다.

학교는 지금 어떤 수치스러운 일을 벌이고 있습니다. 지금 여기에서 대학생으로 살아간다는 것, 그리고 중앙대라는 공간을 거닐고 그 안에서 '수업'을 듣는다는 것 자체에 부끄러움을 느끼고 싶지 않습니다.

백만 원짜리 자보이니, 가격 물어도 후회 없도록 그에 합당할 소원 하나 빌어봅니다. 부디, 저와 제 친구들이 지키고 싶어하는 '대학'을 잃지 않게 해주시고, "바닥에서 일해도 내 권리는 지켜야겠다"며 용기 내어 소리치는 노동자들의 목소리가 묻히지 않게 해주시고, 입학하는 새내기들이, 얼마나 조용하게 또 무지막지하게 대학 본부가 청소 노동자들을 대하는지를 눈앞에서 굳이 보지 않도록, 꼭 그렇게 해주십시오. 우리가 쓴 자보들의 '가치'에 대고 이렇게 빌어봅니다.

신방 12 민경

이것은 백만 원짜리 자보입니다

새해가 밝았습니다. 하지만 중앙대 청소 노동자들은 새해에도 여전히 농성을 이어가고 있습니다. 그나마 작년에는 본관 건물 안이었지만, 새해에는 추운 겨울 야외의 천막에 머무르고 있습니다. 그리고 2014년을 맞은 지 사흘 만에, 우리는 어떤 언론 보도를 접했습니다. 학교 본부가 청소 노동자들이 교내에서 구호를 외치거나 자보를 붙이면, 백만 원씩 배상하라고 법원에 신청했다는 기사였습니다.

그래서 이 자보는 백만 원짜리 자보입니다.

홍보실은 즉각 학내 커뮤니티에 이 기사는 '오해의 여지가 있다'며, '배상을 신청한 것'이 아니라 '불법을 판결받은 후에도 퇴거하지 않을 때 1회당 100만 원씩' 본부에 지급하게 해달라는 '일종의 요구'라고 밝혔습니다. 맞습니다. 이것은 소송이 아니라 가처분신청입니다. 그럼에도 본부가 앞으로 청소 노동자들이 자신들의 목소리를 구호로, 현수막으로, 피켓으로, 벽보로, 대자보로 담고자 하는 것들에 '백만 원'이라는 딱지를 붙였음은 부정할 수 없습니다.

우리는 그간 만나지 못했던 청소 노동자들을 서툰 글씨의 자보로 만날 수 있었습니다. 정신없는 시험 기간, 그들의 파업으로 한껏 지저분해진 캠퍼스에 잔뜩 짜증을 부리고 있던 우리는 '깨끗하게 못해주어서 미안해요'라는 자보를 보고 무엇을 느꼈었나요. 그런데 앞으로 그들이 우리에게 자보로 말을 걸때마다 백만 원씩 내야 할지도 모른답니다.

대학은 어떤 공간입니까. 중앙대학교는 어떤 대학입니까. 불과 얼마 전, 우리는 서로 안녕을 묻는 자보를 나누며 내가 하고 싶은 말을 전하는 것, 서로 하고 싶은 말을 나누는 것의 소중함을 알았습니다. 대학은 그런 공간이어야 합니다. 하고 싶은 말, 해야 하는 말, 그러나 하지 못해 왔던 말을 누구나 말할 수 있어야 합니다. 하지만 오늘의 중앙대학교는 청소 노동자들의 살아보자는 외침마저도 외면하고, 이들의 말할 기회마저도 백만 원짜리 가격표를 붙이고 있습니다.

저는 누구나 말할 수 있는 대학, 수중에 백만 원이 없어도 자보를 붙일 수 있는 대학에 다니고 싶습니다. 모든 구성원들이 안녕한 대학이었으면 좋겠습니다. 그리고 중앙대학교가 이런 대학이 되기를 간절히 바랍니다.
그래서 저는 이렇게 백만 원짜리 자보를 씁니다.
'의혈'의 이름으로

여기 백만 원짜리 자보가 있습니다

"노동조합과 함께하면서 우리도 이제 남들같이 살 수 있겠구나."
본관에서 총장님을 기다리면서 어느 청소 노동자분께서 하신 말씀입니다. 그렇습니다. 청소 노동자들께서 노동조합을 들며 이루고자 했던 것은 다른 것이 아니었습니다. 다른 사람들이 사는 만큼, 딱 그만큼의 환경에서 일을 하고 살아가고자 했던 것입니다.

청소 노동자들의 외침이 너무나 당연하게 들렸기에 저는 학내 비정규직 노동자를 지지하는 학생 서포터즈 '비와당신'에서 활동하게 되었습니다. 노동조합이 생긴 이후 환경이 조금은 나아졌지만 여전히 과도한 외곽청소를 감내하고, 빙판길에 미끄러져 몸이 다쳐도 말할 수도 없습니다. 그렇기에 부득이 합법적인 절차를 거쳐 파업을 시작하게 되었습니다. 본관에 있을 때도, 총장실에 있을 때도 항상 학교는 책임을 회피할 뿐이었습니다.

학교가 청소 노동자들이 앞으로 자보를 붙이거나 구호를 외칠 때마다 100만 원을 배상하라고 법원에 요청했다는 소식을 들었습니다. 청소 노동자들이 한 달간 새벽같이 출근하여 뼈 빠지게 일하고 버는 돈이 120만 원 남짓입니다. 학교 측의 요구가 더욱 가슴 아픈 이유입니다. 그동안 용역회사와 학교가 책임을 다하지 않아서 어쩔 수 없이 파업을 시작했지만 "청소 못해줘서 미안해"라며 눈시울을 붉히시던 청소 노동자분의 이야기가 잊혀지지 않습니다. 정당히 자신의 권리를 찾고자 하는 것이 왜 미안함이 되어야 할까요?
청소 노동자들의 마지막 몸부림마저도 차단하기 위해 100만 원이라는 딱지를 붙이는 학교. 이 학교에서 우리는 무엇을 배울 수 있을까요?

그동안 안녕하지 못했다며 자신의 소중한 고민을 풀어내주셨던 학우 여러분! 우리가 안녕하지 못함과 청소 노동자분들이 안녕하지 못한 이유가 크게 다르지 않은 것 같습니다. 학내 청소 노동자들은 앞으로 안녕하지 못한 이야기를 풀어내려면 100만 원이라는 큰돈을 지불해야 할지도 모른다고 합니다. 우리가 함께 말도 안 되는 이런 상황을 막아내야 하지 않을까요?

2014.1.4.

정치국제 13 재정

표현의 자유를 허하라!

고려대에서 보내는 100만 원짜리 대자보

작년 세밑을 달구었던 '안녕들 하십니까?' 열풍은 아직도 이어지고 있습니다. 우리가 말하는 것은 다 우리 안에 있었던 말임을, 우리 안에 있었던 말을 바깥으로 내뱉는 것에는 그 누구의 윤허도 필요 없음을 그 속에서 우리는 배웠습니다. 자기의 이야기를 내뱉을 수 있는 권리는 여성이든, 장애인이든, 성소수자든, 성판매 여성이든, 청소 노동자든 그 누구에게도 인간이라면 누구에게나 있는 권리, 즉 인권입니다.

새해 벽두부터 100만 원이라는 돈이 신문지와 인터넷에 수놓이고 있습니다. 100만 원, 제 통장에는 한 번도 그만한 돈이 모였던 적이 없는 돈입니다. 100만 원, 소위 88만 원 세대라는 우리에겐 한 달 넘게 일해야 버는 돈입니다.

100만 원, 평균 월 임금으로 120만 원 남짓을 받는 청소 노동자분들께는 다행히도 한 달 안에 벌 수 있는 돈입니다. 하지만 남은 20만 원으로 무얼 할 수 있는지요. 한 번이라도 자보를 붙이는 청소 노동자에게는 생계를 유지할 돈이라고는 20만 원만이 남게 됩니다.

민주주의 국가에서 모든 국민은 말할 수 있는 권리를 가진다고 우리는 배워왔습니다. 하지만 중앙대 재단은 청소 노동자들의 말할 권리를 돈으로 빼앗고자 합니다. 제 통장에는 한 번도 있어본 적 없었던 100만 원이라는 큰돈을 자보 하나 붙일 때마다, 구호 하나 외칠 때마다 받아내겠다고 합니다. 삐뚤삐뚤한 글씨로, 맞춤법 맞지 않는 글로 깨끗하게 청소해주지 못해서 학생들에게 미안하다고, 사랑한다고 쓴 종이 한 장 붙이는 데에 100만 원이라는 돈을 요구하겠다고 합니다. 이것이 사람이 미래라고 외치는 이들이 할 수 있는 짓이라고 생각하기 힘들 정도의 참담한 상황을 마주하고 있는 우리들입니다.

하지만 100만 원이라는 돈은 사실은 푼돈에 불과합니다. 그동안 제대로 자신의 이야기를, 자신이 말하고자 하는 바를 풀어내지 못했던 사람들이 당당하게 세상을 마주하고 이야기를 한다는, 수백, 수천, 아니 돈으로 환산할 수 없는 가치를 가지는, 그 대단함에 비하면 100만 원이라는 돈은 사실 너무도 보잘것없을 뿐입니다.

고작 100만 원으로는 결코 억압할 수 없는, 아니 돈으로 매길 수 없는 사람답게 살기 위한, 사람답게 일하기 위한 싸움을 하고 계신 중앙대 청소 노동자들을 응원합니다.

안녕치 못한 고려대 학생 체혁

학교를 위한 대자보.

1. 모든것이 잘못되었습니다

학교의 주장은 결국
정당한 것입니다

청소노동자들의 학내파업행위는
잘못입니다

TNS (용역업체) 가

청소노동자 들의 실 사용자입니다

사실상 학교가

신경쓸 필요 없습니다

학생들이

유일한 미래입니다

이윤창출이

목적이 아닙니다

2. 청소노동자들과의 합의는

기필코 받아내겠습니다

백만원은

받을 생각없습니다

여론의 관심은

환영합니다

※ 절대 거꾸로(↑)

읽지 마세요! NEVER!

의혈중앙 영화06 문석,

To. 청소 노동자분들

안녕하세요? 제가 이렇게 노동자분들에 대해 알게 된 것은 저의 언니 때문이었어요. 언니는 하청업체는 얼마나 나쁜지 대학교는 얼마나 무책임한지 알게 되었어요. 그래서 용기 내어 쓰게 된 거에요. 어이없는 지시 때문에 콧노래도 부르지 못하시고 임금도 적고 환경도 열악하고! 얼마나 힘드실까요? 게다가 대자보 하나에 손해배상 가처분신청이 100만 원이라니! 이런 걸 적반하장이라고 하는 건가 봐요. 청소 노동자분들! 힘내세요! 기죽지도 두려워하지도 마시고요. 저희가 힘을 보태드릴게요. 포기하지 마세요! 파이팅!

From. 인천중앙초 5학년 박혜빈

안녕들 하십니까

저는 성매매를 하는 여성입니다. 요즘 '안녕들 하십니까'가 정말 유행이기는 한가 봅니다. 성매매를 하러 온 구매자 남성이 자신도 자보를 썼다며 자랑스럽게 얘기를 하더군요. 거기에 제대로 호응하지 않았다고 주먹질을 당해야 했습니다. 돈을 냈으니 무엇이든 해도 된다는 논리에 구타당하고 욕먹고 성병 예방도 할 수 없고 수치스러운 말들을 듣고. 내가 성매매하는 여성인 걸 알고 강간하려 하는 사람들. 돈의 출처는 묻지 않고 그저 돈 벌어오라고 하는 사람들. 결혼도 안 한 여성이 산부인과 드나든다고 경멸하는 눈초리. 쉽게 돈 번다고 마냥 욕하는 사람들. 성매매 한 번에 몇 십만 원을 지불할 수 있는 남성들의 재력은 묻지 않고 여성에게만 욕하는 사람들 때문에 나는 괜찮지 않습니다. 낙태를 하고도 돈을 벌기 위해 쉬지도 못하고 오늘도 성매매를 하러 갑니다. 더 이상 이렇게 살고 싶지 않습니다. 나는 안녕하지 못합니다.

나도 말할 수 있는 사람이다.

저는 성노동자를 지지합니다

2013년 12월 19일, "저는 성매매를 하는 여성입니다"라는 문장으로 시작된 자보가 페이스북 '안녕들 하십니까' 페이지에 올라왔습니다. 그녀는 "자보를 썼다고 자랑스러워하는 구매자"에게 제대로 호응하지 않았다는 이유로 주먹질을 당해야 했다고 호소했습니다. "성매매하는 여성인 걸 알고 강간하려 하는 사람들, 쉽게 돈 번다고 마냥 욕하는 사람들, 남자는 놔두고 성매매하는 여성만 욕하는 사람들" 때문에 '괜찮지 않다'고, '나는 안녕하지 못하다'고 그녀는 말했습니다.

그러나 여기에 대한 사람들의 반응은 냉랭했습니다. "창녀는 조용히 해라", "성매매는 불법이니 말할 자격 없다", "이것은 안녕들 하십니까 운동을 매도하려는 자작글이다"라며 그녀를 비난했습니다. 그것을 보며 저는 생각했습니다.

한국에서 인권이란 아직도 먼 이야기구나, 라고요.

창녀는 말할 자격이 없다? 도대체 이 세상 누가 사람의 말할 자격을 함부로 논할 수 있습니까? 창녀는 사람도 아닌가요? 이래 놓고 성노동자들이 생존권 투쟁을 위해 집회를 하면 "그렇게 몸 파는 게 당당하면 마스크와 선글라스 벗고 나와라" 말하죠. 이 야만적인 이중성을 도대체 어쩌면 좋습니까. 성매매를 혐오하는 사람들은 언제나 멸시와 낙인으로 성노동자들의 입을 막아왔습니다. 그걸 겨우 뿌리치고 목소리를 냈더니 창녀는 말할 자격이 없답니다. 도대체 이게 무슨 부조리입니까. 아직도 성매매를, 성노동자를 혐오하는 시선들이 만연하다는 것을 잘 알고 있습니다. 저는 사람들에게 진정으로 묻고 싶습니다. 진심으로 성노동자를 혐오하는 게 정당하다고 생각하시냐고요. '그렇다'고 아주 당당하게 대답하실 분들이 많을 것이란 것, 아주 잘 알고 있습니다. 그분들에게 말씀드리고 싶습니다. 그렇게 생각하면서 혹여 사회의 올바름과 인권에 대해 이야기한다면, 적어도 자신이 이중적인 가치관을 지닌 인간이라는 것을 좀 알라고요. 부끄러운 줄 좀 알라고요.

저는 용기를 내어 자보를 쓴 성노동자를 지지합니다. 그리고 그녀에게 비난의 화살을 쏘아대는 이들에게, 성노동자 혐오를 아무렇지 않게 드러내는 이들에게 분노와 연민을 건넵니다. 이력서에 당당하게 성노동 경력을 쓸 수 있는 세상을 바랍니다. 이를 위해 저는 끝까지 투쟁할 것입니다. 세상 그 누가 비난한대도 말입니다.

국문 07 문영

나는 창녀, 매춘부, 윤락녀가 아니라 성노동자다

성노동자들에게 더욱더 가혹한, 안녕하지 못한 겨울이 왔습니다. 모두가 연말회식, 송년회로 바쁜 분위기 속에서, 경찰 단속은 더더욱 심해지고 올해는 특히나 어느 업장이 단속을 맞았다는 연락이 매일 줄을 서곤 합니다. 실적을 채우기 위한 폭력적이고 강력한 단속. 성노동자들은 일하는 공간을 침해받고, 발가벗은 몸을 증거 사진이라 찍히고, 단속 증거인 콘돔을 숨기려 먹어버리고, 경찰은 그 콘돔을 손에 넣기 위해 성노동자들을 때리고 목을 조르며 위험한 외줄타기를 하는 겨울. 민영화에 반대하는 철도 노동자들을 직위해제하고, 시위하는 이들을 '불법'이라 규정하여 폭력진압을 하는 겨울. 그리고 사회적 순응이 정상성이라 이야기하며 소수자와 약자들에게 차별과 배척을 행동하고, 그들을 더 음지로 몰아넣는 겨울. 이렇게나 차갑디 차가운 늘상 겨울 같은 이 사회에서 어떻게 우리는 안녕할 수 있겠습니까.

이제 우리는 사회의 숨겨진, 삭제된, 그리고 부당함을 말하는 이들의 진정한 안녕을 이야기해야 합니다. 더 이상 추위에 얼어붙지 않도록, 더 이상 성노동자들이 부당한 폭력에 억울함을 이야기하지 못하게 만들지 않도록, 사회의 저변으로 밀려난 사람들이 그들의 이야기를 할 수 있도록 이제는 서로의 안부를 물어야 할 때입니다.

김연희

누구든 안녕을 말할 수 있어야 합니다.
또, 누구든 안녕할 수 있어야 합니다

처음 자보를 붙인 이는 어느 인터뷰에서 대자보를 쓴 이유에 대해 "말하는 건 허락받는 게 아니다"라고 했습니다. 물론 모두가 그 의지에 공명해야만 하는 것은 아니지만, 적어도 정치적 목소리를 내는 데에 자격을 요구받는 세태에 대해 재고의 여지를 준 점은 누구도 부정하긴 어려울 것 같습니다.

근 며칠간 우리는 소수자와 약자가 정치적 목소리를 내는 과정에서 부가적으로 자격을 요구받는 모습을 목도할 수 있었습니다.
자신의 정치를 외친다는 강한 흐름 속에서도 청소 노동자는 "미안하다"는 말로 벽보를 시작해야 했고, 성노동자의 첫 자보는 붙일 자격, 목소리를 낼 자격을 대중평가단(?)이 검증하듯 따져 물었습니다. 청소년이 자보를 붙이자 교장은 경찰을 불렀습니다.
성소수자가 자보를 붙이고 이를 한 연예인이 용기를 내어 SNS의 프로필 사진으로 삼자 일베라는 커뮤니티의 공격 표적이 되었습니다. 이처럼 소수자와 약자는 목소리를 내는 데에 자격을 요구받았습니다.

더러는 마치 오롯한 정상성이 존재할 거라는 허황된 믿음에 기하여, 그러한 정상성으로부터 빗겨난 존재는 타자화되고 배제되며 낙인찍혀도 싸다는 비난을 하는 이도 있었습니다. "자신의 정치를 말할 수 있어야 하지만, 저들은 아니다"라는 것입니다.
저는 이러한 과정이 드러나는 것에 대해, '그럼에도 불구하고' 긍정적입니다. 동시에 우리가 마냥 어떻게 흘러나갈지 가만히 뒷짐 져서는 안

된다고 생각합니다. 이러한 아픈 드러남이 단순히 배제의 역사로 남을
지 아니면 변화의 발판과 숙고의 기반이 될지가 지금 이 시점에 달려
있기 때문입니다.

사실 아직도 전 믿고 싶습니다. 또 믿어둘 것입니다. 바람 길에 붙인 통
에, 바람결에 우리의 자보들이 떨어져버렸다고. 그런데 바람에 떨어져
문 틈새로 반쯤 밀려들어갔는가, 아니면 누군가 정말 떼어서 밀어 넣어
뒀는가는 지금 이 시점에서 그렇게 중요한 쟁점은 아닌 것 같습니다.

모쪼록 이 기회를 통해 더 다양한 목소리에 대해, 그리고 낙인(stigma)
에 대해 우리가 어떤 방향이든 차분히 숙고해볼 수 있는 기회가 마련됐
으면 좋겠습니다.

학문관 휴게실 창문에 자보를 붙였던 06 경아

여러분, 부디 안녕합시다

성노동자라는 말을 들어보신 적 있으신지요. 이는 '매춘부', '창녀'로 불리어왔던 이들이 자신의 권리를 선언하면서 사람들에게 호명하기를 요구한 명칭입니다. 인권의 사각지대에 놓여 멸시와 비난을 감내해야 했던 그들은 스스로 자신의 존엄을 선언하기 위해 성노동자라는 이름으로 스스로를 지칭했습니다. 저희는 성노동자의 인권과 노동권을 위하여 활동하는 '성노동자 권리모임 지지'의 활동가입니다. 저희는 성노동을 하고 있거나, 예전에 성노동을 했거나, 성노동을 하지는 않지만 성노동과 성노동 운동을 지지하는 사람들입니다. 이 안녕치 못한 시국에, 저희도 덧대고 싶은 말이 있어 부족하나마 공동 자보를 게시합니다.

성노동 운동을 한다는 사람들이 이 시국에 무슨 할 말이 있다는 거냐고, '알지도 못하는 사람들이 몸 파는' 것이 도대체 나랑 무슨 상관이냐고 생각하실지도 모릅니다. 하지만 지금 이 순간에도 많은 사람들이 성노동으로 생계를 유지하고, 가족을 부양합니다. 그리고 또한 많은 대학생들이 성노동으로 학비와 생활비를 벌고 있습니다. 네, 성노동자들은 우리와 완전히 동떨어진 존재들이 아닙니다. 그들은 우리들 주변에서, 우리와 다를 바 없이 이 각박한 세상을 살아내고 있습니다. 거리에서, 카페에서, 그 외 일상의 공간에서 우리는 종종 그들을 스쳐 지나곤 했을 겁니다. 우리의 학교 역시 예외가 아니죠. 혹 우린 같은 강의실에서 그들을 마주쳤을지도 몰라요. 어쩌면 바로 당신의 친구가, 가족이, 자신이 성노동하고 있음을 미처 커밍아웃하지 못한 채 살아가고 있을지도 모르지요.

세상 사람들은 각자의 경직된 도덕주의를 내세워 그들의 삶을 함부로 재단하고 손가락질합니다. 하지만 이 일로 자신의 삶을 지탱해 나가는 사람들에게 성노동은 일상의 문제입니다. 그런데 이들의 일상은 한없이 불안합니다. 자신의 잣대로 그들의 삶을 멋대로 판단하고 낙인찍으며 억압하고 폭력을 휘두르는 이들 때문에, 그들의 일상은 불안으로 뒤흔들립니다. 국가에서 성매매를 불법으로 규정하고 있기 때문에, 일하는 와중에 여러 폭력 상황이 닥쳐도 성노동자는 경찰의 도움을 받을 수 없습니다. 성노동자들의 일상은 점점 위축되어갑니다. 사회가 주는 지속적인 낙인감 때문입니다. 우리 모두의 편협한 시선은 곧바로 그들에게 고통으로 내리 찍힙니다. 진보를 자처하는 사람들조차 이 혐의에서는 자유롭지 못할 것입니다.

다시 한 번 그렇게 생각하실지도 모르겠습니다. 그래서 어쩌라는 거냐고, 우리 곁에 그들이 존재한다는 것이 지금 이 시국과 무슨 상관이냐고. 하지만 우리는 이 시국에서, 사람들의 떨리는 눈동자에서 성노동자들이 가진 것과 같은 것을 봅니다. 철도민영화를 반대하며 파업했다는 이유로 직위해제당한 8,000여 명의 노동자들로부터, 일상을 지탱해주었던 여러 제도들이 민영화되어 사회의 기반이 흔들릴지 모른다며 우려하고 불안해하는 사람들로부터, 지금도 대학 곳곳에서 안녕하시냐고, 정말로 안녕들 하시냐고 묻는 학우들로부터, 그리고 이 글을 읽는 당신에게서도, 우리는 성노동자들이 겪는 것과 같은 것을 봅니다. 그것은 바로 일상의 불안, 우리의 삶이 언제 어떻게 흔들리고 무너질지 모른다는 만성적인 불안입니다.

안녕하지 못합니다. 도대체 이 사회에서 무슨 수로 안녕할 수 있겠습니까. 자신의 신념과 올바름을 세상에 드러냈다는 이유로 추방당하고, 저변의 삶을 더욱 저변으로, 절벽으로 밀어내는 이 야만적인 세상, 나와 생각이 다르다는 이유만으로 강자가 약자를 짓밟는 이 세상에서 우리는 과연 안녕합니까. 모두가 안녕하지 못하다는 것을 우리는 서로 너무나 잘 알고 있습니다. 너무도 자명하게 안녕치 못한데, 우리는 어째서 지금까지 침묵해왔을까요. 왜 서로의 안녕을 묻지 않았을까요. 어째서 내 곁의 사람들, 이 세상에서 함께 숨 쉬고 살아가는 사람들의 고통을 애써 외면해왔을까요. 어쩌면 우리의 외면과 무관심이 이 불안을 점차 키워왔던 것이 아닐까요. 계속 이렇게 등 돌린다면, 일상의 불안은 점점 제 몸을 불려 이내 우리의 삶을 실질적으로 잠식하고 좀먹을지 모릅니다.

저희는 여러분께 말씀드리고 싶습니다. 이제라도 자신의 안녕을 돌아보자고, 서로의 안녕을 묻자고. 나의 아픔에 대해서, 당신의 상처에 대해서 이제는 터놓고 이야기하자고. 우리 곁에 마찬가지로 안녕치 못한 사람들이 있다는 것을 이젠 인정하자고 말입니다. 이것만으로도 이 세상은 조금은 더 나은 곳이 되지 않을까 생각합니다. 자신의 고통을 돌아보고, 타인의 고통을 직시할 수 있을 때, 그리고 그것을 이해하고 어루만질 수 있을 때, 마침내 '그들'이 '우리'로 포섭될 때, 비로소 우리는 안녕할 수 있을 것입니다. 여러분, 부디 안녕합시다.

성신 국문 07 문영, 경희 언론 08 희연, 이화 국문 07 단디
성노동자 권리모임 지지

안녕들 하십니까

지난 12월 19일 2시, 학생문화관 계단 2층에 '성노동자 권리모임 지지'의 공동자보를 부착하였습니다. 12월 20일 오후 2시, 24시간도 안 되어서 저희의 자보는 떨어졌습니다. 자보의 일부가 문틈에 밀어 넣어져 훼손되었기 때문에 의도적인 행동이라고 판단했습니다.

이에 다시 자보를 게시합니다. 떼지 마세요. 몇 번을 떼시든, 다시 붙일 테니까요. 그리고 부탁드립니다. 제발 끝까지 읽어주세요.

성노동자라는 단어를 들어보셨나요? '창녀', '매춘부', '윤락녀'라고 불리던 이들이 자신의 권리를 선언하면서 스스로 지칭한 말입니다. 저희는 성노동자의 인권과 노동권을 위하여 활동하는 '성노동자 권리모임 지지'의 활동가입니다. '지지'는 당사자를 포함한 다양한 사람들이 모여, 성노동자에게 가해지는 폭력과 낙인에 반대하고 성노동을 지지하는 일을 합니다. 이 안녕치 못한 시국에 저희도 덧대고 싶은 말이 있어 자보를 게시합니다.

'알지도 못하는 사람들이 몸을 파는 것'이 도대체 나랑 무슨 상관이냐고 생각하실지 모릅니다. 그러나 지금 이 순간에도 많은 사람들이 성노동으로 생계를 유지하고 가족을 부양하며, 학비를 벌어들이기도 합니다. 이 일로 자신의 삶을 지탱해나가는 사람들에게 성노동은 일상의 문제입니다. '하필 그 일'에 종사한다는 이유만으로 낙 찍고 억압하고 폭력을 휘두르는 세상 때문에, 성노동자의 일상은 점점 위축되어갑니다. 폭행을 당해도, 착취를 당해도 경찰에 신고조차 할 수 없는데 '그래도 싸다'고 말하죠. 불법이기 때문에? 부도덕하기 때문에? 불법과 합법의 경계는 모호하고, 도덕은 가치관의 문제입니다. 자보를 떼신 분도 법에

의하면 범법자예요. 그렇다고 해서 때리고 낙인찍고 입을 틀어막아도 되나요? '나'와 괴물의 경계를 가르는 것은 겨우 이런 한 끗 차이입니다. 만연한 여성 혐오 속에서 특히나 자신의 안녕을 지키는 일은 너무나 간절한 문제로 보이죠. 하지만 저희는 여러분께 말씀드리고 싶습니다. 나의 '안녕'이, 혹시 누군가를 폄하하고 서열화하는 방식으로 이루어지지는 않는지 의심해보자고. '타락하지 않은 나'의 안녕을 지키기 위해 순결한/순결하지 않은 여자, 보호받아야 할 정조/보호할 필요가 없는 정조의 구도 속으로 도피하지는 않았는지 생각해보자고.

철도 파업이 불법으로 규정되어 7,000여 명의 노동자들이 직위해제당하거나 생활의 기반이 되는 각종 제도들이 민영화의 위기에 노출된 이 야만적인 시대, 강자가 약자를 짓밟는 상황에서 우리의 삶은 직업이나 성별, 연령에 상관없이 점점 벼랑으로 내몰리고 있습니다. 우리의 외면과 무관심으로 더더욱 커진 불안이 이제는 우리를 집어삼키려고 합니다. 그래서 우리는 안녕하냐고, 서로에게 묻기 시작했습니다. 물었기 때문에 대답이 돌아오고, 질문받았기 때문에 또 질문합니다. 거기 너, 안녕하니? 그래서 지지도 대답합니다. 앞으로 더 많은, 여러분에게 낯설고, 불쾌한 이들이 안녕하냐고 묻고 안녕하다고 응답하겠죠. 그러한 움직임이 어떤 이유로도 억압되거나, 위계화되어서는 안 됩니다. 세상을 향해 안녕하냐고 물은 순간, 우리는 모두의 안부를 들을 의무에 열리니까요. 더 많은 분들의 응답과 메아리를 기다립니다. 진정한 의미에서 우리 모두 부디 안녕합시다.

성신 07 문영, 경희 08 희연, 이화 07 단디
성노동자 권리모임 지지

4.

안녕하지 못하다 말할 수조차 없었습니다

성소수자, 안녕들 하십니까?

옛날보다야 세상 참 좋아졌다고들 하지만, 여전히 우린 안녕하지 못합니다. 수많은 청소년 성소수자들이 각 가정에서, 학교에서, 일상에서 고립과 소외에 시달리고 있습니다. 그러나 서울시 학생인권조례에서 성소수자에 관련한 이야기들을 훼손하려는 시도는 계속되고 있습니다. 차별금지법 제정 시도는 3회에 걸쳐 좌절되었고, 김조광수, 김승환 커플의 결혼식에는 괴한이 뛰어들어 방해를 하기도 했습니다. 예전보다 트랜스젠더에 대한 이야기들이 많이 알려졌지만, 아직도 사회는 트랜스젠더에게 "여자보다 더 여자다운 여자", "남자보다 더 남자다운 남자"를 기대하며 부당한 요구를 하고 있습니다.

성소수자에 대한 차별과 혐오는 한국에서만의 문제가 아닙니다. 러시아에서는 '동성애 선전 금지법'이 통과되어, 성소수자에 대한 혐오범죄 등극심한 폭력이 일상적이 되었습니다. 인도에서는 동성 간 성관계가 불법이라는 판결이 나왔습니다. 우리 이름은 이대로 이 세계에서 지워져야 합니까? 저는 이 안녕하지 못한 삶들을 자꾸만 고통 속으로 밀어 넣는 세상에 변화를 일으키고 싶습니다.

"안녕들 하십니까?"라는 어떤 이의 물음에 수많은 사람들이 자기 이야기를 풀어내며, 불편한 이 사회의 수면에 파장을 일으켰습니다. 우리는 이제 가만히 있어서는 시곗바늘이 저 멀리로 돌아갈 뿐, 우리에게 필요한 변화를 만들어낼 수 없다는 것을 알고 있습니다. 또한, 안녕들 하시냐는 물음에 "아니요, 나는 OO 때문에 안녕하지 못합니다"라고 대답하는 것조차, 결코 평등하지 않은 과정이라는 것도 알고 있습니다.

레즈비언, 게이, 바이섹슈얼, 트랜스젠더, 무성애자, 인터섹슈얼, 퀘스처너, 그리고 더 다양한 이름을 가지고 살아가는 우리 성소수자들은 이방인이 아닙니다. 우리가 대한민국의 시민이고, 이 세계의 주인들입니다. 우리는 우리의 사랑과 삶의 맥락을 우리의 언어로 이야기할 수 있어야 합니다. 저는 성소수자에 대한 혹자들의 동정과 도덕적·원칙적인 수긍만이 아니라, 성소수자에게 필요한 현실의 변화가 무엇인지를 고민하며 함께 비를 맞자고, 모든 사람들에게 제안하고자 합니다.

레즈비언, 안녕들 하십니까?
게이, 안녕들 하십니까?
바이섹슈얼, 안녕들 하십니까?
트랜스젠더, 안녕들 하십니까?
무성애자, 안녕들 하십니까?
인터섹슈얼, 안녕들 하십니까?
퀘스처너, 안녕들 하십니까?
그리고 무수한 'n개의 성'을 가진 모든 여러분!
이들의 지지자, 가족, 친구, 연인, 이웃 여러분!

안녕들 하십니까?
이제 부디, 함께 안녕해집시다!

Male To Female 트랜스젠더·바이섹슈얼

강은하 드림

이러나저러나 넌 내 친구

4년 전, 그녀를 처음 만났을 때. 그녀는 본인의 성적 지향과 성별 정체성에 대해서 커밍아웃을 하지 않은 상태였고, 여성호르몬을 맞기도 훨씬 전이었다. 그런 언급이 전혀 없었으니, 나는 그녀를 그냥 '남자'라고만 생각했고, 실제로 나 말고도 다른 사람들도 그녀를 '이성애자 남자'라고 알고 있었다.

교내 카페 앞 벤치에 그녀가 내 친구들과 함께 있는 걸 보고 다가갔는데, 그녀(당시에는 '그'로 알고 있었다)는 웬 나이 많은 애인한테 차였다고 찔찔 짜다가 갑자기 막 웃다가 또다시 우울해하고, 하여튼 좀 이상한 녀석이었다. 그게 그녀와의 첫 만남이었다. 그날 이후로 나와 그녀 사이에 친구가 많이 겹쳐서인지, 학교에서 자주 마주치게 되었고, 정신 차려보니 제법 친한 사이가 되어 있었다.

어느 정도 시간이 지나고, 그녀는 자신이 남자를 좋아한다고 했다. 그녀는 학교에서 주변 여자들이랑 매우 가깝게 지내왔는데, 이전에는 '저거 더럽게 껄떡대고 다니네'라고 생각했었다. 그런데, 아, '그런 거였군!' 이랬던 기억이 난다. 그녀가 만나고 다닌다던 누나들이 알고 보니 (대부분) 형들이었던 거 빼고는, 그녀와 나 사이에는 딱히 달라진 게 없었다. 굳이 있었다고 하자면 내 쪽에서 말조심할 게 조금 더 늘었다는 것 정도?

또 반년의 시간이 지나고 나서, 그녀는 드디어 그녀가 '그녀'임을 밝혔다. 그녀는 자신이 트랜스젠더 여성이라고 했다. 4년을 같이 지내왔고,

이제는 놀랍지도 않다. 그녀가 남자든, 남자인데 남자를 좋아하든, 남자와 여자 둘 다 좋아하는 여자든, 나에게 있어서 그런 건 중요하지 않았다. 그녀는 단지 허영심 많고, 지밖에 모르고, 옷 더럽게 못 입고 다니는, 그래서 내 가장 친한 친구 중에 한 명이다. 나에게 있어서는 그 사실이 가장 중요했다.

나는 그녀가 트랜스젠더라서 '불쌍하다'고 생각하지 않고, 또 반대로 내가 트랜스젠더인 친구를 둬서 '자랑스럽다'고 생각하지도 않는다. 남자인 줄 알았던 친구가 여자인 걸 알게 되었고, 갈수록 여성다운 외모로 변해가는 걸 지켜보는 중이다. 그냥 좀, 그놈의 시장 안에 구제 중고 옷가게나 길 가다가 있는 구제 중고 옷가게만 좀 덜 들락거렸으면 한다.

언젠가 그녀에게, 그녀가 트랜스젠더로서 겪어온 아픈 일에 대해 들어본 적이 있다. 적어도 난 내가 이성애자 남성이라는 이유로 길을 걷다가 맞아본 적도 없고, 욕을 먹은 적도 없고, 다른 부당한 폭력에 노출된 채로 살아야 했던 적은 없다. 그녀가 생각하는 행복한 삶이 어떤 건지는 잘 모르겠지만, 나는 그녀가 트랜스젠더라는 이유로 불행하지 않았으면 좋겠다.

Hotel 고양이하숙 대표 박한겨레

약자를 괴롭히는 이 사회 때문에 안녕하지 못합니다

안녕하세요. 저는 이제 24살 되는, 'Rainbow Queer'라는 이름을 가지고 있는 퀴어인(Queer+人)입니다. '젠더퀴어, 다성애자'라는, 성소수자 안에서도 다소 복잡해 보일 수 있는 정체성을 가지고 있습니다. 하지만 저는 제 정체성을 일일이 열거하기보다는, 그저 '퀴어(queer)'라고 불리는 게 좋아요.

저는 생물학적 남성으로 태어났습니다. 세상이 뭔가 이상하다고 느껴지기 시작한 것은 아주 어렸을 때였습니다. 저는 소위 '여성스럽다'라는 특징을 많이 가진 아이였습니다. 수줍음 많고, 소심하고, 로봇보다는 인형을 가지고 놀기를 좋아하는. 그런 '특이한' 아이였습니다. 어디서 배운 적도 없는데 여자 아이들이 하는 몸동작을 자연스럽게 구현해내는, 그런 '이상한' 아이였습니다. 어른 아이 할 것 없이 이런 저를 놀림감으로 삼았지요. 마음이 약한 저는 놀림감이 될 때마다 울음을 터뜨리곤 했습니다.

초등학교 고학년 때였던가, 중학교 때였던가. 벌써 정확히 언제였는지 기억이 가물가물한 어느 날, 저는 처음으로 남학생을 좋아하게 되었습니다. 중학생 때에는 처음으로 제가 남들과 다르다는 것을 느꼈죠. 다른 남학생들은 '야동'이라는 걸 보고 여자에게 관심을 보였는데, 저는 그들처럼 그렇지 않았습니다. 그 사실이 저에겐 몹시 놀라웠죠. 그리고 고등학교 다닐 때였던가, 저는 저의 성정체성에 의구심을 품게 되었습니다. '나는 정말 남자일까? 왜 나는 남자로 태어났을까? 난 사실 여성이 아닐까?'

원래 말이 없었던 저는 이 고민을 하게 되면서부터 점점 입을 다물기 시작했습니다. 이 고민을 말하면 무슨 큰일이라도 생길 것만 같아서……

사실 여기까지도 어떻게 참을 만했습니다. 정말 끔찍했던 시절은 남고를 다니면서부터 시작되었습니다. 남고, 정말 끔찍한 곳이었습니다. 저는 남고를 다니면서 처음으로, 한국 사회가 강요하는 '남성성'이라는 것이 어떤 것인지, 그것이 얼마나 무서운 것인지를 알게 되었습니다. 저의 학교생활은 정말이지, 너무나 끔찍했습니다! 성적으로만 사람의 가치가 평가되는 분위기, '남자답지' 못한 나를 몰아붙이는 분위기, 참 무섭더군요. 남자 선생님들과 아이들의 '야한 이야기'와 또 그런 질문들이…… 저는 그들과 달랐어요. 제가 그들처럼 여성을 보고 '헥헥거린다'고 인정해야 한다는 게 너무나 싫었습니다. 하지만 그렇다고 하지 않는다면, 저는 이상한 아이가 되겠죠. 제 맥락에서의 '자연스러움'이 없는 해답지를 작성하는 것과 같았던 그날들은 저에게 너무나 큰 고통이었습니다.

저는 그들로부터 인정받고, 그들과 섞이려고 노력했습니다. 하지만 그런다고 제가 전교 1등이 되기를 하나요? 아님 '남자다워'지나요? 변하는 것은 하나도 없더군요. 저는 달라지지 않았습니다. 몇몇 아이들과 선생님은 저를 계속 괴롭혔고, 급기야 저는 그들로부터 성희롱도 여러 번 당했습니다. 너무나 치욕스러웠지만 참았습니다. 무서웠으니까요. '이것만 지나가면' 모든 것이 끝날 거라 생각했죠.

하지만 고등학교를 졸업한다고 해서 악몽이 끝나지는 않더군요. 졸업 이후에 겪기 시작한 사회 역시 참 무서운 곳이었습니다. 사회는 언제나 제게 '남자답기'를 강요합니다. 힘이 세야 하고, '마초적'이어야 한다고, 권위주의를 당연한 것으로 받아들이라고, 저에게 그렇게 강요합니다. 제가 다니던 모 대학의 모 학과 사람들은, 다소 '여성스럽게' 꾸미고 다닌다는 이유로 저를 욕하더군요. 아니, '여성스럽'지는 않지만, 조금 튀는 스타일인 저는 학교에서 욕을 먹었습니다.

대학에 와서도 마찬가지였습니다. 제가 소속된 학과 사람들은 저를 이상하게 보고, 저는 그들에 소속될 수가 없었습니다. 그리고 너무 어이없던 것 중 하나는, 소위 자유롭다는 대학조차도, 선배들이 후배들에게 기합을 주고 권위의적으로 짓누르는 것이 당연시되어 있다는 것이었습니다. 더 화가 난 것은, 그렇게 선배들이 후배들을 억압하는 것이 정당하다는 주장의 근거가 전혀 타당하지 않다는 점 때문이었습니다. 그들은 그냥, 자신이 힘이 있으니까 상대방을 억압하는 거죠.

저는 다양성이 존중되지 못하는 한국 사회가 너무 무섭습니다. 어떻게 이런 상황에서 제가 저로서 안녕할 수 있겠어요? 이미 이 나라 사람들 중 너무나 많은 사람들의 경험이 아픔을 이야기하고 있어요. 다르면 이상하게 보고, 차별하고, 약자를 괴롭히는 게 이 사회의 현실입니다. 기득권이 없으니까, 약하니까, 그저 권력과 부당한 처우에 굴종하는 게 당연한 겁니까?

저는 앞으로 얼마나 더 힘들어야 하는 걸까요? 결국 이 사회 구성원이 되기 위해서는, 저는 앞으로도 '남자다워'지기 위해 죽어라 노력을 해야 하는 건가요? 아니면 외국으로 떠나거나, 내가 존중받는 어딘가로 도피해야 하나요?

저는 그냥 이대로 살고 싶어요. 제가 가진 '여성성'과 '남성성' 모두를 존중받으며, 그냥 '나'로서 살아가고 싶어요. 이 글을 쓰면서도 사람들에게 욕을 먹을까 두렵긴 했지만, 그래도 용기를 내서 한마디 하고 갑니다. 저는 제 삶에서 행복할 권리가 있어요.

한국에서 퀴어로 살아가는 한 젊은 대학생 올림

쉽지 않은 삶

제 주민등록상 이름은 유상근입니다. 성을 떼서 상근이라는 이름만 쓰기도 하고, 영어 이름인 Simon을 쓰기도 하고, 어떤 이들은 저를 과거 닉네임인 Anima(아니마)라고 부르기도 합니다. 저를 부르는 다양한 호칭만큼이나 저는 여러 정체성을 갖고 있습니다. 게이이며, 동성애자인권연대의 활동가이며, 대학생이고, 누군가의 아들이며 누군가의 동생인 동시에 누군가의 조카인, 하나로만 설명할 수 없는 다양한 정체성을 갖고 있습니다. 그건 여러분들도 마찬가지일 것으로 생각합니다.

하지만 그 어떤 삶도 저에게는 쉽지가 않습니다. 한국에서 게이로 살아가는 것, 인권활동을 한다는 것, 대학생이라는 것, 가족의 한 구성원이라는 것, 이런 정체성은 따로 떨어져 있지 않고 얽히고설켜 저를 괴롭힐 때가 많습니다. 어떤 것들에는 초연해졌지만 어떤 것들에는 여전히 분노하고 슬픔을 느낍니다. 그중 가장 큰 분노와 슬픔을 느낄 때는 저와 같은 성정체성을 가진 이들이 한국 땅에서 겪는 비극들을 볼 때입니다.

제가 제 성정체성을 깨닫기 시작한 것은 2000년입니다. 그리고 2003년, 자신을 '육우당'이라 칭하던 스무 살의 청년이 자신의 종교와 한국의 성소수자 차별을 비관하며 자살을 했었습니다. 그의 죽음을 추모하는 추모 문화제는 10년 동안 계속 되었습니다. 2007년에 동성애자인권연대에 처음 들어와 육우당의 이야기를 들었을 때, 저는 이런 생각을 했었습니다. '그의 죽음은, 내가 선택했을지도 모르는 또 다른 나의 내 모습이었을지도 모른다'라고요. 그때부터 저는 제 주변의 삶에서 비극이 없길 바랐습니다. 하지만 제가 무엇을 하든 무엇을 하지 않든 비극을 막을 수는 없었습니다. 친구의 친구가 자살을 하고, 아는 활동가가 자살을 하고, 게이 친구는 집에 아웃팅을 당해 집안으로부터 '여자와의 잠자리'를 강요당하고 있고, 모두가 손을 뻗어서 도와줄 수 있었던 다른 한 친구조차도 얼마 전 하늘나라로 가버렸습니다.

혹자는 이런 이야기를 합니다. "그렇게 죽을 사람이면 어떻게든 죽었다. 스스로 강해져야 한다"라고요. 예, 어쩌면 맞는 말일 수도 있습니다. 자기 성정체성을 스스로 받아들이는 것과 별개로, 바깥에 이야기한다는 건 그만큼의 각오와 힘이 있어야 하니까요. 하지만 그렇다고 해서 이것이 '무지한 가해자들을 향한 면죄부'가 되지는 않습니다. 종교의 논리로 이성애 외의 정체성이 청소년에게 유해하다며 서울시학생인권조례를 수정하라고 압박한 보수단체들, 아무리 그래도 동성애가 정상은 아니지 않냐며 한 발 물러서서 중립을 자처하는 이들, 같은 처지이지만 먼저 나서기는 싫다는 적도 아군도 아닌 자들. 저는 이 모든 것들이 겹쳐져서 이러한 비극이 만들어졌다고 생각합니다.

"맞아요. 과한 이야기일 수도 있겠죠. 어떻게 세상 모든 일에 관심 갖고 살 수 있겠어요. 의견 차이가 있는 것도 인정해줘야겠죠. 나 혼자 사는 것은 아니니까요. 혼자 애써봤자 뭐가 달라지겠어요."

네, 이미 이 생각으로 인해 여러분의 주변 어딘가에서는 "막을 수 있었는데……"라는 후회로 얼룩지게 만들 비극이 시작되고 있습니다. 이것은 수사적인 표현이 아니라 현실입니다. 저는 몇 가지 비극을 겪은 뒤에야, 제가 막을 수 있는 것에는 발 벗고 나서며 뛰고 있습니다. 그럼에도 불구하고 막지 못했던 것들이 있었습니다. 그렇다면 가만히 있을 땐 어땠을까요. 몇 가지 떠오르는 아찔한 경험들이 있습니다. 그때 손 뻗지 않았다면 먼저 떠났을지도 모르는 친구들의 몇 마디가요.

저는 이제 어떤 것이 기우인지 어떤 것이 현실적인 걱정인지 제대로 판단하기가 어려워졌습니다. 그만큼 일상을 유지해나가는 것이 힘듭니다.

저의 삶이 성소수자로서의 삶만이 있는 것이 아님에도 불구하고, 너무 많은 영역에서 제 성정체성이 부각됩니다. 한때 저는 이것이 제 오지랖 때문이라고도 생각했습니다. 하지만 이제는 다르게 생각합니다. 저는 이 사회가 충분히 타인의 고통을 공유하고 있지 않다고 생각합니다. 서로의 힘듦에 무관심하게 살아온 시간이 모여 지금의 이 사회가 만들어졌다고 생각합니다. 아무도 고통을 분담하려고 하지 않기에 당사자들만 아픈, 사회의 구성원들이 서로 믿지 않고 그저 나 하나만 잘 버티면 된다고 생각해왔기에 이 비극들이 끊이지 않고 있다고 여깁니다.

그래서 저는 제안합니다. 이 쉽지 않은 삶에 함께해주세요. 주변의 호모포비아를 보면 "그건 잘못된 편견이야"라고 말해주세요. 성소수자를 지지한다고 말해주세요. 커밍아웃한 사람에게 격려를 보내주세요. 누군가 힘든 처지에 빠져 있을 때 거기서 빠져나올 수 있도록 도와주세요. 그 어떤 것도 쉬운 일이 아니란 것을 알고 있습니다. 하지만 고통을 분담한다는 것은 애초부터 쉬운 것은 아니었습니다. 저 혼자여서는 역부족이었습니다. 제 친구들과 동료들이 함께해왔지만, 여전히 힘들었습니다. 저는 이제 여러분에게 기대고자 합니다. 왜냐구요? 누군가의 비극을 지켜보는 것은 훨씬 고통스럽고 힘든 일이기 때문입니다.
알려주세요. 동참해주세요. 이 땅의 성소수자들은 여전히 안녕하지 못함을. 그리고 당신은 거기에 동참하고 있음을요.

상근

낡은 시계처럼

아픈 기억도 시간이 덧대어지면 버틸 만해질 때가 있습니다. '성소수자'이기에 그런 기억과 치유된 상처가 많습니다. 제 최초의 아픔은 아마 친구의 죽음일 겁니다. 종교인이자 어린 예술가이자 성소수자이기도 했던 그의 죽음은 제 20대의 그림자였습니다. 스무 살을 친구의 죽음과 함께 시작했으니까요.

이제 막 PC통신에서 웹으로 넘어가던 시절의 고등학생에게 '성정체성'은 낯선 고민이었습니다. 우린 너무 어렸고 무지했습니다. SNS는커녕 채팅과 이메일도 흔치 않았던 때니까요. 우리 같은 사람이 또 있는지 얼마나 생각해봤는지 모릅니다. 퍽이나 외로웠고 두려웠나 봅니다. 지금도 가끔 잠들기 전 습관적인 외로움이 찾아옵니다. 그때마다 헤아려봅니다. 19살 때의 외로움, 무지, 두려움, 미성숙을요. 제 잘못이 아님에도 저에게 미안해집니다. 19살에서 멈춰버린 친구에게 또 미안해집니다.

다행스러운 것은 이런 기억도 그렇게 아프지만은 않다는 것입니다. 솔직히 이젠 떠난 친구의 얼굴도 목소리도 기억나지 않네요. 그가 세상을 떠나기 일주일 전 제게 빌려준 손목시계가 있습니다. 이것만이 유품이 되어 아직도 제가 간직하고 있죠. 또 하나, 화장을 끝낸 그의 유골이 참 따뜻했었다는 것만이 선명할 뿐입니다. 그래서인지 그의 따뜻했던 성품을 더 기억하려고 애씁니다.

거리에서 자신의 목소리를 외치는 사람이 많습니다. 아시다시피 그 속

엔 성소수자들도 있지요. 그때의 저보다 훨씬 어리고 약한데도 두려워
하지 않는 분들도 자주 마주칩니다. 그들의 당찬 용기에 항상 박수를
보냅니다. 온/오프라인에서 마주치는 수많은 성소수자들에게도 많이
배우고 위로를 받습니다. 이 모든 순간마다 세상이 느리지만 조금씩 변
하는 걸 발견합니다.

친구가 남긴 시계는 많이도 낡았지만 몇 번의 수리 덕분에 아직 잘도
째깍이고 있습니다. 10년이 훌쩍 넘는 시간 동안 시계는 낡았지만 세상
은 조금씩 나아지고 있군요. 네, 이 정도면 됩니다. 천천히 갈지언정 꾸
준할 수만 있다면 됩니다. 조금 멈추면 또 고쳐나가면 되니까요. 제 낡
은 시계처럼요. 어때요. 쉽지 않습니까?
모든 성소수자들의 삶에 지치지 않는 밝음과 안녕이 있기를 바랍니다.

트위터리안 멀홀랜드

뜻밖의 반응

안녕하세요, 잉여 트위터리언 닭살튀김/후쥐킴입니다. 제가 성소수자임을 타인에게 드러내며 지낸 지 이제 2년이 되어가네요. 처음 시작은 가까운 형제였고, 이제 온라인을 거쳐서 오프라인의 친구들에게도 조금씩 제가 동성애자임을 밝히고 있습니다. 우리가 살고 있는 사회에서는 이것을 보통 '커밍아웃'이라고 표현하지요.

커밍아웃은 저에게 많은 것을 깨닫게 해주었습니다. 무엇보다 기대하지 않았던 주위 사람들의 호의적인 반응을 통해서, 우리 사회에 뿌리 잡혀 있는 성소수자에 대한 편견도 많이 사라져가고 있음을 느꼈어요. 덕분에 커밍아웃을 하기 전보다 많은 자신감을 가지게 되었죠.

이렇게 커밍아웃을 해오면서 안 좋은 일을 겪은 적은 다행히도 없었지만, 의외였던 상황이 하나 있었습니다. 바로 상대가 저를 불쌍하다고 여길 때였죠. 커밍아웃을 할 때 동성애를 혐오하는 사람만을 염두에 두고 있었던 저로서는, 그런 반응이 생소하고 당황스럽게 느껴졌습니다. 더욱이 상대는 평소에 사람들을 열린 마음으로 대하는 사람이었습니다. 저는 그 상황에서 무엇을 말해야 할지, 그렇게 생각하는 사람들을 어떻게 대해야 할지에 대해 아무런 대비도 하지 않았던 상태였기에, 우물쭈물하다가 어색한 작별을 하고 말았습니다. 어떤 선입견에 기인한 것이 분명한 태도였지만, 그것을 깨부술 만한 좋은 생각, 다시 말해 '난 괜찮은데, 불쌍하지 않은데?'라고 말할 수 있는 근거가 떠오르지 않았던 것이죠.

제가 그 사건을 통해서 깨달은 사실은, 자신이 성소수자임을 알리는 것뿐만 아니라, 성소수자에 대해서 알리는 것 또한 중요하다는 점이었습니다. 특히, 다른 소수자와 마찬가지로, 성소수자 또한 연민이나 동정의 대상이 아닌 이해하고 공존해야 하는 대상임을 사람들에게 알려줘야겠다는 생각도 들었어요. (반면교사가 된 사건 속 상대와는 다행히 지금도 허물없이 잘 지내고 있습니다.)

그 깨달음을 실천하기 위해 제가 지금 할 수 있는 일은 아직까지 주위 사람들에게 성소수자에 대해 정확히 알려주는 것이 전부입니다. 물론, 많은 사람들에게 제 생각을 전해줄 수 있는 방법도 생각해보고 있습니다. 다른 성소수자 분들이 두려움을 없애고 자신이 성소수자임을 알릴 수 있도록, 저처럼 당황하는 일이 없도록, 모두 안녕할 수 있도록요. 지금 이 글을 쓰는 것도 그런 목적의 일환이 될 수 있을 것이라 생각합니다.

틀림이 아닌 다름을 인정하는 세상이 되도록 우리 함께 노력했으면 좋겠습니다.

닭살튀김/후쥐킴

사랑에 허락이 필요한가요?

자, 우리가 주말을 어떻게 보내는지 생각해봅시다. 저녁을 먹었으니 TV 를 켜고 드라마를 봅니다. "너 같은 아이가 우리 OO기업 며느리가 되게 할 수는 없다!" 클리셰가 되어버린 대사에 물 한 잔 얼굴에 부어준다면, 그야말로 매주 돌아오는 월요일만큼이나 전형적인 장면입니다. 일일드라마에 나오는 재벌가 사모님의 대사를 안방에 편히 앉아 들으면서 우리는, 쯧쯧 하고 혀를 차곤 합니다. '돈이 어떻게 사랑의 조건이 된단 말인가?' '사회적 지위가 사랑을 갈라놓을 이유가 되는가?' 드라마 속의 '더러운' 세상을 속으로 껌처럼 씹으면서, 그러나, 우리는 컴퓨터를 켜고 키보드를 두들깁니다. "어휴, 게이들, 쟤들은 왜 남자끼리 저래?"

우리는 신분이나 돈 따위는 사랑의 이유가 될 수 없다는 것을 알고 있습니다. 하지만 예전에는 그렇지 않았습니다. 양반이랑 상놈이 사랑하면 그것은 사회적으로 '죄'가 되었지만, 이제 더는 그렇지 않습니다. 그게 다 인류가 투쟁의 역사를 거친 덕분이 아니겠습니까. 각고의 노력, 사회적 관습과 인습에 대한 저항은 과거의 문화를 이젠 드라마 속에서나 볼 수 있는 일로 만들었습니다.

자, 이제는 성소수자 차례입니다.
어째서 그들의 사랑은 '사랑이 아니라 죄'가 되어야 하나요.
그들 자신이 성소수자임을 밝히지 않더라도, 사회는 성소수자의 사랑을 죄인 양 말합니다. 그들을 조롱하고 사회 언저리로 내몰아버립니다. 성소수자는 범죄자도, '잘못된' 욕망을 통제 못하는 이상한 사람도 아닙니다. 그저 각자의 취향을 가지고 서로 만나고 사랑하며 싸우고 헤어지는 그런 사람입니다.

그런데도 드라마 속에서 짝사랑하는 성소수자에게는 술과 위로 한 잔이 아니라, '백팔배를 하면 이성애자가 된다'는 괴상한 메시지가 날아옵니다. 그것은 분명한 폭력입니다. '사랑은 선택이 아닙니다.' 한 번 사랑에 빠져버리면 내 마음을 어떻게 할 수 없다는 거, 사랑을 해본 사람이라면 알고 있지 않습니까. 우리는 선택할 수 없는 것으로 인해 차별이 이루어지는 것이 폭력이라는 것 역시 알고 있지 않습니까. 안녕한 삶이란, 특별히 행복한 삶이 아니라, 당연한 일상을 누리고 있는 삶입니다. 그 일상이 당연하지 못했기에, 그들은 예전에도 그렇고 지금에 와서도 안녕하지 못합니다.

주인공들의 사랑에 물을 끼얹으며 돈 봉투를 내미는 사모님이 옳지 않은 것처럼, 서로의 사랑이라는 당연한 일상에 폭력을 휘두르는 것은 권리가 아닙니다. 어떤 사람들은 권리라는 이름으로 치장된 그러한 차별, 폭력, 불관용, 관습들과 싸워나가면서 하루하루 일상을 지켜나가고 있습니다. 누군가, 그리고 모든 사람들의 더 안녕한 삶을 위해 이렇듯 그들을 지지하고, 글을 씁니다.

사랑에 있어서 중요한 것은 돈도 몸도 아니라고 생각합니다. 사랑의 조건이 사랑 자체에 있다고, 또 그랬으면 좋겠다고, 술이나 얻어먹는 숱한 짝사랑쟁이는 그렇게 기원합니다.

원주에서 서울로 오가는 길목에서, 고은산

저는 바이로맨틱 에이섹슈얼 여성입니다

저는 고등학생 때까지만 해도 제가 평범한 이성애자 여성인 줄 알았습니다. 정확히 말하면, 제가 성소수자일 것이라고는 상상도 하지 못했던 것이지요. 그런데 대학생이 되고 이런저런 일들을 겪으면서 제가 바이로맨틱 에이섹슈얼이라는 것을 알았습니다.

에이섹슈얼이란 한국어로 번역하면 '무성애자'로, 타인에게 육체적으로 성적 끌림을 느끼지 않는 사람을 뜻합니다. 중고등학생이었을 때에는 주로 성적인 것이 금기시되는 보수적인 분위기에서 지냈기 때문에 다른 사람들과 성적인 대화를 한 적이 거의 없습니다. 그래서 모든 사람들이 누구나 저와 같은 줄로만 알았습니다. 성인이 된 후 성적인 이야기들을 많이 접하게 되었는데, 저로서는 대혼돈의 연속이었습니다. 이해할 수 없는 것투성이였고, 오히려 답답하고 불편한 것들도 너무나도 많았습니다. 그러면서 한동안 방황하다가 '에이섹슈얼'에 대해서 알게 되었고 내 자신이 에이섹슈얼이라는 것을 깨닫게 되었습니다.

에이섹슈얼은 성소수자 중에서도 거의 알려지거나 연구되지 않은 정체성입니다. 알고 보니 해외에는 AVEN이라는 대형 커뮤니티가 하나 있지만, 특히 우리나라에서는 커뮤니티를 통한 활발한 교류는 커녕 성소수자들조차 에이섹슈얼이라는 것이 있다는 사실을 거의 알지 못할 정도였습니다. 아마 수많은 에이섹슈얼들도 자기 자신이 에이섹슈얼이라는 것을 알지 못하고 있을 것입니다.

그것을 보면서 성인이 된 후 느꼈던 답답함과 불편함이 무엇인지 깨달았습니다. 예를 들면 연인이나 부부관계라면 성적인 스킨십이 당연하게 여겨지는 분위기나, 특히 진보적인 사람들 사이에서 성적인 금기를 깬답시고 성적 관계를 맺는 것 혹은 이에 대한 이야기를 너무나도 당연히 여기면서 내뱉는 분위기가 '당연하지 않기' 때문이었습니다.

흔히들 '손만 잡고 잔다'는 말을 줄곧 희화화하곤 합니다. 이는 이러한 행동이 절대 불가능한 것으로 여겨지기 때문입니다. 이는 (무성애자가 아닌 사람들을 유성애자라고 칭한다면) 철저하게 유성애주의적인 발상이 아닐 수 없습니다. 또한 레즈비언이나 게이같이 잘 알려진 성소수자에 대해 존중한다고 말하는 사람들조차도 에이섹슈얼에 대해서는 그 존재 자체를 거부하거나 무성애를 '반대'하는 일도 많습니다. 동성인 친구가 자신에게 고백할까봐 혹은 내 애인이 알고 보면 동성애자일까봐 두려운 수많은 사람들처럼, 자신의 애인이 섹스를 '해주지' 않을까봐 두려워하여 무성애라는 존재 자체를 거부하는 사람들, 그리고 애인이 아직 성적인 것에 대해서 '각성하지 못해서' 섹스를 하지 못하고 있는 것에 대해 고민을 하고 있는 수많은 사람들을 보면서, 이 사회는 몹시 유성애주의적이고 에이섹슈얼들에게 폭력적인 사회라는 것에 분노할 수밖에 없었습니다.

한편으로는 완전히 다른 방향에서 폭력적이기도 합니다. 에이섹슈얼의 정의는 '성적인 끌림을 느끼지 않는 사람'이지, '성욕을 느끼지 않는 사람', '섹스를 하지 않는 사람', '성적인 스킨십을 싫어하는 사람'이 아닙니다. 이는 물론 몹시 미묘하고 구분이 어려운 문제이기도 하지만, 누군가 에이섹슈얼이라고 말했을 때 예를 들면 '그는 섹스를 하지 않을 것이다'라고 말하는 것 역시 하나의 편견에 지나지 않습니다. 물론 에이섹슈얼 중에도 성욕을 느끼는 사람이 있고, 느끼지 않는 사람이 있습니다. 섹스를 하는 사람도 있고 하지 않는 사람도 있습니다. 에이섹슈얼은 자기 자신의 정체성일 뿐, 그것을 토대로 편견이나 고정관념을 가지는 것 역시 폭력적일 수 있습니다.

스스로에게 가해지는 이와 같은 문제들 때문에 저는 에이섹슈얼로 정체화한 후 이에 대해 알리려고 많은 노력을 해왔습니다. 그런데 특히 진보적인 사람들 사이에서도, 흔히 잘 알려진 성소수자에 대해 알리려는 운동을 하면 멋진 연대가 되지만, 잘 알려지지 않은 에이섹슈얼에 대해 알리려는 운동을 하면 특이한 사람이 됩니다. 저는 평상시에 에이섹슈얼에 대해 알리려고 열심히 노력했다고 해서 트위터의 '에이섹슈얼 봇을 운영하냐'는 질문을 수도 없이 받았습니다. 레즈비언에 대해 알린다고 해서 '레즈비언 봇을 운영하냐'는 질문을 받지는 않습니다. 트랜스젠더에 대해 알린다고 해서 '트랜스젠더 봇을 운영하냐'는 질문을 받지도 않습니다. 그런데 왜 저만 '에이섹슈얼 봇을 운영하냐'는 질문을 받아야 하는지 이해할 수가 없습니다. 물론 당연히도 저는 해당 봇의 운영자가 아닙니다. 또한 성소수자에 대한 운동을 하면서 동성애자들에 대한 편견을 지적하고 알리려고 기획하면 당연한 것이 되지만, 에이섹슈얼에 대한 편견을 지적하고 알리려고 기획하면 '그것은 여기서 할 필요가 없다'는 반응이 돌아옵니다. 이것 역시 저로서는 왜인지 이유를 알 수가 없습니다.

이번에는 바이로맨틱의 정체성에 대해서 이야기하고자 합니다. 에이섹슈얼은 굉장히 광범위한 범주이기 때문에 에이섹슈얼 내부에서도 섹슈얼만큼이나 몹시 다양하고 넓은 스펙트럼이 존재합니다. 에이섹슈얼이 육체적으로 성적인 끌림을 느끼느냐 여부의 문제라면, 그 안에는 정신적으로 연애감정을 가지냐의 여부로 분류가 가능합니다. 흔히 말하는

‘플라토닉’이라는 말과 상통하는 맥락인 것 같습니다. 타인에게 연애감
정을 가진다면 ‘로맨틱’, 그렇지 않다면 ‘에이로맨틱’입니다. 로맨틱 안
에서도 굉장히 다양한 분류가 있습니다. 그중 대표적으로는 ‘헤테로로
맨틱’, ‘호모로맨틱’, ‘바이로맨틱’ 등이 있습니다. ‘헤테로섹슈얼’, ‘호
모섹슈얼’, ‘바이섹슈얼’의 섹슈얼 대신에 ‘로맨틱’이라는 단어를 붙이
면 됩니다. 어렵지 않습니다.

제가 스스로를 여성, 남성을 모두 좋아하는 바이로맨틱이라고 느낀 것
은 에이섹슈얼로 정체화한 후였습니다. 대학을 다니면서 너무나도 멋진
여성 선배를 좋아하게 되었고, 보거나 생각만 해도 두근두근 설레는 이
감정이 남성을 좋아하는 것과 별반 다르지 않다는 사실에 스스로도 놀
랐습니다. 당시 친구가 ‘너는 바이가 아니고 그냥 그 선배를 동경하는
것 아니냐’고 말한 적이 있는데 이에 큰 상처를 받았습니다. 첫 번째로,
저는 남성 역시 동경하고 배울 점이 있는 사람에게 매력을 느끼기 때
문이었고, 두 번째로 그 감정은 분명히 연애 상대로서 좋아하는 감정이
틀림이 없었기 때문이었으며, 세 번째로 동성도 좋아하는 것에 대한 내
감정을 타인이 멋대로 저울질하고 평가할 자격이 없기 때문이었습니다.
설사 그것이 연애감정이 아니라 하더라도 판단은 제 자신이 합니다. 물
론 저는 수많은 고민을 하고 방황을 하겠지만 타인에게는 제 연애감정
을 판별할 권리가 없습니다.

그 이후로 시간이 지나고, 비록 짧은 기간 동안이었지만 세상에서 가장
예쁜 여자친구와 연애를 하게 되었습니다. 저 개인적으로는 에이섹슈얼
의 정체성에 대한 비중이 훨씬 컸기 때문에, 그제야 동성과 연애를 한
다는 것이 사회적으로 어떤 어려움을 겪어야 하는지 뼈저리게 느끼게
되었습니다. 가족이나 친척들은 물론이고 당장 주위에 있는 사람들에게

도 말하는 것이 두려웠습니다. 제아무리 성소수자를 지지한다고 말하는 사람들이지만 내가 커밍아웃을 했을 때 정말로 그 전과 다를 바 없이 나를 계속해서 대해줄 수 있는지 무서웠습니다. 그리고 그것은 지금도 마찬가지입니다. 또래의 가까운 성소수자들이나 지지자들 일부를 제외하면 사람들은 제가 동성 역시 좋아한다는 사실을 잘 알지 못합니다.

사실 이 글을 쓰는 지금도 이 글을 읽는 지인들이 저라는 것을 알아채고 이상한 시선으로 바라볼까봐 무섭습니다. 소위 진보적이라고 말하는 활동을 하는 지인들하고만 친구가 되어 있는 페이스북에 공개적으로 커밍아웃을 할까 고민도 해보았지만 역시 안 될 것 같습니다. 또한 에이섹슈얼에 가해지는 사회적 편견과 폭력에 대해 적혀 있는 이 글을 보며 피해의식이 가득하다고 비난할까봐 두렵습니다. 그렇지만 이렇게나마 글을 써서 조금이라도, 단 한 명이라도 더 사람들이 뭔가 깨달을 수 있게 된다면 저도 조금 더 용기를 내겠습니다. 성적 끌림을 느끼든 말든, 성적 관계를 맺든 말든, 동성을 좋아하든 말든 그 어떤 것도 '당연해지지' 않는 사회에서 살고 싶기 때문입니다.

긴 글 읽어주셔서 고맙습니다.

익명의 바이로맨틱 에이섹슈얼 여성으로부터

"저는 성소수자입니다" 하고 말하기엔 불편한 것이 많습니다

며칠 전, 저는 페이스북에서 '성소수자, 안녕들 하십니까'라는 페이지를 보았습니다. 참 반가웠습니다. 그러나 '이 페이지가 좋아요'를 누르지는 못했습니다. 제 지인들도 페이스북을 하기 때문입니다. 어제도 얼굴을 본 친구, 고등학교 동창, 친척 언니와 같이 오프라인에서 관계를 맺는 사람들이 있습니다. 물론 제가 그 페이지를 '좋아요' 했을 때, 제게 "야 너, 성소수자냐?"라고 캐물을 사람이 제 주변에는 없을 거라고 생각합니다. 그래도 어딘가 불안한 것은, 제가 성소수자이기 때문일까요?

이 두서없는 글을 쓰기로 결심한 계기는, 단순히 〈안녕들 하십니까〉 페이스북 페이지가 생겨서만은 아니었습니다. 어제였던가, 그제였던가. 문득, 한 친구에 대한 기억이 떠올랐습니다.
초등학교 4학년 때의 일입니다. 전부터 '하리수'라는 별명으로 불리던 남자애가 있었습니다. 그 친구는 키가 크고, 말랐으며, 공부를 잘했습니다. 다른 남자애들이 으레 그렇듯 개구지지 않았고, 오히려 차분한 성격이었습니다. 또 그 친구는 여자애들과 잘 지내는 편이었고요. 다른 남자애들은 "여자랑 놀면 여자다", "으, 여자래요", "하리수 원래는 남자였는데 지금은 여자잖아"라고 떠들며, '하리수'라는 이름을 그 친구를 놀리는 데에 썼습니다. 그러던 어느 날, 그 친구가 '폭발'했고, 그만 큰 싸움이 일어나고 말았습니다.

그날 우리 반 담임선생님께서는, "나도 하리수 좋아해. 예쁘고 춤도 잘 추고 멋진 연예인이니까. 다만 그 친구가 하리수를 좋아하는지는 모르겠고, 너희들이 그 친구를 하리수라고 놀리는 이유도 잘은 모르겠지만,

그 친구가 싫어하는 말로 그 친구를 놀리는 것은 그 친구에 대한 예의
가 아니야"라고 말씀하셨습니다.

차분하고 내성적인 것은 사람의 개성에 불과합니다. 남자는 씩씩하고
활발해야 하고, 여자는 다소곳하고 얌전해야 한다는 인식이 불편합니
다. 어폐에 불과한 '남성적', '여성적'이라는 말 때문에 '쟤는 남자인데
여성적이야=쟤는 트랜스젠더야'라고 인식하는 것도 불편합니다. 그리
고 남에게 모욕을 주고 싶을 때 '게이'나 '레즈', 혹은 '호모'라고 지칭하
는 것 또한 불편합니다.

이번에는 다른 기억을 풀어보겠습니다. 저는 이번 달에 태국에 관광을
다녀왔습니다. 이번 관광은 제게 즐거운 추억을 남겼습니다. 하지만 사
람들이 '그들'에 대해 얘기하는 것이 저를 몹시 불편하게 했습니다.
무희 옷을 입은 예쁜 여자들이 서 있는 것을 보았습니다. 가이드는 "저
사람들 여자 아니에요, 트랜스젠더예요(?)"라고 말했습니다. 이 말을
듣기 전까지는 "저 사람들 예쁘다"며 "가서 말 걸어보고, 사진 찍어달
라고 할까" 하던 사람들이, 갑자기 "으~" 하고는 그녀들에게 가까이
다가가기를 꺼려하더군요.

제가 느끼는 불편함들은, 과연 제가 성소수자가 아니었다고 해도 느꼈
을 '불편함'이었을까요? 그런 생각을 해본 적이 있습니다.
제가 저를 '성소수자'라고 인식한 지는 얼마 되지 않습니다. 제가 거의
하루를 쏟아 붓고 있는 트위터에도 이런 저를 내비친 것은 얼마 되지
않습니다. 게다가 그러기 위해서 동아리 지인들을 모두 차단했고, 오프
라인 친구들을 모두 차단해야만 했습니다.
페이스북 페이지에 들어갔습니다. 여전히 '좋아요'를 누르지는 못했습
니다. 대자보를 붙인 분들도, 얼굴이 나온 사진을 걸고 실명을 밝힌 분

들도 계셨지만, 저는 그러지 못할 것 같습니다. 그럼에도 불구하고 저는 이렇게 생각하고, 또 이런 기억을 가지고 있고, 이렇게 살고 있다고 말은 하고 싶었습니다.

언젠가 '제가 얼굴과 실명을 밝히고 이야기하게 되는 날이 온다면'이라는 말은 우습죠. 사실은 다른 사람들에게 커밍아웃도 못한 거니까요. 지금 저는 이 말을 적으면서도 몇 번이나 Alt+Tab을 누르고 있습니다. 가족 중 누군가가 방문을 열고 저에게 뭐하냐고 물으면, 저는 국가재정법 제2장 예산 파트를 공부하고 있는 중이라고 대답해야 하기 때문입니다. 이런 제가 안녕하고 싶다고 말하는 것이 사치이고 욕심일지도 모르겠습니다. 지금 저는 제 안녕을 위해 노력하지 않고, 당신들의 노력에 무임승차하고 있기 때문입니다.

나태한 제 안녕보다, 바쁘게 뛰고 있는 당신들의 안녕을 기원합니다.
부디, 안녕하시길 바랍니다.

'좋아요' 누르기도 난감한, 익명의 성소수자로부터

1월 7일, 조건 없는 안녕을 위하여

여자와 남자가 아닌 사람으로
동성애와 이성애가 아닌 사람애로
성(性)을 포함한 우리의 모든 정체성이
존중받고 공존하는 그날까지!
'성다양자' 여러분, 안녕들 하시기를!

14.01.07.

땅 위에서 동행자 조은혜

트랜스젠더, 양성애자의 이름을 가진 나의 딸에게

그저 남의 일이라고만 여길 때, 저는 트랜스젠더나 양성애자와 같은 성소수자는 '신이 버린 사람들'이라고 생각했습니다. 하지만 언젠가 제 아이가 저에게 커밍아웃을 했지요. 머리가, 아니, 두피 전체가 아파서 고개를 들 수가 없었습니다. 이전에는 그런 두통을 느낀 적이 없습니다. 지금껏 남의 일이라고만 여긴 일이, 바로 제 아이의 일이었습니다.

그러나 한참의 고뇌 끝에, 저는 소중한 진실을 깨달았습니다. 제 아이는 '신이 버린 사람'이 아니었습니다. 제 아이가 MTF(Male To Female) 트랜스젠더이고 양성애자인 것은, 그 누구의 '잘못'이 아닙니다. 제 아이는 '신이 버린 사람'이 아닙니다. 그저 제 아이는, 너무나도 소중한 내 새끼입니다.

제 아이는, 남이 하지 못하는, 아니 하지 않는 일을 하는 아이입니다. '옳지 않은 것을 옳지 않다고 말하는' 아이입니다. 물론 그래야 한다는 것은 다들 알고 있을 겁니다. 하지만, 정말 그렇게 말할 수 있는 사람은 너무나 적은 것 같습니다.

저는 제 아이가 자기 날개를 펴기도 전에, 세상의 부당한 편견에 맞서 힘겨운 투쟁을 일상적으로 벌이고 있다는 것을 알고 있습니다. 이제는 압니다. 제 아이에 대한 부당한 비난, 편견은 그쳐야만 합니다. 제 아이를 비롯한 성소수자의 인권은 반드시 보장되어야만 합니다. 저는 다만, 그 길에 앞장 선 제 아이의 가녀린 어깨를 보는 내내 마음이 아파옵니다.

그래도 저는 제 아이가 자랑스럽습니다. 처음에는, '왜 하필 그 힘겨운 길을 내 아이가 걷는 걸까?'라고 생각했습니다. 만약 남의 아이 일이었다면, '대단하네'라고 생각하고 말았을 겁니다. 하지만 다른 누가 아닌, 바로 제 아이가 그 길을 걷는다고 하니, 걱정과 반대가 앞서는 게 인지상정인가 봅니다. 그렇지만, 이제 저는 제 아이를 이해할 수 있습니다.

강은하, 내 딸아.
네가 걷는 길이 힘들고, 또 도착할 곳이 한없이 멀다고 해도, 결코 포기하지 말아야 한다.
딸아, 사랑한다.
앞으로 예상되는 힘든 일, 그리고 또 미처 예상치 못한 힘든 일이 참 많을 거야.
하지만 우리 끝까지, 건강하게, 함께 '파이팅'하며 살자!

강은하의 엄마로부터

2014.01.14. 딸에게 처음 선물한 화장품.

댁의 김치는 안녕들 하십니까

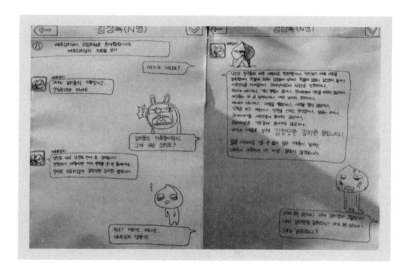

여기가 어디요?

배추김치: 여기는 김치들의 카톡방이오. 안심하지는 마세요.

김치들의 카톡방이라니 그게 무슨 소리요?

배추김치: 당신은 이미 김장독 안에 든 김치입니다. 인정하기 어렵다면 자기 주변을 한 번 돌아보세요. 당신은 의도치 않게 김장당한 김치란 말입니다.

뭐요? 이보시오, 이보시오, 배추김치 양반.

무김치: 당신은 친구들과 서로 예쁘다고 칭찬했거나, 당신보다 예쁜 사람을 질투했거나, 학벌과 임금이 남성보다 낮거나, 학벌과 임금이 남성보다 높거나, 어학연수를 다녀왔거나, 연애 상대로 외국인을 선호하거나, 처녀가 아니거나, 섹스 경험이 많거나, 연애하면서 섹스를 해주지 않았거나, 이상형이 키 큰 남자이거나, 여러 남자와 친하거나, 여대에 다니거나, 내숭을 떨었거나, 내숭을 떨지 않았거나, 성형을 하고 예쁘거나, 성형을 안 하고 못생겼거나, 얼굴이 크거나, 군대 이야기를 사랑스럽게 들어주지 않았거나, 음담패설을 기분 좋게 들어주지 않았거나, 이상의 이유들로 인해 김장당한 김치란 말입니다! 물론 이 외에도 셀 수 없이 많은 이유가 있지만 여백이 부족해 더 이상 말하지 않겠습니다.

이게 무슨 소리야! 내가 김치였다 그 말인가? 내가 김장당한 김치라니! 이게 무슨 소리야! 내가 김치라니!!

'김치녀'로 호명되는 당신, 정말로 안녕들 하십니까?

고려대에서 시작된 안녕들 하십니까 움직임은 다양한 이슈에 대한 물음을 던졌습니다. 하지만 이러한 이슈들 가운데 여성에 대한 이야기는 드러나지 않았습니다. 그렇다면 정말로 이 시대의 여성들은 안녕한가요?

'김치녀'라는 말을 들어보셨는지 모르겠습니다. 과거부터 있었던 여성혐오는 나날이 악화되어 현재 '김치녀', '된장녀'라는 노골적이고 일상적인 형태로 자리 잡았습니다. 이 시대를 살아가는 여성들은 자신이 '김치녀', '된장녀'가 아님을 계속해서 증명해야만 합니다.

어쩌면 누군가는 '김치녀'는 '일부 개념 없는 여성들일 뿐이며, 모든 여성들을 비난하는 것은 아니다'라고 말할지도 모릅니다. 하지만 그 '개념 없음'의 잣대는 남성에게 적용되는 것과는 다를뿐더러 몹시 자의적이고 폭력적입니다. 공중파에서 방송되는 TV 프로그램에서는 못생기거나 뚱뚱한 여성을 당연하게 웃음거리로 삼고 비하하지만, 키 180 이하의 남자가 루저라던 여성은 일자리에서도 쫓겨난 채 사회에서 매장당해야만 했습니다. 외모를 기준으로 사람의 가치를 평가하는 행위의 옳고 그름을 떠나, 발화자의 성별에 따라 외모를 평가하는 것에 대한 정당성이 이중적인 잣대로 받아들여지는 것입니다.

옆 자보의 '김치녀의 기준'은 실제로 온라인의 다양한 사이트에서 다양한 사람들이 적은 것을 모아놓은 것입니다. 이에 따르면 한국 여성들 중 그 누구도 '김치녀'로부터 벗어나지 못합니다. '김치녀'라는 프레임

자체가 보편적인 여성 혐오를 기반으로 하고 있기 때문입니다.

더 이상 성형을 했다고 해서, 못생겼다고 해서, 연애 상대에 대한 취향을 가졌다고 해서, 처녀가 아니라고 해서, 섹스를 해주지 않았다고 해서, 여성이 혐오의 대상이 되는 것을 정당화할 수는 없습니다.

그래서 이제는 안녕하지 못한 김치녀들이 모든 한국 여성들에게 묻고 싶습니다. 행여 '김치녀'라는 이름에서 벗어나기 위해 자기검열하고 계신 것은 아닌지, 안녕하지 못함이 너무 힘들어 마음속 답답함을 묻어두고 안녕하다고 믿고 계신 것은 아닌지, 여성 혐오가 보편적인 사회 안에서 '정말로' 안녕하신 건지 말입니다.

댁의 김치는 안녕들 하십니까?

개념녀가 되기 위해 너무 많은 것들을
포기해야만 해서 안녕하지 못합니다

처음 '된장녀'라는 말이 나왔을 때, 저는 된장녀와 다른 개념 있는 여성이고 싶었습니다. 명품 가방을 좋아하지 않고, 스타벅스 커피를 멀리하며, 남자들과 함께 '된장녀'를 욕하면, 저만은 '된장녀'가 아닌 '개념녀'가 될 수 있을 줄 알았습니다.

하지만 이후 '된장녀'는 단지 스타벅스 커피를 마시고, 명품 가방을 사는 여자에서 어장관리를 하는 여자, 지나치게 꾸미는 여자, 더치페이를 하지 않는 여자까지 확대됐고, 그때까지만 하더라도 저는 좀 더 어려워지긴 했지만 제 자신이 된장녀랑 다른 개념녀가 되기 위해 그 정도는 크게 문제가 되지 않는다고 생각했습니다.

그러나 지금, '된장녀'가 '김치녀'가 되고, '보슬아치'가 되면서, 저는 도저히 어떻게 해야 개념녀가 될 수 있을지 모르게 되어버리고 말았습니다. 외국인과 교류해서도 안 되고, 성형을 해서도 안 되고, 근데 예쁘기는 해야 하고, 몸매도 좋아야 하고, 성격도 좋아야 하지만 여자들과 너무 친해서도, 너무 친하지 않아서도 안 되고, 너무 많은 남자들과 친해서도 안 되고, 하지만 남자들과 친하지 않고 너무 도도해서도 안 되고, 내숭을 부려서도 안 되고, 과하게 털털하고 내숭이 없어서도 안 되고, 연애를 하면 상대와 섹스를 해야 하지만, 또 한편으로는 처녀여야만 하고……

저와 다르다고 선을 긋고 싶었던 '된장녀'가 '김치녀', '보슬아치'가 되어가면서, 저는 점점 그들과 다르다고 이야기할 자신이 없어집니다. 도

저히 어떻게 해야 개념녀가 될 수 있는지 모르겠는 저는 이제 좁디좁은 '개념녀'의 자리에 저를 놓는 불가능한 일을 그만두려 합니다. 그리고 제가 살고 싶은 대로, 느끼는 대로, 원하는 대로 사는 데에 붙여지는 이름이 '김치녀'라면 그 이름을 기쁘게 받아들이도록 하겠습니다.

불편한 '개념녀'이기보다 제 자신이 행복하기를 선택한 저는 '김치녀'입니다.
그리고 묻고 싶습니다. 이 자보를 보는 당신, 당신은 진정 안녕하십니까?

기꺼이 김치가 되기로 한, 민경

멋진 여자이며 김치녀이고 꼴페미가 쓰는 개념 없는 글

나는 몇 년 동안 하이힐을 신지 않았습니다. 수험 생활이 끝나서 얼굴에 화장은 해도 하이힐을 신기 싫었습니다. 다리 모양이 예뻐 보인다는 사실이야 그렇다 쳐도 불편했기에 그냥 싫었습니다. 그래서 신지 않았습니다. 그랬더니 어떤 분이 내게 키 작은 남자를 배려할 줄 아는 멋진 여자라는 말을 술자리에서 하셨습니다. 어떠한 의미에서 난 개념 있고 멋진 여자가 되었습니다.

그동안 몇 번의 연애를 했습니다. 연애관계에서 경제력이 크게 차이나지 않는 이상 한쪽에게 비용을 부담하는 것은 바람직하진 않다고 생각했습니다. 가장 큰 이유는 부담을 갖기 싫었습니다. 선물은 좋아합니다. 다만 선물을 받았으니 무언가를 주어야 한다는(그 무언가는 반드시 돈과 관련된 건 아닙니다) 생각을 하게 되는 내 자신이 싫었습니다. 특히, 마음이 떠나 헤어지고 싶은데 받은 게 많아 헤어지기 망설여진다는 지인의 말을 듣고 그 마음을 굳혔습니다. 그러다보니 서로 계약한 기념일을 챙기거나 특별히 밥을 사주는 일 외에는 더치페이를 하게 되었습니다. 이전 애인의 친구이자 제 친구 중 하나가 그런 저를 보고 멋진 여자친구라고 말했습니다. 헤어지고 싶을 때 헤어지고 싶어서 더치페이를 한다고 말하려다가 참았습니다. 어쨌든 저는 애인의 친구들 사이에서 멋진 여자친구가 되어 있었습니다.

간헐적 흡연을 하기 시작했습니다. 흡연이 건강에 나쁘다는 사실은 알아서 적절히 조절하며 기호식품으로 이용하고 있습니다. 굳이 담배를 피우지 않는다고 말하진 않지만 그렇다고 많은 사람에게 담배를 피운다고 말하고 싶진 않았습니다. 그래서 주로 혼자 담배를 피우거나, 이미 그 사실을 아는 일부 사람들과 있을 때만 담배를 피웠습니다. 어느 날 여러 고민에 혼자 학교에서 담배를 피우고 있는데 어떤 친한 선배와 마주쳐버렸습니다. 그 선배는 놀라면서 절 잡고 5분 동안 여자가 담배를 피우지 말아야 할 이유를 설명했습니다. 뻔한 몇 가지 이유와 함께 마지막으로 한 말은 '그건 멋지고 개념 있는 여자가 아니야'라는 말이었습니다. 정리해보자면 난 담뱃대를 물고 멋지고 쿨한 척을 하지만 전혀 멋지지 않은 여자인 것 같았습니다.

저는 커피를 매우 좋아합니다. 하루에 두세 잔 이상씩 커피를 마실 정도로 커피 자체가 맛있다고 생각합니다. 커피가 좋아서 용돈의 일부를 아껴 맛있는 커피를 사먹는 데에 투자했습니다. 가장 많은 커피 전문점이 스타벅스여서 그곳을 많이 가다보니 전 어느새 스타벅스 VIP가 되어 있었습니다. 어느 날 친한 친구가 그걸 보고 된장녀라는 단어를 장난스럽게 말했습니다. 전형적인 한국 여자라며 멋지지 않은 여자라고 놀렸습니다. 물론 그 친구의 말은 놀리는 말이었지만, 객관적으로 나를 바라보았을 때 난 스타벅스 VIP를 받은 된장녀의 이미지를 가지고 있었나 봅니다.

성재기 씨가 죽었습니다. 하는 짓이 너무 저급해 신경조차 쓰지 않은 사람이었는데 어느 순간 바보 같은 짓으로 삶을 마감했다는 뉴스가 들렸습니다. 친구들과 있을 때는 민감한 사회문제를 거의 이야기하지 않았지만 가끔 술자리에서 그의 이야기가 나오면 여성 혐오가 강한 성차별자라 생각한다고 거침없이 말하곤 했습니다. 그가 만든 단체의 존재 의의는 있을 수 있다 쳐도 그 행동부터 구성원들의 사고까지 모든 게 잘못되어 있다고 이야기했습니다. 그러나 며칠 후 제 페이스북에는 성재기 씨를 추모하며 '열사'라고 칭하는 글이 간간히 올라오기 시작했습니다. 그런 글에 '좋아요'를 눌러 제 페이스북에 띄운 친구들은 그 술자리에서 제 이야기를 듣고 "너도 아닌 줄 알았는데 한국 여자네"라고 히히덕거린 친구들이었습니다. 난 그래서 멋진 여자의 범주를 벗어난 여자가 되었습니다.

멋진 여자라는 말이 듣기 좋았던 시절이 있었습니다. 그 시기에는 여자라는 말에는 주목하지 못하고 날 일종의 평범하지 않은 사람으로 인정하는 것 같아 기분이 좋았습니다. 그러나 어느 순간부터 난 멋지지 않은 여자가 되어 있었습니다. 여성 차별에 대한 내 의견을 말하게 되면 그런 인식은 더욱 강해져 있었습니다. 그래서 난 멋지지 않은 여자가 되었고, 김치녀가 되었고, 심지어 진짜 페미니스트들에게 죄송하게도 '페미니즘적 시각을 가진 여자'가 되어 있었습니다. 그제야 난 여자라는 말에 주목하기 시작했습니다. 멋지고 말고는 중요한 게 아니었습니다. 여자라는 범주 안에서 내가 하는 어떤 행동은 멋졌고, 어떤 행동은 멋있지 않았다는 구분만 존재할 뿐 어디에도 멋진 나는 없었습니다.

그제야 사회에 만연한 김치녀의 실체에 대해 눈을 돌리게 되었고, 책을 읽기 시작했습니다. 추상적으로만 알던 여성에 대한 무의식적 억압이 '김치녀' 현상으로 들어나게 되어 오히려 분석하기가 쉬웠습니다. 몇 년 전 읽고 불편함을 느꼈던 우에노 치즈코의 《여성 혐오를 혐오한다》도 다시 읽어보았습니다. 지금 한국 사회의 모습과 비슷한 점이 생각보다 많다는 사실에 놀랐습니다. 여성과 남성에 대해 관심을 돌리자 냉정해지기보단 분노가 치밀었고, 이성적인 대응 이전에 감정적으로 억울했습니다.

나는 멋진 여자이고, 김치녀이고, 페미니스트 경향을 가진 여자임과 동시에 멋지지 않은 여자가 되었습니다. 모순의 덩어리 사이에 존재하는 내 이미지들을 유일하게 붙잡아주는 건 얼핏 보면 여성이라는 키워드입니다. 그러나 그 내부에 존재하는 진짜 공통점은 바로 내가 '누군가의 범주에서 살펴본' 여성이라는 점입니다. 그 누군가가 치우친 잣대를 들이밀며 나를 선한 여성과 악한 여성으로 나누는 잣대가 얼마나 잘못되었으면 나름 제도권의 울타리 안에서 살아온 내가 이렇게 수많은 갈래로 찢어진 여자가 되었는지 우습기만 합니다.

그래서 난 말하고 싶습니다. 여성 혐오가 사회의 가장 밑바닥에 깔려 있는 지금의 사회에서 난 더 이상 멋진 여자이고 싶지 않습니다. 존재하지 않는 김치녀들에 대한 두려움은 또 다른 김치녀를 낳았고 정반대 측에서는 또 다른 엄격한 기준을 통과한 개념녀들이 칭송받는 그 사이에서 난 단호히 말하고 싶습니다. 난 욕먹는 것도, 칭송받는 것도 거부하겠습니다.

Emblem

왜 화장을 해야 하나요?

저는 곧 교생을 나가게 될 사범대생입니다. 그리고 이제껏 3년간 대학교를 다니면서 단 한 번도 화장을 하고 나선 적이 없습니다. 제 방에는 화장을 할 수 있는 도구도 없고, 전혀 그런 것에 대해 알지도 못합니다. 오히려 제 피부는 화학제품으로 괴롭힘당하지 않아서 그런지, 잡티는 있을지언정 건강하게 저를 외부의 자극들로부터 보호해주고 있습니다. 그런데 이제 사람들이 다들 화장을 권합니다. 교생 나갈 때 화장하지 않을 거라고 당당하게 얘기했는데, 모두가 "그래도 화장은 예의지"라고 말합니다. 학생들에게 선생님으로서의 위엄을 보일 수 있는 수단이라고도 말합니다. 그런 말을 하는 사람은 심지어 모두 같은 여자였습니다.

물론 사람 앞에서 몸가짐을 단정히 하는 것이 예의인 것은 맞습니다. 저도 교생 때 찢어진 청바지를 입거나 잠옷을 입고 나가진 않을 것입니다. 하지만 왜 화장이 예의입니까? 내 피부 건강을 해치고 돈을 들이고 시간을 써서 굳이 꾸며야만 여성은 예의를 갖춘 것이고, 학생들에게 위엄을 보일 수 있습니까?

교생은 앞으로의 교직 생활을 위해 학교를 경험하고 학생들과 교감하기 위한 것입니다. 깔끔하게 피부를 정돈하는 것만으로도 충분히 남에게 보일 만하다고 생각하며, 굳이 여성에게만 '꾸밈'을 요구하는 이 사회 덕에 안녕하지 못합니다.

김치녀가 될 수밖에 없어서 안녕하지 못합니다

이 글은 '김치녀' 개개인의 선택이 정당하다고 주장하기 위한 것이 아니라, 평범한 여성들이 '김치녀'가 되는 극단적인 선택을 하는 이유를 설명하기 위함입니다. 개인의 노력으로 여성이 성공할 수 있는 가능성을 부정하지 않습니다. 또한 남성에게 의존적인 여성이 되는 것이 바람직하다고 생각하는 것은 더더욱 아닙니다. 다만, 개인의 노력으로 극복되지 않는 점이 있으며, 이로 인해 여성들이 남성에게 의존하려는 경향이 나타난다고 생각합니다.

1. 취업시장, 최고의 스펙은 '남성'입니다.
취준생 언니들은 모두 고민입니다. 여성이 직장에서 살아남으려면 남성보다 더 남성다워야 합니다. 그렇게 일하고도 결혼을 하고 아이를 낳으면 직장을 그만둬야 하나, 고민입니다.

2. 성공한 여성들이요?
여성이 대통령이 되려면 대통령 아버지의 딸이어야 합니다. 여성이 서울시장에 출마할 정도의 지위를 가지려면 미모가 출중해야 합니다. 성공한 여성 기업인은 기업 총수의 딸이거나 부인입니다.

3. 김치녀라는 괴물을 탄생시킨 건 이 각박한 세상입니다.
평범한 여성이 이 사회에서 안녕하려면 김치녀가 될 수밖에 없습니다. 나이가 많고, 안정적인 직장을 가진 남성을 만나야 하기 때문입니다. 그러려면 젊음과 아름다움을 유지해야 하기에 성형을 하고 화장을 합니다. 그런 남자를 만나려면 자신의 생활수준보다 높은 소비를 해야 하기에 명품 백을 들고 스타벅스에 갑니다. 그렇게, 우리는 하나둘씩 김치녀가 되어버렸습니다.

4. 그저 여성이라는 정체성을 '온전히' 지니고 싶습니다.
여성이라는 정체성을 포기한 개념녀가 되고 싶지 않습니다. 여성이라는 정체성을 과장한 김치녀가 되고 싶지 않습니다. 하지만 여성이라는 정체성을 왜곡 없이 지키는 것이 너무나 힘듭니다.

대체, 우리는 어떻게 살아야 안녕할 수 있을까요?

정대 후문이 '김치'의 성지가 될 조짐을 보며

저는 고려대 졸업 예정자입니다. 처음에 이렇게 많은 자보가 '갑툭튀'하는 것을 보고 조금은 놀랐습니다. 저는 개인적으로 '여성 혐오' 정서는 이성적으로 비판해서 없어질 것이라 생각하지는 않습니다. 남자와 여자는 다르기 때문에 근본적으로 이해할 수 없는 부분이 있으니까요. 그렇다면 어떻게 하는 것이 좋을까요? 저는 서로의 공감과 이해를 구하기 앞서, 이 사회의 모든, 정말로 모든 혐오 프레임을 '우스꽝스럽게' 만들 필요가 있다고 생각합니다. 누군가를 규정짓고 혐오하는 것은 정말 아무것도 해결 못하니까요.

제 후배 여학우가 자보 마음이 움직여 응답한 것을 보았습니다. 이에 감히 말씀드립니다. '실명'으로 쓰지 않았다고, '외부인'이 썼다는 비판이 있습니다. 댓글로도 철거 운운하는 반응도 있습니다. 하지만 그 비판은 이상합니다. 지난 날 주현우 학우의 자보에 응답한 수많은 목소리들 중에는 일반 시민과 청소년이 익명으로 쓴 자보들도 있습니다. 그렇다면 우리들이 되물어야 할 것은, '왜 이토록 많은 여성들이 자신의 목소리에 관해 자기검열을 해야 했는가'라는 게 아닐까요?

많은 학우들은 주현우 학우의 자보가 전국적 이슈가 되는 것을 보면서, '개념 대학생'이 '민족 고대'의 위상을 드높인 것이 자랑스러웠을지 모릅니다. 하지만 동시에 우리들은 다른 대학과 중고등학교, 직장과 거리에서 채 읽기도 전에 철거당한 자보들을 기억해야 합니다. 어쩌면 사람들의 목소리를 억누르는 이 사회의 억압은 너무나 강고하고 뿌리 깊어, 지난 12월에도 많은 외부 자보들이 쫓기듯 정대 후문으로 올 수밖에 없었던 것은 아닐까요? 그렇다면 학우 여러분, 이곳은 대자보들의 명동성 당입니다. 이 사회의 모든 차별받고 억압받는 목소리를 기억합시다.

외부 단체와 기업의 무분별한 홍보물을 규제하되, 청소년, 소수자, 여성, 노동자의 목소리들이 이 공론장의 규칙을 준수하는 한(ex 자진철거 기간 명시, 반박자보 수용 등등) 그들의 목소리가 민족 고대 정신의 살아 숨쉬는 일부가 되었으면 합니다.

2014년 1월 16일

경제학과 06학번 박원익

당신의 몸때는 안녕들 하십니까?

중학교 2학년 때 체육 시간이라 교실에서 여자애들만 남고, 남자애들은 화장실로 옷을 갈아입으러 갔을 때였어요. 우리 반 양아치 한 명이 실내화 가방을 놓고 왔는지 잠긴 문을 덜컥 거리는 거예요. 제가 그때 "옷 갈아입는 중이야, 들어오지 마!" 하고 소리쳤는데 그 아이는 "너 ㅇㅇ이지? 넌 볼것도 없어~" 하고 큭큭대더니 사라져버렸어요. 그때는 얼굴만 빨개진 채로 왜 내 몸은 이렇게 작고 볼품없기만 할까, 라는 생각에 스스로에 대해 화가 났어요. 사실 화내야 하는 대상은 그 아이고, 그 아이가 가진 성적 기준을 제게 함부로 강요해 그에 미치지 못하는 것에 대한 조롱이어야 하는데 왜 그땐 제 자신을 탓하기만 했을까요? 왜 친구들은 웃고 동정하기에 그쳤을까요?

여성에 대한 잣대의 형태는 온라인에서 더 엄격하게 보편화되어 있어요. 포털사이트 메인에 종종 올라오는 여자 연예인 기사 사진을 클릭하면 달리는 노골적인 섹스 판타지의 향연, 성희롱 댓글들을 읽으며 속에서 피어나는 수치심은 온전히 저의 몫이었어요.

왜 우리의 몸은 당신들이 정한 평가대에 쉽게 오르내리고 웃음거리가 되거나 공공연하게 공중파 개그의 소재로 쓰이는 건가요? 왜 그 미의 기준에 부합하는 여자는 성적 판타지를 실험하는 대상이 되거나 기준에 부합하지 못하는 여자는 혐오 대상인 추한 여자가 되는 건가요?

당신들이 정한 미의 기준을 강요하며 정육점의 돼지고기마냥 등급 찍지 마세요. 기준에 부합하든 그렇지 않든, 우리의 몸은 당신에게 노출되기 위해 존재하는 것이 아니에요.

김장된 열무김치

김치녀라는 허상에 침을 뱉는 사람들

저도 몇 마디 보태봅니다. 제가 모 여대를 다니며 알게 된 것 중 하나는 김치녀라는 것이 허상에 불과하다는 것입니다. 심지어 그것은 김치녀를 욕하는 사람들도 알게 모르게 인정하는 부분이죠. 그래도 저런 인간이 있으니 저런 말이 나오는 것 아니냐며.

혐오하고자 하는 사람은 그 사람이 실상 찾아볼 수 없어도 상관없습니다. 누군가는 몰매 맞아야 합니다. 누군가는 욕을 들어 마땅해야 합니다. 무엇에 관해? 뭐든지요. 허상에게 붙일 수 있는 죄목은 존재하지 않는 만큼 무엇이든지 되겠죠. 자신이 대접받지 못하는 것에 대해, 무시당하는 것에 대해, 자신들의 권위가 추락하는 바에 대해, 자신이 만난 여자들이 죄 드세고 여자답지 못한 바에 대해, 여성들의 허영이 날로 심해짐에 대해, 성형 열풍에 대해, 김 여사들에 대해, 맥북을 사서 윈도우즈를 깔고자 하는 여성에 대해, 회전목마를 타고 하나같이 셀카를 찍는 여성들에 대해 아니꼬운 여초카페와 카톡 캡처에 대해— 그것이 사실이든 아니든은 상관없습니다. 김치녀란 이렇게 허구에 허구의 증거가 덧붙으며 소설 속 허구의 인물이 그 소설 내에선 '진실'이 되듯 살아납니다.

제 생각에 김치녀라는 허상에 침을 뱉는 사람들은 두려워하는 것 같습니다. 자신들의 가치관에 맞지 않는 사람이 언제라도 나타나 자신들이 응당 그래야 한다고 생각해왔던 것들을 부수어버리려 하니 두려운 것입니다. 그 반란을 무시할 수도 설명할 수도 없으니 '발칙'하고 '괘씸'하다 비난하며, 김치녀라는 새로운 이미지를 뒤집어씌워 자신들의 평온하고 안전한 세계를 지속해나가려는 것입니다.

그러니 중요한 점은, 김치녀를 혐오하는 자들의 논리 링 안에서 그들을 격파하려고 해선 안 된다는 점입니다. 그것은 그들이 바라는 바에 휘말리는 것, 이 허상을 더욱 개연성 있게 만들어내는 것에 지나지 않다고 생각합니다. 이러이러한 김치녀들이 많다라는 의견에 이러이러한 개념녀들도 많다고 대꾸하는 것은 좋은 반론이 아닙니다. 논파해야 하는 오류는 그 상위에 있습니다. 그들은 유령이라는 것. 혐오하고 증오하고 책임 전가하기 위해 만들어진 변명의 허수아비라는 것. 절여져가는 허황된 김치들이라는 것. 그것을 더 많은 사람들이 알아준다면 좋겠습니다.

김치 공포증에 걸린 여러분들의 안녕이 걱정됩니다

안녕하세요? 저는 대자보 같은 걸 써본 적이 없지만 그냥 너무 깝깝해서 몇 마디 하고자 합니다. 이 '안녕 김치' 자보를 쓰시는 분들은, 보통 화가 나신 상태로 쓰시는 분들이 많은 거 같은데, 전 지금 전혀 화는 안 났고 그냥 불쌍하고 안됐다는 생각입니다. 김치녀 취급받는 여자들이요? 아뇨. 김장하느라 수고하시는 여러분들 말입니다. 왜인지는 뒤에 가서 설명하기로 하고 옛날 이야기부터 해보도록 하죠.

아마 2007년쯤이었을 겁니다. 된장녀라는 단어가 처음 등장한 것이요. 그때는 지금보다 '개념녀' 되기가 쉬운 시절이었습니다. 그냥 스타벅스만 안 가고 명품백만 안 들면 됐으니까요. 사실 스타벅스랑 명품백이 뭐가 나쁜지 저는 모르겠지만, 어쨌든 저는 스타벅스와 명품백이 뭐가 나쁜지 아시는 분들과도 안 싸우고 잘 지내고 싶었기 때문에, 처음엔 '개념녀'가 되기 위해 열심히 노력했습니다.
데이트할 때는 더치페이를 꼭 하고, 독립적인 태도로 검소하게 살고, 정치와 사회에 관심을 가지고 등등. 뭐 이거야 어려운 일이 아니었죠. 그냥 평소에도 하는 일이니까요.

그런데 언젠가부터 보슬아치(약 2009년쯤), 김치녀(2011년쯤) 등의 다양한 어휘들이 등장하기 시작하면서 '개념녀'의 기준도 나날이 까다로워지더군요? 요즘 개념녀의 기준이 얼마나 빡센지는 다들 잘 아시죠? 뭐 다른 건 다 제쳐두고 섹스에 절륜한 동시에 처녀여야만 하니 이건 지상에 존재하는 인간의 힘으로는 가능할 수가 없는 것 같습니다.
요즘은 별게 다 김치녀예요. 페이스북에 감성적인 글 좀 써도 김치녀.

남자를 많이 사귀어도 김치녀. 자기랑 안 사귀어줘도 김치녀. 연애하다
가 싸우면 지 여친은 김치녀. 유럽 여행을 갔다 와도 김치녀. 생리공결
을 써도 김치녀. 학점이 좋아서 남자보다 좋은 곳에 취직을 해도 김치
녀. 우즈베키스탄이나 일본 여자들처럼 예쁘고 가슴이 크지 않아도 김
치녀. 못생겨도 김치녀. 예뻐도 김치녀. 심지어 일베에서는 아이를 낳고
산후조리를 하는 것까지 김치녀 종특이라고 하더군요. (니 애미한테 가서
너 낳고 먹은 미역국도 토해내라고 하지 그러냐?)
이쯤 되면 이미 한국 여자의 어떤 사고나 행동이 잘못되어서 그것을 욕
하는 지경은 지났다고 생각합니다. 그냥 어떻게든 이유를 만들어서 까
고 싶은 거라고 저는 생각해요. 제가 일베 눈팅을 한 반년간 했는데 거
기 애들은 참 까기 위해 이유를 찾더군요.

제가 진짜 말하고 싶은 건 이겁니다. 김치녀 김장하느라 수고하시는 분
들, 뭔지는 몰라도 어떤 것을 참 두려워하고 불안해하시는 것처럼 보였
습니다. 제 남자 동기 중 하나는 여자가 가짜 임신 테스트기를 사서 자
기에게 낙태비를 뜯어낼까봐 걱정하더군요. 여자친구를 한 번도 사귀어
본 적이 없고 (미안한 이야기지만) 여자가 그런 짓을 할 메리트__직업이나
재산도 가지지 못한 친구가요. 대체 그런 걱정을 왜 합니까?
그 동기는 똑똑하고 착하고 평범한 남학생입니다. 아마 김장하느라 수
고하시는 다른 분들도 대부분 마찬가지일 거라 저는 생각합니다. 그런
데 그 평범하고 착한 분들께서 왜 김치녀라는, 현실에 존재하지도 않는
괴물 같은 대상을 왜 자기들끼리 만들어내서는, 이렇게나 그 김치녀를
무서워하고 김치녀에게 혹시나 잡아먹히기나 할까봐 덜덜 떠는 걸까?
저는 그 이유가 참 궁금하고 걱정이 됩니다.
솔직히 니들이 두려워하는 그 정도의 김치녀는 현실에 별로 없어요. 역
차별이라는 웃기지도 않을 헛 개소리 나올 만큼 현재 한국 사회에서 여

자가 보는 이득이 많지도 않고. 제가 지금 등록금 벌려고 공장에서 일하는데, 여기 대기업 다니다가 애 낳고 짤려서 경력 단절돼서 여기까지 오신 언니들도 어마어마하게 많습니다. (물론 이걸 공장이 대기업보다 천한 직장이란 말로 알아듣는다면 당신은 바보.)

사람이 현실에 있지도 않은 걸 두려워하는 건 분명 문제가 있는 거 아니겠습니까? 쉽게 말해, 정신병자라고요.

그래서 저는, 사실 김치녀들의 안녕보다는 내년 내후년 아주 백만 년 뒤에 처먹을 김치까지 기를 쓰고 김장을 해대고 있는 여러분들의 안녕이 더 걱정됩니다.

대체 뭐가 여러분들을 그렇게 심각한 김치 공포증에 빠지게 했는지 잘 생각해보셨으면 좋겠습니다. 사실 진짜 원인은 분명 '한국 여자'가 아닐 겁니다. 이제 김장 작작 하시고 현실로 돌아와서 뭐가 그렇게 여러분들을 미치게 만들고 있는지 잘 생각해보세요. 이대로면 김장당하는 김치들도, 김장하느라 기를 쓰는 여러분들도 다 말라죽을 거라는 게 제 생각입니다.

김장글

저는 이 사회에서 여성이라는 이유로 안녕하지 못합니다. 삶에 대해 조금씩 알게 되었을 때부터 전혀 안녕하지 못했습니다. 도로에서 벌어지는 수없이 많은 갈등 상황에서 남성 운전자들은 남성이라는 이유로 비난받지는 않지만, 여성 운전자들은 여성이라는 이유로 비난을 받습니다. 남편이 요리를 하면 '가정적인' 남성이 되지만 여성이 요리를 하면 당연한 것이 됩니다. 드라마에서도 남편이 아내에게 일방적으로 존댓말을 받는 상황은 너무나도 자연스럽게 방송되지만 아내가 남편에게 일방적으로 존댓말을 받는 상황은 단 한 번도 본 적이 없습니다. 그 밖에도 셀 수 없을 정도로 수많은 일상들이 그것을 보면서 자라는 아주 어린 저조차 안녕하지 못하게 만들었습니다.

좀 더 컸을 때는 아주 가까운 주위 중년 여성들의 가정사에 대해 알게 되고, '안녕하지 못하다'라는 말로는 충분하지 않을 정도로 안녕하지 못한 삶들이 너무나도 많다는 걸 깨닫게 되었습니다. 전업주부라는 이유로 남편의 퇴근 시간에 맞춰 집에서 대기해야 하기 때문에, 항상 맛있는 밥과 반찬을 직접 요리해주어야 하기 때문에, 남편이 굳이 신경 쓰지 않도록 아이들을 훌륭하게 키워내야 하기 때문에, 조금이라도 편한 삶을 누리려고 하면 '공주님'이 되기 때문에, 학창 시절에는 오빠나 남동생을 위해 희생했다면 지금은 조금이라도 더 나은 삶을 포기하고 모든 것을 남편과 아이들에게 맞춰주는 헌신적인 아내가 되지 않으면 비난받는 중년 여성들이 한둘이 아니라는 것을, 단지 어느 특수한 경우가 아니라는 것을, 단지 너무 부끄러운 동시에 너무나도 당연하고 일상적이어서 그 누구에게도 말하지 못하는 것이라는 것을 알게 되었습니다.

좀 더 자라서 대학생이 된 후에는 그것이 중년 여성들만의 문제가 아니라는 것을 배웠습니다. 교양 수업을 들을 때는 당시 같은 수업을 듣는 학생들 중 80% 이상이 출산 이후 육아를 위해 아내가 직장을 그만두거나 쉬어야 한다고 생각한다는 것을 알았습니다. 갓 결혼한 사촌 언니가 명절에 시댁에서 무려 이틀 동안 힘들게 일하고 친정에 방문했을 때, 가장 '가정적인' 남성이라고 평가받는 형부조차 여성들이 차려주는 밥을 먹고 서너 시간 쉬기만 하다가 집에 가자고 언니를 조르는 것을 보았습니다. 큰 회사에서 아르바이트를 할 때, 어린아이들을 키우는 20~30대의 여성 직원들이 육아와 직장일을 동시에 해내느라 몹시 힘겨워하는 것을 보았습니다.

그렇게 제대로 목소리를 내지도 못하고 있는 상황에서 뒤를 돌아보았을 때 졸지에 '김치녀'라는 웃기지도 않은 잣대로 평가 되고 있는 내 자신을 발견했습니다. 결국에는 여성에 대한 '김치녀'라는 이중적이고 폭력적인 잣대는 핑계일 뿐이며, 성형 없이 예뻐야 하고 남성에게 순종해야 하며 경제적으로도 적당히 능력 있고 가정도 훌륭하게 꾸려나가는 '이상적인' 여성의 상에 부합하지 않는 이상 여성 혐오의 틀에서 벗어나는 것이 불가능하다는 것을 알았을 때, 아주 오랫동안 이어져온 안녕하지 못함이, 마음속 한켠에 항상 드리워져 있던 답답함이 진정으로 어떤 의미인지 깨닫게 되었습니다.

그래서 이제는 안녕하지 못한 한 여성으로서 목소리를 내려고 합니다. 마치 지구가 돈다는 사실을 처음 알게 되었다는 듯이 반응하는 사람들에게, 혹은 단순히 자신의 마음에 들지 않아서 그렇다는 걸 인정하지 않고 '그럴 만하니 김치녀 소리를 듣지'라며 낙인을 찍는 사람들에게 말하고 싶습니다. 더 이상 사회에서 여성이라는 이유로 힘들게 살아가고 싶지 않다고, 전혀 안녕하지 못하다고 분명하게 말하고 싶습니다. 그것이 '김치녀'라면 마땅히 김치녀가 되겠습니다. 안녕하지 못한 김치녀가 되겠습니다. 그리고 다른 여성분들께도 고려대에서 시작된 그 물음을 되묻고 싶습니다. 정말로 안녕들 하시냐고. 이번에는 한국의 여성으로서 정말로 안녕들 하시냐고 말입니다.

무김치 은수

나는 온전한 '나'이고 싶습니다

고등학교 때 좋아했던 남자아이에게 "너는 너무 뚱뚱해서 싫다"라는 말을 듣고 충격을 받아서 살을 뺐습니다. 너무 슬프고 화가 났습니다. 제 자신의 몸이 너무나도 싫었습니다.

저는 태어나서 단 한순간도 흔히 말하는 '표준 체중'이었던 적이 없습니다. 제 몸은 흔히들 말하는 '뚱뚱한' 몸이었거든요. 옷을 사러 가는 게 싫었고, 사진을 찍는 것도 싫었습니다. 내 몸이 징그럽다고 생각했습니다. 모두가 그렇게 말했거든요. 살을 빼야 예뻐질 거라구요. 그렇게 저는 저 자신을 미워하고 깎아내리면서 19년을 살았습니다.

그렇게 살을 뺐지만, 저는 별로 제 자신이 아름답다고 생각되지 않았습니다. 매일매일 체중과 예뻐져야 한다는 스트레스를 받으면서 사니까 얼굴 표정도 어두워지고, 항상 더 아름다워져야 한다는 강박관념에 점점 지쳐갔습니다. 더 아름다워지지 못하는 제 자신이 너무 한심했습니다. 나는 나 자신이라는 존재 자체로 아름답고 싶은데, 나는 그냥 온전한 나이고 싶은데.

강박적으로 살 빼는 것을 포기한 지금, 저는 제 인생에서 제 자신을 가장 사랑하며 살고 있습니다. 물론 지금도 다른 사람들이 보기에 저는 뚱뚱하고 못생긴 여성입니다. 하지만 저는 지금의 제 몸이 아름답다고 생각합니다. 44 사이즈 옷을 못 입는다고 해서 제 자신의 가치가 낮아지는 것이 아니라는 걸 알기 때문입니다. 나를 깎아내리고, 괴롭히면서 내 몸을 타인의 기준에 맞게 바꿔나가려고 애쓰는 것이 나 자신을 미워하고 혐오하는 것임을 알기 때문입니다.

제 말이 아름답지 못한 한 루저 여성의 변명으로 들릴지도 모르지만, 저는 그저 제 몸을 사랑하면서, 나를 사랑하며 살고 싶은 한 여성입니다. 사회가 만들어낸 아름다운 몸이라는 틀 안에서 힘들어하는 다른 여성들에게 제 말이 조금의 힘이 될 수 있었으면 좋겠습니다.

노동자와 어머니 사이에서

초등학교부터 부모님 희망 장래희망 칸에 엄마는 '전문직'이라고 적으셨다. '전문직'이 뭔지는 모르겠지만 엄마는 여자는 '전문직'이어야 당당히 인정받는다기에 그런 갑다, 했다. 지금은 '전문직'이란 단어를 쓰진 않지만, 우리 딸이 자기 능력 펼치며 당당하게 살기 바란다고 하신다. 공무원이나 '사'자가 들어가는 직업을 언급하는 걸로 보면 같은 맥락이다.

우리 엄마는 정규직 공무원 노동자다. 엄마를 수식하는 역할은 정말 많다. 며느리, 아내, 엄마, 딸, 그리고 엄마의 직업. 엄마는 정말인지 모든 역할을 잘해낸다. 할아버지, 할머니에게도 좋은 며느리이고 친척들도 엄마에게 혀를 내두른다. 늘 자식들의 교육에 관심을 두고 고민하며, 아빠의 삶을 지지하고 응원하며 우리 집의 가장 큰 생계를 담당한다. 노동자로서도 늘 인정받고 있다. 큰 역할도 많이 맡고 좋은 결과를 척척 낸다. 나는 엄마 같은 여자가 돼야겠다고 늘 생각했다. 엄마처럼 다 잘하는 여자가 되고 싶었다.

그러다 점점 엄마가 안타깝게 느껴졌다. 엄마가 내 앞에 늘 입던 옷을 입고 와 예쁘냐, 늙어 보이지 않느냐는 말을 더 잦게 해서인지. 늦게 들어와 쓰러져 자는 내 옆에 앉아, 얼굴 좀 잘 비추라며 외롭다고 해서인지. 오랜만에 함께 보낸 둘만의 시간 때, 이제 힘이 부쳐서 욕심대로 안 된다며 안 하던 약한 소리를 해서인지 그건 잘 모르겠다. 어느 순간 여전히 잘하고 있는 엄마의 완벽한 역할 수행이 버거워 보였다. 회식이나 일 때문에 조금이라도 늦으면 할머니는 엄마에게 언제 오냐 재촉한다. 아빠가 언제 들어오던 신경 쓸 일은 아니다. 집에 오면 설거지나 집 안일을 하고, 직장 일이 남으면 집에 가져와 집안일을 마무리 하고 시작한다. 가끔은 지쳐 잠들었다 새벽에 일어나 하기도 한다. 우리 집에서 가장 돈을 많이 버는 엄마지만, 엄마 옷은 10년을 채우거나 이모가 준 옷들이 대부분이다. 엄마 개인 시간은 짬짬이 가지는 독서 시간, 한 달에 한 번씩 만나는 친구들 모임이다. 난 여자로서의 엄마의 삶은 행복할지 궁금했다. 그렇게 노동자와 엄마로서의 역할이 이닌, 사람으로서가 궁금했다. 딱히 묻지는 못했다. 그저 내가 할 수 있었던 건 이따금 꽃 한 송이를 사다주며 "ㅇㅇ씨, 당신이 내가 본 여자 중 가장 멋지고 사랑스러워"라며 엄마의 이름을 불러주거나, 아르바이트한 돈으로 엄마가 늘 말하는 "세련되고 당당해 보이는" 옷을 사다주는 거였다. 엄마 옷의 대부분은 그러지 못했으니까.

요즘 여자인 친구들과 이야기를 나누면 결혼을 원치 않는 친구들이 많다. 자기 일을 하고 싶기 때문이란다. 일을 하면서 좋은 엄마가 될 자신이 없다고 했다. 엄마로서 해야 할 역할들이 부담스럽단다. 여전히 여성이 '노동자'로 살아가기 위해서는 '엄마'의 역할을 포기해야 하고, '엄마'의 역할로 살아가기 위해서는 '노동자'로의 역할을 포기해야 한다. 만약 엄마가 정규직 공무원이 아니고, 우리 집의 가계에 큰 일조를 안했다면 엄마가 정말 사랑하고 행복해하는 일을 계속 할 수 있었을까 싶다. 그래서 엄마는 나에게 계속 전문직 여성이 되라고 말하는 걸까.

최근 청소 노동자 파업 문제를 바라보면서도 계속 미화원 어머니, 청소 노동자 어머니, 라고 부르는 게 내심 불편했다. 지긋한 나이의 여성은 당연히 엄마여야 하는 걸까? 여성은 '노동자'보다 '엄마'로 정체성화되고, 권리를 외쳐야 하는 게 나는 싫다. 특히 비정규직 여성 노동자일수록 여성은 이름으로 불리기 힘들다. 또 가사노동을 하는 여성은 누구 아이의 엄마로 불린다. 왜 여성은 엄마가 되거나 그 나이 즈음이면, 자신의 이름을 잃어가는 걸까. 좋은 직업, 안정적인 직업만이 나의 이름으로 불릴 수 있는 방법일까. 좋다는 직장을 가도 육아복지가 제대로 돼 있는 것도 아니고, 육아의 대부분이 여성의 몫이기에 복직 후에 직장을 병행하기 힘들어 관둔다. 육아가 힘든 상황에서 직장을 포기하지 않으면 그 사람은 이기적인 게 돼버린다. 아예 비정규직 노동자에게는 결혼과 임신은 곧 해고와 같다. 정규직이던 비정규직이던 임금이 남성에 비해 훨씬 적으니 직장을 포기하는 건 대부분 여자일 수밖에 없는 것이다.

나는 내가 사랑하는 일을 열심히 하는 여성이고 싶다. 동시에 좋은 엄마가 되고 싶기도 하다. 하지만 대한민국 사회에서 이 둘을 다 잘하기란 쉽지 않다. 이런 고민들이 20살이 된 기점부터 여자 친구들을 만나는 자리에서 많이 나왔다. 이제 친구들이 취업을 시작한단다. 우리는 '여성 노동자'로서 안녕할 수 있을까?

저는 전업주부입니다

전 저 말을 하기가 참 싫어요.

그렇게 제 자신을 소개하면 상대방의 한쪽 입 꼬리가 올라가는 걸 많이 보거든요.

우리 사회에서 전업주부라고 하면 남편이 벌어다 주는 돈으로 집에서 편안히 세상 물정 모르고 자기 가족만 생각하는 염치없는 아줌마(여자도 아닌)라는 시선이 대부분이니까요.

그래서 저는 어디가서 '힘들다'는 소리도 못해요.

하루 이틀, 한 달, 일 년, 십 년……

끝없이 반복되는 집안일의 쳇바퀴에서 빠져나오지 못해도 돈 되는 바깥일을 하는 게 아니니 '힘들다'는 말을 할 수가 없어요.

다양한 사람들을 만나 생각을 나누고 세상 돌아가는 것을 듣고 배우고 싶은데 사람들이 모이는 저녁 시간엔 저녁밥을 해야 하니 나갈 수가 없어요.

남이 벌어다 주는 돈으로 집에 있는 게 얼마나 편하냐는 소리 앞에 내가 번 돈이 아니기에 얼마나 눈치를 보며 써야 하는지, 그래서 마트 세일 앞에 득달같이 달려간다고, 내 몸에 이상이 생겨도 꾹 참고 만다는 구질구질한 이야기들을 힘들다며 꺼낼 수가 없어요.

집안일을 하며 아이들을 돌보고 가르치는 게 꽤나 벅차 도움을 받고 싶지만 맞벌이 엄마들 위주의 보육 정책 앞에선 염치없는 전업주부가 될 뿐이에요.

그래서 전업주부를 벗어나 내 힘으로 돈을 벌고 싶지만 경력 단절의 기혼 여성이 할 수 있는 일이 많지 않다고 항변하고 싶은데 그것도 세상 물정 몰라서 덜 힘들어서 그런 거래요.

어쩌면 한국 사회에서 여성으로 차별받는 그 속에서도 인정받지 못하고 때론 조롱도 받는 더 낮은 위치의 여성이 전업주부가 아닐까 싶어요.

우리 엄마는 전업주부입니다

우리 엄마는 전업주부입니다. 밖에서 돈을 벌지 않고 집에서 '편하게' 놀기 때문에 노예 취급받는 것을 당연하게 여겨야 하는 전업주부입니다. '사회인'이 아니기 때문에 집에서 육아를 전담하고 집안일을 완벽하게 해내야 하며 남편을 떠받들어야 하는 전업주부입니다. 부부 사이의 차별을 반대한다고 말하는 사람들도 '돈을 벌어오지 않기 때문에' 예외라고 말하는 전업주부입니다. 저는 그런 엄마의 삶에 대한 이야기를 하려고 합니다.

엄마는 학창 시절 공부를 굉장히 잘했음에도 불구하고 대학을 가지 못하고 취직을 했습니다. 왜냐하면 대학은 아들이나 가야 하는 것이었기 때문이었습니다. 그래도 엄마는 젊고 능력 있는 아가씨였습니다. 직장의 본사에서 스카우트 제의가 오기도 했습니다. 하지만 엄마는 동시에 집안일과 육아를 온전히 책임져야 하는 여성이기도 했습니다. 그래서 결혼하면서 직장을 그만두고 아빠의 직장 일을 위해 해외에 따라 나갔습니다. 언어도 모르는 타국에서 손짓 발짓을 해가며 홀로 어린 저를 키우고 장을 보며 집안일을 도맡아했습니다. 말도 안 통하는 타국에서 너무나도 무서웠다고 했습니다. 하지만 그런 건 핑계가 될 수 없었습니다. 그녀는 강한 '엄마'여야 했고 남편을 모시는 '아내'여야 했습니다. 수년 후 한국에 돌아와 둘째를 낳고 엄마는 점점 더 평범한 '아줌마'가 되어갔습니다. 전업주부의 첫 번째 일은 아이들을 완벽하게 키워내는 일입니다. 언제나 아이들을 돌보는 일은 엄마의 몫이었습니다. 아빠는 '직장에서 힘들게 돈을 벌어왔기 때문에' 집에 있을 때에는 안방에 틀어박혀 홀로 쉬며 스트레스를 풀 권리가 있었기 때문이었습니다. 그래서 저와 동생은 퇴근시간 외에는 아빠를 볼 수 없었습니다. 육아는 온전히 엄마의 몫이어야 하기 때문에 아빠는 아이들을 돌보거나 함께 놀아주느라 스트레스를 받지 않을 권리가 있었습니다. 저와 동생은 안방에조차 들어갈 수가 없었습니다. 왜냐면 그것은 아빠의 휴식을 방해하는 것이기 때문이었습니다. 우리에 대한 모든 것은 엄마만의 일이었습니다. 동생이 학교에서 아이들에게 괴롭힘당했을 때에도, 우리가 공부를 하다가 모르는 것이 생겼을 때도, 커가면서 매 중간고사와 기말고사를 준비하고 대입을 준비하는 그 모든 일도 엄마 홀로 그 모든 것을 감당해야 했습니다. 왜냐면 역시 아빠는 육아로 스트레스 받지 않을 권리가 있기 때문이었습니다. 우리가 성적이 떨어지거나 하는 일이 있으면 그것은 엄마의 잘못이었습니다. 왜냐면 아이들을 챙기는 것은 엄마만의 책임이기 때문이었습니다.

전업주부의 두 번째 일은 집안일을 완벽하게 해내는 일입니다. 음식도 장을 봐서 매일 직접 맛있게 요리를 해야 합니다. 완성된 반찬을 사오는 것도 용납되지 않습니다. 조금이라도 편해질 권리가 없기 때문입니다. 매일 세탁기를 돌리고, 빨래를 널고, 직접 하나하나 꼼꼼하게 다려서 깨끗한 옷을 제공해야 합니다. 집도 매일 청소기를 돌리고, 물걸레로 닦아 먼지 하나 없이 언제나 깨끗한 상태로 유지해야 합니다. 이따금 은행에 들러 관련 업무도 처리하고 기타 모든 잡일을 완벽하게 해야 합니다. 그게 '전업주부인 아줌마'의 일이기 때문입니다. 아무리 집안일이 많아도 불평할 수 없습니다. 왜냐면 전업주부는 '집에서 먹고 노는' 사람이기 때문입니다.

전업주부의 세 번째 일은 남편의 뒷바라지를 하고 시댁을 모시는 일입니다. 남편은 '힘들게 돈을 벌어오는' 사람이기 때문에 아침 일찍 출근할 때 시간에 딱 맞춰 아내가 직접 요리한 맛있는 아침식사를 받고, 저녁에 퇴근할 때 시간에 딱 맞춰 기다리고 있는 아내에게 입고 다녀온 옷을 넘겨주고 직접 요리한 맛있는 저녁식사를 받으며, 휴식하면서도 간식이 필요할 때에는 아내를 불러 간식을 만들어가지고 오라고 할 권리가 있습니다. 엄마는 아빠가 저녁밥을 먹고 들어올지 아닐지 모르지만 그것은 중요한 문제가 아닙니다. 엄마는 항상 아빠를 위해 대기하고 있어야 하기 때문입니다. 그것이 전업주부인 '아줌마'의 일이기 때문입니다. 남편이 집에 있든 밖에 있든 항상 대기하여 바로바로 연락을 받아야 하고, 남편이 필요한 때에 바로바로 밥을 해주고 과일을 깎아줘야 하며, 항상 필요한 그 모든 뒷바라지를 즉각 해내야 합니다. 명절에는 시댁에 가서 미리 제사 음식을 만들어야 하고 친척들이 모이면 음식을 내가야 하며 설거지를 하고 남편이 신경 쓰지 않도록 아이들은 따로 관리해야 합니다. 시아버지가 화를 내고 성질을 부리며 내온 음식상을 엎든 말든 그런 것들은 별로 중요하지 않습니다. 남편은 평소에도 가뜩이나 직장에서 힘들게 돈을 벌어오는데 명절에는 무려 힘들게 '운전'까지 해주기 때문입니다. 그런 남편의 부모님이니 무조건 알아서 모셔야 합니다.

엄마가 그 어떤 스트레스를 받고 몸이 쇠약해져 건강에 아주 큰 문제가 생겼다고 하더라도 그것은 결코 중요한 게 아닙니다. '평소에 건강관리를 잘하지 못한' 엄마의 잘못입니다. 학원에 다니지 않겠다고 말하는 동생 때문에 아빠가 화가 나서 엄마한테 생활비로 180만 원을 주더라도 엄마는 그것만으로 4인 가족 생활비를 완벽하게 꾸릴 줄 알아야 합니다. '아빠가 신경 쓰지 않도록 육아를 완벽하게 하지 못한' 엄마의 잘못이며, '돈을 벌지도 않는 주제에 생활비를 아껴 써야 하는' 엄마의 잘못이기 때문입니다. 아빠가 고위 공무원이어서 봉급을 넉넉하게 받을 것이 분명한데도 엄마는 아빠의 봉급이 얼마인지 절대 알 권리가 없으며 본인이 화가 난다는 이유로 생활비를 180만 원을 주는 것을 이해할 수 없음에도 별로 그런 것들은 중요한 것이 아닙니다. 생활비가 모자라니 더 달라고 말하려면 가계부를 일일이 써서 보여줘야 합니다. 왜냐면 그 모든 게 엄마는 돈을 벌어오지 않기 때문입니다. 그 모든 것들이 감당하기 힘들어 손목을 긋고 수면제를 다량 삼켰을 때에도 죽으려고 하는 것조차 생각이 모자란 엄마의 잘못이었습니다.

엄마는 이혼도 하지 못합니다. 대학도 나오지 않았고 25년간 경력이 단절되어 있었으며 건강에 아주 큰 문제가 생겨 하루하루 버텨나가는 것도 힘든 50대 아줌마는 이제 밖에서 할 수 있는 일이 아무것도 없기 때문입니다. 그래서 지금까지 겪은 그 모든 일들을 앞으로도 계속해야 합니다. 그래도 엄마는 불평을 할 수 없습니다. 아빠는 혼자서 열심히 노력해서 고위 공무원이 되었는데, 엄마는 결혼생활 내내 돈을 벌지 않고 집에서 먹고 논 전업주부이기 때문입니다. '사회인'이 아니라서 사회를 잘 모르기 때문입니다. 전업주부인 아줌마는 집에서 밥을 해주는 사람이기 때문입니다. 사실 제가 보기에 식모나 노예 생활과 다른 게 뭔지 잘 모르겠지만 어쨌든 아빠를 포함한 수많은 사람들은 전업주부는 먹고 놀기 때문에 이런 일상을 겪는 것이 당연하다고 말합니다. '집에서 먹고 노는' 우리 엄마는 별로 안녕하지 못한 것 같은데, 그게 당연하다고 말하는 분들의 어머니는 안녕하신지 잘 모르겠습니다. 그래서 이 글을 씁니다. '집에서 먹고 노는'데도 불구하고 안녕하지 못한 우리 엄마는 전업주부입니다.

'군대' 문제 해결은 요원하기만 합니다

남성만 징병하는 것은 평등사회를 만드는 데 커다란 걸림돌입니다. 징병 대상인 청년 남성 대부분이 2년 가까운 시간을 '손해' 보는 것이 차별임은 물론이고, 이것이 각종 여성 정책에 대한 공격의 빌미를 주어 여성 차별을 강화하는 것도 빼놓을 수 없지요. 또한 이것은 '국방'이라는 의제에서 여성을 주체가 아닌 객체의 자리에 놓음으로써 애초부터 배제하여 여성의 신체적 무능력에 대한 편견을 강화하고 여성을 (언제나 고마워하고 미안해해야 하는) 2등 시민으로 만듭니다. 게다가 한국 병무청은 병역의 의미에 대해 "병역의무 이행이라는 국민적 약속에는 국민 개개인이 지닌 모든 정신적·육체적 능력을 발휘하여 국가에 헌신한다는 숭고한 이념이 깃들여 있지 않으면 안 된다. 따라서 병역이란 국가에 대한 충성심의 발로, 그 자체인 것이다"라고 풀이함으로써 '병역의무 이행'을 국가에 대한 충성과 헌신과 등위에 놓으면서, 장애인과 여성을 포함한 군 면제자 또는 공익근무요원을 포함한 대체 복무자, 그리고 병역 거부자를 '국민'에서 배제하는 데 앞장서고 있습니다.

나는 징병에서의 이러한 성차별이 하루빨리 철폐되었으면 좋겠지만, 그럴 수 없을 것 같아 보입니다. 소수의 병역 거부자들을 제외하면, '군대' 문제에 있어서는 당사자 운동이 존재하지 않기 때문입니다. 행정상의 편의 때문에 성차별적인 징병제도를 이토록 오래 유지해온 정부에 맞서는, 징병 대상자들의 당사자 운동을 나는 본 적이 없습니다. 무엇이 고쳐질 수 있겠습니까? 호주제를 비롯한 수많은 여성 차별적인 제도가 철폐된 것은 당사자들의 꾸준한, 그리고 치열한 운동이 있어왔기 때문입니다. 여성들이 성역할 고정관념을 재생산하는 삽화를 교과서에서 빼버리기 위해 운동하는 대신에, 이것은 다 한국 남자들이 '김치'이기 때문이라고 혐오만 쏟아내고 있었다면, 우리의 교과서는 무엇이 달라졌겠습니까? 교과서의 그림을 수정하기까지도 지난한 과정과 수많은 사람들의 피땀 어린 노력이 있었습니다. 하물며 훨씬 까다로운 제도 개정과, 어마어마한 예산을 요하고, 수많은 반대 의견에 부딪힐 것이 자명한 '군대' 문제는 어떻겠습니까?

"남성만 징병하는 것은 성차별"이라는 당연한 말이, 지금은 여성 차별을 정당화하고 우리 사회에 존재하는 여러 가지 성차별에 대해 말하는 여성의 입을 틀어막는 목적으로밖에는 쓰이지 않고 있습니다. 여성운동에 대한 안티테제로서만 쓰이고 있는 것입니다. 게다가 나에게 보이는 것은 많은 군필자가 '군대'를 신성시하고, 군대에 가기가 죽도록 싫었지만 군대에 다녀온 자신을 자랑스러워하며, 여성이나 장애인 등의 징병 면제자는 물론이고 아직 군대에 갔다 오지 않은 미필자한테도 우월감을 갖는다는 사실입니다. 특히 여성에게는 "너는 군대에 가지 않으니, 군 문제에 대해 발언권이 없다"는 태도를 많이 보입니다. 북한학 전공자에게도 "북한과의 관계를 (군대에 다녀오지 않은) 네가 잘 몰라서 그런다"라고 말합니다. 징병 당사자들 가운데 꽤 많은 이들이, '군대도 가지 않는 여성'에 대한 혐오와 분노를 쏟아내는 것 외에는 아무런 행동을 하지 않습니다.

당사자인 자신들은 아무런 행동을 하지 않으면서 또한, 여성단체가 왜 '군대' 문제에 적극적으로 나서지 않느냐고 비난합니다. 여성단체는 놀고 있지 않습니다. 이 사회에서 여성단체는 할 일이 너무나 많습니다. 그런 와중에도 여성에 대한 심각한 차별이기도 한 '군대' 문제에 목소리를 내고 있기도 합니다. 그러나 설사 여성단체들이 놀고 있다 하더라도,

그들이 왜 남성이 차별받는 문제에 대해서는 적극적으로 나서지 않느냐는 물음은 부당합니다. 이주노동자 인권운동 단체에게 왜 한국인 노동자의 인권에 대해서는 목소리를 높이지 않느냐고 비난하는 것이 부당한 것과 마찬가지입니다. 차별당하는 주체로서, 나는 징병 대상자들이 성차별적인 징병 개정 운동을 했으면 좋겠습니다. 인터넷에 한국 여성에 대한 혐오를 쏟아내고, 여성 운동을 비난하는 대신에요.

그러지 않는다면 '군대' 문제 해결은 요원하기만 합니다. 여성들이, 왜 남자들이 호주제 철폐에 나서지 않느냐고 불평만 하며 가만히 있었다면 호주제는 그대로 남아 있었을 것입니다. '군대' 문제는 국가 제도를 고치는 문제인데, 입법자나 다른 정책 입안자들에게는 이 성차별적인 제도를 고칠 이유가 없을뿐더러, 그들은 이것을 정말로 고치고 싶지 않을 것이기 때문입니다. 엄청나게 많은 예산과, 귀찮고 까다로운 행정 절차가 필요할 것입니다. 더군다나 남성만 징병하는 제도가 계속 유지되어, 징병 대상자인 남성들이 그들의 분노를 여성에게 돌리고 여성운동을 방해해준다면, 그리하여 '성별 갈등'이라 불리는 것이 점점 커지기만 한다면, 예산과 노력이 많이 드는 수많은 여성 차별 개선 조치도 꽤 미룰 수 있을 것이기 때문입니다. 현상 유지가 누구에게 좋은지 같이 한 번 생각해보았으면 좋겠습니다.

당신은 왜 여성주의에 반대하시나요?

2014년 1월 15일 '댁의 김치는 안녕들 하십니까' 페이지가 개설되면서 많은 내용의 자보, 글들이 올라온 것과 동시에 많은 댓글도 달렸습니다. 따뜻한 응원의 메시지가 담긴 댓글도 보았지만 김치녀 안녕들의 주장을 하나하나 반박하며 정당한 비판을 하려는 댓글들을 포함해 단순한 욕지거리가 전부인 댓글 등 부정적인 의견들이 대부분이었던 것 같습니다. 그 댓글들을 읽으면서 느낀 생각은, 제가 전제로 생각하고 있던 여성주의에 대한 의미부터가 그들과 매우 다르다는 것이었습니다.

여성은 사회적 약자입니다. 포천 100대 기업 가운데 이사회 멤버에 여성이 단 1명도 없는 기업은 미국 기업이 10% 수준이었고 유럽의 경우 68%, 아시아의 경우 82%로 더욱 여성에 대한 차별이 높은 것으로 나타났고 또한 매니저급 이상의 경우 미국은 38% 정도가 여성인 것에 비해 한국이나 일본의 경우 10% 미만에 그치고 있습니다. 또 유흥 거리나 인터넷에 눈을 돌리면 여성의 몸은 이미지의 형태로 상품화되어 소비자와 사용자의 구미를 당기는 도구로 아무렇지 않게 활용되고 있습니다. 여성이 성적 욕구를 불러일으키는 의상을 입고(여성의 의도와 상관없이) 성폭행이 일어났을 때 그 원인을 여성이 그렇게 입은 탓이라며 이성이 지배하는 범죄행위를 남성의 본능으로 정당화하는 분위기가 만연합니다. 여성성의 판타지를 규정해 그것에 어긋나는 모습에 대해선 가차 없이 김치녀라는 낙인을 찍어대는 혐오 가득한 행동도 여성을 약자로 귀속시키는 것에 일조합니다.

그러나 저는 여성이 약자에서 해방되었으면 합니다. 남성의 재물과 권력에 기대지 않고 쉽게 신체를 노출하거나 여성성을 표현하지 않아도 원하는 일자리와 사회 참여가 가능한 삶을 살고 싶습니다. '여성다움'에 귀속되지 않고, 엄마나 아내의 이름으로 경제력을 박탈당하지 않고 스스로 남성들과 동등한 사회적 지위를 쟁취하고 싶습니다. 여성이라는 이유로 약자의 대상에서 벗어나지 못한 채 남성의 신용카드에 기대거나 여성성이 아닌 자신의 능력을 상품화시킬 수 있는 사회에서 살고 싶습니다. 여성이 약자로 취급받은 것은 여성들의 탓이 아니라 여성을 약자로 여겨왔기 때문에 일어난 구조의 탓인 겁니다.

혹시 어디서 많이 들어본 말 같지 않나요. 댓글로도 많이 보셨듯이 여성주의를 외치면 남성분들은 이렇게 말합니다. "약자라는 특권에 기대서 여왕 대접 받으려고 하지 마라. 그 특권을 잃을까봐 두려워하는 것 아니냐." 어쩌면 이렇게 제 생각과 똑같은지. 네, 저는 여왕 대접 받고 싶지 않습니다. 여성이 경제적으로 독립해 남성에 기대지 않고 스스로 살아가는 것, 그것이 여성주의의 중요한 쟁취 목표 중 하나라고 생각합니다. 또한 여성을 약자로 명명하면서 뿌리박힌 가부장제가 여성뿐 아니라 남성에게도 탄압을 일으킨다는 남성들의 입장에 동의하고 남성들에게 강요되는 남성성, 학벌, 재물, 키 등 마초이즘을 고착화시키는 것에 반대합니다.

따지고 보면 그저 여성을 여성성에 귀속시키는 것, 남성을 남성성에 귀속시키는 것에 반대한다는 점에서 여성주의와 이것에 반대했던 사람들은 일맥상통하는 부분이 있습니다. 여성주의가 원하는 것이 남성의 약자화나 남녀의 대립구도가 아니라는 것입니다. 물론 '약자'라는 명명으로부터 해방 말고도 여성의 성적 대상화나 김치녀 낙인 등 혐오에 대해 맞서야 할 것이 많지만 그 전에 오해하고 있는 부분을 설명해야 할 것 같았습니다.

여성주의는, 그리고 여성주의를 주장하는 김치 안녕 페이지는 여성 우월주의를 외치는 것이 아닙니다. 저에게 여성주의의 첫발을 내딛게 도와준 책《페미니스트라는 낙인》의 저자 조주은 씨는 "나는 페미니스트가 아니다(=곧 여성주의에 반대한다)라는 진술은, 나는 여성에 대한 편견에 근거하여 여성들을 차별하고 배제하는 남성 중심적 사회를 묵인한다"라는 의미를 내포하고 있다고 주장합니다. 그래도 당신은 여성주의를 외치는 목소리에 반대하시나요? 그렇다면 여성을 약자화시키면서 동시에 약자로 살아가지 말라는 프레임을 여성들이 어떻게 견뎌내라는 건가요?

김치여! 김장독을 탈출하라!
– 안녕계의 뜨거운 감자, '댁의 김치는 안녕들 하십니까?'

2013년 12월 많은 사람들의 가슴속에 돌멩이를 던졌던 질문이 있다. "안녕들 하십니까?"

대학생 주현우 씨로 시작된 '안녕 대자보'는 지금의 시국에 안녕하지 못한 사람들, 부당한 처우에 안녕하지 못한 사람들, 틀에 박힌 사회적 구조에 얽혀버려 안녕하지 못한 많은 사람들이 화답했다. 나아가 각 지역, 청소년, 성소수자 등 다양한 입장을 가진 사람들이 화답하며 뜨거운 호응을 이끌어냈다.

그렇게 다양한 입장과 생각이 적힌 대자보가 곳곳에서 게시되던 2014년 1월 15일, 큰 반향을 일으키는, 다소 충격적인 대자보가 등장했다. '댁의 김치는 안녕들 하십니까'(이하 '김치 안녕')라는 제목의 대자보는 '김치녀', '된장녀', '보슬아치' 등 다양한 네이밍(naming)으로 비하되었던 여성들을 '김장당한 김치'로 표현하며 여성들의 안녕을 묻고 있었다. 많은 사람들이 화답했고, 많은 사람들이 비난했다. 긍정적이든 부정적이든 열화와 같은 관심 속에 당일 검색어 순위에 상위 랭크가 되기도 했다. 왜, 많은 대자보들 중에서 '댁의 김치는 안녕들 하십니까'는 큰 논란이 되었을까?

탈페미니스트를 다시 눈뜨게 한 '댁의 김치는 안녕들 하십니까'

나 역시 안녕하지 못하기 때문에, '안녕들 하십니까'라고 묻는 친구들의 행보를 주의 깊게 지켜보고 있던 와중에 '김치 안녕'의 소식을 접하고는 흥분을 감출 수 없었다. 여성의 안녕을 직접적으로 묻고, 더불어 이렇게나 자극적인 소재로 센세이션을 일으키다니!

이처럼 여성의 안녕에 관심을 가진다면 으레 듣는 질문이 있다.

"당신은 페미니스트인가요?"

나는 탈(脫)페미니스트라고 감히 말한다.

11년 전의 나는, 페미니즘을 공부하고 싶었다. 20세에 알리스 슈바르처의 《아주 작은 차이》라는 책을 처음 접하면서 페미니즘에 눈을 뜨게된 이후로 페미니즘 잡지 《이프》를 정기구독하고(폐간할 때까지), 여성학과 관련된 수업을 찾아다니며 듣곤 했다. 한국사 수업 때에는 '붕당정치가 만들어낸 허난설헌과 신사임당'이라는 주제로 발표 수업을 하였으나 논란을 우려한 교수님께서 질의응답 시간을 주지 않아 항의하기도했다. 지금은 교수님께서 왜 그러셨는지 조금은 이해가 간다. '호주제폐지', '여성의 사회 참여'에 관해 선후배님들과 밤새 이야기를 나누다가 "우린 그렇지 않지만, 세상이 평등하지 않다"라는 자조적인 결론으로 서로를 위안하곤 했다. 논쟁에 논쟁을 거듭한 끝에 스스로 내린 결론은 하나였다. "성(性)이라는 틀에 갇히지 말자."

나 스스로 여성이라는 한계에 갇히지 말고, 동등한 인격체로 거듭나자. 그렇게 26세의 나는 탈페미니스트를 선언했다. 그리고 5년 뒤, 많은 친구들이 "나는 김치가 되어 안녕하지 못하다"고 말하며, 5년 전의 나를 환기시키고 있었다.

지금은 성에 기반한 사회적 역할론에서 벗어나야할 때

"25세 김철수(가명). 어릴 때부터 부모님이 사주신 로봇을 가지고 놀며 과학자의 꿈을 키워왔다. 대학에 입학하여 군복무 2년을 마친 후 지금은 취업을 준비해야 할지, 로봇공학의 꿈을 키우기 위해 연구실에 들어가 대학원에 진학을 해야 할지 고민이다. 대학원에 가고 싶지만 결혼도 준비해야 하고, 자리를 잡을 때까지 수입이 안정적이지 못하면 가정을 부양하기 어려울 것이라는 생각에 꿈을 포기하고 취업을 해야 할 것 같다."

"25세 김영희(가명). 어릴 때부터 부모님이 사주신 인형을 가지고 놀며 '현모양처가 되어라'는 어른들의 이야기에 뜻도 모른 채 '내 꿈은 현모양처'라는 말을 하곤 했다. 의상디자인에 관심이 많았지만, 디자인 공부는 돈이 많이 든다며 결혼해도 안정적으로 일을 할 수 있는 선생님이 되라는 부모님 말씀을 좇아 사범대에 진학해서 선생님이 되었다. 내 남자친구는 나랑 동갑이고 아직 대학생이다. 주변 선생님들이 남자친구나 배우자에게 받은 선물을 자랑할 때마다 창피하다. 내 남자친구가 빨리 졸업해서 취업을 했으면 좋겠다."

우리는 어릴 적부터 극소수의 가정을 제외하고는 성별에 따라 다른 교육을 받았다. 남자아이는 로봇을 가지고 놀며 활동적인 아이가 되어야 했고, 여자아이는 인형을 가지고 놀며 다소곳하고 예쁜 아이가 되어야 했다. 남성은 국방의 의무를 통해 더욱 남성스러워졌지만 2년이라는 시간의 유예를 겪어야 했고, 여성은 출산의 의무를 통해 여성성이 더욱 부각됨과 동시에 출산과 육아에 의해 사회생활의 단절을 가지게 되었다. 모두가 해당되지 않는 이야기일 수 있다. 나는 그렇지 않다고 말할 수도 있다. 하지만 보편적인 이야기라는 것은 부인할 수 없을 것이다. 이렇게 고착화된 성별 역할 프레임에서 벗어날 수는 없을까.

사회적 구조가 만들어낸 '김치'에 반발하는 '김치 안녕', 그리고 '세상의 김치'들에게

600년 전 유교 이념과 19세기 페미니즘의 시초를 논하지 않아도 대한민국 내에 남성과 여성의 사회구조적인 역할은 보이지 않는 경계로 나뉘어져 있고 이에 따른 갈등이 심화되고 있다는 점은 명백한 사실이다. 급여 불평등, 육아 문제, 업무에 대한 책임의식을 차치하고 가장 근본

적인 원인은 성별로 역할을 구분하는 사회구조가 더욱 갈등을 심화시
키고 분란을 조장하는 것은 아닐까.

남성이 가족부양의 걱정보다 본인의 꿈을 더 좇을 수 있는 사회, 여성
이 출산과 육아를 통한 사회 경력 단절의 걱정에서 벗어나 동등한 구성
원이 될 수 있는 그런 사회를 꿈꾸는 것은 31세 철부지의 허무맹랑한
상상으로 끝나버릴지도 모른다.

하지만 두 성(性)이 대립관계에서 벗어나, 서로의 비상식적인 역할구조
를 이해하고 보듬어주며 함께 발전할 수 있는 방향을 모색한다면 견고
하기만 할 것 같던 사회구조의 벽은 조금씩 허물어질 수도 있지 않을까.

대자보에서 말하는 김치의 안녕은 비단 여성들만의 안녕을 말하는 것
은 아닐 것이다. 남성과 여성이라는 이분법적 구조로 고착화된 사회에
갇혀버린, 김장독 속의 김치가 된 우리 모두의 안녕을 꿈꿀 것이다.

모두가 그 김장독에서 탈출을 했으면 한다. 그리고 외쳤으면 좋겠다.

남성과 여성의 역할에 얽매이지 않는 자유로운 김치가 되겠노라고.

퇴근길이면 어김없이 파김치가 되는 정영란

나의 여자 친구들에게

키 작다고 불평하는 너에게, 키가 작으면 남자들이 귀여워하니까 괜찮다고 위로하는 사람들에게 화를 냈던 친구야, 그리고 화를 내는 친구 때문에 어리둥절했던 다른 친구들아, 잘 지내?

페미니스트인 나와 친하게 지낸다는 이유로 남자친구와 싸웠다던 친구, 요새는 싸우지 않고 잘 지내는지, 비밀스럽게 다가와 성폭력 신고 방법을 물어보던 수많은 친구들은 안녕한지, "이런 거 물어볼 데가 너밖에 없어서" 하나같이 그런 말들을 해가며. 동아리장 오빠에게 성폭력을 당하고도 고학번 패거리들에게 쫓기듯이 동아리를 그만뒀던 내 친구는 지금 어디에 있을까, 일 년 넘게 연애를 하면서도 섹스하지 않아서 남자친구는 저 때문에 고자가 되고 군자가 됐다며 자책하던 친구야, 그건 네 탓이 아닌데. 어느 날은 자다 일어나서 네 전화를 받았지, 아빠가 엄마를 때린다며, 내가 아들이었으면 아빠를 막고 엄마를 지킬 수 있었을 거라며 울었지. 이 모든 것들은 얼마나 일상적인 일인지. 그리고 얼마나 비밀스런 일인지.

이제 우리는 또 많은 것들을 겁에 질려 감추지. 사실은 스타벅스 커피를 좋아한다는 걸, 그리고 사실은 내 가방이 비싸다는 걸, 키 180cm가 넘는 남자를 좋아한다는 걸. "그럴 수도 있지 뭐"라는 대답을 듣지 못해서. 같잖은 개념녀 타이틀을 획득하진 못하더라도 '김치녀', '된장녀'란 무시무시한 명명을 피하기 위해서. '나는 그런 여자가 아니'란 걸 증명하기 위해서 노력하며 살아가는 일. 하루에도 수십 번씩 김치녀와 개념녀를 오가는 아슬아슬한 줄타기 같은 삶.

너는 정말 안녕하니.

90년산(產) 여자 R

그 많던 청소년의 대자보는 다 어디로 갔을까?

대자보가 처음의 그 대학을 넘어 다른 대학들에까지 건너갔을 무렵, 초중고등학교에도 속속들이 대자보가 붙기 시작했다. 그리하여 보름 남짓한 기간 동안 '청소년 안녕들 하십니까?' 페이지에 올라온 대자보의 수는 115장. 한데 모인 대자보가 115장이란 것이지, 산발적으로 대자보가 붙었단 사실을 감안한다면 그 수는 더욱더 많을 것이다. 하지만 이 책에 실린 대자보는 단 15장, 그것도 몇 명 빼곤 모두 익명이다. 미성년자는 법적으로 계약의 동등한 주체가 아니다. 심지어 자신이 생각하고, 직접 손으로 쓴 대자보라 할지라도 법정대리인인 부모의 동의 없이는 아무런 공적 처분이 불가능하다. 이 법은 급기야 허락받지 않아도 말할 수 있음을 깨닫고, 자기 정치를 실현하려 했던 안녕들의 행동을 책으로 출판하는 과정에서조차 청소년을 배제하고 있다. 보다 극단적인 사례들도 있다. 가정폭력 때문에 아픈 청소년이 부모 동의 없인 수술도 받지 못한다. 또는 그저 생물학적으로 짧은 시간을 살아왔다는 이유로 어떠한 다른 법적 권리도 보장받지 못하며, 최소한의 인간이라면 누려야 할 권리마저 '당연'하게 무시당한다. 미래의 '인적 자원'이라는 환상 때문에, 청소년을 현재 '살아 있는 사람'으로 바로 봐주는 사람들이 적다. 게임, 성, 정치, 경제, 머리, 복장, 생각 등등 입시공부를 제외한 거의 모든 것을 규제하기 바쁘다. 청소년들의 기본권을 박탈하는 형태의 잘못된 '보호 담론'은 대자보들이 쏟아져 나올 때도 마찬가지의 모습을 보여줬다.

대자보를 쓴 청소년에 대한 태도는 크게 '대견하다'와 '공부나 해라'로 나눠진다. 미안하지만 지금 대자보를 쓴 청소년들에겐 둘 다 달갑지 않다. 우린 독특하고 기이한 '영웅'이 아니라 오히려 갑갑하고 답답해 미치기 일보직전의 '인간들'이다. 때문에 우리는 어른들의 '귀엽긴 한데, 그깟 종이 붙여봤자 안 돼'란 씁쓸함 담긴 칭찬은 필요가 없다. 중등 교육기관에 붙은 대자보는 마무리가 무섭게 떼어진 경우가 압도적이었다. 대자보를 쓴 청소년들은 자신의 생각이 곧장 쓰레기통행이 될 것을 모르지 않았다. 선도부에 불려가 "왜 대자보를 썼냐?" 다그치는 학생주임 앞에서 "같은 생각을 하는 친구들을 만나고 싶었다"는 얘길 하자 "봉기라도 하려고?"라며 결사의 자유를 비웃으며 두려워하는 자들과는 달리, 종이 한 장으론 자신을 둘러싼 세상을 바꾸지 못할 줄 명확히 안 청소년들의 수가 압도적일 것이다. 그러나 몇몇 교육청은 뭐가 그리 두려웠는지 대자보 금지령을 내렸고 단위 학교에서는 징계로 학생이 겨우 연입을 틀어막기 일쑤였다. 그런데도 왜 그들은 이 모든 비관적 상황들을 넘어서서 용기를 발휘했을까? 영웅이 되고 싶어서? 뭐 그럴 수도 있다. 하지만 그보다는 그동안 생각을 멈추게 하고 말을 막고 오직 위에서 시키는 일만 하게 만들려는 상황과 사람에 대한 한 분노의 표출이란 해석이 논리적이지 않을까? 적어도 내가 자보를 쓸 적의 심정은 절망이 다분했다. 그렇다면 오히려 우리에게 필요한 건 주변 학생들의, 청소년들의 "나도 사람대우를 받지 못해서 안녕하지 못하다"라는 용기 있는 대답과 결사, 공론의 장이다.

그동안 청소년들은 좋은 대학을 가야 한다, 애들은 몰라도 된다, 미성숙하다 등등의 이유로 말하는 것은 물론 사유하는 것조차 금지당해왔다. 인간은 사회적, 정치적 동물임에도 청소년이 정치적인 이야기를 하거나 그 권리를 주장하면 외계인 취급을 받아왔다. 민주주의가 도래했다는 등, 유신이 돌아올 것이라는 등 소문은 무성해도, 중고등학교에 봄이 오려면 아직 장장 먼 것 같다. 1980년 현대중공업의 노동자들은 월급 인상이 아닌 두발 자유를 외쳤다. 박정희 정부는 여성을 대상으론 치마 길이 규제를 남성을 대상으론 장발 규제를 시행했다. 내 기억 속엔 매번 학생회장의 공약이 두발 자유화였던 것 같은데, 아직도 학교에선 태연히 신체권을 제한하는 두발, 복장 규제가 자행된다. 머리카락이나 손톱을 기르면, 혹은 멋을 부리면 사회의 질서에 혼란이 온다고들 한다. 겨울공화국이라 불리던 그때에 횡행하던 논리와 다를 바가 없다. 학생의 머리가 메두사도 아닌데 뭐가 그리 무서운 걸까? 따뜻하게 입으면 누가 죽나? 사람의 인권을 모조리 짓밟는다면 그 위에 세워진 질서는 무슨 소용일까? 심지어는 온전히 실행된 적도 없던 인권조례마저 공격받고 있는 실정이다. 기존의 차별 금지 대상으로 지정되어 있었던 성소수자, 임신 출산을 한 학생의 정당한 자리를 빼앗고 다시 아무런 나체로 폭력 속으로 내던지려 하고 있다. 폐지를 외치는 자들은 외국엔 학생들을 위한 조례는 없다고 혹은 왜 의무는 명기하지 않는 거냐고 뻔뻔하게 말한다. 교육은, 인권을 토대로 이뤄지지 않는다면, 폭력에 다름 아니다. 한국의 졸업사진을 보면 이렇게 모두 같은 머리, 같은 복장, 심지어 같은 표정을 하고 있다. 이런 사진은 군사학교를 빼곤 전 세계적으로 전무하다. 그만큼 이 땅의 '어린'이들이 얼마나 폭력적이며 획일적인 억압구조에 놓여 있는지 보여준다.

불과 백 년 전만 해도 여성의 참정권은 법으로 보장되지 않았음은 물론, 터무니없는 소리에 불과했다. 여성의 생리가 정치적 판단력을 흐리게 한다는 멍청한 이유를 들었지만 사실은 그들이 생각하기에 여성이 정치에 참여하지 못하는 게 그저 '당연'했기 때문이다. 이런 '당연'한 것들을 의심할 때 역사는 한 걸음 진보한다. 우리는 물론 중요한 시기를 살고 있지만, 당장 살아 있는 사람이기 때문에, 당장 인권을 보장받아야 하며, 당장 법적인 권리들이 필요하다. 인간은 생물학적 시간의 장단이 아니라 각자의 경험을 기준으로 평등하게 존중받아야 한다. 당장 생활에서 날 안녕하지 못하게 하는 이유들을 친구들과 나누고 "그렇다면?"을 생각해보는 것 이게 다름 아닌 정치이다. 안녕하지 못한 사람들은 우선 만나서 서로 얘기를 나누는 것에서부터 시작하자. 흑인이, 여성이, 장애인이 당연히 무시당하다, 스스로의 법적 권리들을 찾아가듯, 그 어느 누가 됐든 사람이 사람답게 사는 세상을 만들어 가는 건 각자의 손에 달린 게 아니겠나?

청소년 안녕들 하십니까.

개포고 학생 여러분, 안녕들 하십니까?

요새는 누군가 부정적인, 비판적인 태도를 취하면 그 대상에 대해 고찰하기에 앞서 다음과 같은 비난을 받기 일쑤입니다. "넌 왜 그리 부정적이니?", "왜 이리 삐뚤어졌니?"라며 문제제기를 하는 사람을 문제적 인간으로 만들어버립니다. 나아가 《긍정의 힘》, 《시크릿》과 같은 베스트셀러들은 우리에게 긍정을 강요하다시피 합니다. 그 결과 우리는 스스로 긍정을 통해 안녕할 수 있다고 믿게 됩니다. 긍정적으로 생각하면 과연 개판이던 모의고사 성적이 11111이 되고 무임금 인턴도 대기업 임원이 될 수 있을까요?

전 오히려 우리에게 강요되는 긍정은 만병통치약이 아니라 환각제에 가깝다고 생각합니다. 긍정해선 안 되는 현실을 긍정함으로써 우린 온갖 경쟁과 착취의 소용돌이에 휘말리게 됩니다. 높으신 분들은, 박근혜는 민영화 사업을 긍정해달라 요구합니다. 눈을 감고 귀를 막고, 그저 묵묵히 노예처럼 고개를 끄덕일 것을 요구합니다. 그러다보니 어느새 의견 표명이 '유난'이 되고 비판과 사유를 멈추지 않는 사람은 '골칫덩어리', '사회 부적응자' 소리를 듣게 되더군요.

여러분, 만약 전태일 열사가 그 시대의 노동환경을 묵묵히 긍정했다면 현재 노동 현실은 어떠했을까요? 5·18의 광주 시민들이 신군부를 긍정했더라면? 부정적 대상에 문제제기하는 인간을 문제적 인간으로 만들 것이 아니라 그 대상을 고칠 수 있어야 합니다. 전 이제까지 문제적 인간이었지만 오늘 그 침묵을 깨고 이야기하려 합니다.

용기를 갖고 부정을 부정합시다!

개포고의 부정적인 예비 고3 박종하

아니요, 안녕하지 못합니다

저는 고려대에서 들려온 물음에 쉽게 답할 수 없었습니다. 서울과 떨어진 지방인데다가 고등학생이니 쉽게 공감하지 못할 거라고 생각했습니다. 하지만 곧 그런 제가 창피해졌습니다. 정부에 의해 시민이 부당하게 억압받는 시국에 안녕 못한다고 말하지 못하면서 과연 내가 사회에 나가서 시민의 권리를 요구할 자격이 있을까? 생각했습니다. 잘 생각해보면 그리 먼 남의 일이 아닙니다. 공무원이신 고모, 코레일 직원이신 외삼촌, 전교조 선생님, 쌍용차 해고 노동자이신 큰아버지, 삼성 다니는 사촌 오빠, 밀양 사시는 할아버지, 청소 노동자이신 고모할머니…… 그리고 우리는 모두 사회의 노동자가 됩니다.

비정규직에 대한 차별이 여전한 상황에서 부당 해고된 노동자들에겐 47억 원의 배상금을 요구하더니 이번엔 직위해제랍니다. 국가 기관의 선거 개입의 증거가 쏟아지자 엄한 전교조, 전공노를 잡습니다. 명백한 노조와 공안 탄압이지요. 대한민국 제1 대기업인 삼성은 노조를 탄압하고, 대한민국이란 기업도 노조를 없애버릴 모양입니다. 국민의 대표인 국회의원이 불법 선거를 불법 선거라고 말했더니 제명이 요구되고, 정부 정책에 반대하면 불법 시위이고, 여전히 비정규직의 불안한 고용환경 속에서 노조를 탄압하는 사회의 노동자로 살아갈 여러분은 안녕들 하십니까?

불행히도 저는 안녕하지 못합니다.
버스보다 철도를 더 많이 이용했는데 이젠 철도도 모자라 비행기도 너무 비싸 못 탈 것 같아 안녕 못합니다. 나와 부모님보다도 당장 편찮으신 우리 할머니 할아버지 돈 걱정 없이 병원 못 가실까봐 안녕 못합니다. 중학생인 사촌 동생이 근로 정신대 할머니들이 위안부로 일본 군인들을 쫓아다녔다고 배울까봐 안녕 못합니다. 매주 토요일 시청광장에선 몇 만 명의 시민들이 촛불을 드는데 정작 TV에선 촛불의 '촛'자도 볼 수 없어 안녕 못합니다. 국가 기관의 불법적 대선 개입을 수사한 검찰총장을 찍어내고 정부의 검찰총장을 만드는 행동을 두고 볼 수만은 없어 안녕 못합니다. 4대강 이명박 가카가 그리워진다는 웃지 못할 농담이 통하는 우리나라의 현실이 슬퍼 안녕 못합니다. 수없이 많은 분들이 피로 세운 민주주의가 이리도 쉽게 무너지는 것에 억장이 무너지는 듯해 안녕 못합니다. 어떤 유명하신 분들은 이건 진보와 보수의 문제가 아니라 양심과 비양심, 도덕과 비도덕, 상식과 비상식의 문제라고 말합니다.

저는 우리 모두가 어떤 정치관을 갖는 것보다 상식으로 판단하길 바랍니다. 우리 모두가 '행동하는 양심'이길 바랍니다. 여러분은, 2013년의 대한민국 국민으로서 안녕하십니까? 또다시 약자에게 칼을 겨누는 박근혜 정부 앞에서, 안녕들 하십니까?

서대전여고 1학년 이민지

대한민국의 고3, 안녕들 하십니까?

철도 파업, 밀양 송전탑 논쟁, 좌우의 대립 등 논란이 이어지는 가운데, 묵묵히 자신의 하루 일과를 다하고 있는 대한민국의 고3들은 안녕하십니까? 2013년 11월 7일, 2014학년도 대학수학능력 시험을 친 저는 안녕하지 못합니다! 그래서 이 대자보를 통해 왜 대한민국 고3이 안녕하지 못한지, 그 1년의 생활을 돌아보려 합니다.

연초에 우리는 자주 변하는 입시제도 때문에 안녕하지 못했습니다. 올해 입시 제도에서 가장 화두였던 것은 EBS교재 70% 연계, 수능 A/B형 구분과 수시 6회 제한이었습니다. 학기가 시작되기 전부터 대형 학원에서는 변화된 입시제도에 대한 설명회를 진행했고, 이를 듣기 위해 학부모님들께서는 학원가로 몰렸습니다. 그리고 이런 모습을 바라보는 고3 학생들은 걱정과 불안으로 수험생활의 시작을 맞았습니다.

그리고 1학기 기말고사가 끝나자 본격적인 수시 준비가 시작되었습니다. 6월 모의고사를 토대로 수시를 준비한 학생들은 나름의 전략을 세우느라 안녕하지 못했습니다. 이는 수시 6회 제한으로 더욱 심각해졌습니다. 물론 제한이 없다면 마구잡이식의 지원으로 경쟁률만 높아지고 대학만 배 불리는 결과를 낳게 한다는 것 잘 압니다. 문제는 학생들의 고민을 증폭시켰던 6회 제한이 자연스럽게 입시 컨설팅 학원으로 발길을 돌리게 만들었다는 것입니다. EBS NEWS의 조사 결과, 입시 컨설팅 비용이 한 시간에 약 50만 원 정도였다고 합니다. 그럼에도 불구하고 상담이 마감될 정도로 그 인기는 뜨거웠습니다.

10월이 되자, 수능 준비를 위한 막판 스타트가 시작되었고, 드디어 수능 날이 왔습니다. 그리고 수능 결과를 받아보자, A/B형이 얼마나 큰 변수였는지 체감하게 되었습니다. 물론 아무리 입시 정책이 변한다고 해도 제 실력을 발휘한 친구들은 있을 것입니다. 하지만, 1명의 학생이라도 변화된 입시 정책 때문에 기회를 잃은 학생이 있었기에 저희는 안녕하지 못한 것입니다. 게다가 A/B형의 구분이 올해를 마지막으로 사라진다고 하니 95년생들은 스스로를 '정부의 마루타'라고 부르게 되었습니다. 작년의 배치표도 그대로 믿을 수가 없어 그야말로 대혼란을 겪었습니다.

수능이 끝난 후 언론은 역사 왜곡 교과서 문제 때문에 한참 뜨거웠습니다. 물론 저는 이 교과서로 배우지는 않겠지만, 저의 후배들이 만약 왜곡된 교과서로 공부를 하게 된다면 아마 우리나라의 미래가 밝지는 않을 것이라는 생각이 듭니다. 그런데 더 슬픈 일은 우리 학생들이 배울 교과서 문제조차 학생들이 나서서 해결하기란 쉽지 않다는 것입니다. 역사 왜곡 교과서 문제를 필두로 여러 사회문제에 나서기 어려운 상황을 바라보는 우리는 참 안녕하지 못합니다.

사실 '대자보'를 뜻하는 영어단어는 hand-written poster, 즉 자신의 견해를 손으로 크게 쓴 글씨에 담아 걸어두는 것을 뜻합니다. 하지만, 최근 고등학생들이 학교에 대자보를 붙이자 학교는 경찰을 부르고, 징계를 주겠다며 대자보를 떼는 등의 상황이 벌어졌습니다. 또한, 올 여름에는 대안학교에 재학 중인 학생들이 맨발로 시국선언을 하자 일부 네티즌들은 어린 애들이 뭘 아냐고, 단순히 스펙 쌓으려고 그러는 것 아니냐고 했습니다. 이렇듯 학생들의 정치 참여는 쉽게 이루어지지 못하고 있습니다. 학생 역시 국민의 일원으로 국가의 주인임을 나타내기가 더 쉬워진다면, 아마 학생들은 지금보다는 조금 더 안녕할지도 모르겠습니다.

많은 사람들이 대한민국 곳곳에서 힘들게 살아가고 있는 많은 분들께 안녕을 묻고 있습니다. 그렇다면 저는 하루에 9시간 이상 많게는 17시 간까지도 학교에서 보내며 공부하는 대한민국의 학생들, 학업과 진로 그 외의 다양한 사회문제에 대한 고민으로 수험생활을 보내고 있는 대 한민국의 고3들에게 묻고 싶습니다. 모두들 안녕하십니까? 그리고 이 런 현실을 바라보는 어른들께 묻고 싶습니다. 우리 학생들이 과연 안녕 할 수 있겠습니까?

친애하는 살레시안 여러분, 안녕들 하십니까?
불행하게도 저는 그렇지 못합니다

수능이라는 인생의 큰 고비를 넘기고 나서 한 달이라는 시간이 흘렀습니다. 저를 비롯한 제 친구들은 마지막 입시 준비를, 후배님들은 기말고사 준비를 하는 동안 수많은 일들이 있었습니다. '국정원의 선거 개입 파문', '한국 철도공사 파업 노동자 수천 명의 직위해제', '밀양 송전탑 건설 반대 주민의 자살' 등.

저는 어제 저녁 위 사건들에 대한 검색을 하던 중, 어느 고등학교 1학년이 쓴 대자보를 접하게 되었습니다. 하지만 게시물의 답글에는 "머리도 좋지 않은 것들이 공부하기 싫으니까 이런 거나 하지"라던가 "이런 거 쓸 시간 있으면 공부나 더 해라"와 같은 수많은 비방 답글이 달려 있었습니다.

이 글을 보고 나서야 저는 제가 안녕하지 못함을 깨달았습니다. 선거철이 다가와도 청소년, 교육에 대한 현실적인 공약은 나오지 않았습니다. 그것은 우리가 무지해서가 아닙니다. 우리는 우리가 살아가는 세상에 관심이 없었습니다. 알면서도 나서지 못했습니다. 어리다는 이유 하나만으로 사회에 나서서 요구하지 않았습니다. 권리에 대한 공부는 하지만, 그것을 요구하는 법은 배우지 않았기 때문입니다. 그래서, 우리 학생들은 행복할 수 없었습니다.

끊임없는 입시 경쟁의 과열 속에서도 저는 안녕하지 못했습니다. 그저, 안녕한 척하고 있을 뿐이었습니다. 심지어 우리 학생의 일에도 정치는 깊숙이 관여되어 있습니다. 자신들의 권리를 위해 나선 사람들을 보며 느꼈습니다. 관심이 없다면 어떠한 권리도 누릴 수 없노라고. 내 미래의 자식들이, 후배가, 친구들이 안녕하기를 간절히 원하기에, 저는 좁은 방구석에서 나와 행동하는 양심이 되고자 합니다. 같지만 다른 '권리'의 문제들을 보고서, 생각하는 '인간'이 되고자 합니다.

"사회가 악에 지배되게 하는 원동력은 의도를 가진 악인이 아니라, 침묵하는 대중이다."

다시 한 번 묻겠습니다. 살레시안 여러분, 침묵하고서 '안녕'하실 수 있겠습니까?

2013년 12월 16일 月

쓸쓸한 찬바람만이 지나가고 있는 지금

고등학교 선배님들, 학우 여러분 다들 안녕하십니까?

저는 이제 막 1학년 2학기 기말고사 시험이 끝나 놀면서 SNS나 하고 시간을 보내던 1학년입니다. 저는 차타고 십오 분도 안 걸리는 롯데마트 앞에서 국가 기관인 국정원이 민주주의를 유린하고 선거에 개입한 정황들이 속속들이 드러나 촛불집회가 일어났을 때도 안녕했고, 그것이 직무중 개인 일탈이며 그 수가 천만 건이라는 소식이 들릴 때도 전 안녕했습니다.

그리고 바로 앞 군산 수송동 성당에서 시국 미사가 일어났을 때도 또 철도민영화에 반대해 철도 파업이 일어났을 때도 안녕했습니다. 왜냐하면 저는 고등학생이니까요. 저희 한국사 선생님께서 수업시간에 이런 말씀을 해주신 적이 있습니다. 일제 탄압에 대항하여 항일운동을 활발하게 진행한 사람들은 바로 학생들이었다고.

3·1운동도 광주학생항일운동도 모두 학생이 주체가 되었습니다. 우리도 일어서야 되지 않겠습니까? 우리는 대한민국 국민의 한사람으로 민주주의를 수호해야 합니다. 이 일이 훗날 저에게 어떠한 영향을 줄지 저는 참으로 두렵습니다. 무섭습니다. 그래서 저는 외칩니다. 꼭 바꿔야 한다고. 민주주의를 수호하자는 말을 하는 것을 두려워하지 않는 미래를 만들어야 한다고 말입니다.

저희 국어 교과서 지문 속 이런 말이 있습니다. "여럿의 윤리적인 무관심으로 해서 정의가 밟히는 일이 있어서는 안 될 거야. 걸인 한 사람이 이 겨울에 얼어 죽어도 그것은 우리의 탓이어야 한다. 너는 저 깊고 수 많은 안방들 속의 사생활 뒤에 음울하게 숨어 있는 우리를 상상해 보고 있을지도 모르겠구나. 생활에서 오는 피로의 일반화 때문인지, 저녁의 이 도시엔 쓸쓸한 찬바람만이 지나간다."

쓸쓸한 찬바람만이 지나가고 있는 지금 선배님, 안녕하십니까?

군산여자고등학교 1학년 채자은 올림

우리는 그 길을 걸어갈 수 없습니다

칠흑 같은 어둠의 계속입니다.

수명고등학교 학우 여러분들께선 안녕하십니까?

이제 고등학교를 졸업하여 대학에 진학하게 되는 여러분들의 선배로서 여러분들께 반드시 말씀드리고 싶은 것이 있기에 글을 쓰게 되었습니다.

고등학교 3년 동안, 우리들은 조금이라도 더 좋은 대학, 더 좋은 과를 선택하기 위해 공부를 합니다. 입시철이 끝난 지금, 좋은 대학에 합격하지 못해 살길이 막막하다는 주변 친구들의 외침은 우리의 마음을 아프게 합니다. 우리 주변의 친구들이 성적 때문에 앞으로 다가올 사회적 고통을 걱정하는 것이 정녕 옳은 것인지에 대하여 생각하게 되었습니다.

우리가 학교를 다니며 공부를 하는 십 수 년 동안, "일단 대학을 가고 보라"는 사회와 학교의 압력은 우리들의 눈과 귀를 막았습니다. 우리는 화가 나는 일에 화를 내는 방법조차 잊어버렸습니다. 사회는 우리를 막다른길로 내몰고 어떠한 투쟁의 여지도 주지 않았습니다.

2009년, 용산의 철거민들은 정부의 강경한 철거 감행에 반대하며 타죽어갔습니다. 같은 해, 쌍용 자동차의 부당한 정리해고로 이천여 명의 노동자들이 사지로 내몰려 현재까지 이십 명이 넘는 노동자들이 줄줄이 자살을 하였습니다. 불과 며칠 전에도 KTX 자회사 설립에 반대하는 집회를 한 철도 노동자 칠천여 명이 직위해제를 당했습니다. 심지어는 선생님 두 분께서 학교의 비리를 고발했다는 이유로 해임당하고 교사 노동조합이 법외노조 판정을 받게 되었습니다. 이 밖에도 이 땅의 많은 노동자들은 억압받고 있습니다.

그들이 생존권을 빼앗긴 것이, 그들의 능력과 노력이 부족했기 때문이라 생각하십니까? 우리들의 노력이 부족했기에 위와 같은 상황을 참고 견뎌야만 하는 것입니까? 우리는 지금까지 여러분들이 그저 안녕했는지 묻고 싶습니다. 투표권이 없다며, 나와는 상관없는 일로 치부하셨습니까? 그들이 곧 여러분들입니다. 여러분들이 곧 그들입니다. 우리보다 먼저 사회에 나간 못난 선배들은 우리에게 암울한 상황만을 물려주었습니다. "일단 대학에 가고 보라"는 말만 되뇔 뿐입니다.

그들이 물려준 처참하디 처참한 길을, 우리는 걸어갈 수 없습니다. 피해갈 수 없는 이 길 위에서 우리는 싸워야 합니다. 암울했던 그날의 어떤 시인은 독을 차고 자신을 괴롭히는 사회에 저항한다고 말했습니다. 존경하는 학우 여러분! 여러분들을 괴롭힐 상황에 독을 차고 저항해야 합니다!

이 억압과 고통의 땅 위에서, 우리는 안녕하지 않습니다!

수명고등학교 바꾸리

안녕들 하십니까?

요즘 서로의 안녕을 묻는 대자보가 여기저기서 붙고 있습니다. 그저 안부가 궁금해서가 아닙니다. 이는 현 시국에 대한 걱정과, 성적과 스펙에 매몰되어 이런 상황에 눈조차 돌릴 수 없는 우리의 현실을 향해 묻는 자성의 목소리였습니다. 하지만 청소년은 그조차 금지당하고 있습니다. 마음대로 대자보를 떼어가는 것은 물론이요, 부모를 소환하고, 징계로 협박하고, 심지어 신고까지 하고 있습니다. 그저 우리는 지금 정말 안녕하냐는 질문만으로. 만약 중고등학교가 아니었다면, 상상도 못할 일입니다.

지금 교육부와 서울시교육청에서는 학생들이 사회적 이슈와 관련된 내용을 대자보를 통해 주장하지 못하도록 지도해달라는 공문을 내려 보내고 있습니다. 면학 분위기를 해친다는 것이 그 이유입니다. 학교에서 우리의 목소리는 외부세력, 불순세력의 소행이 되었고, 우리의 생각은 금기가 되었습니다.

이는 학교에서는 안녕하지 않아도 안녕한 척 살라는 것입니다. 안녕하지 않아도 그렇게 대답하지 말라는 것입니다. 안녕하지 않다는 고백을 들어도, 안녕한 침묵만을 말하라는 것입니다. 우리는 정말 안녕한가 하는 고민도 없이 안녕한 채 박제되라는 것입니다.

언제까지 우리는 안녕한 척하며 살아야만 합니까.

노원지역연합 청소년인권동아리 화야

안녕들 하십니까?

18살, 대한민국에서 학생이라는 신분으로 살아온 지 벌써 11년이 지났습니다. 18살, 저희는 아직 책으로 세상과 마주하고 있습니다. 하지만 요 근래에 저희가 보고 있는 세상은 학교에서, 그리고 책 속에서 배우고 있는 세상과는 너무나 달라 보였습니다. 그저 보기만 하고 있을 수는 없었습니다. 알아야 참여할 수 있다는 걸 학교에서 배웠기에 지난 1년간 대한민국의 현실을 마주하려 노력했습니다. 그제야 세상이 우리에게, 학생들에게 감추려고만 했던 진실을 볼 수 있게 되었습니다. 국정원의 대선 개입 의혹은 사실로 밝혀지고 있고, 정부는 처음 약속과는 달리 민영화의 초석을 다지고 있습니다. 그리고 그에 반대하는 사람들의 촛불은 지금도 꺼지지 않고 있습니다. 그러나 그 진실을 마주하는 순간에도 우리는 책상 앞에 앉기만을 암묵적으로 강요받았습니다. 또 지금까지 그것은 학생의 본분을 지켜야 한다는 말로 모든 게 합리화되는 것 같았습니다.

저희에게 세상을 보는 유일한 창은 언론이었습니다. 하지만 언론은 몇만의 사람들이 광장에 모여 목소리를 내고 밀양 주민 분이 돌아가시고 경찰 4,000여 명과 시민 그리고 노조원들이 대치 상황에 있을 때 그 현실들을 우리에게 알려주지 않았습니다. 철도 노조원들이 파업을 했을 때 그 이유에 대해서는 알려주지는 않고 파업 때문에 불편하다는 사람들의 모습만 우리에게 보여주었습니다. 같은 나라 안에서 같은 사건을 두고도 신문사마다 방송사마다 얘기가 다르고, 그 사이에서 우리는 진실을 알기 어려웠습니다. 목소리를 내는 사람과 추위에 떠는 사람들이 점점 많아지고 누구도 진실 된 '대한민국'을 가르쳐주지 않는 이런 안

넝하지 못한 대한민국에서 우리는 무엇을 해야 합니까? 2년 뒤 나가게 될 사회의 모습을 보면서 대한민국의 고등학생은 무엇을 해야 하는 것입니까?

모든 언론을 접하는 모두 안녕들 하십니까?

저는 이제 고등학생이 되며 기자를 꿈꾸는 17살 청소년입니다. 제가 이 글을 쓰는 이유는 제대로 된 정보를 알려주는지 의문인 언론 때문입니다. 지금 이 세상에서 일어나는 일을 대다수의 국민은 두 눈 두 귀로 확인하지 못합니다. 그러기에 중요한 것이 언론이라고 생각합니다. 언론은 누구보다 공정하고 깨끗하며 한쪽에 치우치지 않은 신문을 원하는 공정보도가 살아 있는 언론이 되어야 한다고 생각합니다.

하지만 대다수의 언론사와 방송사들은 재벌과 정부 편이였습니다. 신문 구독률 1위인 중앙일보는 언제나 노조에 대한 기사를 불법노조 귀족노조라 할 만큼 노조만을 비판하고 비난합니다. 그리고 삼성과 같은 재벌들에 대한 비판 비난 기사는 찾아볼 수 없습니다. 최장 기간으로 들어선 철도 파업을 보면 KBS는 노조들이 무엇 때문에 싸우는지 파업을 하는지에 대해서는 보도하지 않고 억지로 우긴 정부의 "민영화 안 한다"와 같은 정부의 말만 전하며 국민들에게 "저들은 명분 없는 파업을 하는 귀족노조다"라면서 그들을 모욕하고 비난하게 합니다. 또한 박근혜 정부의 복지공약 이행이 제대로 되지 않으면 언제나 그들의 변명거리들만을 보도하고 국민들에게 말합니다.

이게 과연 진실입니까? 언제나 정부와 재벌의 변명을 진실인 양 사실인 양 말하는 언론사와 방송사들의 공정보도는 꿈에도 꾸지 못할 보도라고 할 정도로 정부와 재벌에 앵무새가 된 언론사들이 국민의 말도 답답한 심정인 그들의 마음도 보도해주며 객관적이고 공정한 보도가 되어 국민의 마음도 대변할 수 있는 언론사가 되어 공정한 보도기사를 보며 기자의 꿈을 펼칠 수 있는 날이 올 때쯤 안녕하다 말할 수 있을 것 같습니다.

"이제는 내려놓을 때입니다"

실로 생각이 많아진 하루입니다. 고요한 물웅덩이에 던져진 돌이 만들어내는 잔잔하면서도 깊은 파장처럼, 누군가의 안녕하시냐는 안부에 가슴 한켠의 울렁임을 느낍니다. 이는 제가, 그리고 우리가 '안녕들 하십니까'라는 말이 그저 인사치레로 던지는 말이 아님을, 그 내포된 의미의 깊이를 알기 때문입니다. 아직 고등학교 2학년에 지나지 않는 미성숙한 제가…… 시험을 며칠 앞두고도 이렇게 펜을 잡는 이유는, 펜을 잡지 않고서는, 이렇게 보고만 있어서는 저 자신의 무능력함과 비열함을 용서할 수 없었기 때문입니다.

중학교 때부터 기자라는 꿈을 간직해온 저는, 저 스스로가 정의를 추구하는 삶을 살아왔다고 자부했습니다. 국정원의 불법 선거 개입 사건이 불거졌을 때, 밀양 송전탑 문제로 음독자살 사건이 일어났을 때, 한 대기업 직원이 스스로 목숨을 끊었을 때 저는 분노했습니다. SNS를 통해 이러한 사건들을 접하면서, 지상파 방송에서 제대로 된 보도가 이루어지지 않고 있음에 화가 났습니다. 지금까지 '옳은 것을 옳다. 그른 것을 그르다'고 말할 수 있는 것이 기자라고 생각했습니다. 또한 세상의 부정한 것들을 바로잡아나갈 수 있는 몇 안 되는 직업이 기자라고 생각했습니다. 그래서 기자라는 직업에 매료되었고 소중히 그 꿈을 키워나가고 있습니다. 하지만 현 상황에서 아무것도 하지 '않'고 있는 제 자신의 무능에, 정치권에 휘둘리는 기자들의 태도에 적잖이 실망했습니다. 만일 이렇게 망가져가는 대한민국을 방관하는 것이 기자라면, 저는 지금까지 소중히 간직해왔던 '기자'라는 꿈을, 버리겠습니다.

사실 저도 끊임없이 불거지는 사건들을 보고 누구나 그러하듯 분노하

고, 분노하고, 분노하고…… 그리고 만족했습니다. 나는 정의를 추구했
노라고, 나는 최선을 다했다고. 지금은 이런 제 자신이 감히 기자라는
꿈을 가졌음에 부끄러울 뿐입니다.

사실 저는 분노만 해서는 그 어떠한 것도 바뀌지 않는 다는 것을 알고
있습니다. 그 사실을 알면서도 편안한 현실에 안주했습니다. 국민이 주
인이라는, 헌법이 보장하는 '민주주의'라는 미명 아래에서 나는 보호받
을 것이라고 막연하게 믿으면서…… 하지만 민주주의의 보호를 받기
위해서는 우선 '민주주의'가 존재해야 한다는 당연한 진리를 오늘에서
야 새삼 깨닫습니다.

여러분께 묻고 싶습니다. 현재 21세기의 대한민국은 민주주의 국가입
니까? 세계 10위권의 실로 엄청난 경제 성장을 이룬 대한민국이라는 나
라에서 안락하고 편안한 삶을 안녕하게 누리고 계신지요? 이 편안함을
누리기 위해서 누군가는 자신을 분신해야 했고, 가족을 버려야했고, 모
든 것을 내려놓아야 했음을, 우리는 잊어선 안 됩니다. 저는 오늘로서
다시 대한민국의 진정한 국민이 되었음을 느낍니다. 또한 이제는 '안녕
하십니까?'라는 질문에 당당하게 '나는 안녕하지 못했노라'고 외칠 것
을 저 자신과 약속합니다. 그리고 이 질문에 답을 하지 못하고 망설이
던 저를 포함한 대한민국 모든 국민들이 정의를 위해 자신이 가진 것들
을 하나씩 내려놓을 것임을 믿습니다.

정의를 추구하는, 그리고 그 정의가 지켜지는 대한민국을 만들기 위한
답은 자신에게 있음을 우리 모두는 잊어서는 안 됩니다.

2013년 12월 14일 (토)

고등학교 2학년 안현지

학생 여러분들, 안녕들 하십니까?

저는 학생이라는 이유로 '공부하는 기계'가 될 것을, 세상일에 무관심할 것을, 강요받고 있기 때문에 결코 안녕할 수 없습니다.

지난 근 1년 동안 우리나라에서는 과거의 군사정권의 독재를 연상시키는 비민주적이고 폭력적인 일들이 많이 일어났습니다. 그럼에도 불구하고 이러한 일들에 문제를 제기하는 이들은 오히려 '종북' 취급을 당하며 철저히 무시받고 있습니다.

학생들도 예외는 아닙니다. 이러한 비상식적인 일들이 도처에서 일어나고 있음에도 학생들은 시국을 걱정하며 비판할 것을 비판하고 부정할 것을 부정할 권리를 보장받기는커녕 학생이기 이전에 사람으로서 누려야 할 기본적인 권리들조차 인정받지 못한 채 세상일에 신경 끄고 공부만 할 것을 강요받고 있습니다.

대부분의 학생들은 부모님이나 선생님께 세상에 관한 자신의 생각을 말할 경우 '일단 공부해서 대학부터 가라', '세상일에 신경 꺼라' 등의 무관심을 강요하는 대답을 들으며 심지어는 '우리 집안에서 빨갱이가 나왔다'는 식의 모욕적인 말까지 듣고 있습니다. 헌법에서는 모든 국민의 표현의 자유를 보장한다고 하지만 현실과는 거리가 멀어 보입니다.

하지만, 민주주의 사회의 기본은 모든 사회 구성원의 활발하고 능동적인 정치 참여입니다. 조금 식상하게 들릴 정도로 귀에 익은 이 원칙이 무너질 때 독재정권이 등장하는 것이고 기득권층의 우민정치가 시작되는 것입니다. 그런데 왜 정치에 관심을 갖고 참여해야 한다는 시민의 의무이자 권리가 왜 학생들에게는 보장되지 않는 것입니까? 누군가는 '우리가 나선다고 무엇이 바뀌는데?'라며 반문할 수도 있겠습니다만, 3·1운동, 광주학생항일운동, 4·19혁명, 부마항쟁, 5·18광주민주화운동, 6월항쟁 등 우리나라의 역사를 바꾼 대부분의 시민운동들의 주체는 학생들이었습니다.

주변에서 일어나는 모든 잘못된 일을 바로잡는 것이 바로 '정치의 시작'입니다. 학생인권조례에 당연하게 명시된 두발, 복장의 자유는 잘 지켜지고 있습니까? 혹 '대학'이란 '대기업에 부품을 공급하는 하청업체'에 불과하다고 느끼진 않으셨는지요? 그런 대학에 가기 위해 모두가 옆에 있는 동무들을 짓밟으며 입시의 늪에서 허우적대고 있다는 생각이 들지는 않습니까? 대학 잘 가기 위해 필요하다는 '스펙 쌓기'나 '봉사 활동'이 무의미하게 느껴지시지는 않습니까? 다시 한 번 묻겠습니다. 학생 여러분들, 안녕들 하십니까?

날 좌절에서 구한 "안녕들 하십니까?"

페이스북에서 '안녕들 하십니까?' 대자보를 읽고 생각을 정리하기 위해 일기장에 답문을 썼다. 그런데 쓰다보니 이런 생각이 들었다.

"내가 분노하는 시국이 학교 상황과 별반 다르지 않구나."

공권력은 대통령 선거에 개입하고, 학교는 학생회장 선거에 개입한다. 정부 시책과 반대되는 주장을 하면 '종북'으로 몰리고, 학교 시책과 반대되는 주장을 하면 '학생 선동'으로 몰려 징계를 받는다. 대통령은 국민 몰래 외국 자본에 약속을 하고, 학교는 학생 몰래 학생복지예산을 집행한다. 그 다음날 고대로 가서 대자보로 써 붙였지만 시원하지가 않았다. "대학생들만 안녕하지 못한 것이 아니라 청소년들도, 중고등학생들도 안녕하지 못하다!"라고 외치는 것이 목적이었다.

학교가 얼마나 비상식적인 곳인지는 수없이 경험했기 때문에, 부모님도 더 이상 내가 학교에서 옳은 말하는 것을 원치 않으시기 때문에 주저했다. 대자보를 붙이자마자 교장이 나타나 대자보를 떼 가셨다. 덕분에 한 명도 대자보를 보지 못했다. 다음날 대자보를 다시 붙였다. 하지만 10분도 안 가서 대자보는 모두 철거되고 교감은 나를 선도부로 불렀다. 교감이 하는 이야기는 뻔했다. "학교에서 게시물을 게시하려면 학교장 허가가 있어야 한다", "네 생각을 다른 학생에게 강요하지 말라", "다른 학생들 선동하지 마라", "학교에서 정치적인 행동을 하면 안 된다", "중학생이 뭘 아느냐"부터 시작해서 학교가 조례를 지키지 않아 항의했었을 때 일까지 들먹이며 "넌 영웅심리, 자아도취에 빠져 있다"

라는 식의 인신공격까지 하였다. 다행히 벌점이나 징계를 받진 않았지만 교감은 "한 번만 더 이런 거 붙이면 그때는 교칙에 따라 처리할 것"이라며 으름장을 놓았다.

교감은 으름장을 놓았지만 난 물러설 생각이 절대 없었다. 그때 내 머릿속에는 '다음 대자보는 어떻게 쓸까'라는 생각뿐이었다. 그런데 집에 오자, 엄마는 나를 부르시며 "너 혹시 학교에 대자보 붙였니"라고 물어보셨다. 아마 내 방에 전지와 마카가 널브러져 있는 것을 보시고 아신 것 같았다. 처음에는 늘 그러시다시피 화를 내시다가 갑자기 목소리를 낮추시며 말씀하셨다. 아들이 학교에서 이런 일 생길 때마다 가슴이 너무 아프다고. 모난 돌이 정 맞는 거라고. 너 생각은 맞지만 행동은 좀 참으면 안 되냐고. 그 말을 듣고 나니 더 이상 대자보를 쓸 수가 없었다. 내가 학교에서 하고 싶은 말, 옳은 말을 하고 오면 엄마는 학교 가서 교감, 교장을 만나 면담하고 돌아와 술을 드시던 게 생각났기 때문이다. 아직까지도 이 사회는 옳은 일을 하는 사람이 피해를 받는 잘못된 사회라는 게 너무 서글퍼졌다.

나도 안녕하지 못한 나, 그리고 나 때문에 안녕하지 못하신 부모님을 위해 행동하고 싶다.

안녕들 하십니까?

지난 12월 10일 고려대 주현우 학생이 쓴 '안녕들 하십니까?'라는 제목의 대자보를 보았습니다. 평소 시사에 관심이 많던 고등학생인 저는 대자보를 써서 학교에 붙였습니다. 하지만 30분도 안 돼 뜯겨졌고 담임선생님과의 면담을 해야 했습니다. 제 나름대로 친구들에게 우리 사회에 그냥 넘어가기에는 너무나 큰 문제들이 있다고 알려주고 싶은 마음에 처음으로 써본 대자본인데 30분도 안 돼 뜯겨져서 아쉬웠습니다. 내가 말할 수 있는 표현의 자유를 학교에서 억압하는 것만 같았습니다.

담임선생님께서는 학교 내에 붙이려면 허락을 받아야 한다고 열심히 공부해서 대학 가서 하는 것이 좋겠다고 하셨습니다. 교육부에서는 학년 말 학교 면학 분위기를 해칠 수 있다는 이유로 중고등학교의 대자보를 주의하라는 공문을 각 시도 교육청에 보냈습니다. 이른바 대자보 금지령이 내려졌습니다. 대한민국이란 나라에서는 학생들의 정치적 사회적 의견을 말하는 것을 좋아하지 않습니다. 고등학생이 정치에 무슨 신경을 쓰냐. 학생의 본분은 공부다. 공부나 하라라고 합니다. 하지만 저희 학생들도 이 나라 국민이기에 미래세대로서 안녕치 못한 현실 속에서 말하고 싶습니다. 안녕하지 못하다고. 안녕치 못한 현실 속에서 안녕한 척 외면하는 친구들에게 말하고 싶습니다. 침묵으로 스펙 전쟁과 취업 전쟁에서 승리한다 하더라도 노동자로서의 기본적인 권리를 보장받지 못할지도 모릅니다. 또한 국민으로서 존중받지 못하는 삶을 살게 될지도 모릅니다. 우리가 살아가면서 누릴 수 있는 기본적인 권리들은 우리가 알고 있을 때 누릴 수 있습니다.

"역사는 이렇게 기록할 것이다. 이 사회적 전환기의 최대
비극은 악한 사람들의 거친 아우성이 아니라 선한 사람들의
소름끼치는 침묵이었다고."
－마틴 루서 킹

잘못된 것을 잘못되었다고 말하는 데 용기가 필요한 현실 속에서 마지
막으로 묻겠습니다.
여러분, 안녕들 하십니까?

학생자치와 교육

한 대학생의 '안녕들 하십니까?'라는 질문에 사회 곳곳에서 안녕하지 못하다는 화답들이 있었습니다. 국정원 사건, 철도 및 의료민영화, 교학사 교과서 문제 등 여러 사회적 문제들이 대두되었습니다. 특히, 제 또래의 10대 친구들이 이렇게 사회 이슈들에 대해 관심을 가진 것은 극히 이례적인 일입니다.

여러분 대부분이 안녕하지 못하다는 것을 저 역시 너무나도 잘 알기에 '안녕들 하십니까?'라고 되묻지는 않겠습니다. 학생의 입장에서 우리들이 왜 안녕하지 못한지, 또 앞으로 안녕하기 위해 무엇을 할 수 있을지 같이 고민해보자는 취지에서 늦게나마 대자보를 쓰게 되었습니다. 동시에, 시간이 지나 이 '안녕들 하십니까?' 대자보 열풍이 식고 있다는 것을 직감합니다. 그래서 저는 이번 열기가 단순히 사람들 사이에 금방 왔다가 가버리는 연예인들의 열애기사와 같은 가십거리에 불과한 것이 아니라 (특히 학생들에게) 우리 주변에서 일어나는 사회문제들에 대해 진지하게 고민해보는 계기가 되었으면 하는 간절한 바람이 있습니다.

국정원 사건이나 민영화 문제도 있겠지만 저는 '학생자치'와 '교육'에 대해 이야기해보려고 합니다. 무엇보다, 학생들에게 있어서는 '학생자치'와 '교육'이야말로 눈앞에 당면한 가장 큰 문제이기 때문입니다. '학생자치'는 어렵고 복잡한 개념이 아니라 말 그대로 학생 스스로 학교의 문제들에 대해 고민하고 해결해나가는 것입니다. 그런데 저희 나라 공교육에서는 어느 방면에서도 '학생자치'라는 것이 존재하지 않습니다. 오히려, 지금의 교육 체제는 '학생자치'를 원천적으로 차단하고 있습니다. 대표적인 예로 이번 대자보 열풍으로 많은 고등학교에서도 학생들이 스스로 대자보를 붙였지만 학교 당국에 의해 대자보가 뜯기는 사건들이 있었습니다.

솔직히 저는 대학 입시 위주와 무한경쟁주의로 뒤덮인 저희 나라 교육현실에서 진정한 의미의 '학생자치'가 이루어질 수 있을지 암울하기만합니다. 지금의 교육체제는 '명문대', '취업' 따위들을 인질 삼아 학생들을 겁박하고 있습니다. 학생들은 집단에서 소외될지도 모른다는 '두려움'과 미래에 대한 '두려움'을 안고 살아남기 위해서 공부합니다. 어쩌면 그 공부는 결국 경쟁을 위한 '도구'일 뿐입니다. 경쟁을 위한 도구로서의 공부를 자발적이고 계획적으로 하는 것을 '자기 주도적 학습'이라 포장하고, 전혀 자유롭지 못한 강제 학습을 야간자율학습이라고 부르기도 합니다. 어느새 학생들에게 경쟁은 내면화되었고 배움에 힘써야할 교육의 장은 먹고 먹히는 정글이 되어버렸습니다.

교육의 세 주체인 학생, 학부모, 선생님은 치열한 입시 경쟁에 의해 가장 고통받는 존재들입니다. 하지만 역설적이게도 그들은 이러한 구조가 지탱되게 하는 장본인들이기도 합니다. 누구나 지금의 교육 현실에 대해 '문제의식'을 지니고 있습니다. 하지만 '문제의식'에서 그칠 뿐 내가 할 수 있는 일이 무엇일지 고민하고, 행하는 사람들은 많지 않습니다. 학벌이 곧, 신분으로 통하는 사회에서 '내가 우선 좋은 학교도 나오고 잘돼야 사람들이 들어주지 않겠냐'라고 생각하는 경우가 대부분입니다. 어쩌면 이러한 생각은 사람들이 대부분 교육에 대해 '문제의식'은 가지고 있지만, 자기 스스로 피해자인 동시에 가해자인 슬픈 현실이 될 수밖에 없는 본질적인 이유라고 생각합니다.

흔히들 직접 민주주의는 애초에 비현실적이고 불가능한 것 마냥 말합니다. 그리고 대의제 민주주의는 가장 효율적이고 당연하듯 생각합니다. 하지만 무엇보다 '교육'이라는 공간에 있어서는 직접 민주주의가 시행되어야 한다고 생각합니다. '학생자치'를 통해 학생 모두가 학교의 문제들에 대해 고민하고 발언할 수 있어야 합니다. 또한, 교육의 세 주체인 학생, 학부모, 교사가 '교육이란 무엇인가?'라는 물음에 대해 머리를 맞대고 진지하게 토론할 수 있는 공론의 장이 필요합니다. 학교라는 공간에서 민주주의를 경험한 학생들만이 비로소 대한민국이라는 거대한 사회를 바꿔나갈 수 있기 때문입니다.

너무 비현실적이지 않느냐는 비판이 있겠지만 저는 우리 사회문제들에 대한 '가장 근본적인 해결책'은 '가장 비현실적인 것'이라는 생각도 합니다. 우리는 이를 역사를 통해서도 배우는데, 우리가 지금은 당연시 여기는 인권, 자유, 평등 하는 것들은 노예사회 봉건사회 당시에는 비현실적인 요소들이었습니다. 하지만 그 '비현실적인 요소'들을 위해 목숨을 바쳐가며 싸웠던 사람들이 있었고, 우리는 그들의 희생으로 조금이나마 더 나은 세상에 살고 있습니다. '조금이라도 더 나은 세상'을 위한 투쟁은 이미 끝난 역사가 아니라 지금도 계속되고 있습니다. 잘못된 현실은 부정하되 미래를 비관하지는 않습니다. 중국 근대문학의 아버지라 불리는 노신 선생님의 말을 항상 되새기려 합니다.

"희망이란 본래 있다고도 할 수 없고 없다고도 할 수 없다. 그것은 마치 땅 위의 길과 같은 것이다. 본래 땅 위에는 길이 없었다. 걸어가는 사람이 많아지면 그것이 곧 길이 되는 것이다."
여러분, 우리들의 안녕할 길을 위해 연대합시다!

(비록 대단한 글은 아니지만 박근혜 교육당국의 지침에 충성하는 분들에 의해 저의 대자보가 뜯길 우려가 있음으로 A4용지로 복사해 모든 교실과 학교 곳곳에 붙이고 SNS를 통해 올릴 것을 알려드리는 바입니다. 이곳 게시판은 학생들을 위한 공간입니다. 저의 대자보가 학교 분위기를 해친다고 생각하신다면 학생들 손으로 떼어주십시오.)

ㅅㅁ인 여러분, 안녕들 하십니까?

저는 이번에 수능을 치렀습니다. 그간 모의고사 성적이 잘 나온 터라 정시를 생각하고 있었습니다. 허나, 수능 이후 몇 넣지 않았던 수시를 모두 떨어지자 제가 경쟁에서 실패했음을 깨달았습니다. 아니 경쟁의 진면모를 깨달았습니다. 흔히 말하듯 승자는 딱 단 한 명이고 그 한 명이 모든 걸 가져가더군요. 매일 아침 무의식중에도 새벽에 눈을 떴고, 화장실 가는 시간도 아까워 밥도 조금씩 먹어가며 공부했지만 원하는 그 성적, 등급은 한정되어 있더라고요. 저는 정말이지 이제 이 경쟁에 지쳐버렸습니다. 더 이상 안녕하지 못함을 감출 수 없어 펜을 듭니다. 어쩌면 제가 무능력할지도 모르겠습니다. 그런데 대한민국 1%에 들지 못한 무능력이 과연 오로지 제 탓일까요? 재수의 비율이 가장 높은 강남 3구란 통계치에서 볼 수 있듯, 이는 저에게만 국한된 얘긴 아니라 생각합니다.

저는 더 이상 1, 2학년 때도 반 등수에 따라 친구들을 달리 바라보는 시선에 갇혀 있고 싶지 않습니다. 전 좀 더 인간다워지고 싶습니다. 안녕하고 싶습니다. 살고 싶습니다. 역사 선생님은 3·1운동을 가르치실 때 ㅅㅁ여고 학생들이 불꽃이 되었다고 하셨습니다. 자랑스러워하셨습니다. 지금 고대에서 시작된 물결이 대학가를 휩쓸고 고등학교로, 중학교로 퍼지고 있습니다. 전국 곳곳에서 자신들의 목소리를 내고 있습니다. 첫 자보를 게시한 분은 대자보가 각자의 언로가 트이는 계기가 되었으면 한다고 했습니다. 곧 이 자보는 찢겨지거나 없어질 줄 저도 압니다. 그러니 ㅅㅁ여고 학생들도 용기를 내서 자기가 하고 싶었던 말. 걱정되는 시국. 뭐든 대자보로 써서 응답해주십시오. 묻고 싶습니다. ㅅㅁ인 여러분들, 정녕, 안녕들 하십니까?

안녕들 하냐는 그 질문은, 정말로 괜찮은 것일까요?

많은 사람들이 '안녕들 하십니까?'라고 묻습니다. 그리고 많은 사람들이 안녕하지 못하다고들 답을 합니다. 역설적이게도, 그래서 더욱 안녕하지가 못한 기분이 듭니다.

2013년에, 한 중학생이 코치에게 목검으로 '체벌'을 당한 뒤 죽음에 이르는 사건이 있었습니다. 또, 청소년이 가족에게 학대를 당하다가 죽은 사건들이 여럿 있었습니다. 말 그대로 '맞아서' 죽은 사건들입니다. 하지만 그래도 체벌 금지를 요구하는 목소리는 잘 나오지 않았습니다. 청소년들에 대한 폭력은 너무나 쉽게 정당화됩니다. 그리고 다들 너무나 안녕히 살아갑니다. 그렇게도 '학교폭력'을 뿌리 뽑아야 한다고 외치는 우리 사회이지만 말입니다.

꼭 직접 때리고 죽게 하는 것만이 폭력인 것은 아닙니다. 청소년들의 생활을 통제하고 감시하는 폭력들도 점점 늘어나고 있습니다. 청소년의 스마트폰 사용을 원격으로 감시하고 조종하는 각종 어플리케이션들, 청소년의 게임 및 인터넷 이용 등을 감시하고 규제하는 정책들, 청소년들의 정보를 마음대로 수집하고 이용하게 하는 '학교 밖 청소년 정책' 등. 청소년들의 생활을 국가가 학교가 친권자가 나서서 통제하려고 합니다.

이번에 여러 청소년들이 '안녕들 하십니까?'를 묻는 대자보에 동참했습니다. 그러나 많은 중고등학교들이 '안녕들 하십니까?'를 묻는 그 대자보를 철거하고, 학생들의 의견 표현을 짓밟았습니다. 저 역시 고등학교에 대자보를 붙여본 적이 있었고, 징계를 하겠다는 위협도 당해보았습니다. 그런 일들을 겪고서 언론의 자유가 없는 고등학교의 현실을 바꾸기 위해 언론의 자유를 외치는 청소년자유언론을 만들어 간행하기도 했습니다. 그러나 그런 저항들에도 불구하고, 청소년들은 지금도 정치활동을 금지하는 규칙과 편견에 막히고 기본적인 말할 자유조차 부정당하고 있습니다. 안녕들 하냐고 물을 자유조차 없습니다.

안녕들 하냐고 묻는 옆의 삐딱선에서

제가 '안녕들 하십니까?'라는 질문을 받고 생각한 것은 내가 안녕하냐 아니냐 같은 것이 아니었습니다. 더 삐딱한 생각이었습니다. '안녕하냐고 묻고 답하는 대자보를 붙이는 데도 자격 유무가 갈리는 것일까?' 누구는 대자보를 금지당하고, 대학을 거부하거나 대학에 가지 못한 사람들은 안녕하냐는 대자보를 붙일 마땅할 공간조차 찾지 못하고 있습니다. 거기다가, '자격'은 사람에게만 묻는 것이 아닙니다. '주제'에도 '자격'이 있습니다. 물론 철도민영화는, 노동자들이 해고당하는 일은, 농민들의 삶을 파괴하며 이루어지는 송전탑 건설은, 모두 중요한 일입니다.

하지만 되묻고 싶어집니다. 청소년들의 삶의 현실은, 모두에게 안녕하냐고 물을 중요한 일이 아니냐고. 청소년이라는 이유로 각종 억압과 폭력과 차별을 받아야 하는 것은, 사람들에게 어찌 안녕하실 수 있냐고 물을 이유가 되지 못하는 거냐고. 학벌과 학력과 성적으로 사람을 차별하는 사회에서 여러분은 안녕들 하시냐고. "청소년들이 '체벌'이라며 여전히 폭력을 당하고 두발단속을 당하는 이 끔찍한 세상에 어찌 모두들 안녕하신지 모르겠습니다!"라는 질문이 어색하게 들리신다면, 안녕하냐고 물을 수 있는 '주제' 역시도 이미 어느 정도 정해져 있다는 의미입니다.

제가 관심을 가지는 것은 차라리 '안녕들 하십니까?'라고 제대로 물을 수도 답할 수도 말할 수도 없는 사람들, 그리고 '안녕들 하십니까?'라며 모두의 문제, 공공의 문제랍시고 불려나올 수도 없는 문제들입니다. 정치에서 따돌림 당하고 있는 청소년 같은 소수자들, 그리고 공공의 문제라고 생각조차 안 되고 있는 현실들입니다. 저 같은 경우는 적어도 청소년 인권의 문제, 대학 서열화와 입시 경쟁의 문제 등을 가지고 '안녕들 하십니까?'라고 물을 수 있게 되기 전까지는 그리고 청소년들이 자신들의 목소리로 '안녕들 하십니까?'라고 물을 수 있는 그런 자리에 서기 전까지는, 저는 안녕하지 못할 것입니다. (한편으로는 그렇게 살고 있는 저 자신을 사랑하기에 저는 참으로 안녕하고, 행복하기도 하겠지만요.)

그러므로 안녕들 하냐는 질문에 대해 제가 삐딱하게 되묻고 싶은 질문은 이것입니다. "안녕들 하냐고 묻는 그 질문은, 정말 모두에게 묻는 것입니까? 모두가 물을 수 있는 것입니까? 정말로 괜찮은 것일까요?"

안녕하지 못한 사람들의 못 다 한 이야기

주현우

고려대학교 경영학과에 재학 중이며
철도노조 파업 둘째 날인 12월 10일,
'안녕들 하십니까?'란 제목으로 첫 대자보를
게시하였다. 이후 지금까지 '안녕들'과 함께
전국을 돌며 성토대회, 토론회, 나들이
등을 진행했다. 현재 세미나 네트워크
새움에서 제한받지 않는 고민과 공부를
위한 교육활동에 전념하고 있다. '안녕들
하십니까?'(39쪽)를 작성했다.

**1. 첫 대자보의 주인공입니다. 대자보를 쓰고 나서
본인의 삶에서 무엇이 바뀌었나요?**

대자보를 쓴 이후, 내 삶의 많은 부분이 바뀌었고
동시에 바뀌지 않았습니다. 삶이 더 바빠졌고 많은
이들의 기대를 받았지만 때로는 비난을 받기도
했습니다. 그러면서도 '말하는 것은 허락받고
하는 것이 아니라는 점'과 '내 손으로 만들어가는
안녕'이란 신념은 바뀌지 않았습니다. 무엇이
바뀌었는가보다 무엇을 바꿔나갈 수 있는가를
고민해야 한다고 생각합니다.

**2. 대자보가 이렇게 확산될 거라곤 예상하지
못했다고 하셨습니다. 이렇듯 전국적인 '대자보
현상'의 원인을 무엇이라고 보시나요?**

물이 99도에서 1도만 올라도 기체가 되듯이,
대자보가 마른 들판에 불붙듯 번져나간 건 제가
쓴 대자보 때문이라기보다는 그만큼 사람들이
잘못된 것에 대해 말하고 함께 고민하는 데 목말라
있음을, 그만큼 삶이 안녕치 못했음을 반증한다고
봅니다. 경제 대국이 되었다고 자찬하지만
그럼에도 자살률은 떨어지지 않고, OECD 국가
중 노동시간은 가장 길며 실질임금은 떨어지기만
합니다. 이 모든 것들이 99도의 상황을 만들어낸
게 아닐까요?
단 4일 만에 23만 명이 페이스북 페이지에
'좋아요'를 누르고, 시키지도 않았는데 전국적으로
대자보가 붙었습니다. 이뿐만 아니라 쉴 새
없는 메시지 속에는 지난날 자신들이 침묵해온
사회문제에 대한, 스스로 안녕치 못함에 대한
자기비판이 담겨 있었습니다. 과연 이게 한순간의
결과일까요? 아니면 현 상황, 세상에 깔려 있던
분노가 표출된 것일까요? 대저 들판에 불씨가
떨어져도 풀이 말라 있지 않으면 쉽사리 번지기
어려운 법입니다.

3. 첫 대자보 부착 이후 책이 출판되기까지 그 뜨거웠던 세 달 동안에 대해 어떻게 평가하시는지 궁금합니다.

제 인생에 '다시없을 세 달!'이란 추억으로 남겨두지 않기 위해 더 열심히 살아야겠다는 각오를 다진 시간이었습니다. 정말 열심히 뛰었고, 열심히 만났고, 열심히 이야기했습니다. 전국 각지를 돌아다니며 나 자신의 고민이 결코 나만의 것이 아니라는 점을 확인했습니다. 그것만으로도 지난 세 달의 의미는 충분하다고 생각합니다. 그러나 이제는 그 이상을 고민해야 할 시기입니다. 각자의 자리에서 안녕함을 만들어가기 위해 노력하는 것은 물론이고 필요하다면 한자리에 모여 소리 높여 힘을 모아야 할 겁니다. 비단 철도민영화뿐만 아닌 여타 사회 이슈에 대해 그 사회가 내가 사는 사회임을 명확하게 이해하는 것이 중요하고, 그럴 수 있도록 더 널리 알리는 역할을 해야 합니다.

4. 대자보 열풍은 사그라졌고, 안녕들 역시 2013년만큼의 움직임을 보이지는 못하고 있는 것 같습니다. 전망에 대해선 어떻게 생각하시나요?

이미 수차례 이야기해왔지만 저는, 그리고 12월 14일 고려대학교 정경대 후문에서 함께했던 '안녕들'은 대자보 현상이 언제든 사그라질 수 있을 거라고 판단하고 있었습니다. 그러나 이것을 금세 잊어버리는 한국인의 냄비근성 때문이라고 생각하지는 않습니다. 오히려 대자보를 통해 말하는 것을 지나 자신의 삶에서 안녕치 못함을 해결해나가고 있기 때문이라고 여기고 있습니다. 무릇 말만으로는, 대자보만으로는 바꿀 수 있는 것이 많지 않습니다. 이제는 만나고 함께 고민하고 걸어가야 할 때라고 생각합니다. 당장 공통의 안녕하지 못한 이유들이 확인된다면 하루바삐 머리를 맞대고 길을 만들어갈 수 있을 것이고, 그렇지 않을지라도 이른바 '안녕'이란 단어의 의미는 전과 같이 쓰이지 않을 것입니다. 이제부터가 시작입니다.

5. 앞으로 무엇을 할 계획인가요?

사실 전 대자보를 쓰기 전에도 주변 사람들과
생각을 공유하고, 잘못된 일이 있다면 함께할
수 있는 일이 무엇일지 고민해왔습니다. 그러는
와중에 공부가 필요하다 생각될 땐 책을 읽었고
별것 아니어도 '세상이 저절로 좋아지지 않기에'
대자보를 쓰기도 했습니다.

앞으로는 그 고민의 폭과 넓이가 더 커질 수
있도록, 더 많은 사람들이 스스로에게 우리
모두에게 묻고 해답을 만들어갈 수 있도록
노력하고 싶습니다. 가깝게는 '세미나 네트워크
새움'의 활동이 그렇고 교육공동체를 고민하는
과정 역시 그러합니다. 말하는 것이 허락받고 하는
것이 아니듯, 공부하는 것 역시 제한받지 않아야
하는 법이기 때문입니다.

6. 마지막으로 하고 싶은 말이 있다면?

얼마 지나지 않는 인생 중 가장 많은 말을 해왔던
시기였습니다. 그만큼 말의 무게가 실리도록 전국
곳곳을 돌고 뛰고 만나왔습니다. 그리고 그곳에서
내 생각이 나만의 것이 아니었음을 확인했습니다.
결국 우리에게 필요한 건 한 사람의 영웅도,
슈퍼맨도, 대리인도 아닌 안녕치 못함에 분개하는
수많은 '나'의 목소리와 실천이라고 생각합니다.
그리고 이미 우리는 자신이 쓴 대자보를 통해 그
길을 걸어가고 있습니다.

강태경

안녕들 대자보와 함께 고려대학교 철학과를
수료했다. "안녕들 하십니까?"라는 물음에
서울역 나들이를 제안하며 응답했다.
주현우에 이어 두 번째로 1인 시위에
참여했으며, 이후 '안녕들 하십니까' 페이지의
운영과 행사 진행을 함께해오고 있다.
'안녕하지 못합니다. 불안합니다!'(45쪽),
'여러분의 텐트는 안녕들 하십니까?'
(327쪽)를 작성했다.

**1. 대자보 열풍이 처음 시작되던 시기에 대자보를
붙였습니다. 어떻게 쓰게 되었나요?**
철도 파업 첫날 4,300여 명, 둘째 날 1,500여 명이
직위해제당하는 걸 목격하고 뭐든 해야겠다고
생각했어요. 아는 친구들과 함께 몇 명이라도
학교에서 서울역까지 걸어가보자고 이야기하던
중에 현우 씨를 만났죠. 한참 이야기를 한 뒤에
글뿐만 아니라 행동이 필요하다는 데 서로
동의했고 함께 서울역에 가기로 했습니다. 그래서
서울역에 함께 가자는 내용의 대자보를 쓰게
되었습니다.

**2. 전국적인 '대자보 현상'의 원인을 무엇이라고
보시나요?**
사람들이 자기검열에 질려버린 것이라고 봐요.
처음 페이지가 생기고 10분에 3~4개씩 쪽지가
날아왔어요. 응원도 많이 있었지만 그보다는
대부분 '자기 고백'이었습니다. "열람실에 앉아는
있지만 도저히 가만히만 있을 수 없다고 생각해서
쪽지를 보낸다", "자신의 생각을 써 붙이고는
싶지만 용기가 나지 않아서 쪽지로 보낸다"라는
이야기였어요. 이렇듯 비판적인 말을 하고 행동을
하는 사람들을 몰아붙이는 사회, 자기검열을
강요하는 사회에 대한 불만이 이번에 터져버린 건
아닐까 생각해요.

3. 처음부터 활동했던 사람 중 한 명으로서 그 뜨거웠던 세 달여 동안 우여곡절이 많았을 거 같아요.

저희가 막상 무언가를 하기 위해 모이려고 하자 당장 공간부터가 문제였어요. 카페만 해도 여러 명이 모일 만한 곳은 별로 없고, 있다고 하더라도 매번 음료 값을 치르는 게 만만치 않았습니다. 자치가 살아 있는 대학교 학생회와 생활도서관의 도움이 없었다면 장소 문제부터 해결하기가 굉장히 곤란했을 거 같아요. '우리 사회가 정말 여러 사람이 모여서 공동 작업이나 활동들을 하기에는 참 불편한 구조구나'라는 생각이 들었습니다.

그리고 대뜸 "~을 해주세요"라고 저희에게 요구만 하시던 분들을 대할 때 저희도 조금 난감했어요. 세상에 안녕치 못한 곳들은 너무나도 많지만, 그렇다고 그 모든 이야기를 저희가 대신 해줄 수는 없잖아요? 각자의 자기 정치는 당사자가 먼저 시작해야 하니까요.

소통에도 참 많은 공을 들였습니다. 기본적으로 저희 페이지에 오던 문의와 제안들을 받고 이야기하고 공유하는 작업들을 했고요. 새롭게 생긴 다양한 '안녕들 하십니까' 페이지에 모인 분들과 소통하는 것에도 많은 시간이 필요했어요. 그래도 많은 분들이 자신의 시간을 쪼개 힘을 모아 활동을 해나갔던 자발적인 에너지 덕분에 지금까지 올 수 있었던 것 같습니다. 물론 힘들어도 여러 사람을 만날 수 있었던 즐거운 시간이었고요.

4. 대자보 열풍은 사그라졌고, 안녕들 역시 2013년만큼의 움직임을 보이지는 못하고 있는 것 같습니다. 이후의 전망에 대해선 어떻게 생각하시나요?

대자보가 친필 글씨라는 점에서 '편지'와 유사한 느낌을 가지고 감성과 논리를 동시에 전달할 수 있는 좋은 매체인 것 같지만, 저는 대자보 자체가 좋았다는 것에 집착할 필요는 없다고 생각해요. 대자보는 소통을 위한 매체일 뿐이니까요. 의사전달이 어느 정도 되었다면 대자보는 또 자연스럽게 사그라지는 것이라고 생각합니다. 문제는 어떤 방식이든 안녕하지 못한 우리 삶을 어떻게 개선할 것인가라고 생각해요.

5. 앞으로 무엇을 할 계획인가요?

저는 안녕하지 못한 사람들이 모일 수 있는 물리적인 공간이 매우 절실히 필요하다고 느낍니다. 같이 공부도 하고, 휴식도 취하고, 만남도 가질 수 있는 그런 여유 있는 곳이 있다면 얼마나 좋을까? 안녕하지 못한 사람들이 한데 모여서 의견을 나누고 생각을 공유하는 공간, 그 소통으로 새로운 자기 정치를 고민하고 시도해볼 수 있는 그런 공간이 필요해요. 기존 정당이나 정치조직, 노동조합, 협동조합 같은 형태들도 중요하지만 그런 각각의 집단들 사이에서도 넘나들 수 있는 그런 열린 공간 역시 필요하다는 생각이 많이 들었습니다.

저는 앞으로 계속 공부를 하면서 좀 더 안녕한 세상을 만들어, 친한 친구들과 제가 좋아하는 운동(사회운동 말고 몸으로 하는 운동)을 하는 게 꿈입니다. 이번 '안녕들 하십니까'를 통해서 그런 것을 함께할 수 있는 인연이 생기고 머무를 수 있는 공간이 생기면 좋겠다는 생각이 듭니다. 그래서 우선 함께 공부하는 스터디 모임을 만들고, 여기서 만난 네트워크를 유지하면서 계속 인연을 이어갈 공간을 만드는 일을 해보고 싶어요. 나꼼수도 벙커원을 남겼잖아요. 거기서 새로운 인적 네트워크가 계속 이어지고, 공부와 문화생활의 공동체가 만들어지듯이, '안녕들 하십니까'도 안녕하지 못한 사람들이 모여서 안녕을 도모할 수 있는 그런 공간을 만들어볼 수 있지 않을까, 그런 상상을 합니다.

6. 마지막 하고 싶은 말이 있다면?

예전에 고종황제께서 테니스를 처음 보시고 '그런 힘든 일은 하인이나 시키라'고 하셨다죠? 그래도 요새는 건강을 위해서는 운동해야 한다는 건 누구나 압니다. 막상 운동하기가 귀찮아서 그렇지요. 그런데 저는 민주사회의 건강도 개인의 건강이랑 비슷하지 않나 싶습니다. 우리 스스로 원하는 삶을 만들기 위한 공부와 운동이 없다면 건강한 민주사회는 없는 것 같아요. 한때 '그런 건 운동권, 종북 빨갱이나 하는 것 아닌가?'라는 생각이 지배적인 시절이 있었지요. 하지만 이젠 달라지고 있는 것 같습니다.

제가 연극 〈파수꾼〉 관람 나들이를 갔을 때 관객과의 대화에서 인상 깊은 말씀을 들었어요. 연극에서는 관객에게 주민의 역할을 맡겼는데요. 시장이 없던 이리 떼를 이용해 공포심으로 마을 주민을 다스리죠. 전윤환 연출가가 만약 이 연극이 아동극이었다면 어린이들은 시장에게 "이리 떼가 아니야! 흰 구름이야!"라고 외친다고 말했습니다. 하지만 저와 연극을 같이 봤던 분들 모두 가만히 있었어요. 물론 연극이니 가만히 있었겠지만, 우리가 사는 사회는 연극이 아니잖아요? 우리가 보고 느끼는 것에 침묵하지 않는 사회, 자신의 삶을 위해 운동하는 사회가 되었으면 좋겠어요.

허정

코레일 청량리기관차승무사업소에서
기관사로 재직 중인 13년차 철도 노동자. 개중
8년은 기관사로서 경력을 쌓았다. 철도노조의
파업이 한창이던 중에 열린 청계광장 대자보
집회에서 청량리기관차지부를 대표해
대자보를 쓰게 되었다. '철도를 사랑하는 국민
여러분 안녕하십니까?'(292쪽)를 작성했다.

**1. '안녕들 하십니까?' 대자보는 철도노조
파업을 지지하는 것으로 시작했습니다. 파업에
참가한 철도 노동자로서 안녕들 대자보를 어떻게
생각하셨는지요?**

대선 1년이 되도록 국정원 개입과 부정선거
의혹에서 자유롭지 못했고, 동시에 공약을 제대로
이행하지 않는 대통령에 대한 불신으로 민심이
성나 있는 상태에서 철도민영화 문제가 그 민심의
점화 플러그 역할을 한 것이라고 생각합니다.
반대로, 철도 노동자들은 부정적인 시선이
훨씬 많았던 그전의 파업들과는 확연히 달라진
국민들의 지지를 보면서 우리가 옳다는 자신감과
계속해나갈 수 있는 새로운 동력을 얻었다는
의미가 가장 클 것입니다.

**2. 다른 많은 대자보와 달리 기관사님께서는
대자보에 안녕하다고 쓰셨습니다. 어떤
의미였나요?**

두 가지 의미가 있습니다. 좁은 의미로는
쌍용자동차나 한진중공업처럼 목숨까지 잃어가며
그야말로 처절하게 투쟁했던 노동자와 가족분들이
계시는데, 그에 비해 이렇게 많은 국민들이
지지해주는 멋진 파업을 하고 있는 것이 따지고
보면 얼마나 행복한 것이냐는 의미였습니다. 넓은
의미로는 옳은 일을 하고 순리에 따르는 자는
현재 고난이 있어도 결국에는 어떤 방식으로든
승리한다는 인생의 진리를 믿고 긍정적으로
생각하자는 뜻이었습니다.

저는 '희망'을 이야기하고 싶습니다. 안녕하고
싶다는 희망을 굳게 잡고 있다면 행동은
자연스럽게 따라올 테니까요. 노동자와 서민이
정말 살기 힘들어진 최근의 대한민국이야말로
그 어느 때보다 '희망'이 필요한 곳이 아닌가
생각합니다.

3. 이번 파업은 지금까지의 파업과는 다른 부분이 많았습니다. 조합원으로서 이번 파업은 어떤 의미가 있었나요?

아이 둘을 한 번에 쌍둥이로 낳고 네 식구의 가장으로 처음 맞이하는 파업이라는 점이 가장 컸습니다. 자회사 설립이 결국 민영화로 이어지고, 공공 분야가 점차 자본의 손아귀에 넘어간다면 현재의 우리 형편뿐 아니라 아이들이 살아갈 미래에도 어두운 그림자를 드리울 거라는 절박함이 저를 더욱 열심히, 그리고 능동적으로 움직이게끔 만들었죠. 또한 나 자신이 당당한 노동자라는 것을 수많은 국민들의 응원에 힘입어 확실하게 자각하게 되기도 했습니다.

4. 화제가 된 대자보의 주인공으로서, 그리고 철도노조의 조합원으로서 뜨거웠던 세 달여 동안에 대해 어떻게 평가하시나요?

냉정하게 말해서 철도 파업의 결과가 완벽한 승리라고 할 순 없습니다. 목표인 자회사 설립 중단을 이끌어내진 못했으니까요. 그럼에도 자회사 설립→코레일 수익 감소→코레일 경쟁력 약화→적자 노선 폐지, 인력 감축→민영화라는 일련의 과정을 많은 국민들께 알릴 수 있게 되었다는 점은 큰 성과입니다. 또한 대통령, 정부, 사장 할 것 없이 비난 여론을 무마시키기 위해 "절대 민영화하지 않겠다", "선로에 드러눕겠다" 등의 말을 몇 번씩 하게 만듦으로써 언제 어디서든 민영화가 화두가 되는 순간 국민과 언론의 감시가 작동하게 되었다는 점도 정말 중요하죠. 그리고 올해 예고된 의료, 수도, 전기, 가스 등 공공 분야에 대한 전 방위적 민영화에 강력한 제동을 걸 수 있는 민심을 철도 조합원이 이끌어냈다고 자부하고 싶습니다.

5. 앞으로 무엇을 할 계획인가요?

철도민영화에 맞선 싸움은 여전히 어렵습니다. 정부와 공사는 안전시스템이 확보되지 않은 채로 중앙선 1인 승무나 화물 단독 승무를 강제로 시행하는 등 경영 효율화를 명목으로 무리한 시도를 계속하고 있습니다. 그와 동시에 징계, 손해배상, 가압류, 강제 전보 등 노동조합을 무력화시키려고 다방면으로 압박하고 있습니다. 그러나 약간 지쳤을망정 조합원들의 투쟁의지는 여전히 높습니다. 〈변호인〉이나 〈또 하나의 약속〉 같은 영화들의 흥행, 4만 7,000원 모금 캠페인 등 노동자에 대한 적극적인 후원을 봐도 알 수 있듯이 상식을 바라는 국민들의 수많은 지지가 여전하고, 이에 힘입어 현장에서도 계속 부당한 처우에 맞서 싸우겠습니다.

6. 마지막으로 하고 싶은 말이 있다면?

제가 대자보에서 언급한 "별은 바라보는 자에게 빛을 준다"라는 말은 이영도의 판타지소설 《드래곤 라자》에 나온 말인데요, 원작에서는 드래곤 등 다른 종족과 인간을 비교하면서 나온 말입니다. 그런데 글을 쓸 때는 몰랐는데, 다 쓰고 보니 제가 그냥 막 갖다 붙인 것 같아 조금 민망했다는 말을 하고 싶었습니다. 또 제가 철도대학에 다니던 시절, 교수였던 최연혜 사장을 자주 봤는데요, 학생들의 인망도 두텁고 인상도 참 좋았던 기억이 납니다. 분명 같은 사람인데 세월이 흘러 지금은 권력욕과 거짓, 위선에 찌들어 전혀 다른 사람이 되어버린 것 같네요. 한 번 살다 가는 인생, 지금이라도 철도를 걱정하고 사랑하던, 사람 향기 나던 그 시절로 돌아오시라고 눈앞에 있다면 말해주고 싶습니다. 마지막으로 노동자와 서민이 살맛나는 세상이 어서 왔으면 좋겠습니다.

조현재

성균관대학교에서 공부하고 있으며 촛불과 함께 대학을 시작해 안녕들과 함께 대학을 마무리하고 있다. 처음에는 안녕들 현상을 비판적으로 바라보고 대자보도 쓰지 않았으나, 이후 안녕들에 합류해 대자보를 책으로 만드는 일에 함께하게 되었다.

1. 대자보 열풍 당시 대자보를 쓰지 않은 이유가 무엇인가요?

제가 대학에 입학한 해에 촛불이 시작되었습니다. 참여자이자 관찰자로서 촛불은 저에게 굉장히 큰 실망과 좌절의 기억으로 남아 있습니다. 말 그대로 백만 명이 모였는데 결과적으로 바뀐 게 없었단 말이죠. 오히려 더 나빠졌다는 생각이 들었던 적도 있습니다. 당장 저만 해도 그로 인한 좌절을 기억하고 있으니까요. 그래서인지 이번처럼 광범위하게 일어나는 대중적인 움직임에 대해 일종의 거부감을 갖고 의식적으로 다가가지 않으려는 생각이 앞섰습니다. 한때의 바람에 휘둘리기 싫었던 거죠. 처음 몇 대자보에는 무척 공감하고 동의했으나, 이후 우후죽순 쏟아지는 대자보를 보니 쓰고 싶은 마음이 사라지기도 했습니다. 한편으로는 과연 자신의 글을 실천으로 옮기는 사람이 몇이나 될까 하는 냉소도 있었고요.

2. 어떻게 안녕들, 특히 출판 작업에 참여하게 되었나요?

사실 저는 안녕들에 굉장히 늦게 참여한 편입니다. 뜨거웠던 2013년의 12월과 철도 파업이 지나고 2014년이 되어서야 처음으로 안녕들과 마주하게 되었으니까요. 일단 졸업을 준비해야 하는 입장에서 여유가 없는 상황도 큰 몫을 했습니다. 여하튼 처음에는 단순히 정치학을 공부하는 사람으로서 개인적인 호기심으로 참석했습니다. 그런데 그곳에 그렇게 많은 사람들이 모였다는 것도 놀라웠지만, 무엇보다 그곳에 모인 사람들이 자신의 안녕하지 못함을 말하는 것을 지나 어떻게 하면 안녕해질 수 있을지 구체적인 계획을 논의하고 있다는 점이 저를 굉장히 반성케 했습니다. 순간 정신이 번쩍 들더군요. 제가 대자보를 쓴 사람들, 그리고 안녕들에 대해 크게 잘못 알고 있었다는 것을 알게 된 순간이었습니다. 그때부터 대자보를 하나씩 찬찬히 읽어보게 되었고, 이 대자보들은 반드시 한 곳에 모여야 한다고 생각하게 되었습니다. 먼 훗날에도 이 현상을 되돌아볼 수 있는 자료로, 그리고 나뿐만 아니라 다른 이들도 안녕하지 못하다는 걸 알 수 있는 통로로 말이죠. 마침 안녕들 모임 안에서 대자보를 엮어 책으로 내보자는 이야기가 나왔고, 기쁜 마음으로 함께하게 된 것입니다.

3. 이렇듯 전국적인 '대자보 현상'의 원인이 무엇이라고 보시나요?

자신의 이야기를 자신의 자리에서 할 수 있었기 때문이라고 봅니다. 철도 파업으로부터 밀양 송전탑, 쌍용자동차 해고 노동자, 국정원 대선 개입 등 다양한 이야기가 나왔지만, 많은 경우 그 이야기는 자신의 안녕하지 못함을 말하는 과정이었어요. 중요한 건 자신이 처한 상황, 자신이 무엇 때문에 안녕하지 못한지를 확인하고 그것을 말하는 것이었죠. 그리고 더욱 중요한 것은 이러한 말하기가 자신의 일상적인 공간에서 이루어졌다는 겁니다. 과거 촛불집회에서도 다양한 말하기가 있었지만, 그건 일상생활 공간과 분리된 광장에서 이루어진 것이었습니다. 그에 비해 안녕 대자보는 우리의 일상생활 공간인 학교와 일터 등에 붙었죠. 많은 분들께서 대자보에 실명을 쓴 것이 효과적이었다고 지적하시던데, 제가 주목한 점은 실명을 썼다는 결과보다는 무엇이 그들로 하여금 실명을 쓰게 했냐는 겁니다. 제가 보기에 그것은 말을 하는 장소가 일상 공간이었기 때문입니다. 일상 공간에서 자신의 이야기를 하는 것일 뿐이기에 오히려 자신을 드러낼 수 있었고, 또 드러내고 싶었던 거죠. 물론 이는 동시에 이름을 드러낼 수 없었던 이들에 대한 이야기이기도 합니다. 편견과 억압, 이로 인한 두려움이 누군가가 자신의 일상 공간에서 자신의 이야기를 할 수 없게 만들었던 걸 테죠. 아마 많은 분들이 이번 시기를 거치며 알던 사람의 새로운 모습을 보게 되었을 겁니다. 그리고 그 모습에 용기를 얻은 다른 누군가가 다시 자신의 이야기를 풀어놓았을 테죠. 자신의 자리에서!

4. 책을 만드는 일을 함께하면서 특별히 기억에 남는 순간이 있을 거 같네요.

출판 허가를 받기 위해 많은 분을 만났어요. 함께 공부한 대학생 친구들부터 파업 중인 노동자에 이르기까지 정말 다양한 곳에서 많은 사람들과 만났습니다. 개중 가장 기억에 남고 보람을 느낀 건 대자보를 붙일 공간조차 마땅치 않았고, 힘겹게 붙여도 하루가 안 돼 떼어지기 일쑤였는데 이렇게 자신들의 이야기를 알릴 기회를 주어서 고맙다며 오히려 저한테 감사 인사를 하시는 분들을 만났을 때였습니다. 그런 분이 정말 한두 분이 아니었어요. 동시에 정말로 큰 반성이 되더라고요. 안녕하지 못하단 목소리를 한 곳에 모아보자 호기롭게 이야기했지만, 안녕하지 못하다는 말을 꺼낼 수조차 없는 사람들이 많다는 걸 저는 생각도 하지 못했던 거죠. 에필로그 인터뷰를 준비한 것도 이때부터였어요. 대자보도 큰 가치가 있지만, 정말 중요한 건 그 사람이 어떠한 상황에서 왜 대자보를 썼는가가 아니겠어요?

5. 앞으로 무엇을 할 계획인가요?

글을 보내주신 더 많은 분들과 만나보고 싶어요. 함께 이야기를 나눠보고, 우리 모두가 안녕해지기 위해 함께 걸었으면 좋겠습니다. 그리고 이를 기회로 아직 안녕하지 못하다 말하지 못했던 사람들의 목소리가 더욱 많이 들려왔으면 좋겠습니다. 여전히 우리 사회에는 안녕하지 못한 사람들이 많은데, 많은 이들이 자신이 안녕하지 못하다는 걸 애써 외면하거나 그 안녕하지 못함을 당연하게 여기는 거 같아요. 당장 저부터도.

6. 마지막으로 하고 싶은 말이 있다면?

사실 지금도 전 이 안녕들이 한때의 바람이라고 생각해요. 그런데 활동을 같이하면서 바뀐 건, 한때의 바람이면 어떠냐는 거였어요. 중요한 건 '그 바람을 어떻게 이용할 것인가'라는 걸 뒤늦게 깨달았습니다. 사회는 역사라는 망망대해를 항해하는 큰 배인 거 같아요. 그리고 우리의 말과 움직임은 하나의 돛이고요. 망망대해에선 가도 가도 똑같은 수평선만 보여요. 그렇기에 이 배가 올바른 방향으로 가고 있는 건지, 정말 움직이긴 하는 건지 모를 수도 있겠죠. 저한테 촛불이 그랬던 거 같아요. 그런데 안녕들과 함께하면서 가장 놀라웠던 건 그곳에서 함께했던 많은 사람들이 저처럼 촛불을 경험하고 지나온 사람들이었단 거였어요. 바람은 그쳐도 그 바람이 만든 움직임은 남아 있었던 거죠. 안녕들과 함께하게 된 저부터가 그 흔적이라고 생각해요. 그렇기에 저는 우리의 움직임이, 그리고 이 책이 미약하나마 우리 사회의 또 다른 돛이 되길 바랍니다.

한혜수

한성대학교에서 회화를 전공하고 있다. 평소에 교육 문제, 성소수자 차별 문제에 관심을 갖고 있었으나, 정치단체 활동에 참여한 적은 없다. 대자보 열풍이 일었을 때도 대자보를 쓰지 않았다. 안녕들과 함께하며 다양한 포스터와 홍보물 제작을 도왔다. 〈약한 땅, 물신의 탑〉(336쪽)을 그렸다.

1. 대자보 열풍 당시 대자보를 쓰지 않은 이유가 무엇인가요?

중고등학생 때부터 사회문제에 관심을 갖게 되면서 자기 목소리를 내는 것에 두려움을 가지면 안 된다고 생각해왔어요. 하지만 막상 기회가 주어지니 신원을 밝히며 나서기가 두려웠죠. 게다가 쓰게 될 말도 기존의 대자보들과 별반 다를 게 없을 텐데, 대자보를 쓴 사람과 쓰지 않은 사람이 사회문제에 관심이 있는지 여부로 판별되는 것 같아서 싫었고요. 무엇보다 대자보를 손으로 쓰는 행위 자체가 제게 매우 생소하고 거부감 들었어요.

2. '안녕들 하십니까'와 함께하게 된 계기가 있나요?

안녕들과 함께하기 전부터 이미 많이 알려져 있던 철도 파업을 지지하고 있었어요. 그래서 19일에 서울광장에서 있었던 집회에 참여했는데, 광장 뒤편에서 여러 사람이 모여 무언가를 열심히 외치고 있는 모습을 우연히 보았습니다. 그것이 안녕들과 저의 첫 만남이었어요. 그전까지는 '안녕들 하십니까?' 문구의 유행을 느끼고 있었을 뿐, 페이스북 페이지가 있는 것조차 알지 못했죠. 다른 많은 분들이 안녕들을 페이스북이나 뉴스 기사 등을 통해 접하게 된 것에 비해 저는 오프라인에서 처음 만나게 되었으니 조금 특이한 경우인 것 같아요. 전 철도 파업을 지지하고 있었지만 혼자서는 할 수 있는 게 많지 않을 것 같았어요. 그 와중에 안녕들을 만나니 여기에 참여하면 철도 파업에 힘이 될 수 있을 것 같다는 생각이 들었어요. 저와 비슷한 생각을 하는 사람들과 함께하는 것도 재미있을 것 같았고요. 무엇보다 안녕들은 멀게만 느껴지던 밀양 송전탑과 쌍용자동차 등의 문제가 결코 우리와 멀리 떨어진 문제가 아니었음을 이야기했고, 그것을 일상적으로 이야기할 수 없는 우리 사회의 분위기에 대해 지적했죠. 그 이야기에 동의했기에 안녕들을 보며 더욱 함께하고 싶다고 느꼈습니다. 그리고 막상 들어와서 보니 제가 함께할 수 있는 부분이 생각보다 많다고 느꼈어요. 그렇게 안녕들 활동에 필요한 홍보물과 책에 들어갈 이미지를 만드는 등 제가 잘할 수 있는 방법으로 함께하게 되었습니다.

3. 친구들의 시선이 신경 쓰여 대자보를 붙이지 못했다고 했는데, 안녕들 활동을 시작할 때는 그런 걱정이 들지 않았나요?

들었어요, 들었죠. 지금도 가끔 내가 '이런 글'을 올리고 '이런 사람들'과 활동하는 것을 보고, 주변 사람들은 날 어떻게 생각하고 있을까, 걱정 섞인 궁금함이 있어요. 그런데 이미 타인의 시선에 대한 두려움을 이겨내고 대자보를 붙인 사람들과 이야기를 하다보니, 제가 옳다고 믿는 일을 실천하기로 결정했다면 그 다음은 별로 신경 쓸 필요가 없다는 걸 깨달았어요. 용기가 생겼다고 말할 수도 있을 것 같아요. 게다가 지금은 '안녕들 하십니까?'라는 물음이 많은 곳을 휩쓸고 지나가면서 사회문제에 대해 이야기하는 것이 이전보다 조금은 수월해졌다고 생각해요. 두려워했던 시선과 달리 저를 응원하는 친구들이 주위에 있거든요. 앞으로도 제가 무슨 일을 하든지 그것이 옳고, 하고 싶고, 재미있을 것 같다고 생각되면 적어도 친구들의 눈치만큼은 신경 쓰지 않고 해보려고 해요.

4. 사회문제에 관심이 있지만 주위 시선으로 인해 실천에 나서길 주저하는 사람들에게 해주고 싶은 말이 있나요?

요즘 친구들이 제게 "너 참 대단한 것 같다, 나도 너처럼 해야 하는데 주위 시선 때문에 그러지 못해 부끄럽다"라고 많이 얘기해요. 그런데 제가 하고 있는 건 생각보다 대단한 결심과 용기를 필요로 하는 일이 아니었어요. 제가 주위 사람들이 나를 어떻게 바라볼까, 어딘가에서 욕하지는 않을까 하는 두려움을 신경 쓰지 않게 된 건, 그런 시선보다 내가 옳다고 믿는 목소리를 내는 것이 훨씬 중요하다는 것을 깨달았을 때였어요. 정말 많은 성소수자 분들이 '혐오할 자유'라는 폭력에 시달리고, 학생들은 학교에서 '만들어진 길을 벗어나기 두려워하는 연습'을 하고 있고, 노동자들은 자본의 논리에 깔려 목숨을 잃고 있는데, '내가 왜 타인의 시선을 신경 쓰고 있을까? 무엇이 더 우선일까?'라고 생각하니까 지금까지 걱정했던 시선과 말들이 별것 아닌 것처럼 느껴졌어요. 그리고 한 발자국 내디뎌보니 높다고 생각한 문턱은 정말 아무것도 아니더라고요. 그렇게 몇 발자국을 더 걸어서 안녕들과 함께하며 다시 제가 있던 자리를 돌아봤는데 친구들은 저를 '대단하다'고 말하고 있었어요. 그렇지 않아요. 전 그저 옳다고 믿는 일은 주위 시선을 생각하지 말고 우선 해보라고 말해주고 싶어요.

5. 앞으로 무엇을 할 계획인가요?

조금 더 깊게 미술을 공부하고 싶어요. 그래서 독일 미술 대학으로 유학 준비를 하고 있고요. 계속 꿈꿔왔던 작업 주제는 정치와 예술, 그리고 대중을 엮는 것이에요. 저는 정치나 사회문제, 수많은 의제들은 아주 사소하고 개인적인 것에서부터 시작한다고 생각해요. 그리고 미술 작업은 그 사소하고 개인적인 작가의 자기 정치를 담아내는 과정이라고 할 수 있겠죠. 예를 들어 제가 안녕들 총회 때 전시회에 출품한 〈약한 땅, 물신의 탑〉이라는 작품은 밀양 송전탑 건설에 대한 문제를 주제로 삼은 작품인데, 송전탑을 '물신의 탑'이라고 표현함으로써 밀양 사태를 넘어 사람의 생존권보다 자본의 논리에 충실한 사회를 비판하고 싶었어요. 그리고 이 작품이 말하고자 하는 것이 주변 사람들에게 긍정적으로 다가갔다는 것을 느꼈고요. 다음번엔 일상적으로 느껴지는 여성 혐오를 작품으로 풀어내보려고 해요. 저는 그런 사소한 자기 정치를 작업으로 담아내고 싶어요. 제 서사로 정치와 예술을 담은 작품이 사람들에게 긍정적으로 다가갈 수 있을 거라 생각해요.

**1. 가장 화제가 된 대자보의 주인공 중 한
분입니다. 어떻게 대자보를 쓰게 되었나요?**
화제가 될 줄 몰랐습니다. 대자보를 붙이러 집을
나서는 순간까지도 글이 부끄러워서 붙일지 말지
고민을 많이 했어요. 글은 마음이 가는 대로
썼습니다. 사명감 같은 거창한 감정은 없었습니다.
아마 '답답함' 정도가 적당할 것 같습니다. 분명
글을 쓰던 밤에 저는 잠을 이루지 못할 정도로
답답했어요. 내가 처한 지금도 답답하고 미래도
답답하고. 제 나이 또래 대부분은 이런 밤을 겪은
적이 있을 겁니다.

6. 마지막으로 하고 싶은 말이 있다면?
예술은 예술을 위한 예술이어야만 한다고
생각하는 사람들이 많아요. 그러나 저는 앞서
말했듯이 작품이 담고 있는 아주 사소한 언어도
풀어보면 사회문제나 구조가 만들어낸 것이라고
봐요. 그래서 정치와 예술의 관계를 작품에
담아내고자 하는 작가들이 많아졌으면 좋겠고,
그러한 예비 작가들과 함께 작은 소모임을
만들어서 유학을 준비하는 동안 자유로운 작업을
함께해보고 싶어요.

**2. 본인의 대자보가 '정치적인 이야기가 없는
대자보'로 많이 알려졌습니다. 이런 평가에 대해
어떻게 생각하시나요?**

두 가지 반응이었습니다. 정치적인 이야기가
없어서 좋다는 반응과 정치적인 이야기가
없어서 싫다는 반응. 제 생각을 말씀드리면 이
글은 정치적인 글입니다. "이 글이 어딜 봐서
정치적이지 않은 글이지?" 도리어 의문까지
들었습니다. 제가 글을 잘못 썼나 생각도 많이
했습니다. 묻고 싶은 질문이 있습니다. 철도노조
파업 이야기를 꺼내지 않으면 정치적이지 않은
걸까요? 대통령, 국회의원 욕이라도 한 바가지
쏟아내야 정치적인 글일까요?

저는 정치를 이렇게 정의합니다. "나의 의사가
유형력이 되어 나를 둘러싼 세계를 변형시키는
과정." 풀어쓰자면 이렇습니다. 가장 먼저 나는
어떤 생각이 있습니다. 어떤 것이든 좋아요. 예를
들면 학점 따기가 어려워서 짜증난다는 생각을
하죠. 그럼 두 번째로 이 생각은 유형력이 됩니다.
"짜증나네. 뭔가 문제가 있는 거 아니야?" 이렇게
입 밖으로 꺼내놓은 불평은 일견 아무것도 아닌 것
같지만, 주변 사람의 생각을 바꿀 수 있는 일종의
유형력입니다. 그래서 점점 많은 사람들이 불평을

하면 나중에는 더 큰 유형력이 될 수 있겠죠.
생각을 함께해서 광장에 모인다든지, 촛불을
든다든지. 이렇게 되면, 이제 정치의 마지막
과정인데, 나를 둘러싼 세계에 변형이 일어납니다.
상대평가가 폐지되거나, 기업의 채용 기준이
바뀐다거나, 어쨌든 세계가 사소하게나마 변하는
겁니다.

이런 관점에서 저는 제 대자보가 아주 정치적인
이야기를 담았다고 생각합니다. 사회적 약자를
위한 이야기만, 대통령과 정치인이 등장하는
이야기만 정치 이야기가 아닙니다. 물론 약자를
향한 관심, 배려, 기성 정치인에 대한 비판은
언제나 필요하죠. 하지만 지금 내 현실이
답답하다고 나지막하게 말하는 것, 나는 못
살겠는데 너도 혹시 그렇지 않느냐고 조심스레
동의를 구하는 것, 그것도 정치입니다. 제 글은
정치적인 글입니다.

3. 수많은 사람들이 대자보를 붙였습니다. 이렇듯 전국적인 '대자보 현상'의 원인이 무엇이라고 보시나요?

철도노조 파업을 둘러싸고 민영화 반대 여론이 들끓은 것이 대자보 현상의 배경이 되었죠. 하지만 좀 더 근본적인 배경은 '지금 뭔가 잘못되고 있다'는 생각일 것입니다. 부정선거 의혹이 제기되는데 제대로 밝혀지지 않는 것, 대선 공약들이 구멍 난 양말만도 못하게 취급받는 것, 사는 게 팍팍한데 '창조경제' 따위의 허상만 흔드는 모습이 '지금 뭔가 잘못되고 있다'는 생각을 낳았으리라 생각합니다. 민영화 담론은 이와 같은 생각을 터져 나오게 한 물꼬의 역할을 했을 뿐입니다.

하지만 이런 부조리는 계속되어왔지만 그간에는 대자보 현상이 없었다는 것을 상기합니다. 아무래도 주현우 씨의 글이 큰 역할을 한 것을 부정할 수 없습니다. 비록 만난 적은 없지만 주현우 씨가 안녕들 하시냐고 물어준 것, 아직까지도 고맙습니다. 이제까지의 대자보는 과잉된 자아가 훈계하겠다고 나서는 모양이었습니다. 다시 말해서 고집 센 사람이 앞에 나와서 "왜 너희는 나처럼 분노하지 않느냐"라고 혼내는 꼴이었죠. 거기에 쓰인 언어도 일반 사람들이 쓰는 언어와 달랐고요. 그런 글에서 공명(共鳴), 즉 함께 울리는 일이 일어나기란 쉽지 않았습니다. 주현우 씨의 글은 고집 센 사람도 없고, 훈계도 없고, 언어도 편안했어요. 단지 안녕들 하시냐고 물었죠. 그렇게 물어봐줘서 저는 공명했어요. 편안하게 물어봐서 편안하게 대답할 수 있었어요. 아마 다른 사람들도 그랬을 겁니다.

4. 대자보 열풍은 사그라졌고 안녕들 역시 2013년만큼의 움직임을 보이지는 못하고 있는 것 같습니다. 전망에 대해선 어떻게 생각하시나요?

개인적으로는 아쉬웠어요. 바스티유 감옥을 함락했어도 프랑스 시민들은 여전히 압제에 시달렸죠. 우리 사회도 촛불이 꺼지고 부조리가 계속되는 일을 경험했어요. 대자보를 많은 사람이 열심히 썼는데, 결국 시들해집니다. 이렇게 말할 수도 있어요. "아, 열심히 해도 변하는 건 아무것도 없더라." 사실 이 말은 이전 세대들이 자신의 변모를 정당화하기 위해 많이 사용했던 수사입니다. 우리는 길게 보아야 한다고 생각해요. 대자보 몇 장 붙인다고 한국 사회가 변할 거라고 생각했다면 오산입니다. 우린 매직 냄새를 맡으며 대자보를 쓸 때의 감수성과, 흰 벽면에 이를 붙일 때의 용기를 간직해야 합니다. 역사에서 보듯 프랑스는 지난한 세월을 보내고 혁명을 이뤘습니다. 우리도 지난한 세월을 견뎌야 할 것입니다.

5. 앞으로 무엇을 할 계획인가요?

공부를 하려고 합니다. 먼 미래의 일은 알지 못하지만, 제가 있는 곳에서 글도 쓰고 말도 많이 하고 살겠습니다. 언젠가는 익명 뒤에 숨지 않고 말할게요. 여전히 안녕하지 못하지만 언젠가는 함께 안녕한 세상을 만들기 위해서 열심히 살겠습니다.

최문석

중앙대학교 영화학과 학생이다. 중앙대 청소
노동자 파업을 지지하는 내용의 '거꾸로
대자보'를 붙여 주목을 받았다. 이후 학교
측에서 대자보를 강제 철거하자 이에
항의하는 '스케치북 대자보'를 작성하여
1인 시위에 나서기도 했다. '표현의
자유를 허하라!'(367쪽), '학교를 위한
대자보'(370쪽)를 작성했다.

6. 마지막으로 하고 싶은 말이 있다면?

제 글의 방점은 마지막 문장이었어요. "우리네
삶이 처음부터 그런 것은 아니었을 텐데⋯⋯"
많은 분이 허무한 문장이라고 하셨는데, 제게는
혁명적인 문장이었습니다. 많은 분이 오해하신
데에는 문장을 애매하게 쓴 제 잘못이 큽니다.
이제 우리의 삶이 이런 것이 아니라고 선언합니다.
분명한 것은 우리의 삶이 처음부터 이런 것은
아니었습니다.

이제는 우리 삶이 애초의 청춘의 모습에서
너무 멀어졌어요. 요새 대학에 입학하신 분들은
청춘(靑春), 인생의 푸른 봄이란 무엇인지 아예
경험해본 적이 없을 수도 있습니다. 하지만
청춘이란 어떤 것이었는지, 어떤 것이어야 하는지
상상하기를 멈추지 말았으면 좋겠습니다. 학점,
토익, 자기소개서, 면접뿐만 아니라 무엇이든
재잘댔으면 좋겠습니다. 1968년 혁명의 구호
"상상력에게 권력을", 상상력에게 권력이 주어지는
시대가 우리에게도 올 겁니다. 그때 우리는
상상하고 재잘댔던 대로 살게 될 거예요.

1. 본인이 쓴 대자보를 소개해주세요.

제 대자보는 중앙대학교 청소 노동자 파업과
관련하여 학교 측의 부당한 대우에 항의하기
위해 작성한 것입니다. '거꾸로 대자보'는 한 줄씩
똑바로 읽으면 학교를 지지하는 내용이지만,
거꾸로 읽으면 노동자분들을 지지하는
내용이 되는 대자보입니다. 당시 대자보들이
범람하는 상황이었고 장문의 대자보는 읽히지
못한다는 점에 착안하여 형식적 재미를 더한
것이었습니다. 마침 경향신문 기자분이 보시고
사진을 올려주셔서 온라인상에서 호응을 받게
되었습니다.

'스케치북 대자보'는 학교 측이 대자보를 강제
철거한 것에 항의하는 뜻으로 그림을 통해 당시
상황을 풍자한 것입니다. 스케치북의 링 부분을
활용해 중앙대학교의 마스코트인 청룡의 입을
봉한 것처럼 표현했습니다. 청룡의 손에 들려
있는 펜과 백만 원짜리 장난감 돈은 학교 측이
영리기관이 아닌 교육기관이라 주장하면서,
표현의 자유를 빼앗고 물질을 우선 추구하는
모습을 비유적으로 풍자한 것입니다.

2. 왜 대자보를 붙이게 되었나요?

저는 우리 사회의 구태들을 비교적 가깝게 경험해온 사람입니다. 고등학생 때는 경쟁 위주의 교육 환경에 반하여 잠시 학업을 중단한 적도 있었고, 논산훈련소 입대 후에는 전경으로 차출되어 2007년 이랜드 매장 점거 사태, 2008년 광우병 촛불시위 등을 온몸으로 대면했습니다. 혹자는 전경 출신인 제가 시위자들에게 적대감을 갖겠다고 여기지만 사실은 그 반대입니다. 개인의 소신과 관계없이 무조건 적으로 시위 진압에 동원하는 것은 양심상 견디기 힘든 일이었습니다. 아울러 경찰 집단 내부의 부조리한 모습을 목격하면서 반발심은 더욱 커질 수밖에 없었습니다. 저를 무엇보다 결정으로 돌려놓은 것은 말년 휴가 당시 벌어진 용산참사였습니다. TV로 목격한 진압 모습은 너무나도 비정하여 수동적으로라도 그들 편에 서 있던 제 자신이 너무나도 부끄러웠습니다. 머지않아 학교로 복귀했지만 삶은 여전히 텁텁하기만 했습니다. 자취 생활 중 생활비가 넉넉잖아 끼니를 거르는 것은 다반사였고, 아르바이트를 전전하며 부당한 대우를 당하기도 했습니다. 부모님 몰래 학자금 대출을 받은 적도 있었습니다.

그 와중에 현재의 두산 재단이 들어서고 학과 통폐합이 단행되었습니다. 이웃 학과가 사라지고 반대하던 친구들이 줄 징계를 당했지만 내 몸 건사하기에 바쁘단 핑계로 외면하고 말았습니다. 그야말로 타성에 젖어 허우적대던 일상이었습니다. 청소 노동자분들이 파업에 나섰을 때 학교 측이 내보인 무책임한 모습은 지금껏 보아왔던 비정함의 되풀이였습니다. 마침내 안암에서 '안녕들 하십니까?'라는 질문이 던져졌을 때, 저는 당연히 펜을 들 수밖에 없었습니다.

3. 대자보를 붙인 것이 어떤 변화를 일으켰나요?

처음에는 두려웠습니다. 손가락질이라도 당할까봐 조마조마했습니다. 하지만 현실은 그 반대였습니다. "잘했다", "고맙다", "자랑스럽다", "함께하지 못해서 미안해" 동기들은 물론이고 후배들부터 고학번 선배님에 이르기까지 응원과 지지의 메시지가 이어졌습니다. 그제야 두려움이 가시고 확신이 생겼습니다. 눈에 보이지 않지만, 많은 이들이 뜻을 함께하고 있음을 느낄 수 있었습니다. 다만 두려워서, 선뜻 용기가 나질 않아서 나서지 못하고 있음을 알 수 있었습니다. 우리가 무엇보다 경계해야 할 것은 권위자의 억압이 아니라 스스로의 입을 막는 자기검열이라는 것을 분명히 깨닫는 좋은 계기였습니다.

4. 이렇듯 전국적인 '대자보 현상'의 원인이 무엇이라고 보시나요?

최근 막을 내린 소치 올림픽을 인상 깊게 보았습니다. 대자보 현상과 직접적인 연관은 없지만 이번 올림픽의 이슈들을 보면 대자보 현상의 원인이 된 문제들을 가시적으로 이해할 수 있습니다. 여러 이슈들 중에서 특히 김연아 선수의 올림픽 출전에 대한 반응과 빅토르 안 선수의 러시아 귀화가 우리 사회의 문제점을 이해할 만한 대표적 사례라고 생각합니다.

모 회사의 광고에서 김연아 선수와 대한민국을 동일시한 것이 비난받은 일을 기억할 것입니다. 김연아의 도전은 개인의 꿈과 노력에서 시작된 것이나 왜곡된 집단주의는 이것을 망각하고 집단의 염원과 성취만을 부각했습니다. 빅토르 안의 경우도 왜곡된 집단주의의 또 다른 희생자라 할 수 있을 것입니다. 주된 집단에 속하지 못한 그는 선택받지 못했고, 러시아로 귀화하고 나서야 꿈을 이룰 수 있었습니다.

개인의 가치와 개성을 무시하고 집단의 성취와 통일성만을 고집하는 사회. 이런 사회에서는 개인의 노력이 성과를 내기 힘들고, 합당한 대우를 받기도 힘듭니다. 이제 우리는 빅토르 안의 경우와 마찬가지로 자신의 가치와 개성을 스스로 쟁취해야만 하게 되었습니다. 그것이 곧 '안녕'에 대한 추구와 실현일 것입니다. 이런 상황에서 개인이 목소리를 낼 수 있는 가장 효율적인 수단이 대자보였고 많은 분들이 이에 뜻을 함께한 것이 '대자보 현상'으로 나타난 것이라 생각합니다.

5. 앞으로 무엇을 할 계획인가요?

'안녕'에 대한 추구와 실현은 단기간에 이루어질 것이 아니라 장기간 이어나가야 할 싸움임을 알기에 모쪼록 초연해지려고 합니다. 우리가 추구하는 '안녕'이 개인의 가치 회복에서 시작되는 만큼, 제 스스로의 입지부터 다져나갈 생각입니다. 요즘 들어 지적인 궁핍함을 여실히 느끼고 있습니다. 독서와 토론을 통해 지식을 보충하고 여러 활동에 참여해 경험도 쌓아야겠습니다. 제 자신이 충분히 준비된 이후에야 비로소 건강한 집단(사회)을 만드는 데 일조할 수 있을 것 같습니다.

6. 마지막으로 하고 싶은 말이 있다면?

언젠가 이런 이야기를 들은 적이 있습니다. "바위를 깨기 위해서 망치를 바로 갖다 대면 파편만 튈 뿐이다. 정이라는 포인트를 들고 내리쳐야 금이 가고 바위가 부서진다." 안녕들의 이름으로 모인 한 사람 한 사람이 완강한 사회에서 정과 같은 역할을 해주기를 바랍니다. 저 또한 날카로운 정이 되기 위해 부단히 노력할 것입니다.

박종하

입시를 준비 중인 고등학교 3학년. 긍정을
강요하는 사회에 대해 부당한 것은
부당하다고 말할 수 있어야 한다는 대자보를
학교에 붙였다 하루 만에 떼어졌다. 이후
학교가 일방적으로 대자보를 떼어낸 것을
비판하는 유인물을 배포했고, 이에 학교가
징계 의사를 밝히며 논란이 되었다. '개포고
학생 여러분, 안녕들 하십니까?'(461쪽)를
작성했다.

1. 본인이 쓴 대자보를 소개해주세요.

한국 사람들은, 특히 학생들은 긍정적으로
생각하고 말하길 강요받습니다. 서로 긍정을
강권하다보니 건강한 비판을 하는 사람은 유난
떠는 자로 치부되며, 사회에 대해 깊은 고민을
하는 사람은 부정적인 사람으로 폄하되곤 합니다.
저는 비판과 고민의 끈을 놓지 않으려 노력했고
그럴수록 문제아, 부정적인 애로 지목받는
것 같았습니다. 그러나 이러한 금기의 결과는
뻔하다고 생각합니다. 모든 비판이 침묵으로
바뀐다면, 우리 사회는 발전 없이 영원히 정체되고
말 것입니다.

**2. 상당한 화제와 논란이 된 대자보였습니다. 왜
이런 대자보를 쓰셨나요?**

그동안 안녕하지 못하다 입술이 닳도록 말하던
학생들이 이 대자보를 보고 대자보 행렬에
동참해주길 바랐습니다. 학생이나 나이 어린
사람들은 대개 그렇지 않은 사람에게 쉽게
무시당하고, 억압받습니다. 학교는 그러지 않아야
할 공간이지만, 현실적으로는 더 폐쇄적인 형태의
여러 폭력들이 일어납니다. 학교에 오는 순간부터
머리는 단정한지, 교복은 제대로 입었는지,
험한 말을 쓰지 않는지, 공부에 집중을 하는지,
인사는 하는지 등 여러 가지 이유로 우린 권리를
박탈합니다. 때문에 학교는 언제나 안녕하지
못하단 수군거림으로 요동칩니다. 성적에 대한
우울하고 답 없는 고민들을 지겹도록 들어야
하며, 가정이나 알바 때문에 울상인 친구들도
허다합니다. 성정체성 때문에 고민하는 친구들도
있습니다. 지금껏 학생들은 본인을 안녕하지
못하게 하는 일들에 관해 수군거리는 형식으로
분을 삭혀왔습니다. 하지만 저는 대자보로 인해
이 안녕하지 못한 개인들이 자신이 문제라고
생각하는 것들을 공적으로 논하며 바꿔내는
장이 만들어지길 바랍니다. 학교에서 안녕하지
못한 이유들에 관한 더 많은 목소리들을 만나고
싶었습니다.

3. 고등학생이라는 신분과 학교의 징계 조치 등으로 많은 이야기가 있었습니다. 관련해서 특별히 기억에 남는 것이 있나요?

대자보를 붙인 이후 학교로부터 많은 것을 탄압당하고, 침해당했습니다. 표현의 자유와 집회 · 결사의 자유는 말할 것도 없고, 인신공격에 학부모 면담에서는 거짓 진술까지 있었습니다. 절차를 거치지 않았다며 제 대자보를 철거한 사람들이 절차를 지키지 않고 징계위원회를 열려고 했습니다. 학교의 탄압에 논리나 일관성이 없음을 몸소 반증한 셈입니다.

12월 27일 기자회견 진행 중 쉬는 시간에 수백 명의 학생들이 몰려나와서 응원을 해주었습니다. 그런데 몇몇 교사들이 화를 내며 그 학생들을 단속하더군요. 심지어 기자회견을 자의적으로 '불법 집회'로 규정하고, 학생들의 하교를 고의로 20분가량 지연시키기도 했습니다. 사실 이 사회에서 '학생'이라는 존재는 당연한 듯 무시당하곤 합니다. 항상 밟혀 있을 줄만 알았던 학생이 꿈틀대자, 새삼스레 그 노골적 무시들이 다시금 포악하게 다가왔다는 표현이 정확할 것입니다.

그런데 학교의 대자보 훼손과 적반하장격의 징계 으름장은 사건이 외부로 공론화되자 갑자기 모습을 감췄습니다. 만약 내가 한부모 가정이었다면, 장애학생이었다면, 부모님이 교사와 면담에서 나를 지지해주지 않았다면, 시민단체가 도와주지 않았다면 결과는 사뭇 달랐을 겁니다. 다행스럽단 안도감보단 거북함이 들었습니다. 저보다 더 심하게 탄압받은 학생이 있었습니다. 그럼에도 조용한 까닭은 학교가 온갖 협박을 가하며 기를 꺾어 문제를 일으키지 않겠다는 서약서를 강요하고 사건을 종결시켰기 때문이었습니다. 어른들이 바라는 민주시민이 되어가는 과정이 바로 이런 걸까요?

4. 대자보를 붙인 것이 어떤 변화를 일으켰나요?

대자보 한 장으로 급격한 변화가 일어나리라곤 생각하지 않았습니다. 여전히 학교는 저에 대한 부당한 탄압을 중단할 생각이 없는 듯합니다. 그러나 좋은 일도 있었습니다. 대자보와 기자회견을 보고 '안녕들' 모임에 참석하게 된 학생들이 많았습니다. 한 명이라도 자신의 안녕하지 못함을 공적으로 얘기하고, 이를 바꾸고자 한다면 일단은 그걸로 충분하다고 생각합니다. 시작은 미약할지라도 하나하나 모이다보면 큰 변화를 만들어낼 수 있다고 믿습니다.

5. 앞으로 무엇을 할 계획인가요?

저는 저의 안녕하지 못함을 용기 내어 말했습니다. 그 사소하게 입을 여는 과정에서도 어불성설의 탄압과 방해물이 많았습니다. 하지만 그러한 탄압과 입막음은 안녕하지 못한 우리를 안녕하게 만들어주는 것이 아닌 그저 문제를 숨기는 것에 지나지 않을 것입니다. 이제 대학 입시를 준비하는 만큼 하루하루가 너무 바쁘지만, 그래도 안녕한 사회를 만들기 위한 노력에 최대한 동참하고 싶습니다. 앞으로도 이 안녕하지 못한 사회를 삐딱하게 보며 끊임없이 폭로하고 바꿔나가는 기자가 되려 합니다.

6. 마지막으로 하고 싶은 말이 있다면?

사실 학교도 학교지만 학생회에 하고 싶은 말이 많습니다. 사건이 벌어지고 나서 바로 옆 ㅅ여고에 재학 중인 어느 학생이 "학생들의 표현의 자유를 보장하고, 징계를 철회하라"라는 골자의 지지 대자보를 써준 적이 있습니다. 이를 학교에 붙였는데, 학생회장이란 사람이 뻔히 우리가 다 보고 있는 앞에서 곧바로 찢어서 떼어버리더군요. 학생을 위해 존재하는 게 아닌 학생회. 이미 알고 있던 현실이었지만, 이것이 그 민낯을 직접 보았을 때의 충격을 줄여주진 않더군요. 왜 학생들은 자신들의 손으로 직접 뽑은 대표에게 더 치열하고 열성적으로 유권자들의 입장을 대변하라고 요구하지 못하는 것일까요? 어쩌다 우린 이렇게 힘이 없게 된 걸까요? 학생회가 교장과 교사들의 말을 더 잘 듣고, 학생들을 더 잘 규율하고, 또 좋은 대학을 가기 위한 수단적인 자리에 불과하다면, 도대체 왜 학생회는 존재해야 하는 걸까요?

박혜민

17살 때부터 청소년 인권운동을 했다. 대학에 들어온 뒤에도 청소년 운동을 계속 했지만, 대학 내 운동과는 거리를 두었다. 안녕 대자보 현상이 각 대학으로 퍼진 후 비로소 대학 내 운동을 마주하게 되었다. 지금은 중앙대학교에서 '의혈, 안녕들 하십니까'에 참여하고 있다. '안녕하냐는 물음에 부끄러움을 내놓습니다'(181쪽)를 작성했다.

1. 본인이 쓴 대자보를 소개해주세요. 어떻게 대자보를 쓰게 되었나요?

주현우 씨가 붙인 대자보를 처음 봤을 때는 사실 별다른 기분이 들진 않았어요. 그보다는 그 대자보에 움직인 사람들이 절 움직였죠. 주변 사람이 쓴 대자보를 읽었는데, 이 사람이 이런 고민과 걱정을 하고 있다는 걸 새삼 알게 되었어요. '나는 곁에 있는 사람들의 이야기조차 듣지 않았구나' 하는 생각이 들었고요. 그러고 보니 저도 제 얘기를 말하지 않았다는 생각이 들어 펜을 들게 되었습니다.

2. 대자보를 붙인 것이 어떤 변화를 일으켰나요?

저는 고등학교 때부터 대학에서까지 청소년 인권운동을 계속 해왔습니다. 저한테 '대학생'이라는 꼬리표는 부채감이었어요. 제 주변에는 대학 입시에 대한 문제제기로 대입 거부를 선택한 사람들이 있었으니까요. 대학생 문화나 운동에 거리를 두어왔죠. 그러다 안녕들 대자보 열풍 때 학교를 가득 메운 대자보들을 봤어요. 청소년 인권운동과 대학생이라는 정체성 사이에서 고민했던 시간들은 저에게 나름대로 아프고 고단한 시간이었기에, 대자보를 쓰면서 스스로 많이 치유되는 것 같았어요. 내 안의 지독한 부채감과, 어디에도 속하지 못했던 내 모습을 제대로 마주했죠.

3. 중앙대학교에서 청소 노동자들이 파업에 돌입하며 교내에 직접 써 붙인 손자보들이 이슈가 되었습니다. 그것을 보며 어떤 심경이 드셨나요?

대자보가 나붙던 학교의 벽이 단순히 학생들만의 자리가 아니라는 걸 확인한 순간이었어요. 글씨도 투박하고 맞춤법이 틀린 글들도 있었지만 글자 하나하나에 삶이 채워져 있더라고요. '대자보라는 게 단순히 활자에 그치는 게 아니구나' 하고 확 와 닿았어요. 그리고 그 손자보를 본 순간, 청소 노동자 투쟁이라는 추상적인 당위보다 '사람'이 구체적으로 훅 다가왔죠. 이런 걸 느낀 건 저만이 아닌 것 같아요. 손자보가 붙기 전만 해도 청소 노동자 파업에 대해 부정적인 의견이 많았어요. 손자보 이후로 그 분위기가 바뀌었죠.

손자보를 보면서 속상했던 점도 있었어요. 당연한 권리를 위한 싸움임에도 학생들에게 죄송하다며 계속 사과를 하시더라고요. 그리고 대자보의 이름 난에 이름이 아닌 '아줌마'나 '미화원'이 쓰여 있던 것도 속상했어요. 자보를 읽고 울음을 꾹 누르면서 그들이 자신의 이름으로 불리고, 당당하게 권리를 보장받을 수 있도록 함께해야겠다고 다짐했어요.

4. 중앙대학교에서 안녕들 활동을 하며 가장 기억에 남는 순간이 있다면?

'자보가 말을 건다'라는 성토대회 행사가 기억에 남아요. 모인 학생들이 한 명씩 안녕하지 못한 이유를 이야기했어요. 기말고사 기간이었는데도 지나가던 사람들이 멈춰 서서 지켜보고, 자신의 이야기를 꺼내더라고요. 성토대회를 마무리하고는 본관에서 파업 중이었던 청소 노동자들을 만나러 갔어요. 그때 좁은 행정실에 20여 명의 학생들이 들어가서 한 명씩 자기소개를 하는데, 청소 노동자들과 학생들이 서로 미안하다, 고맙다, 힘내라며 모두 함께 펑펑 울었어요. '내가 이 학교의 구성원이구나, 내가 함께할 사람이 이렇게 많구나, 우리가 서로 위로가 되고 있구나' 하는 생각이 들었죠.

5. '안녕들 하십니까'를 통해 무엇을 얻게 되었나요?

지난 두 달은 끊임없이 무언가를 마주했던 시간이었습니다. 처음 마주한 건 제 자신이에요. 대학생이라는 정체성 안에서 내게 주어진 역할과 고민을 마주했습니다. 그리고 제 주변의 새로운 사람들을 마주하게 되었어요. 학생자치와 언론이 숨죽이고 있는 중앙대학교에서 서로를 만나, 우리의 고민을 이야기하고 같이 행동했어요. 가까이 있던 주변 이들을 새롭게 마주하기도 했어요. 우선 우리 가족. 취업을 준비하는 언니의 삶이 우리네 20대의 고민과 그다지 다르지 않다는 걸 새삼 깨닫고, 함께 행동할 기회를 만들어갔어요. 또 초등학교 5학년 동생에게 청소 노동자 파업 이야기를 해주었어요. 한참을 듣더니 청소 노동자를 응원하는 자보를 써주더라고요. 아빠는 비타민을 전해드리라고 챙겨주기도 하셨어요. 고등학교 친구가 밀양 희망버스를 타지 않았냐고 먼저 물은 적도 있어요. 한 번도 저와 함께 사회문제를 이야기한 적이 없던 친구였어요. 자신만의 '안녕'을 위해 선택했던 삶이 부끄럽다며, 어떻게 해야 할지를 먼저 물어왔죠. 저는 한참 동안 대답을 고민하다가, 결국 이런 '마주하는 것'의 벅참을 전할 수밖에 없었죠. 인권 활동을 하면서 '안녕하지 못한' 사람들은 늘 저에게 추상적인 대상으로 일반화되곤 했어요. 그런데 이제 그 속에 나와 내 주변 사람들이 구체적인 대상이 된 거죠. 저는 절 마주하면서 곁에 있는 이들을 더 이해하게 되었고, '우리의 문제'를 고민하게 되었습니다.

6. 앞으로 무엇을 할 계획인가요?

사회운동을 꽤 오래하면서 내뱉는 언어들이 점점 변해간 것 같아요. 너무 쉽게 당위를 말하고 단정적으로 말하는 거죠. 때론 그런 내 목소리가 공허하게 느껴지곤 했어요. 대자보에 응답한 사람들의 성토를 보면서, 단순히 "~해야 하니까"로 그치는 게 아니라 구체적인 삶에 녹여낼 수 있는 고민들을 해야겠다고 생각했어요. 그러기 위해서는 사람들이 자신의 구체적인 생각을 얘기할 공간을 만들어야 한다고 생각해요. 그걸 만들기 위한 과정이 즐거울 수 있도록 재미난 것들을 많이 모색해나갈 거예요. 안 그래도 힘든데 성토의 과정조차 지치고 무거우면 안 되잖아요! 다른 하나는 청소년 인권운동을 고민하면서 든 생각인데요, 대학생이 되고 나서 청소년 인권운동과 왠지 모르게 서먹해졌어요. 대학생 운동과 청소년 운동이 각자의 위치에서도 함께할 수 있는 방법이 무엇일까를 늘 고민했지만 잘 떠오르지 않았죠. 입시 경쟁이든, 취업 경쟁이든, 결국 이 사회의 경쟁체제가 문제라는 말은 쉽게 내뱉을 수 있죠. 하지만 대안을 이야기할 때는 연결해서 말하기가 어려운 것 같아요. 이제는 대학이라는 공간이 지닌 문제와, 대학에 가기 위한 과정에 있는 문제들을 연결하는 구체적인 그림을 그려보고 싶어요. 차이 속에서 공통된 부분을 발견한다면, 그리고 그 발견을 구체적으로 채운다면 앞으로는 외롭지 않게 목소리를 낼 수 있을 것 같아요!

강은하

Male To Female 트랜스젠더이며 바이섹슈얼(양성애자)로 성공회대학교 사회과학부 학생이다. '성소수자, 안녕들 하십니까' 모임을 꾸리고 활동했으며, 같은 이름의 페이스북 페이지를 운영했다. '어떤 이름으로 불려도 안녕하지 못합니다'(225쪽), '성소수자, 안녕들 하십니까?'(384쪽)를 작성했다.

1. 본인이 쓴 대자보를 소개해주세요.

처음 대자보 열풍이 불 때, 많은 사람들이 대자보를 통해 자기 얘기를 했어요. 하지만 정작 그들이 가진 정체성, 욕망, 권리의 다양성에 대한 얘기는 충분히 나오고 있지 못했죠. 제 첫 대자보가 "어떤 이름으로 불려도 안녕하지 못합니다"였던 건 바로 그 점에 대한 안타까움 때문이었어요. 물론 제 가장 연약한 이름인 성소수자도 빼놓지 않았죠.

첫 대자보를 쓰고 나서 많은 분들이 응원해주셨어요. 또 아이돌 그룹 샤이니의 종현 님께서는 제 대자보를 트위터 프로필 사진으로 설정하고, 쪽지로 지지의 메시지를 보내주셨죠. 모두 감사드립니다.

2. 성소수자로서 대자보를 쓰며 겪어야만 했던 고충이 있었을 것 같습니다.

두 번째 대자보 '성소수자, 안녕들 하십니까'를 게시한 시점이 2014년 초였어요. 철도민영화 저지 운동이 주춤하던 시점이었죠. 이번에는 "개나 소나 안녕하지 못하다고 말하느냐", "'안녕들 하십니까'의 본질은 철도민영화다"라는 반응들이 오더라고요. 그 말들에 너무 화가 난 저는 "지금 키보드 두들기는 당신들보다는 내가 더 철도민영화 저지 운동에 열심이었을 거다. 새해 첫 순간에도 보신각에서 경찰들에게 둘러싸여 있었다"고 항변하려다가 결국 아무 말도 하지 않았어요. 제가 어떤 운동에 얼마나 열심히 참여했는가를 가지고 "저 이제는 말해도 되나요?"라고 비굴하게 양해 구하는 것 같았기 때문이에요. 저는 그러고 싶지 않고, 그럴 이유도 없어요.

또 첫 번째 대자보와 비교해볼 때, 두 번째 대자보에서는 성소수자 이슈에 더 집중했어요. 그리고 '대학생'이라는 타이틀을 뺐죠. 대학생이라는 타이틀을 빼놓고 보니 돌아오는 반응도 충격적이었지만, 당장 대자보 붙일 곳도 찾기 어려웠어요.

3. 두 번째 대자보에 대한 비판적인 반응을 보며 어떤 생각이 들었나요?

저는 철도민영화, 쌍용자동차 해고 노동자, 밀양 송전탑 건설과 같은 사안이 중요하다는 걸 의심하는 게 아니에요. 제가 의심하는 건, '저는 그 문제에 공감합니다'라고 읍소하듯 설명하지 않고서는 '나의 안녕치 못함을 말하는 과정에서조차 안녕치 못한' 제 처지가 이대로 괜찮은가였어요. 앞서 언급한 철도민영화, 쌍용자동차 해고 노동자, 밀양 송전탑 건설과 같은 사안들은 적어도 '정치적'인 것이고 '사회 공공의 의제'인 것으로 취급되고는 있어요. 하지만 성소수자의 인권과 관련한 사안들은 정치적인 것으로도, 사회 공공의 의제로도 취급받지 못하곤 해요. 지금 이 순간에도 수많은 성소수자들이 시민으로서 권리를 보장받지 못하고 있고, 각종 혐오범죄를 당하고 있고, 심지어 살해당하기도 해요. 저는 성소수자의 인권을 외치는 제가 정치적이라고 생각하고, 이 점이 조금도 부끄럽지 않습니다.

4. 대자보를 붙인 것이 어떤 변화를 일으켰나요?

제 대자보를 보신 어머니께서 '성소수자, 안녕들 하십니까' 페이스북 페이지에 글을 보내오셨어요. '트랜스젠더, 양성애자의 이름을 가진 나의 딸에게'라는 글이었죠. 처음엔 성소수자를 "신이 버린 사람들"이라 생각하셨다던

저의 어머니께서 제 대자보를 보시고, "성소수자는 신이 버린 사람들이 아니다, 내 아이는 그저 너무나 소중한 내 새끼다"라고 하셨죠. 어머니께서 보내주신 글을 읽으면서 얼마나 기뻤는지 몰라요. 또 많은 분들이 어머니의 글에 감동받았다고 하셨고요. 하지만 마냥 기뻐할 수는 없었습니다. 많은 사람들이 어머니의 글에 감동받은 이유는 결국 이런 일이 보편적이지 않기 때문이에요. 저뿐만 아니라 많은 성소수자들은 가족에게 커밍아웃하기가 매우 어려워요. 가족과의 관계에서 최악의 사태까지 예상해야만 하죠. 실제로 그런 일이 매우 빈번합니다. 저와 같은 세상을 사는 모든 여러분께 부탁드립니다. 바로 옆 사람을 향하는 당신의 사랑이 사회가 조장한 혐오보다 강하다는 걸 직접 증명해주세요.

5. 앞으로 무엇을 할 계획인가요?

대자보 열풍이 불고 많은 사회 비판적인 이야기가 수면 위로 등장했지만, 대자보를 쓴 사람들이 모두 안녕할 수 있는 세상이 된 건 아니에요. 여전히 저는 성소수자, 여성, 젊은 세대, 대학생, 노동자에게 잔혹한 세상을 살고 있습니다. 그럼에도 이에 절망할 이유는 없다고 생각해요. 쉽게 바뀌지 않는 세상이라는 건 대자보를 쓰기 훨씬 전부터 겪어서 알고 있었는걸요. 이제부터 나는 뭘 해나갈 건지를 고민하고 실천하면 될 일입니다.

6. 마지막으로 하고 싶은 말이 있다면?

지난 2월 24일, 저는 이화여대와 고려대에서 성소수자 인권과 관련한 현수막을 도난당하는 사건이 있었다는 소식을 들었어요. 이화여대 성소수자 인권운동모임 '변태소녀 하늘을 날다'는 성소수자의 자긍심을 상징하는 육색 무지개 현수막과 '지금 이 길을 지나는 사람 열 명 중 한 명은 성소수자입니다'라는 마포 레인보우 주민연대의 현수막을, 고려대 성소수자 동아리 '사람과사람'은 '성소수자의 입학과 졸업을 축하합니다'라는 인사말이 담긴 현수막을 도난당했어요. 저는 머리끝까지 화가 나서 밤새도록 전지 3장 분량의 대자보를 작성해서 이화여대와 고려대에 붙였죠. 그런데 대자보 붙인 지 불과 이틀 만에 이화여대에 붙인 대자보가 갈가리 찢겼더군요.

2013년에 성공회대에서도 비슷한 일이 있었어요. 사실상 '동성애 처벌규정'이라 간주되는 '군형법 제92조의 6' 폐지 청원 서명에 대한 대자보를 썼는데, 부착한 지 불과 40분 만에 실종되었어요. 그때나 지금이나 저는 같은 생각을 합니다. "평화를 가장한 불편한 침묵보다는 차라리 치열한 논쟁을 원합니다."

민경

한국 사회를 살아가는 평범한 20대 여성이다. 된장녀, 김치녀, 보슬아치 등의 명명으로 대표되는 한국 사회의 여성 혐오에 불편함을 갖던 중 '안녕들 하십니까?'라는 물음을 마주하게 되었다. 이에 여성으로서 안녕하지 못하다는 대자보를 썼다.
지금은 많은 논란과 화제가 된 페이스북 페이지 '댁의 김치는 안녕들 하십니까?'를 운영하고 있다. '개념녀가 되기 위해 너무 많은 것들을 포기해야만 해서 안녕하지 못합니다'(415쪽)를 작성했다.

1. 본인이 쓴 대자보를 소개해주세요.

스타벅스 커피와 명품백을 소비하는 여성들만 '된장녀'로 불렸던 과거에 비해, '김치녀'라고 불리지 않기 위한 조건은 나날이 까다로워지고 있습니다. 남성의 키를 보지 말 것, 처녀일 것, 성형을 하지 않고도 예쁠 것, 여대에 다니지 않을 것 등등 여성의 삶의 많은 부분이 '김치녀'인지를 측정하기 위한 기준이 되고 있습니다. 이런 상황에서 개념 없는 '김치녀'가 되지 않기 위해서는 여성들 스스로 끊임없이 자기검열을 해야 합니다. 게재한 대자보는 차라리 '김치녀'라 불릴지언정 더 이상 자기검열하며 숨 막히게 살지는 않겠다는 내용을 담은 대자보였습니다.

2. 어떻게 그런 내용의 대자보를 붙이게 되었나요?

평소 웹툰이나 인터넷 뉴스 기사를 즐겨보는 편입니다. 그런데 몇 년 전에 비하여 최근 들어 점점 웹툰과 인터넷 뉴스 기사 댓글에 여성 혐오적인 댓글들이 늘어나고 있는 것을 보았습니다. 과거 '된장녀'라는 단어만 유행하던 시기에는 대자보에도 썼듯이 '나만 저렇게 불리지 않으면 된다'라는 생각이 있었습니다. 하지만 '된장녀'가 '김치녀'가 되고, '보슬아치'가 되면서 개념 있는 여성의 조건은 나날이 까다로워져만 갔습니다. 김치녀의 특징이라며 인터넷에 떠도는 글들을 보면 '김치녀'가 아닌 여성이 과연 존재할 수 있긴 할 것인지 의문이 들었습니다. 이쯤 되면 한국 여성이 문제인 게 아니라, 그런 말을 만들어내며 여성의 삶을 개념녀와 김치녀의 이분법으로 평가하고 재단하려는 이 사회가 진짜 문제라는 생각이 들었고, 이에 대해 문제제기를 하고 싶었습니다.

3. 처음 '김치녀 대자보'가 알려진 이후 이것이 전체 안녕들 운동을 훼손한다는 이야기가 있었습니다. 이러한 평가에 대해 어떻게 생각하시나요?

대학에서 본 대자보들은 철도민영화, 밀양 송전탑 문제 등 여러 사회 이슈들을 다루고 있었습니다. 하지만 그 대자보 안에는 스펙 경쟁, 등록금 문제 등 대자보를 쓴 개인이 처한 안녕하지 못한 상황에 대한 이야기 또한 담겨 있었습니다. 안녕하지 못한 사람들의 수많은 대자보들을 보며 '나를 안녕하지 못하게 하는 것은 과연 무엇일까'를 계속 고민했습니다. 그리고 한국 사회의 여성 혐오야말로 나를 안녕하지 못하게 만들고 있다는 생각이 들어 대자보를 쓰게 되었습니다. 저는 대자보를 쓴 다른 모든 이들과 마찬가지로 제가 안녕하지 못한 이유를 대자보에 적었을 뿐입니다. 많은 사람들이 대자보를 테러하는 이들에게 "여기가 공론장이니 반대 의사가 있다면 떼지 말고 반박 대자보를 써라, 누구나 말할 권리가 있다"라고 이야기했던 것으로 압니다. 그런데 그랬던 사람들이 김치녀로 지칭되는 여성 혐오에 대한 문제제기에는 "이런 문제로 대자보를 쓰는 건 안 된다"고 얘기하는 걸 보았습니다. 저는 그런 분들에게 질문하고 싶습니다. 과연 정말로 안녕들 운동의 의의를 훼손하는 것은 누구이며, 무엇입니까? 자신의 안녕하지 못함을 말하려는 김치녀들입니까, 아니면 타인의 안녕하지 못함과 그걸 표현하려는 행위에 가치와 순위를 매기고, 폭력적으로 누군가의 입을 막으려는 사람들입니까?

4. '댁의 김치는 안녕들 하십니까?' 페이지에서는 여성의 안녕하지 못함을 이야기하는 여러 사연이 올라왔습니다. 특별히 기억에 남는 사연이 있나요?

전업주부의 사연이 가장 기억에 남습니다. 해당 사연을 보내신 분은 메일로 사연을 보내셨는데, 혹시 자신이 사연을 보냈다는 사실을 남편이 알까봐 메일에 답장조차 보내지 말아달라고 부탁하셨습니다. 누군가는 편하게 놀고, 먹는다고 생각하는 전업주부의 삶이 사실 얼마나 숨 막히는 것인지 느껴지는 듯해 마음이 아팠습니다. 이 책에 글을 싣기 위해 의사를 물었더니 "아줌마에게 그런 글을 만인 앞에서 보일 기회를 주고 의미를 부여해줘서 정말 고마워요. 아줌마에게 가족 외의 바깥세상의 칭찬을 듣는 게 참 드문 일인데 느무느무 고마워요"라고 답해주셨습니다. 페이지를 운영하면서 가장 보람이 느껴졌던 순간이었습니다.

5. 대학에서 시작된 대자보는 고등학교와 일터를 비롯해 사회 곳곳에서 다양한 사람들의 목소리를 불러일으켰습니다. 이러한 '대자보 현상'의 원인을 무엇이라고 보시나요?

'안녕들 하십니까'는 여러 사회문제를 이야기하며 시작되었습니다. 하지만 그것은 동시에 이 사회를 살아가고 있는 개개인들이 어떤 안녕치 못한 상황에 처해 있는지를 묻는 것이기도 했습니다. '안녕들' 운동에서 다양한 사람들이 자신이 처한 문제를 말할 수 있었던 데에는 이런 점이 큰 영향을 미친 듯합니다. 개인의 안녕하지 못함에는 이 사회 안의 여러 문제들이 다양한 형태로 녹아 있을 겁니다. 그리고 우리는 모두 같은 사회를 살아가고 있기에, 어떤 어려움들은 나만이 겪는 것이 아니라 많은 사람들이 함께하는 어려움이기도 합니다. 이번 '안녕들' 운동은 사람들로 하여금 자신의 삶을 통해 사회를 보고, 그것들을 다른 이들과 공유하며 다시 특정한 의제로 모아 말할 수 있는 계기를 마련해준 것 같습니다.

6. 마지막으로 하고 싶은 말이 있다면?

페이지를 운영하면서 '여성들이 안녕하지
못하다'라고 이야기하는 것이 곧 '남성들은
안녕하다'라는 말인 양 읽는 사람들이 많다고
느꼈습니다. 한국 사회에서 남성들 또한 어려운
상황에 처해 있는 것이 사실입니다. 그러나
그것이 여성들이 처한 어려움을 말하는 것을
막을 이유가 되는 것은 아닙니다. 안녕치 못함이
있다면 같이 얘기하며 안녕할 방법을 찾아야 할
문제이지, 누군가의 입을 막아서 해결될 문제가
아니라고 생각합니다. 누군가가 자신의 안녕하지
못함을 말할 기회를 차단당할 때, 그것은 그냥 그
개인이 혼자서 감내해야만 하는 사적인 문제가
되어버리고 맙니다. 하지만 그것이 발화되고 다른
누군가가 같은 문제를 겪고 있음을 확인하는
순간부터 그것은 더 이상 혼자 감내해야 할 문제가
아닌, 함께 해결해야 할 문제가 됩니다. 그런
의미에서 '안녕들 하십니까?'는 어쩌면 사소하고,
사적인 문제로 남을 수도 있었던 저의 안녕하지
못함을 말하며 여러 사람들과 공유할 수 있는
계기가 된 좋은 경험이었습니다.

밀사

성신여대 국문과에 재학 중인 학부생이다.
성노동자들의 권리를 위한 '성노동 운동'을
하고 있다. 안녕들 열풍 당시 성매매 여성이
쓴 대자보와 그에 쏟아진 수많은 비난을
보았다. 이에 성노동자도 우리와 다르지
않은 사람이라는 내용의 대자보를 써서
여러 대학에 붙였지만, 반대하는 사람들에
의해 하루도 안 되어 전부 떼어졌다. '저는
성노동자를 지지합니다'(373쪽)를 작성했다.

**1. 본인이 쓴 대자보를 소개해주세요. 어떻게
대자보를 쓰게 되었나요?**

대자보를 쓰기로 결심한 때는 '안녕들 하십니까?'
열풍이 한창일 때였습니다. 사실은 고려대에
최초의 대자보가 붙었을 때부터 대자보를 쓸까
고민하고 있었습니다. 하지만 성노동자에 대한
대자보를 붙이면, 얼마 못 가 대자보가 훼손될
것 같다는 생각이 들어 머뭇거리게 되었습니다.
그러나 그 뒤로 '안녕들'의 실천이 계속 이어지는
것을 보고 대자보를 써야겠다고 결심했습니다.
한국 사회에서 성매매는 공공연하게 이루어지고
있지만 정작 성노동자의 목소리는 나오기가
어렵습니다. 안녕 대자보를 빌려 성노동자도 말할
수 있는 사람이고, 말할 권리가 있다는 이야기를
하고 싶었습니다.

2. 성노동자 당사자가 쓴 '저는 성매매를 하는 여성입니다' 대자보가 많은 논란의 대상이 되었습니다. 이에 대해 어떤 생각이 드셨나요?

성노동자 여성의 대자보를 보고 처음엔 솔직히 많이 놀랐습니다. 성노동자가 자신의 이야기를 담은 대자보를 쓴다는 것은 엄청난 용기가 필요한 일입니다. 어려운 결심을 한 그분께 진심으로 감사의 마음이 들었고, 어떻게든 지지와 응원의 뜻을 전하고 싶었습니다. 그 대자보에 대한 반응이 비난 일색인 것을 보면서는 더더욱 그런 생각이 들었습니다. 그 대자보를 쓴 분을 비롯한 많은 성노동자들에게, 우리는 혼자가 아니며 우리도 말할 수 있는 사람이라는 얘기를 전하고 서로를 북돋아주고 싶었습니다.

그리고 그분이 올린 대자보에 가해지는 수많은 비난을 보며 '이 사회가 말할 수 있는 사람과 말해서는 안 되는 사람을 이토록 명확하게 갈라놓고 있구나' 하는 생각이 들었습니다. 사람들은 '몸을 파는 여성'이 자신의 이야기를 대자보에 쓸 것이라고는 상상도 하지 못했던 것 같습니다. 그렇기에 '몸을 파는 여성'이 입을 열어 무언가를 말한다는 상황도, 그녀가 말한 내용도 쉽게 받아들이기 어려웠을 겁니다. 이것은 사람들이 성노동을 용인하느냐 아니냐의 문제이기도 하지만, 그것보다는 자신과 다른 의견, 소수자의 의견을 얼마나 포용할 수 있느냐의 문제입니다. 서로의 '안녕'을 묻자고 모인 사람들 안에서조차 '안녕'을 물을 자격이 있는 사람과 그럴 자격이 없는 사람이 나뉘어 있는 것인가 싶어 마음이 아팠습니다. 이 움직임에 걸었던 희망이 깎여나가는 기분을 느꼈기 때문입니다.

3. 본인이 쓴 대자보가 하루도 안 되어 다 떼어졌다고 들었습니다. 심경이 어땠나요?

'성매매'와 '성매매 여성'을 혐오하는 사람들은 매우 많습니다. 그래서 대자보를 붙이기 전부터 이 대자보가 금방 떼어질 것이라는 생각은 이미 하고 있었습니다. 그런 생각을 미리 하고 있었다는 것도 슬픈 일입니다만, 아니나 다를까 붙인 지 하루도 지나지 않아 대자보가 떼어졌다는 소식을 들었을 때엔 허망하기까지 했습니다. 어떤 학교의 경우 교직원분이 "대자보가 붙었다는 소식을 듣고 떼러 갔는데 이미 떼어져 있어 안타까웠다, 다음에 또 붙이면 그땐 꼭 내 손으로 뜯겠다"는 말을 메시지로 보내오기도 했습니다. 그 말을 듣고는 참 황당하고 화가 났습니다. 그분이 개인적으로 '안녕들'을 지지하는 분이었기 때문에 더욱 그랬습니다. 사람들이 이렇게 혐오를 공공연히 표출할 수 있다는 것이 지금 성노동자가 처한 현실이구나 싶어 마음이 많이 쓰였습니다.

4. 대학에서 시작된 대자보는 고등학교와 일터를 비롯해 사회 곳곳에서 다양한 사람들의 목소리를 불러일으켰습니다. 이러한 '대자보 현상'의 원인을 무엇이라고 보시나요?

일단 성노동 대자보를 쓴 입장에서 말하자면, 사실 그동안 있었던 웬만한 운동의 장이나 담론 안에서 '성노동자'의 이야기는 직접적으로 나오기가 어려웠던 것이 사실입니다. 그와 비교해 이번 '안녕들' 대자보 열풍 안에서는 성노동자 당사자의 목소리가 나올 수 있었죠. 이 운동이 서로의 '안녕'을 묻는 운동이기에 가능했던 것 같습니다.

물론 그 목소리가 나온 뒤 사람들의 반응을
보면 아쉬운 점이 많지만, 그럼에도 성노동자의
목소리를 끌어낼 수 있었던 것은 의미 있는
성과였던 것 같습니다.

5. 앞으로 무엇을 할 계획인가요?

우선 성노동에 대해 알리는 활동을 꾸준히 해나갈
예정입니다. 사실 많은 사람들은 '성노동'이라는
단어가 있는지도 모르고, 성노동자들의 권리를
위한 운동이 있다는 것은 더더욱 모릅니다.
우리 사회에서 정말 많은 사람들이 생계를 위해
성노동을 선택하고 있고, 성매매는 일상적으로
광범위하게 이루어지고 있습니다. 하지만
사람들은 정작 그 일을 하는 성노동자들이 어떤
조건에 처해있는지조차 알지 못하고, 알 필요도
없다고 생각하곤 합니다. 성노동에 종사하는
수많은 사람들은 단지 그 일을 하고 있다는
이유만으로 노동 환경에서의 기본적인 인권조차
보장받지 못하고 있습니다. 또한, 사회로부터
수많은 질타와 억압을 받고 낙인찍히기
일쑤이기에 자신의 입으로 자신의 권리를
이야기하기도 쉽지 않습니다. 저는 이 부분에
대해 보다 많은 사람들이 깊이 생각할 수 있도록
끊임없이 질문을 던지고 소통하는 문화 활동들을
계획할 생각입니다.

6. 마지막으로 하고 싶은 말이 있다면?

이 사회에서 성노동자들 역시 안녕하지 못했음을,
그래서 그들 역시 자신의 안녕치 못함을 토로하는
대자보를 썼다는 것을 사람들이 기억해줬으면
좋겠습니다. 성노동자들이 힘들여 쓴 대자보에
사람들이 어떻게 반응했는지도 기억해주셨으면
합니다. 앞으로 성노동자들이 자신의 의견을
이야기하는 경우가 또 생긴다면, 그때에는 그
목소리가 좀 더 존중받을 수 있기를 기대해봅니다.
성노동자의 '나도 말할 수 있는 사람이다'라는
한마디가 마음 아리게 다가옵니다. 앞으로도
기억하고, 생각하고, 가능하면 더 많은 사람들과
이 사건에 대한 이야기를 나누고 싶습니다.

최태영

대한민국의 평범한 20대 대학생이다. 대자보 열풍이 불었을 때는 시험공부를 하고 있었다. 학기 중에는 대자보를 붙인 적이 없지만 방학 이후에야 안녕들 페이지 중 하나에 익명으로 글을 게재했다. 그 이외에는 집회를 포함해 어떤 안녕들 활동에도 참여하지 않았다.

1. 대자보 열풍 당시 대자보를 쓰지 않은 이유가 무엇인가요?

주현우 씨의 최초 대자보에는 깊이 공감했습니다. 그러나 대자보를 쓰는 사람이 많아지면서 공감하기 어려운 대자보들도 많아졌고, 그 때문에 참여하기가 꺼려졌습니다. 대자보를 쓰지 않은 학생들 중에는 쓰기 어려운 상황에 처해 있거나, 신념에 따라 쓰지 않은 경우도 있을 거예요. 그런데 대자보 중 일부는 그런 고려 없이 당장 무언가를 하지 않는 사람들을 비난하는 듯해 보기 불편했습니다. 아마 이런 점 때문에 주저하게 된 것 같아요.

2. 대자보 열풍이 지나고서야 뒤늦게 익명으로 글을 게재한 이유는 무엇이었나요?

학기가 끝나고 대자보 붐이 식은 시점이라 차분하게 제 생각을 정리할 수 있어서이기도 했고, 무엇보다 (비겁하게 들리겠지만) 웹상에 익명으로 게재하는 것은 교내에 게시하는 것과는 무게감이 다르니까요. 사실 저는 1번 질문에서 답한 것들에도 불구하고 대자보를 쓰고 싶은 생각은 어느 정도 있었는데 그러지 못했습니다. 대자보 현상이 대학 내에서 일어난 만큼, 학과 분위기를 무시할 수가 없었거든요. 어떤 과는 아예 선배들이 과실에 전지와 매직펜을 가져다 놨다고 들었지만, 제가 속한 학과는 상대적으로 부정적인 시선이 많았습니다. 특히 과 분위기를 주도하는 고학번 남자 선배들이 SNS에 보수적인 글들을 올리기도 한 상황에서 다른 생각을 표현하기가 좀 그랬어요. 물론 그 선배들이 제가 반대 의견을 냈다고 저한테 불이익을 주지는 않겠지만, 괜히 갈등을 일으킬 만한 행동은 되도록 안 하고 싶다는 생각이 있었습니다. 저학년 학생들은 저처럼 주위 분위기에 영향을 많이 받은 것 같아요.

3. 페이지에 글을 올린 것 이외에 안녕들 활동에 참여하지 못한 이유가 있나요?

사실 가장 결정적인 이유는, 우습지만 그때가 기말고사 기간이었기 때문입니다. 여러 이유로 인해 학점을 잘 받는 게 정말 중요했고, 한시라도 더 시험공부를 해야 했어요. 큰 집회가 있었던 12월 28일엔 돈을 벌기 위해 생산직 공장 면접을 보고 있었어요. 알바 구하는 거야 하루쯤 미뤄도 되는 거 아니냐 하시겠지만, 생산직의 경우 학기말이 되면 구직자가 넘쳐나기 때문에 하루라도 빨리 면접 보고 취직해야 하거든요. 그렇다고 월 백만 원도 못 받는 서빙 알바 같은 걸로는 등록금을 대기에 턱없이 부족하고요. 그 이후로도 안녕들 활동이 있었다고는 들었지만 알바에 집중하느라 참여할 기회가 없었습니다. 내가 옳다고 생각하는 활동을 하고 싶은 마음은 있었지만 정작 현실적인 문제들에 치여서 여유가 없었던 거죠.

4. 본인을 포함해 사람들이 일상적으로 정치적인 목소리를 내기 주저하는 이유가 무엇이라고 생각하나요?

저처럼 싸우는 게 싫어서 주저하게 되는 경우도 있을 것 같아요. 정치 이야기를 꺼내는 게 곧 싸우자는 신호로 받아들여지니까요. 특히 요즘처럼 보수 대 진보의 이분법적 구도가 부각되는 시기에는 무슨 말을 해도 싸우게 되니 아예 말을 꺼내기가 싫은 거죠. 그리고 아직까지도 정치는 누군가 특정한 사람들의 것이라는 인식이 있는 것 같아요. 사실 그럴 만도 한 게 대부분의 대학생들에게 정치란 건 어려운 화두니까요. 잘 모르니까 함부로 말해서는 안 될 것 같은데, 어디서부터 어떻게 알아가야 하는지도 모르겠고, 정치 참여의 방법으로 당장 떠오르는 건 정당에 가입한다, 시위를 한다, 이런 부담스러운 것들뿐이니. 근데 꼭 그런 방법이 아니더라도 정치적인 목소리를 낼 수 있는 방법은 많지 않을까 싶어요. 사회 전반에 대해 잘 모르더라도 관심 있는 사안에 대해서부터 조금씩 공부해나갈 수도 있고, 방법에 있어서도, 예를 들어 청소 노동자 집회에 나가는 것은 부담스럽더라도 청소 노동자 후원계좌에 입금을 하거나 이런 소소한 것들은 해볼 수 있겠죠. 그런데 그런 방법이 있다는 것조차 모르고 '아 내가 할 수 있는 일은 없구나' 하고 좌절하는 친구들이 많더라고요.

그래서 정치에 관심이 많고 적극적으로 활동하는 사람들이 이런 부분을 사람들에게 알려주는 역할을 하면 좋겠어요. 굳이 부담스러운 일이 아니라도 같이 할 수 있는 것들이 있다고요. 근데 저희 학교만 해도 운동권은 그들끼리만 소통을 하고 일반 학생들과는 교류가 없는 것 같아서 좀 아쉬워요. 그러다보니 운동권이란 존재가 더 멀게 느껴지고 운동권과 '일반 학생'이라는 구분이 공고해지는 것 같아요.

5. 안녕들 활동에 거의 참여하지 않았음에도 에필로그 인터뷰를 수락하게 된 특별한 이유가 있나요?

아무런 활동을 안 하고 있는 사람들도 나름의 이유가 있고 생각이 있거든요. 그런데 단순히 정치에 무관심해서 그렇다고 보는 시선이 많아 속상했습니다. 그리고 사회가 더 좋은 방향으로 바뀌기 위해서는 항상 적극적으로 참여하는 사람 외에도, 그렇지 않은 많은 사람들이 목소리를 낼 수 있어야 한다고 생각해요. 운동권과 일반 학생 사이에 놓인 장벽이 낮아지기 위해서는 저 같은 사람들이 어떤 생각을 가지고 있는지를 얘기하는 게 필요하다고 생각했습니다. 그래서 집회도 안 나가고 대자보도 안 쓴 사람들 중 한명으로서 제 입장은 이럴 수도 있다는 것을 알리고 싶었습니다.

6. 마지막으로 하고 싶은 말이 있다면?

저는 사실 정치에 약간 관심은 있었지만, 일부러 정치를 멀리 하고 정치적 입장도 갖지 않으려 해왔어요. 그것 때문에 사람들과 싸우게 되는 것이 무서웠거든요. 하지만 이번에 그럴 것 같지 않았던 친구들, 후배들이 각자 자기의 의견을 내는 걸 봤어요. 그걸 보며 '아 나뿐만 아니라 꽤 많은 사람들이 정치적 견해를 가지고 있구나', '정치적 견해를 드러내도 그렇게 무시무시한 일이 일어나지는 않는구나!' 하는 깨달음을 얻었어요. 그리고 여러 사람들의 대자보를 읽으며 저에게도 어떤 입장이 존재한다는 것을 알았습니다. 이전에는 제게도 정치적인 입장이 있다는 것을 외면해왔는데 말이에요. 또 제가 게재한 글이 많은 사람들의 지지를 얻는 것을 보며 '어 정치적인 이야기도 할 만한 것이구나, 나도 이런 이야기를 할 수가 있구나' 하고 느꼈는데 정말 신기했어요. 스스로에게 이것은 큰 변화인 것 같아요. 한 번 이런 경험을 하고 나니 더 공부하고 싶고 더 뭔가를 하고 싶다는 느낌이 마구 들어요. 앞으로 구체적인 계획은 없지만 이런 기분으로 또 뭔가 해갈 수 있지 않을까 하는 생각이 듭니다

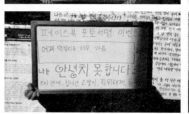

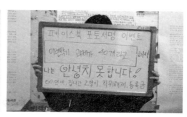

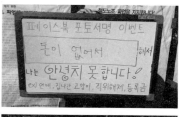

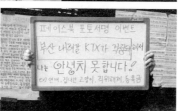

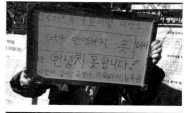

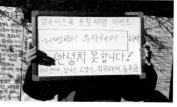

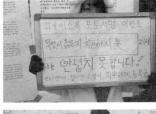

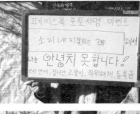

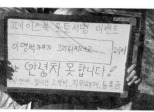

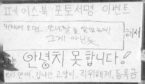

안녕들 하십니까?

초판 1쇄 펴낸날 | 2014년 3월 21일

지은이 | 안녕하지 못한 사람들
엮은이 | 안녕들 하십니까 출판팀
펴낸이 | 박재영
편집 | 강곤
디자인 | 나윤영

펴낸곳 | 도서출판 오월의봄
주소 | 413-841 경기도 파주시 탄현면 참매미길 194-9
등록 | 제406-2010-000111호
전화 | 070-7704-2131 · 팩스 | 0505-300-0518
이메일 | maybook05@naver.com
트위터 | @oohbom · 블로그 | blog.naver.com/maybook05
페이스북 | facebook.com/maybook05

ISBN 978-89-97889-34-1 03300

• 책값은 뒤표지에 있습니다. 잘못된 책은 바꾸어 드립니다.